上海大衆の誕生と変貌

近代新中間層の消費・動員・イベント

岩間一弘

東京大学出版会

The Appearance and Transformation of the Masses in Shanghai:
Consumption, Mobilization and Events of Modern New Middle Class

Kazuhiro IWAMA

University of Tokyo Press, 2012
ISBN978-4-13-026142-5

上海大衆の誕生と変貌——目次

凡例

＊中国語の簡体字や繁体字は、日本語の常用漢字の字体に直した。例えば、雑誌名の「周刊」「週刊」は「週」に統一し、「綜」「總」「総」は「総」に統一した。ただし、現代日本語で使い分けられている一部の字（「准」と「準」など）の場合は、中国語の元の字のままで表記した。

＊引用文中の語彙のうち、日本語と同義に使えるもの（「婦女」「女子」「女性」など）は、歴史的文脈を示す意味から訳文でそのまま表記した。

＊引用文中の〔　〕の部分は、引用者による補注である。また、中国語の原文を引用した場合には、「　」を用いて、「原語」（日本語訳）ないしは日本語訳（『原語』）のように表記することもある。

＊中国語の括弧（《　》〈　〉〝　〟など）は、日本語の括弧（『　』「　」）に直して統一した。

＊引用文献は、各章において初出の場合には全表記した。

＊引用文献の掲載雑誌の年月日は、季刊・月刊誌は月まで、旬刊・半月刊・週刊誌は日まで記載した。

＊邦訳のある文献については、原書と邦訳の両方の頁数を示した。

＊引用文献の編者・筆者が四名以上の場合と、団体などで名称が長い場合には、最初に挙げられた一者のみを示した。

＊雑誌論文等に掲載された後に、単行本等に再収録された文献については、管見のかぎりで後者の文献情報を示すようにした。

序論　上海における大衆の時代

一　大衆の時代の幕開け

(1)「大衆」に対する問題関心

「民衆」「群衆」「大衆」

「大衆」とは何か。二〇世紀前半に活躍したスペインの哲学者J・オルテガ・イ・ガセットのよく知られた考え方によれば、それは「自分を『すべての人』と同じだと感じ、しかもそのことに苦痛を感じないで、自分が他人と同じであることに喜びを感じる人びとのこと」である[1]。とすれば、現在の私たちも、しばしば「大衆」とともに「大衆」として行動している。さらに、こうした多くの人びとと同じであろうとする人びとからなる社会を「大衆社会」と呼べば、そこでは「大衆」が「大衆」によって生み出され続けているといえる。現代社会も依然として「大衆社会」の性格を露呈することが少なくない。

こうした「大衆」という感覚は、ちょうど「階級[2]」という感覚と同じように、両大戦間期において中国都市でも日常的なものとなった。そのことは、例えば次のように、漢字の誤った読み方が普及することを嘆いた、週刊誌

『生活』の読者の投稿からもよくわかる。すなわち、「すべてのことはみな大衆の意見にもとづかなければならない。大衆がそのように思えばそれが正しく、少数の人がつくった『辞源』を援用して群衆〔原文のまま〕の意見に背くことはできない」という。[3]

ちなみに、一九二〇—四〇年代の中国において、多くの民を表す「民衆」「大衆」「群衆」という三つの呼称は基本的に混用されており、相対的な区別があったにすぎない。「民衆」は、民国期にはもっとも一般的で広範に頻用され、人民共和国では使用頻度がもっとも少なくなった呼称である。それはおそらく、国民党政権下の「民衆教育」などと関連して用いられることが多かったからだと考えられる。「民衆」とは逆に、「群衆」は一九五〇年代以降にもっともよく使われるようになった呼称である。民国期には相対的に使用頻度が少なかったが、それでも政治的な宣伝・動員・組織化などの場面で共産党系の人びとを中心に使われていた。これらと比べると、「大衆」は、一部のエリートではなく世間一般の広範な人びとというニュアンスが強い。それは民国期には、商品広告や（第一章）、通俗的な科学知識（「大衆医学」「大衆哲学」など）と関連して使用されることが多かった。前述のオルテガの用法に比較的近いのは、この「大衆」であったといえる。[4]

本書は、両大戦間期までに上海で台頭した新中間層（精神・頭脳労働に従事する俸給生活者やその家族など）を中心とする人びとの消費・動員・イベントに着目しながら、一九二〇—五〇年代の激動の時代における「大衆」の誕生と変貌の過程を検証していく。「大衆」といえる人びと、ないしは「大衆」化というべき現象は、中国においてけっして両大戦間期の新中間層とともに出現したわけでなく、後述するように遅くとも宋代から見られていた。しかし、新文化運動（一九一五—二一年）の頃の上海においては、中国史上かつてない規模で、多くの人が憧れの人と同じようになりたいと願望し、そして実際に一見同じようになることができ、さらに同じであることに対する抵抗感が少なかった。

すなわち、中国の両大戦間期都市の「大衆」は、規模の大きさや類似性の高さにおいて画期的であったといえる。その背景には、定期刊行物をはじめとする各種メディアの発達、それを十分に使いこなせる文化的・経済的能力をもちあわせた都市中間層の増大、さらにそうした人びとを対象とするビジネスの高度化・拡大があった。逆にいえば、「大衆」が誕生し、「大衆」が「大衆」を生み出す秩序のなかで、新たなメディア・ビジネス・社会階層が登場して再編されていったのである。こうした様相を本書は具体的に見ていきたい。

欧米の大衆社会論

欧米においては一九世紀中葉から、「大衆社会」というべき状況への問題関心が見られ始めていた。例えば、A・トクヴィル『アメリカの民主主義』（一八三五年）は、多数者の専制に陥るかもしれない民主主義の危険な一面を指摘するなかで、すでに「大衆社会」の到来を予見していた(5)し、J・S・ミルの『自由論』（一八五九年）も、「大衆」のつくる世論と政府によって個人の意見が封じこめられる危険性を主張していた(6)。

また、指導者の暗示に駆られて行動する群衆の非合理性を分析したG・ルボン『群衆心理』（一八九五年）は、当時を「群衆の時代」と呼んだ(7)。さらにG・タルド『世論と群集』（一九〇一年）は、社会学的な分類の観点から群衆を論じて、見知らぬ人とつながっているという感覚が「世論」をつくり出すうえで重要であると指摘した(8)。そして、オルテガの『大衆の反逆』（一九三〇年）は、「大衆」を文明論的に論じて、「大衆」概念を一般に広く普及させたといわれる(9)。ほかにも、権威のもとに引きつけられていく不安定な大衆心理が全体主義の台頭を招いたとする研究として、E・フロム『自由からの逃走』(10)（一九四一年）やT・W・アドルノ『権威主義的パーソナリティ』(11)（一九五〇年）がよく知られている。

第二次世界大戦後にはアメリカで、新中間層を分析対象とした大衆社会論が盛んになった。例えば、ベストセラーになって多くの論争を巻き起こしたD・リースマン『孤独な群衆』[12]（一九五〇年）や、日本で「ホワイトカラー」という慣用語が普及するきっかけをつくったC・W・ミルズ『ホワイト・カラー』（一九五一年）などが発表された[13]。そして、「共同体的社会」「多元的社会」「全体主義的社会」「大衆社会」の四つの社会類型を示したW・コーンハウザー『大衆社会の政治』（一九五九年）は、「大衆社会」の理論をもっとも体系的に論述した著作といわれる[14]。

それでは、これらで論じられた「大衆社会」とはどのような社会状況のことなのか。確認しておくべきは、これまでの大衆社会論が、それを肯定的・楽観的にも否定的・悲観的にも論じており、同一の状況について対照的な議論がなされてきたことである。

すなわち、「大衆社会」とは、メディア・学校教育・大量生産技術などの発達によって、多くの人びとが一定の読み書き能力と生活の余裕を獲得し、同一の情緒・情報・文化に接して、ある大集団の一員であると容易に想像できるようになった社会である。一方、都市化・産業化の進展にともなう社会的分業と官僚組織の発達によって、人びとが地域社会や産業組織の全体構造を把握しづらくなった、断片化された社会ともいえる。

「大衆」として生きる人びとには、職業生活においては、労働の効率化・合理化およびそれにともなう所得の向上がもたらされた反面、人員の削減や代替の可能性が高まり、作業の定型化と労務管理の強化によって、自己疎外して働く時間が増やされた[15]。家庭生活においては、商品情報や安価な品種の増加などによって、豊かで合理的な消費生活を享受できた反面、専門家や業者などによって行動を型にはめられて、主体的・個性的な日常生活を送りづらくなった[16]。また、文化生活においては、学校教育の普及とマスメディアの発達によって、エリートに独占されていた知識や文化を身近に享受できるようになった反面、多くの若者に一律に施される教育や商品化・実用化された芸術・文化・科学が、大量生産の弊害や権威への追従を招いた[17]。

それゆえ、「大衆」とは、楽観的に見れば、同族・同郷・同業のしがらみから自立して個人的な生活を享受しつつも、ときには気の合う仲間と集まったり、マスメディアの発信する洗練された情報や情緒を享受したりすることで、孤立しない幸福な人びとといえる。しかし、悲観的に見れば、自立を求めつつも孤立を恐れるがゆえに、政治権力や大資本によって操縦されやすい不幸な人びとということになるのだ。

本書の論じる「大衆の時代」とは、こうした両義性をともなう「大衆社会」的な状況へと向かう趨勢が、それを超克しようとする趨勢よりも、少なくとも結果的には多くの人びとによって肯定された時代である。この時代においては、権威や資本や才能などを有する一部のエリートというべき人びとが、ときには大衆をつくり出し、大衆を利用しようともしたが、彼らもまたしばしば大衆のなかに飲みこまれた。両大戦間期から人民共和国初期にかけての中国都市は、こうした「大衆の時代」のただなかにあったのである。

（2）大衆社会論と中国史研究

中国近代の大衆社会論

清末民国初期の思想家・厳復は、ミルの『自由論』を『群己権界論』（上海、商務印書館、一九〇三年初版）として翻訳している。それは、中国における最初期の大衆社会論といえる。厳復は、「以国群而侵小己之自繇則於非常之人大不利」（国民集団が一個人の自由を侵すことは、非凡な人にとって大いに不利である）と注釈をつけて、ミルの主張を明示していた[18]。ただし、厳復は墨子の兼愛・利他の思想を肯定しており、梁啓超とは異なって、その思想が個人・個性を抑圧する危険を孕むことを察知していなかった。さらに厳復は、国家存亡の危機において、個人（「己」）が集団（「国」「群」）のために尽くすことを重視していた[19]。

欧米における大衆社会論の系譜のなかで、中国の学界にもっとも大きな影響をあたえたのは、ルボン（黎朋）である。一九二〇年には、英語版からの重訳で商務印書館から『群衆心理』の訳書が刊行されている[20]。ルボンの学説の紹介は、両大戦間期の上海において「群衆心理」に関する著作が続々と出版されるきっかけになった。

例えば、四川大学で社会心理学を教授した高覚敷は、一九三四年に上海の中華書局から出版した『群衆心理学』を、ルボンの学説の紹介から始めている。高覚敷は、「人は一人でいるときは修養があるのかもしれない。だが、Crowd のなかに入ると野蛮人と化し、本能の支配を受ける人となる」、「一つの Crowd は殺人や放火など、あらゆる罪を犯すかもしれない。だが大公無私、忠実に勤めて己を超克するような、個人にはできない高尚な行動もする。とりわけ栄誉や愛国の情緒に訴えかけると、集団内の各人に影響をあたえて、ときに命さえも犠牲にさせることがある」といった論述を、英語版から翻訳・引用している[21][22][23]。

高覚敷の著作は、当時の欧米における社会心理学の最新の学説を数多く検討した一方で、欧米の学説を中国社会の分析に応用するという点では不十分であった。高覚敷が具体的に中国の問題を論じたのは、大多数の「公衆の意見（public opinion）」によって少数の優れた私人の意見が圧殺された事例として、孫文の「排満」や胡適の「白話」の提唱が長年の宣伝活動を要したことを挙げるなど、わずかな事例にとどまっている[24]。

ほかにも、中国人の手による大衆心理（「群衆心理」）に関する初期の優れた著作として、例えば、黄埔軍官学校などで教鞭をとった張九如の『群衆心理与群衆領導』（一九三四年）が挙げられる。張九如は執筆に際して、五年間で大小三〇〇〇以上の「群衆集会」に参加し、心理学の書籍を一〇〇冊以上、各国の政治史を七〇冊以上、ストライキや学生デモの統計・記録を三〇冊以上読んだという[25]。張九如の理論研究は、国民党の大衆動員のために提供されたものだが、やはり具体的な事例分析に乏しい。「大衆」と「大衆社会」に着目しながら中国都市の近代を考察することは、後世の歴史家に残されていた課題なのである。

大衆社会論は、ドイツ・アメリカ・日本などの事例について、豊富な議論を蓄積してきており、そこでは新中間層の意識や行動も分析対象となった。[26] しかし、大衆社会論の観点をふまえた中国研究は、現在に至るまでほとんど展開されていない。なぜならば、アメリカや日本などで大衆社会論が全盛期を迎えた戦後から一九五〇年代にかけて、中国国内では欧米の社会学の影響が排除され、中国国外では「社会主義」を掲げた中国がまったく異質な国家と社会を建設したかのように考えられたからである。また、欧米の最新理論を旺盛に受容している近年の中国においては、大衆社会論をへずして市民社会論が隆盛を極めた。

本書の目的は、近代上海における「大衆」の誕生と変貌のダイナミズムを、新中間層を中心とする人びとが体験した消費・動員・イベントから浮き彫りにすることである。上海では、欧米と日本をのぞけば、もっとも早い時期から新中間層が存在感を増し、「大衆」が生み出されていた。本書は、上海の俸給生活者やその家族が、日常生活のなかでどのように「大衆」となっていったのかを、多様な視点から見ていこう。

さらに、形成され始めた上海の新中間層は、日中戦争と戦後の国共内戦を切りぬけたが、共産党政権樹立後に階層再編を迫られた。本書は、両大戦間期から人民共和国初期へと至る激動の底流に存在した「大衆」の秩序の構造的な連続性のなかに、新中間層の形成と解体の契機を見出したい。近代上海の社会秩序の構造として「大衆的公共性」の優勢が続いたことを明らかにするが、ただし同時に、それを克服しようとする「市民的公共性」が見られていたことも指摘するだろう。

二　近代上海の大衆消費社会

（1）中国消費社会の略史

中国史上の消費主義

それではここで中国史を概観して、清末から人民共和国初期までの時期を、暫定的に「近代」と定義しよう。すると、近代に生起した事象の多くが、実は一つ前の政権交代期にあたる明末清初にすでに見られていたことに気づかされる。

そもそも、明清交代期と近代は同じく、動乱と交易の時代であった。例えば、両時代においては共通して、対外的な危機（北方異民族／欧米列強）と日本の進攻（朝鮮出兵／日中戦争）が起こり、国内では地方の軍事集団が台頭して争乱をまき起こし、都市民衆も同郷の連帯によりながら集団的暴力を頻発させた。他方で両時期には、国際商業の発展に刺激されて都市が成長し、都市商業階層が勃興して消費社会が成立した。これらの結果、在来の秩序が動揺して地域社会が流動化したが、「個人崇拝ないしは個人排撃のかたちをとってなだれをうって展開する流動的な世論」[27]のなかで、新たな支配体制が確立された。さらに、政権交代後の安定期に人口が急増したことも共通している。

ここで注目したいのは、明末江南の大都市において、唐・宋代から見られ始めていた「消費主義」というべき風潮が広く拡大したことである。ここでいう「消費主義」とは、贅沢な消費を肯定し、それによって自己実現しようとする志向・風潮のことを指す。宋代においては、士大夫の奢侈が一部の商人や農民にも広がっていた。例えば、食品では新たに米・茶・胡椒が広く普及し、米は種類ごとに細分化されて市場に出され、また服飾では、度重なる禁令にもかかわらず分不相応の身なりをする者が現れて、庶民が貴金属や宝石類を使用し、高級絹織物を着用していた[28]。

　こうした消費主義が明代にはさらに発展したことを、おもに巫仁恕の研究に依拠して見ておこう。明代中期以降、国際貿易と国内市場の拡大および市場機能の成熟が商品生産を促進し、また大量の白銀の流入が貨幣経済・商品経済の発展を促し、人びとが市場でモノを買う頻度を高めた。都市化が進展して、多くの商人と郷紳が市鎮に集住して、彼らが旺盛な購買力をもつ消費者層となった。庶民の間でも、多くの女性が一家の副業として紡織の手工業に従事し、世帯の所得を増やしたことが、購買力の向上につながった。贅沢品・特産品は日用品となり、贅沢な消費が庶民にまでかなり広く普及した。

　士大夫も庶民も流行の服飾品を追い求めて、紡織業や仕立業を発展させた。また、観光旅行が庶民の間にも定着し、人びとは名山に参詣して、信仰心と遊び心を同時に満足させた。庶民が上流階層を模倣する「僭越」の風が見られ、商人らが士人の服装をまねて、書斎に家具を取りそろえ、景勝地を旅行した。上級の官吏をまねてかごに乗る書生・商人・俳優までも現れた。そして、陸楫など一部の士大夫は、人びとの物質的な享楽を求める欲求を肯定し、庶民の同様の情欲観は俗文学に現れ、『金瓶梅』などの小説にも大量の消費情報が挿入された。

　商品経済の発達にともなう身分秩序の崩壊は、商人の社会的地位を向上させる。大商人は「捐納」（金を納めて官位をえること）によって官位を手に入れ、一方、士大夫の一族は質屋（「典当」）や手工業（紡績）を営み、下層の士人も作文して手数料を取る「潤筆」を生業とした。庶民に文化的な優越性を脅かされた士大夫たちは、新式の服飾衣冠を発案したり、旅行の理論を探求したり、特殊な味覚観を宣揚したり、家具に文字を刻んで商品化を妨げたりして対抗していた。

　なお清代には、朝廷の消費社会に対する統制が強まり、流行の発信地も江南都市から北京の宮廷へと移ったが、清代中期以降になると贅沢な消費を禁じる朝廷の政策が弛緩して、奢侈が再び日常化・恒常化し、さらに全国各地へと拡大した(29)。

近代上海における変化

中国の消費主義は、宋代に端を発し、明末に発達し、清代中期に復興・拡大した。それを歴史的背景として、近代には上海などで大衆消費社会が形成されたのである。では、消費社会は近世から近代に至って、どのような変化を遂げたのか。

第一に、上海の人びとは、一八四〇年代に設置された租界で西洋の物質文明に直接触れて、それに驚き、怪しみ、羨み、そして真似た。例えば、上海初の西洋式舗装道路は一八五六年、ガス街灯と電線は六五年、水道は八三年、路面電車は一九〇八年に設置された(30)。一六世紀に宣教師によって中国にもたらされた時計（置時計・懐中時計）は、清代にも模造されていたものの、長い間、主として高級官僚の玩具にすぎなかった。だが、二〇世紀に入る頃までには、分単位で時を刻む実用品として、都市生活のリズムを変えていた(31)。民国期には腕時計も普及して、ペンなどとともに西洋文明の象徴物の一つになった(32)。

さらに一九三〇年代までには、「摩登」（モダン）という言葉が、西洋風の服飾品・化粧品・娯楽サービスなどの消費と関連して広く用いられるようになった。新しい流行・風俗を追い求める「モダンガール」の出現は、同時代のニューヨーク・東京・上海はもちろん、欧米・アジア・アフリカ・オーストラリア・旧ソ連などの各地で見られたグローバルな現象であった(33)。「摩登」とされた生活スタイルは、刺激を求める上・中流階層の退廃的な情緒の表れとして批判されることもあったが、中国人の追求すべき近代化した生活様式として称揚されることもあった(34)。

第二に、近代においては機械制工業が発展し、大量生産が可能となり、大衆消費者が生み出された。すなわち、明末の蘇州・杭州における消費社会の形成は、産業革命の到来を招かなかったが、一九世紀半ば以降の上海では、綿紡織・製糸・製粉などの大規模工場が数多く設立された。機械制工業の発展は、商品の大量生産を可能にしたばかりでなく、生産・流通・金融などに従事する大量の賃金労働者や俸給生活者を生み出して、新たな大衆消費者としたのである。

　そして近代においては、少数のエリートが贅沢な輸入品・高級品を使って社会的地位を示した一方、多くの人びとが廉価な模造品・普及品を使うという二層構造の経済社会が形成された[35]。その結果、西洋起源の様々な日用品が、一握りのエリートだけでなく、都市中間層にまで広がった。例えば、上海の中心街・南京路に創設された大型百貨店の先施公司では、商品棚に舶来のブランド商品を並べて高級感を保ったのと同時に、比較的廉価で良質の国産品や自社工場製品を陳列していた[36]。そして一九三〇年代の景気低迷期までには、安売りで有名な新新公司をはじめとする各百貨店が、バーゲンセール（「大減価」あるいは「一元貨」「一元商店」など）や景品提供（「買一送一」）を競って頻繁かつ長期にわたっておこない、客層を拡大した。一九三六年に開業した大新公司は、上海初の地下売場「廉価商場」を設け、「中層・低層」の消費者の取りこみを重視していた[37]。一九二〇年代の上海では、「逛公司」（百貨店をぶらつく）が「看電影」（映画を見る）と並んでモダンな生活スタイルを象徴するようになり[38]、百貨店が「中産階級の養成所[39]」というべき役割を果たしていたのである。

　第三に、マスメディアの発達が、生活空間に大量の情報を充満させた。人びとはしばしば商品そのものだけではなく、それに付随するイメージも生産し消費するようになった。たしかに、明清時代にも情報伝達手段として、口コミや歌謡・詩文・演劇にくわえて、掲示（「帖」）・ビラ（「単」）・新聞（官報である「邸報」・軍事伝達用の「塘報」・民間の「小報」）などがあった[40]。しかし、一九世紀に入って宣教師によって発行され始めた中国語の定期刊行物は、印刷技術の進歩や学校教育の普及にともなう読者層の増加によって、一九三〇年代には日刊紙だけで総計三〇〇万部以上が発行されるまでに発達した。印刷メディアのほかにも、両大戦間期までには、百貨店のショーウインドーやネオンサイン、映画やラジオといった多様な広告媒体が街にあふれかえるようになった。これらの宣伝効果が、大衆消費の拡大や大衆娯楽の普及を促したのである（第一章参照）。

第四に、文化的素養と経済的余裕をもつ女性たちが登場して、消費の領域において大きな役割を果たすようになった。明末以降の都市において、雇用されて手工業に従事した女性たちは、作業に必要な技能を学んだが、読み書きや計算などの教養を身につけることがなかった。しかし新文化運動期以降には、中等水準以上の学校教育を受けた女性が急増し、上流有閑階層にくわえて大多数の主婦と少数の職業婦人からなる都市中間層の女性が多く登場していた。

また清末都市においては、妓女たちが、艶やかな服飾を身にまとい、社交場で活躍し、ファッションの流行を先導したが[41]、民国期都市においては、それに代わって中・上層の主婦と職業婦人たちが消費リーダーとなり、欧米や日本で流行した最新のファッション・娯楽・生活スタイルを取り入れていた。さらに、若くて明るく上品な女性たちのイメージは、新聞広告やポスター式カレンダー（「月份牌」）などのメディアに描かれて、さらなる欲望を喚起し、消費主義の傾向を助長して大衆消費を促した[42]。

すなわち、近代都市の商業空間において、女性は消費者として台頭し、また「消費」される対象としても注目を集めていたのである。例えば、両大戦間期上海の百貨店は、ファッションショーを開催するなどして、主婦などを招き寄せたのと同時に、美貌の女性店員をタバコ・文具等の売り場に配して、男性客を招き寄せることもしていた[43]。また、日中戦争後の上海で大々的に開催されたミスコンテストは、ダンサーや歌手などではない一般女性が大衆の面前で美貌を競い合うので、女性を愚弄し侮辱する下品なイベントだと批判されたが、難民救済のための募金を理由に正当化されて、全国各地でおこなわれるようになった（第七章）。このように、民国期都市における大衆消費文化の勃興には、新中間層の女性たちが重要な役割を果たしていた。

（2）新中間層から見た大衆消費社会

大衆娯楽とマスメディア

近代都市の大衆消費社会のなかで勃興した新中間層は、例えば、外国産ないしはそれを模した国産の大量生産品を嗜み、大型百貨店で高級な贈答品を眺めるだけでなくときには購入し、雑誌や新聞や書籍を閲読して、レコードやラジオを聞き、労働ではなくスポーツで体を動かし、劇場・映画館・ダンスホール・ナイトクラブ・遊楽場で遊び、茶館やカフェで語り、西洋式の公園・レストラン・ホテルで時を過ごし、鉄筋やセメントで建てられた高層ビルに上り、自転車や自動車や電車に乗り、電報や電話を使うことができるようになった。とくに、小説や文芸作品を中心とする読書、卓球やサッカーなどの球技や散歩、映画・演劇・音楽鑑賞は、民国期の新中間層にとって一般的な大衆娯楽になった(44)。例えば文学についていえば、新文化運動以後、個人主義の恋愛文学、プロレタリア革命文学、大衆文学、さらに日中戦争勃発前後には国防文学などが勃興した。この時期の文芸運動に参加したのは、たとえプロレタリア革命文学といえども、作者や読者はみな「小資産階級」（プチブル）であり、そのことは魯迅や茅盾らの作家も心得ていた(45)。

新中間層をはじめとする多くの人びとは、新聞・雑誌・書籍などのメディアが提供する情報や情緒に浸り、ときにはそこから有用な知恵・知識を取捨選択して日常生活を構成していた。例えば『良友』画報は、『イラストレイテッド・ロンドン・ニュース』（一八四二年創刊）に啓発された伍聯徳によって、一九二六年に上海で創刊された。それは、日本の国民的大衆誌『キング』（一九二五年創刊）や、アメリカのグラフ雑誌『ライフ』（三六年創刊）とも比べられる中国の大衆向け総合グラビア雑誌となる。『良友』は、政治や時事問題を取り上げたほかに、上海における各層の人びとの生活を描写した。とりわけ注目されるのは、欧米流の生活スタイルが受容される時代の流れを敏感にとらえつつ、映画・ファッション・音楽・美術・スポーツ・旅行・小説や有名人などの多彩な内容に関して、豊富な写真を主体とする記事を数多く掲載していたことである(46)。

たしかに、中国における画報の先駆けであった『点石斎画報』（一八八四―九八年）も、非現実的なものを含む様々な事象を石印図版に面白く描き出して、読者の好奇心をそそった商業誌であった。しかし、『点石斎画報』が未知の事象に関する新しい知識の啓蒙を目指していたのに対して、『良友』は民衆教育を趣旨に掲げながらも、それ以上に娯楽や芸術の要素を重んじ、モダンな都市生活を誌面に投影して、一九三〇年代から大量に発行された映画雑誌の先駆けになった(47)。また、『良友』創刊と同年に、天津では『北洋画報』（一九二六―三七年）というグラビア誌が創刊される。とはいえ『北洋画報』は、地域の名士や商人などの上流階層の生活を多く記録し、民衆の日常生活に関する記事は少なかった。小説でも、白話作品より文言作品を多く掲載し、紳商（ビジネスに身を投じた郷紳や、紳士・官吏の肩書を捐納で取得した商人）の文化的な趣味や理想を反映していた。それに対して『良友』は、若い世代の企業職員をはじめとする都市中間層をおもな対象読者にしており(48)、その魅力的なグラビアがしばしば大衆の消費意欲を喚起していた。

もちろん、同時代の中国には、例えば、共産党地下党員の李公樸らが店員などの啓蒙を目指して編集した『読書生活』（一九三四―三六年）のように、広告を一切掲載せず、資本主義や消費主義に対して観念的に反対する社会評論誌も存在した。しかし、『良友』をはじめとする当時の多くの定期刊行物は、新しい近代的な生活スタイルを示しながら、大量の商品広告を掲載して、都市中間層の消費主義的な大衆文化を育んだといえる(49)。さらに、『良友』が商工業者やエリート職員など、都市の中・上層（upper middle）を主要読者としていたのに対して、中華職業教育社の週刊機関誌『生活』（一九二五―三三年）は、『良友』の読者よりもさらに広範な中・下層の職業青年に消費・

娯楽生活のあり方を示して、[50] 大衆消費文化の担い手を広げていた。

本書第一章で詳論するように、近代上海随一の商業紙『新聞報』（一八九三―一九四九年）を見ると、一九一〇年代後半から、医薬品、タバコ、食品・飲料、衣料品・化粧品・生活用品などの図版広告に、しばしば俸給生活者や主婦の姿が描かれるようになったことがわかる。また、両大戦間期の図版広告には、しばしば商品を称揚する群衆の姿が描きこまれていた。すなわち、この頃から商業新聞が大衆化し、そこに都市中間層を中心とする人びとが大衆消費者として登場していたのである。

大衆消費社会の現実

他方で、両大戦間期に拡大した大衆消費社会は、都市中間層にとって否定すべきものともなった。例えば、『美術生活』などの美術雑誌を分析したC・ワーラによると、そこで紹介されたインテリア・デザインなどの工芸美術は、大衆化・実用化を目指した経済的なものであると宣伝されたにもかかわらず、文化界・実業界のエリートたちが中国スタイルのモダニズムを追究した結果、実際には都市中間層の家庭では手の届かないものが多かったという。[51]

すなわち、大衆向けの定期刊行物は、『点石斎画報』から『良友』に至るまで、人びとの日常生活の現実を投影させた画像よりも、非日常的で好奇心をそそる画像を掲載しがちだった。『良友』や『美術生活』などの誌面は、モダンな都市生活像をできるだけ魅力的に提示してみせ、新中間層をはじめとする多くの読者は、しばしばそのイメージや雰囲気だけを憧れの対象として消費するしかなかった。両大戦間期の上海に登場したモダンガール・モダンボーイにしても、実際の数はけっして多くなかった。しかし、例えば女工が困窮する生活のなかで少しでも節約してファッションにお金を使おうとしたように、中・下層の職員・労働者を含めた広範な人びとの「ささやかな模倣・擬態」[52]が、モダンなイメージのリアリティを支えていたのである。

さらに一九三〇年代末の戦時期になると、例えば、月給の何倍もの値段の贅沢品を販売する永安公司（上海の四大百貨店の一つ）の店員たちが、妻子を養うのも困難な薄給のなかから、国民政府に対する支援や被災した同僚家族の救済のために寄付金を供出することがあったという。[53]戦争によって、消費主義的な社会の矛盾がいっそう露わになり、大衆消費を謳歌していた都市中間層の一部は、新たな社会的価値観を模索し始めていたのである。また、新聞などに大量に掲載された商品広告のなかには、誇大・虚偽・猥褻・誹謗・詐欺など、不適切な内容のものが散見され、消費者の利益を脅かしていた。不正広告の取り締まりは、新聞社や企業の自己規制に委ねられていた部分が大きかったが、日中戦争後の国民政府は、消費者の高まる権利意識に対応して、商品の審査と不正の摘発に本格的に取り組み出していた（第二章）。

大衆消費と愛国主義・植民地主義

一九三四年七月、蔣介石が新生活運動を発動し、中国の伝統的な儒教道徳を基本精神として、国民生活の「軍事化・生産化・合理化」を目指した。新生活運動においては、国民党が素朴な節約生活を提唱していたが、ラジオで放送された民間企業の広告用の歌謡は、国産品のさらなる消費を呼びかけていた。[54]党・政府の宣伝する愛国主義と、生産・流通・広告業者および消費者の愛国主義には、こうした齟齬があったのである。

そして注目すべきことに、大衆消費の拡大はしばしば、国粋化としての愛国主義ではなく、むしろ欧米化としてのそれを強化していた。国産品を宣伝している中国企業が、西洋式の製品を販売して、西洋風の生活スタイルを提唱することがあったのだ。例えば、三友実業社（一九一二年創設）は、バスローブや綿製フェイスタオルを製造・販売して、頻繁な入浴や運動を推奨していた。[55]また、輸入品に代わる国産品が提唱されても、しばしば増加したのは欧米製品の模造品であった。[56]

近代化の過程においては、このように愛国主義を声高に主張する人びとが、日常的には淡々と大衆消費およびその欧米化を促進している局面があった。とりわけ、消費者の愛国意識は、たとえ外国製品のボイコット運動や国産品（「国貨」）の展覧会などがおこなわれても、生産者と同じように高まることはなかった[57]。多くの人びとはふだん、国産品であるかどうかにかかわらず、品質と価格を見て商品を購入していたからである[58]。それゆえ、両大戦間期における大衆消費と大衆動員の結びつきは、たいていゆるやかなものであった。

たしかに、欧米風の新しい消費生活のスタイルを享受する「新家庭」は、「摩登」であるとして人びとの憧れの対象になったのと同時に、「冒充文明」（西洋文明のものまね）として批判されることもあった[59]。しかし、西洋文明の模倣であるという非難に対して、生産者は産業を振興して救国することを理由に正当化し[60]、消費者は生活の快適さや合理性を求めるなかで無意識化した。さらにいえば、近代の大衆消費社会に生きる人びとは、自分たちが被植民者である現実を正視せず、ときには植民者と視線を重ね合わせながら、日常の消費生活に埋没することによって、植民地主義の無自覚的な支持者となる場合さえもあった。

近代上海の都市中間層の植民地主義的なまなざしは、とりわけ観光旅行の場面において著しかった。一九二三年四月に南京国民政府が成立し、江南地方の治安が安定してくると、上海―南京および上海―杭州―寧波の鉄道沿線地域を中心に、週末旅行に出かける俸給生活者などが登場して、大衆観光の時代を迎える。中国旅行社の発行した『旅行雑誌』[61]（一九二七―五四年）を見ると、上海の旅行者は、地方の風景を消費することによって、上海の近代的な優越性を再認識し、自らを国際人の旅行者と夢想することがあったとわかる。すなわち、上海の旅行者は、西洋の半植民地の状態にあり、自分たちも西洋の人種主義の犠牲になっていることを無視した。さらに、中国のほかの地方の人びとと階層的な関係を築きながら、自分たちのアイデンティティーを構築して、植民者に近いような心性を有したという[62]。

このように、愛国主義が日常的に根づいた時代を生きた多くの人びとにとって、愛国主義と表裏一体の植民地主義もまた、しばしば無自覚ではあったが日常的に浸透していた。すなわち、愛国主義の影響が強い時代における大衆消費の勃興は、消費者の間に無意識のうちに植民地主義を育んでいたのである。

「孤島」の愛国主義と植民地主義

一九三七年末、華界（租界以外の地区）に日本軍が進駐し、傀儡政権が統治すると、租界は「孤島」と呼ばれるようになったが、上海の租界ではその後もしばらく抗日運動ができた。例えば、租界では、中国人が編集し、外国資本の会社として外国の領事館に登記することで、日本の検閲を免れた「洋商報」が発行されて、反日の宣伝活動を展開した。『申報』や『新聞報』も、同様の方法で刊行が続けられた（第一章）。また、共産党地下組織が活動に深く関わった各聯誼会（職員の親睦・互助団体）は、共同租界・フランス租界の間で活動拠点を繰り返し移転させて、日本軍の圧力を受けた租界当局の取り締まりをかわしていた（第四章）。

このように、共同租界・フランス租界・華界という多元的な統治権力と行政系統が併存したことによって、自由な活動をある程度可能にする空間が、権力の隙間に維持されていた。一九四一年末、日本軍が英米両国との開戦にともなって共同租界に進駐するまで、上海の租界地区は、重慶・延安と並んで中国の抗日拠点の一角を担った。当時の上海の人びとの間では「曲線救国」の論調が広く受け入れられて、日和見主義的な行動が多く見られ、共産党・国民党・対日協力政権の三方に通じることさえありえたという(63)。この時期には、上海の様々な人びとにとって、租界の安全性の維持が欠かせなくなっていた。

「孤島」期の上海租界は、周辺地域から大量の物資・資金・労働力の流入を招いた。さらに、対外貿易も封鎖されなかったために、内陸部への「援蔣ルート」や東南アジア市場へのルートの拠点として機能して、投機ブームを呼び起こす。そこでは、つかの間の経済的繁栄が謳歌され、戦時の社会不安から刹那的な享楽主義に溺れる人びともいた。歓楽街では女性ダンサーと体を密着させて踊るダンスホールや豪華なレストランが繁盛し、「支那の夜」などの日本の流行歌がかかり、賭博や売買春が盛行した。こうした享楽的な娯楽への耽溺は、愛国主義の観点から見れば、民族を衰退させて国家の危機を増大させ、日本の帝国主義に消極的・間接的に協力することになった。

これに対して、個人の心身や社会に有益な学習・スポーツ・音楽などの「正当な娯楽」に励む人たちもいた。それを通して愛国主義を鼓舞しても、帝国主義に対するやんわりとした拒絶や抵抗になりえた。もちろん、娯楽・文化活動の形式による愛国主義は、より直接的な抗日運動を主張する共産党地下党員などからすれば、満足できるものではなかった。しかし、当時においては「正当な娯楽」も、間接的ではあるが救国につながると広く信じられた。だから、それを推進する聯誼会を利用した大衆動員は、中国共産党職員運動委員会書記の顧准をはじめとして、俸給生活者の組織化を図った活動家たちに採用され、「孤島」期上海の都市中間層を動員する現実的な戦略になりえたのである（第四章）。

三　大衆を生み出す秩序の構造

（1）「市民社会の萌芽と挫折」論をこえて

市民社会論と上海史研究

ところで、一九八九年、（第二次）天安門事件が起こり、この民主化運動の挫折は、中国における市民社会の脆弱と結びつけて論じられるようになった。くしくも同年には、J・ハーバーマス著『公共性の構造転換』の英訳が出版された[64]。その後、アメリカの学界を中心として、中国における「公共圏（public sphere）」と「市民社会（civil society)」に関する活発な議論が展開された。(65)その詳細についてはほかに譲り、(66)ここでは中国近代史研究の分野における議論の傾向を改めて一つだけ指摘しておきたい。

まず確認するに、ドイツの社会学者ハーバーマスは、一九世紀末から二〇世紀前半の西欧における「市民的公共性」の崩壊を論じたが、多くの中国史家は、同時代の中国における公共性の形成を論じていた。すなわち、ハーバーマスは、二〇世紀中葉のマスメディアに「操作的な公開性」を見て取り、それを批判的に検証するために、一八世紀の市民社会が育んだ公共性をよみがえらせようとした。そこで、①I・カントの啓蒙の理念（「批判的な公開性」、「理性を公共的に使用する自由」など）を再構成し、②二〇世紀の公共性の実態（「示威的な公共性」、スペクタクルの空間となった公共領域など）に対置して見せたのである。(67)一方、一九九〇年代の欧米や日本の中国史研究者はしばしば、地域の有力者や彼らの社会団体が、政府の担うべき社会事業を肩代わりしたことを根拠として、中国社会に「市民的公共性」の特徴を見出していた。(68)そして、ハーバーマスの試みとは逆に、民間団体と政府がともに公的な言説を操作して、相互に依存しあい社会秩序を形成していく様相を描き出したのである。(69)

さらにハーバーマスは、「国家」と「私」の間に広がる領域を「市民的公共性」の基盤として設定し、その領域が国家権力へと回収されたことによって「市民的公共性」が衰退したと論じた。こうしたハーバーマスの理念型は、民間の経済社会が発展した上海などの地域を研究する歴史家には受け入れやすいものであった。上海史研究においては、「社会」のなかに「公共性」の萌芽を見出し、「社会」に対する「国家」権力の浸透によって「公共性」が失われていくという図式が、二〇世紀前半の趨勢を理解する説明様式として一般的になっていった。

例えば小浜正子は、社会団体の自由な発達を「市民的公共性」の発露ととらえて、次のように説明する。すなわち、上海の社会団体は民国前期には自律的に発展し、政府によって公認された。だから、社会団体に結集した都市の人びとは、中華民国の「公民」となれた。しかし、一党独裁の党・国家の統治が都市社会に浸透するにともない、自由に発達してきた社会団体はまず国民党政権によって制度化され、やがて共産党政権に解体された。こうした社会団体と党・国家の関係の変化を考察して、小浜正子は「ハーバーマス的な言い方をすれば、上海近代における市民的公共性はその内在的発展としての人民的公共性へは転換しなかった」と結論づけ、「市民的公共性」が継承されなかった理由には、地域的偏差や抗戦・内戦といった外在的要因を挙げている。(70)

また張済順は、上海におけるハリウッド映画批評を分析し、次のように結論づけた。すなわち、一九四九年以前には、知識人がハリウッド批判という世論を形成する場を構築していた。ところが一九四九年以後には、上海の文化消費において国家体制が確立され、政治教育の機能が強まり、都市社会の世論を形成する「公共空間」が急速に縮小し、それにともなって大部分の知識人が「自由職業者」(専門職)から「単位人」(職場人間、「単位」については後述)に変わり、ハリウッド批判が国家の強力な統合の下に置かれたのだという。(71)

両見解から典型的に看取できるように、両大戦間期から人民共和国期までの上海社会史は、「市民社会の萌芽と挫折」ないしは「実りなき市民社会(abortive civil society)」というべき図式で論じられることが多い。そしてこの説明様式は、清末民国初期における新たな「公共圏」の出現を明らかにし、中国都市には法的に保証された自治をおこなう団体が欠如したとするM・ウェーバー以来のアジア社会停滞論に対して、(72) 歴史の見直しを迫る意義があったのだ。

しかし、「市民社会の萌芽と挫折」論は、社会の発展的な側面に関心を集中させたために、「市民社会」が成熟することなく「挫折」した原因を、外在的な専制国家の拡大だけに求めがちである。だから、この説明様式はたいてい、民国前期の「社会」の時代を薔薇色に、人民共和国初期の「国家」の時代を灰色に描くことになる。だが、もちろん民国期においても社会の矛盾は深刻化していたし、人民共和国の建国当初もまた多くの人びとにとって未来への希望に満ちた時期であった。例えば、国共内戦が過ぎ去って新政権の下で一息ついた上海のブルジョワジーは、当時につかの間でも「黄金の歳月」を実感していたのである[73]。それゆえ、「市民社会の萌芽と挫折」という一般的な図式には囚われないで、上海史を見直すことが必要だろう。つまり、清末民国期の都市社会の「市民的公共性」を再検証し、そこに内在された要因から人民共和国初期までの歴史過程をとらえ直すべきなのである。

そのためには、ヨーロッパの「市民社会」概念に見られる国家―社会関係の認識の幅が、最初の手がかりになると思われる。P・A・キューンによれば、①自由主義的な概念を参照することによって見出される「市民社会」は、国家と不安定な、あるいは敵対的な関係をもつ。それは、自発的組織を通じて、国家に対して警戒的な「独立した目」を備えることによって、専制統治の侵入から自己を防衛しなければならない。一方、②G・W・F・ヘーゲルなどのドイツ的概念を引き合いに出せば、「市民社会」は利己的利害関心によって常に内部崩壊の危機に瀕し、国家による綿密な監視を必要とする。国家は社会調和の自然な表現であり、随時「市民社会」に介入しなければならない、ということになる[74]。したがって、①の「市民社会」観に依拠すれば、「市民社会の挫折」のように見える一連の過程は、②に依拠すれば、「市民社会の転換」に見えるのである。

民間の公共事業の危機

そもそも、清末民国期の都市に「市民社会の萌芽」を見出した歴史家の多くは、民間の慈善公益事業やジャーナリズムの発展を過大評価しがちで、それらに共通して見られた公共性の危機的状況を十分に論じてこなかった。しかし、公共性を追求すべき事業は、大衆に宣伝するための事業に卑俗化することがあった。例えば、民国期上海の民間慈善団体は、新聞で慈善家の名前や活動の成果を宣伝するのに多額の資金を費やした一方、施設の整備には十分な投資をせずに、市政府の指導を受けることがあった[75]。民間の慈善事業に対する批判的な見方は、当時においても一般的であり、例えば「一杯の牛乳」という一九三〇年代末の左派系話劇は、慈善家に偽善者が含まれたことをたくみに描き出している。[76]

また、ジャーナリズムやマスメディアにおいても、民間の新聞社は、営業利益を追求しなければならなかった。そのため、広告会社が、新聞紙面の構成ばかりではなく、新聞記事の内容にまで影響をおよぼすことがあり、極端な場合には、新聞が社会規範に反した不正広告や虚偽広告を掲載して、市政府に取り締まられることもあった。[77] 民国期には不正広告の取り締まりが、業界団体の自主規制から政府の監督、さらには市民の新聞投書などによっておこなわれるようになっていたのである（第二章）。

さらに周知のように、上海の青幇（秘密結社）の領袖であった杜月笙は、国民政府と合作しながら、アヘンの専売や賭博・売春で獲得した暴利を、自身の経営する銀行・新聞社や慈善団体などにつぎこんで、市長の座をねらう名望家にまで昇りつめた。杜月笙を名士の地位に押し上げたのは、少なくとも当時における「市民社会」や「市民的公共性」の成熟ではない。おそらくそれは、国民党政権との癒着や儒家紳士的な仁義のふるまい、そして英傑を崇拝する大衆心理だったのではなかろうか。例えば、日中戦争終結直後に杜月笙は、国民党政権に協力して蘇北難民の救済資金を集めるため、ミス上海コンテストという大規模なメディア・イベントを主催し、新聞やラジオを使って慈善活動を宣伝した（第七章）。

すなわち、民間の公共事業は私利を追求し、大衆に迎合することがあったから、その結果として国家の介入を必要としていた。ハーバーマスの意に沿うならば、「市民社会の萌芽」は、こうした大衆迎合の超克においてこそ見出されるべきなのである。さらに、ヘーゲルのように、公共性が国家によって保証され、『市民社会』が国家によって補完されると考えるならば、民間の公共事業に国家権力が介入することは「市民社会の挫折」とはいえなくなる。

近代中国において、民間の有力者は、政府から自立してそれに要求を出そうとしたのではなく、しばしば時の権力者と談合して、政府の任務の一部を請け負った。例えば、清末において、民間の自発的な慈善公益事業が資金難に陥ると、政府の経済的な援助を受けながら「官治の補完物」として運営継続を強制されることがあった[78]。民間の慈善公益事業における「自発と強制は同一の事象の二つの側面」であったのだ[79]。それゆえ、貧窮者の最低限度の生活を保障するセーフティーネットの構築は、状況に応じて「民辦」「官督民辦」「官辦」のいずれもがひとしく主流になりえたのである。このように、地域社会における秩序の担い手が、民間有力者から国家権力へと移行する現象は、人民共和国成立以前から繰り返されていた。

（2）中国における公共圏と公共性

中国史における公共性の構造

中国史研究の分野では、十分とはいえないが、ハーバーマスの理念型とは異なった中国独特の「公共圏」のあり方についても考察が進められている。例えば、前述の「市民社会の萌芽と挫折」論においても、中国の「国家」と「社会」は、西欧のように相互対立的ではなく、相互依存的な関係にあったことがしばしば指摘されていた。さらに近年では上海でも、ハーバーマスの理念型を当てはめて「市民社会の萌芽」を「発見」しようとするのではなく、「市民社会の萌芽」には結実しない中国近代の「公共圏」の実態を明らかにしようとする研究が見られる。

例えば、許紀霖によると、中国近代の「公共圏」は、①「国家」「社会」関係のなかに設定されず、社会学者の費孝通が「差序格局」と称した「公」「私」の相対的関係のなかに位置づけられる。②郷紳（在地有力者）が関わる「管理型公共領域」と、全国の知識人が関わる「批判型公共領域」とに大別される。③後者は、相互に交錯し重層する知識人たちのコミュニティーであり、一八九六年に梁啓超が上海で『時務報』を創刊して形成され始めた。その後、知識人の文化権力のネットワークが、大都市から中小都市・市鎮へと放射状に拡張した、などと論じられて

いる。(80)

「公共圏」「公共性」という抽象概念を定義することは容易ではないが、中国社会の文脈に即してもっとも単純に定義すれば、中国の「公共圏」とは、個別(「私」)をこえた全体(「公」)に関わる事柄に関心をもつ人びとが何らかのコミュニケーションをおこなう場のことであるといえる。あるいは、参加した事業が結果として全体(「公」)に貢献していると認識されれば、その場もまた「公共圏」になりえよう。そして「公共性」とは、「公共圏」に参加する人びとの意識や活動のあり方であり、社会秩序や社会統合の原理といえる。だから、公共圏は多様で重層的で、そして錯綜しており、必ずしも「国家」と「私」の中間的領域に位置するとは限らない。「国家」権力のおよばない場(例えば宗族の内部など)や、一つの「国家」をこえた場(例えば国際民間交流など)にも、公共圏は成立しえた。同時に、公共性は動態的であり、常に試行錯誤が繰り返される生成・変化の過程にあった。さらに、複数の公共圏や多様な公共性の間で緊張が生じることもあり、複数の公共圏に属する個人が多様な公共性の間で葛藤することさえあった。

そしてここで指摘したいのは、清末あるいはそれ以前から人民共和国初期にかけての公共性には、構造的ともいえる連続性が見られたことである。すなわち、中国社会における公共性は、同胞・仲間の間に共感・共鳴を醸成し、ときには敵に対する反感や憎悪もつくり出し、部外者を自分たちに帰属・同化させるか、さもなければ疎外・抑圧・排除しようとしてきた。いいかえれば、人びとの共感・共鳴によって公共的な意志が生成されるという自然調和的な公共性が、中国社会においてしばしば楽観的に想定されていたのである。中国史上では、そうした共感・共鳴の公共圏が、討論の公共圏に比べて、大きな影響力をもち支配的であり続けた。さらに、中間層を中心とする「大衆」が登場した民国期以降の都市社会をしばしば大きく動かしたのも、情緒的に共感した人びとが一体感を求めて参加する公共圏であった。中国近代の人びとは、例えば「国民」「公民」「人民」や「中国人」「中華民族」などへの一体化を希求し、またそれを求められた。

こうした公共性の構造は、西欧を含めた世界各地域の近世・近代史上においても見られたが、とりわけ中国の近代においては、戦争と革命が繰り返されたので、構造を強化する趨勢が克服する趨勢を全体的・長期的に圧倒した。さらに、このような社会秩序のあり方は、一部のエリートが人民大衆に代わって政治をおこない、エリートによる権力独占と大衆動員が目標達成のために正当化される権威主義的な政治指導体制（「代行主義」[81]、「賢人支配の善政主義」[82]、「革命的権威主義」[83]などといわれる）とも親和的に相呼応していたのである。

民国期都市における秩序の構造

こうして本書が中国における公共性の構造として指摘する大衆の社会参加のあり方は、すでに近世・近代史の先行研究によっても様々に指摘されている[84]。近代都市においては、多様な政治主体が登場したにもかかわらず、明清時代の郷村と同じように、感化志向をもつ指導者が流動的な大衆感情を領導していくという、中国社会の秩序の構造が存続していた。

例えば、村田雄二郎によれば、清末民国初期の政治秩序の動揺に際して、地方自治の積極的な導入を唱えた知識人は、例外なく積極的な中央権力強化論者でもあったという[85]。また、吉澤誠一郎は、電車に対する天津住民の反感が、人身事故をきっかけに爆発して起こった一九一一年の電車破壊事件を検証している。それによると、巡警道・県議事会・商務総会は、全人民的激情を含意する「公憤」にそって動き、愛国主義をうまく利用して人気をとり、電車会社側を悪と見なして一致団結する姿勢を正当化した。しかしそのために、民衆の直接行動に対して露骨に敵対的態度を示したり、官憲の意向を排除できる自治権を主張したりすることができなかったという[86]。

ほかにも吉澤は、一九一九年の五・四運動の高潮を示す曹汝霖宅襲撃事件に関する世論を考察している。それによれば、当時において、政治も法律も正義を実現できないときには、集合的な直接行動は正当であるという主張が大勢を占め、個人の自由の保障が肝心であり、愛国による大衆的行動だからといって何をしてもよいわけではない、という梁漱溟の議論は孤立した。北京政府も、法の裁きを貫徹させるというより、たくみに学生をなだめてさらなる運動を抑えていた。さらに最近では中国でも、五・四運動のデモにおいて「国民公意」「群衆行動」などといった名目で個人の自由の侵害を容認したことが、後の独裁統治への道を開いたとする議論があるという(87)。

そして、王笛によれば、清末民国期成都の茶館においては、一般民衆の大衆政治、知識人や改革者によるエリート政治、政府による国家政治の三種類の政治が同時に展開されていたという。そこでは、うわさやゴシップが飛び交っただけでなく、政治的な講演がおこなわれ、時事が活発に討論された。しかし、政府は密偵を派遣して批判者を罰したので、茶館の経営者は（欧米のサロンやカフェのオーナーとは異なって）、できる限り政治的なトラブルを遠ざけようとし、茶館に「国事を談じるなかれ」の貼紙を貼った。さらに日中戦争期には、政府が茶館で催される地方劇をプロパガンダに利用したり、茶館において民衆を様々な運動に動員したりすることもあったという(88)。

たしかに、中国近代の茶館は、ハーバーマスの「市民的公共圏」さながらに、啓蒙された公衆が討議をおこなうこともあったかもしれない。しかし、公権力の正当性に関する討議には、政府が強く干渉をしたので、そこが政府に対抗する議論の拠点になることは少なく、それゆえ茶館は、政府と契約を取り交わす政治主体を育む場にはならなかった。一方、実際に茶館が重要な役割を担ったのは、政府と官吏を信頼しない民衆が、在地有力者を招いて多くの客の前で非公式の民事裁判をおこなう「茶館講理」「喫講茶」においてであった(89)。

さらに、民国期の世論の形成においても、ハーバーマスが同時代の西欧社会から看取した「市民的公共性」の危機的状況、本書の言葉でいいかえれば、大衆の共感・共鳴によって生み出される秩序の構造、ないしは「大衆的公共性」を見出すことができた。すなわち、両大戦間期の中国において、新聞は多数の読者を獲得し、広告の掲載によって営業利益を追求するようになった。そうしたなか、多くの知識人たちは新聞読者を、批判的で多様な「公衆（thinking public）」というよりも、調和的で画一的な「大衆（masses）」に近い存在としてとらえがちだった。例えば、邵飄萍『新聞学概論』（一九二四年）は、「社会公共機関」としての新聞に読者が共感してそれを信奉することを素直に期待していたし、戈公振『中国報学史』（一九二七年）は、新聞が「一般国民の公共意志」を表現して世論を成立させると単純に考えていた[90]。両者は、ジャーナリズムが多数者の感情に迎合し、さらにそれを煽って人びとを危険な方向に誘導するかもしれない脅威に、あまり自覚的・自戒的とはいえなかった。

（3）自由主義・愛国主義と公共性

自由主義と「市民的公共性」

ただし注目すべきことに、中国近代の知識人の間でも、前出のトクヴィル『アメリカの民主主義』（一八三五年）やミル『自由論』（一八五九年）などのいう「多数の専制」に対して、警戒感が皆無だったわけではない。例えば、胡適は、自由を知らぬ多数者の専制から自由を知る少数者を防衛すること、いわばアンチ・ポピュリズムに一貫して関心をもっていたし[91]、王贛愚は、独裁権力の生成において集団（「大我」）への従属が合理化されることを批判しており[92]、前出の高覚敷は、「公衆の意見（public opinion）」が必ずしも正しいとは限らないことを論じていた[93]。また、戦後の陳霆鋭・章士釗・江一平らは、「自由」や「人権」を主張しながら、「漢奸」として非難された人びとを弁護した（第五章）。このように、「多数の専制」という大衆民主主義の宿命は、民国期の一部の知識人に自覚されていた。

さらに確認すべきは、中国近代において自由主義と愛国主義は二律背反するものではなかったことである。例えば、清末の梁啓超や民国期の張君勱らは、個人の自主を基礎とした国家の共同性を追求し、愛国主義者でもあり自由主義者でもあった[94]。ほかにも、個人主義的な立場にたつ西洋流の自由主義をよく理解していた羅隆基らは、ナショナルな立場を保ちつつ個の尊厳を守ろうとした自由主義者であった[95]。

ただし、彼らの考え方は、多くの人びとに広く受け入れられる有力な思潮とはならなかった。「個人主義」「自由主義」を、道徳的に批判することを常識とする人びとが少なくなかったからである[96]。当時の知識人の間では、個人の自由よりも集団の自由を重視する傾向が強かった[97]。

愛国主義と「大衆的公共性」

だから、両大戦間期から人民共和国初期へ至る中国都市社会の変容を通観したとき、そこに見出せるのは、従来から指摘されている「市民的公共性の萌芽と挫折」という局面ばかりではない。その底流には、大衆感情にもとづいてつくり出される公共性が、愛国主義と協同していく局面があった。そしてむしろ後者こそが、一九二〇―五〇年代の中国都市社会を秩序づけた主流の道筋だったのである。

すなわち、中国近代において公共性の創生は、愛国主義（「国家」「国民」「民族」を創生する思想や運動）と同じ論理でおこなわれたので、両者はきわめて親和的だったのだ。その背景には、中国の民が、官を理性的に批判するのではなく、官と一体になって権威や権力を獲得してきた長い歴史があった。前述のように、明末以降の中国社会において、官と民、国家と社会の権力は、相互に浸透し影響し合って地域の秩序を形成した。例えば、明末清初の学者・顧炎武が著した『日知録』巻十三「正始」には、民が天下に対する共同の責任・権利・義務を有するという考え方が見られ、それは清末期から革命派の言説にしばしば登場した[98]。

さらに、近代中国においても、現在のアジア諸国と同じように[99]、「国民」「公民」全体の利益が、しばしば「市民」の権利よりも優先された[100]。例えば、清末上海の張園は、もともと個人庭園であったが、まずは娯楽場所として開放され、さらに政治集会・演説がおこなわれる場（いわば「公共圏」）になった。しかし、張園で民衆に向けて発せられたのは、対外的な危機感にもとづく愛国主義の鼓吹や、国家主権の擁護に関する言論がほとんどであった。「革命」については、演説が高揚すると言及されたが、自国の政府に対する「市民」の権利の主張は、二の次であった[101]。

また、民国期において「公民」といえば、しばしば国家・民族に共同責任を有する民という意味で用いられた。例えば、教育について見れば、新文化運動期から従来の「修身」が「公民」に替わって普及したが、それは、デモクラシー（「平民主義」）を発達させる健全な個人というだけでなく、国家に奉仕する国民を育成することを目指していた。その傾向は、一九二〇年代後半からミッション系の教員たちの勢力が後退すると、ますます強まる。さらに南京国民政府の成立後、小・中学校の「公民」科は、「党義」科の教育内容を吸収して、愛国主義的な内容を増やしていった[102]。

とはいえこうしたなかでも、近代都市で暮らす多くの人びとはふだん、日常生活に埋没したり、大衆消費を謳歌したりしていた。人びとが「市民」であることを強く意識したのは、都市が攻撃を受ける恐れのある非常時や、公共サービスを受けるときだけで、しかもそれは、国民・団体・個人に続く第四の関心にすぎなかった[103]。それゆえ、清末民国期の社会団体は、しばしば会員各個人・団体全体・地域社会・国民国家のすべてにひとしく貢献すると表明し、それらの間の利害対立や緊張関係には、無自覚でなければ、意図的に言及しなかった[104]。団体の代表者の発言や機関誌の意見に対しては、たいてい会員全体が共鳴することを自明としていたし、会員全体の意向が必然的に市民全体、国民・民族全体の意向を代表するかのように装われることが多かった。

本書は、近代上海における「公共圏」の実態に目を向けながら、新中間層の勃興が、「市民社会の萌芽」（地域社会に参与・貢献する自発的な意識や活動の芽生え）を促したというよりは、どちらかといえば多くの局面において、愛国主義に共鳴しやすい「大衆」を生み出していたことを論じたい。さらに、「大衆的公共性」（大衆感情に大きく左右される秩序の構造）を超克しようとする自由主義的な言動に十分な注意を払いながらも、新中間層が「大衆的公共性」の強化に加担し、そのことが後には新中間層の解体にもつながったことを明らかにしよう。

四　上海政治と職員・労働者の動員

（1）中国共産党と青幇

一九二〇年代の労働運動

前節までは、民国期都市の社会状況から、「大衆」が誕生し拡大する秩序の構造を見出した。続く本節では、そうした「大衆」に党・国家がどのように関わったのかについて、先行研究を整理しながら具体的に見ていきたい。ここで考察する「大衆」とはおもに、新中間層の中核である企業職員、それに準じる熟練労働者、さらに下層の非熟練労働者を含むことにする。

近代中国においては、党・政府が、血縁・地縁・業縁のなかに生きていた人びとを動員しながら再編した。人びとは、党・政府に動員されることによって、自らもまた動員者となり、党・政府に影響をあたえられるようになった。その結果、大衆運動が党・政府内部の権力闘争に利用される一方、権力闘争に便乗して大衆が要求を噴出させるようになる。こうした党・国家と大衆の関係が形成されると、その後は政権が替わっても継続した。

ではまず、一九一九年に改組・成立した中国国民党と、二一年に正式に成立した中国共産党が、上海の労働者・職員に影響力を有した「幇会」（秘密結社）に、どのように関わったのか概観しよう。上海の労働者は、一九一九年の五・四運動から本格的に愛国運動に参加し始めた。五・四運動では、同郷団体（会館や同郷会など）がもっとも重要な役割を果たした[105]。都市における各地方の同郷組織が、国民統合を妨げることはなく、愛国心の成長を促したのである。とはいえ、労働者のなかで、愛国主義や階級闘争の言論につき動かされたのはごく少数であり、多くは職工頭（「工頭」）や同郷者との狭い人間関係のなかで行動していた[106]。当時の上海の労働者の多くは、同郷組織と重なり合う幇会に加入していた。そして、多くの幇会のなかで青幇が台頭したのが、上海の特徴であった。青幇は、非熟練労働者を中心に勢力を拡大した。

五・四運動後、多くの業界で「工会」（労働組合）が組織され始めたが、当時の工会は、しばしば幇会の人間関係網によって組織された。しかも、労働者にしてみれば、工会も幇会も同じで、忠誠をつくす代わりに保護されることを期待するものであった[107]。こうしたなか、陳独秀を総書記に上海で創建された当初の中国共産党は、労働者に影響力をもちえなかった。そのため、共産主義の知識人たちが青幇に加入し、その組織を利用しながら労働運動をおこない、紡績・機械・鉄道・海運・炭坑などの近代産業部門の熟練労働者を中心に、共産党の勢力を拡大していった[108]。

共産党指導下の労働運動は、直隷派軍閥による弾圧でいったんは後退したが、一九二四年に第一次国共合作が成立した後に回復した。一九二四―二五年にかけて上海における共産党の工会組織を指導した李立三は、青幇を労働者工作における最大の問題と認識し、一九二四年秋、青幇のなかにも階級闘争をもちこむ方針を採用する。幇会の頭領と一般の門徒を区別し、前者を攻撃しながらも後者を味方につける戦略は、一九二五年二月の在華紡のストライキなどにおいていくらかの成果を上げた[109]。

一方、青幇の頭領たちは、国民党右派の人士や上海総商会会長の虞洽卿らと結託して上海工団聯合会を結成し、共産党の活動を妨害・攻撃した。この上海工団聯合会と、共産党が組織した上海総工会とが暗闘を繰り広げる。一九二五年の五・三〇事件後のゼネストでは、上海総工会が優勢であり、共産党は非熟練労働者をも動員することができた。ゼネストの収束後、上海総工会は封鎖されて非公式の団体となり、共産党員は地下活動をすることになったが、一九二六年においても、上海の労働者の間で共産党の勢力は優勢であり、共産党は「包工」制度（労働者の採用や管理を同郷の職工頭が請け負う制度）の廃止などを推進した(110)。それは、職工頭につながる青幇の勢力を削ごうとする方策であった。

四・一二クーデター

一九二六年秋の上海では、軍閥・孫伝芳の統治が続いていたが、強力になっていた共産党および工会の勢力が武装蜂起を計画し、そこに蔣介石の北伐軍が接近した。青幇の黄金栄や杜月笙らは、アヘンの密輸を継続するために、武装蜂起を指導した共産党の周恩来と、国民党・蔣介石が上海に派遣した鈕永鍵との双方と連絡・交渉を続けたが、一九二七年二月末までに蔣介石を支持することを決めて、ストライキの鎮圧に乗り出した(111)。共産党と青幇の敵対が決定的となるなかで、共産党の指導下にあった地下組織の上海総工会は、一九二七年三月二一日にゼネストを発動し、同時に武装した労働者たちが孫伝芳軍と激しい市街戦を演じる。共産党系の工人糾察隊は、青幇影響下の警察署などの戦略拠点を制圧した。その後に成立した上海臨時特別市政府においては共産党が優勢を占め、短期間であるが市政を掌握する。上海臨時特別市政府は、武漢の国民政府に承認をえた(112)。

蔣介石は、かつて同盟会会員であった陳其美を師として青幇にくわわり、一九二〇年初めには杜月笙と同じく黄金栄に忠誠を誓っていた。そのため、一九二七年三月二六日に北伐軍の総司令官として上海に到着すると、黄金栄の歓迎を受けた(113)。四月一一日、杜月笙は、上海総工会委員長を務める共産党員の汪寿華を謀殺した。さらに翌一二日早朝、蔣介石が上海臨時特別市政府の拠点を攻撃すると、杜月笙は労働者に扮装させた青幇の構成員に工人糾察隊を攻撃させた（四・一二クーデター）。

当時の国民党の幇会工作の責任者は北伐軍東路指揮の白崇禧であり、その下に上海市清党委員会や上海工会組織統一委員会が設立され、共産党の指導機関を攻撃した。両委員会の活動には、杜月笙とその部下が深く関わり、桂系軍閥の白崇禧と杜月笙の緊密な協力関係が成立していた[114]。一方、四・一二クーデターによって共産党は大打撃を受け、七月には武漢国民政府から脱退し、国共分裂に追いこまれる。同年秋から、共産党は一連の武装蜂起を挙行するが、それが国民党による過酷な白色テロを呼び起こし、多くの共産党員が逮捕され、各地で党組織や党指導下の「赤色工会」が破壊された。しかし、その後も共産党は、瞿秋白・李立三の指導下で国民党政権の打倒を目指す武装暴動路線をとり、反蔣戦争などの機に乗じて都市蜂起と農民暴動を実行していた[115]。

当時の共産党組織は、指導層が複雑化・官僚化した一方で、基層では統制力が落ちて脆弱化していた。一九二九年六月には、中国共産党江蘇省委員会が上海工会聯合会を成立させ、その指導下の「赤色工会」が、一九三一年後半から三二年前半にかけて日系・外資系工場などのストライキに参与した。しかし、上海工会聯合会はイデオロギー的な目標を掲げ続けたので、労働者の必要に応えて勢力を拡大することができず、一九三四年秋に機能不全に陥り三六年に解散した[116]。国民党およびその公認の「黄色工会」に敵対的な強硬路線が、共産党員および「赤色工会」の労働者数をさらに減少させていた[117]。

そして一九三三年初め、共産党は、党中央を上海から江西ソビエト区に移転させざるをえなくなった。それにともなって、ソビエト区の中央とは別に、上海にも中央執行局がつくられて、地下活動の指導やコミンテルンとの連絡を担った。とはいえ、上海の臨時中央局は三回組織されたが、そのたびに国民政府の徹底的な弾圧を受けた。一九三五年七月の大弾圧後、上海における共産党員は二〇〇人前後、共産主義青年団員は三〇〇人あまりといわれる。翌八月、上海の臨時中央局は活動を停止した。その後、共産党の国民党統治区における地下活動は、北平・天津地区の北方局が中心になった[118]。

（2）南京国民政府の団体統合主義

国民政府の労働者掌握

南京を首都に成立した国民政府は、一九二七年春以降、上海の労働者や商工業者に対する統治力を強化する。上海の商工業者や労働者の団体の再編を進め、国民党系の社会団体を新設して、既存の団体に取って代わらせた。労働者や商工業者の指導者は、しばしば党・国家の支配を受け入れたかわりに、代表権獲得のために争うようになった。南京国民政府は、社会団体を基礎として国民統合を進展させたのであり、団体統合主義（corporatism）的な体制の整備を進めていたといえる。例えば、商工業者については、南京国民政府成立直後の上海では四団体が並存していたが、国民政府の法令にもとづいて一九三〇年六月に上海市商会が新設された。その傘下で一業種に一団体のみ認められた同業公会を通じて、数多くの企業が統合されるに至った[119]。

ただし、南京国民政府の団体統合主義においては、社会団体が政権に対してある程度の自律性を保っていたし、さらに派閥抗争の契機が多くあったので、比較的緩慢な国民統合にならざるをえなかった。例えば、労働者の組織化をめぐっては、国民党上海市党部と軍の勢力が抗争し、汪精衛指導下の国民党改組派も影響力を残した。結局、上海の労働運動は、国民党上海市党部の民衆訓練委員会と上海市政府社会局の管轄下に入った[120]。

一九三一年末、各工会が上海市総工会を設立し、三四年一月に政府に承認された。国民党指導下の上海市総工会は、一九三五年までに一一九の国民党公認の「黄色工会」を傘下に擁するまでに成長した[121]。「黄色工会」は、国民党政権が労働者を統治するための組織であった。官製の工会であっても、業種・地区によっては労働者の下からの運動を推進することはあったが、政権の統制の範囲をこえると直ちに弾圧した[122]。とはいえ、当時の上海の大企業・大工場の多くは、共同租界工部局の管轄下にあったので、国民党政権の統制や上海市総工会の影響力は限定的であった。さらに重要なのは、国民政府統治下の社会団体を基礎とした国民統合が、国民党内外の諸勢力による対立・抗争の危うい均衡の上に成り立つ流動的な体制であったことである。例えば、紡績業においては、市総工会配下の棉紡績業産業工会があったが、実際に労働者に強い影響をあたえていたのは、朱学範らの指導する市総工会系の福利会と、社会局ないし公安局の配下にある忠義会であり、この二団体が各局面で対立・抗争を続けていた(123)。

杜月笙の台頭

南京国民政府の成立後にも、青幇の頭領たちは、政局の変化に応じて様々な勢力と離合集散を繰り返していた。例えば、一九二八年から続いていた粤系軍閥の胡漢民と蔣介石の連立政権が、三一年初までに崩壊する。一九三〇年九月、汪精衛や閻錫山らの反蔣各派は、北平で中央党部拡大会議を開催し、翌年五月には汪精衛らが広州で国民政府を樹立して、南京討伐を宣言した。蔣介石は、一九三二年一月に下野を宣言する。こうした一九三一年の流動的な情勢において、杜月笙ら青幇の頭領は、陳公博を通じて北平の汪精衛と連絡を取り合い、国民党改組派の反蔣活動に直接参与していた(124)。

一九三二年一月、日本軍が上海に侵攻すると（第一次上海事変）、蔣介石は汪精衛と同盟を結び、汪精衛が国民政府主席、蔣介石が軍事委員会主席に就任する。上海の有力商工業者は国民党地方党部と合作して、上海市民地方維持会を組織し、杜月笙らがそこで重要な役割を果たした(125)。事変の難局を乗り切った後、国民党は杜月笙を利用して、租界を含んだ上海全域の労働者掌握を図る。そのことが、杜月笙と青幇の台頭を招いた。杜月笙は、蔣介石側近の政治家や政治団体とつながることに成功し、青幇のなかでも目上の張嘯林や黄金栄を圧倒するようになった(126)。

さらに杜月笙は、国民党から多くの要人や人員を青幇に招き入れて、恒社などの後援組織を拡大させた。第一次上海事変後には、労働争議を調停する上海市政府社会局の局長に就任した呉醒亜らと緊密に連携し、社会局の四人の主任のうち三人を杜月笙門下の人物とした。ほかにも、一九三一年には陸京士が杜月笙門下に入り、青幇の構成員を組織した工人行動隊を率いて、公安局と内通しながら、ストライキを武力鎮圧したり、左派系の出版社・書店・学校・知識人を襲撃したりした。また、同年に杜月笙門下に入った朱学範は、公共部門や交通部門の労働者を招き入れて、市総工会の影響力を租界地域の企業にも拡大したのと同時に、青幇の市総工会や郵務工会などに対する支配力を強化する(127)。陸京士や朱学範らは、杜月笙の力によりながら国民党指導下の上海市総工会で台頭したので、杜月笙に対する忠誠を第一としていた。陸京士や朱学範らを通して、杜月笙は上海の多くの労働者を操縦できる影響力をもち、泥沼化した労働争議の調停でも信望をえられるようになった(128)。

こうして、青幇が国民政府の統治権力に組みこまれ、政府の労働者掌握に不可欠な役割を果たした。ただしその結果、青幇の動勢が、労使紛争および国民党政権内の権力闘争と複雑かつ緊密に連動するようになった。例えば、一九三二年に杜月笙が上海郵政管理局で発動したストライキは、当時杜月笙に近かったCC系と対立した汪精衛派が支配する交通部に矛先を向けたものだった(129)。このように、在地の秘密結社を組みこんだ団体統合主義は、執政党内の権力闘争に在地勢力を巻きこんで、社会秩序の動揺を増幅させていた。

国民党による新中間層の動員と大衆の国民化

ところで、一九三〇年代までには国民政府の経済統計も、事務員・店員・技師などを含む「職員」という範疇を設定して、商業・工業・鉱業・交通運輸業などの「主管者」（企業主ないしは経営者）と「傭工」（労働者）の中間に位置づけるようになった(130)。しかし、当時の国民党政権が、職員層を労働者と分けて組織化しようとした様子は見当たらない。国民政府は共産党の扇動する階級闘争への警戒感が強く、「階級」ごとにではなく「職業」ごとに大衆を動員しようとしたからである。そのため、上海の企業職員に関する調査結果を最初に公表したのは、戦時期の共産党の地下党員となり、その次に調査を実施したのは、共同租界工部局になった。民国期において、国民党改組派・民主党派および共同租界当局は、都市中間層に大いに着目したが、蔣介石政権や日本軍とその傀儡政権は、それに対する関心が相対的に希薄であった[131]。

一方、一九二八年には、職業青年の文化団体である「蟻社」（「螞蟻社」）が成立し、七〇〇人あまりの中・下層職員・店員を社員とするまでに発展した。蟻社の活動は、沙千里のような左派系の若手知識人が中心になり、共産党地下党員の許徳良も重責を担った[132]。しかし、日中戦争前の共産党地下党は、組織力がきわめて貧弱だった上に、産業労働者を中心に動員し、職員・店員の動員を重点対象にしていなかった。それゆえ、南京国民政府期において、重役職員やエリート職員はブルジョワジーとともに職能団体を通して、そのほかの一般職員は労働者とともに工会を通して、それぞれ国民党主導の政治に関わったにすぎない。

例えば、国民党公認の「黄色工会」のなかでも中核の「七大工会」（郵務工会・報業工会・商務印書館印刷所工会・同発行所工会・南洋烟廠工会・英美烟廠工会・華商電気公司工会）に属した従業員は、とりわけ国民党および青幇の影響を受けやすかった。前述の陸京士と朱学範は、もともと郵便職員であったが、杜月笙の弟子となってその身分を利用しながら、郵務工会および「黄色工会」の指導者として国民党内で頭角を現した。また、商務印書館では、一九二五年の五・三〇事件のときには、陳雲や茅盾など多数の共産党員がおり、最盛期の一九二六年一〇月には、従業員の一割に当たる約四〇〇人が共産党員・青年団員であった。ところが、商務印書館の工会は南京国民政府の成立後にその統制下に入り、共産党員が減少する。共産党勢力が再び盛り返したのは、日中全面戦争勃発後の一九三八年四月、劉長勝（中国共産党江蘇省委員会副書記）が印刷廠に共産党支部を再建するように指示してからであった[133]。

さらに、「黄色工会」に属さない大多数の一般職員やその家族たちは、国民政府による大衆動員や国民統合にどのように関わったのだろうか。彼らは、職場や学校や新聞などで国旗・国歌といった政治シンボルに触れたり、革命記念日や「総理紀念週」などの儀式を体験したりして、国民意識を育むことがあった(134)。本書第三章では、新生活運動の一環として開催された集団結婚式を取り上げて、国民党政権による大衆の国民化の様相を考察する。新生活運動は、一九三四年七月に蔣介石が発動した大衆動員運動であり、国民生活の「軍事化　生産化・合理化」を目指していた(135)。一九三五年四月に上海市政府が主催した初の集団結婚式では、五七組の花嫁　花婿たちが統一された中国服の礼装を身につけ、孫文の肖像と党国旗に向かって一様に最敬礼と三回のお辞儀をした。その様子は、来場した一万人あまりの観衆に注視されたばかりでなく、新聞報道・写真・記録映像を通して大衆の視線を集めた。集団結婚式は、新生活運動のおもな担い手とされた公務員や教員のほかに、企業職員をはじめとする都市中間層に広く受け入れられるようになった。

（3）抗日救国と大衆動員

抗日救国運動の始まり

一九三一年九月に満洲事変が勃発すると、上海の学生・商工業者・労働者・職員らは、大規模なデモやストライキをおこない、日本製品ボイコット運動を展開する。上海の各界において救国団体が結成され、上海民衆反日救国聯合会が組織された。この運動には共産党の地下党員も関わっていたが、その影響は大きくなかった。一方、国民党政権は反日運動を支持しつつ、各救国団体を抗日救国委員会に組織化して、運動を制御しようとした。ただし、汪精衛らの国民党改組派は、蔣介石を国民政府主席から追い落とすために、このときの大衆運動を利用した(136)。

一九三五年一一月、日本軍が河北省に傀儡自治政権の冀東防共自治委員会（翌月、自治政府に改組）を樹立すると、翌月、北平ではそれに反対し内戦停止・一致抗日を求める学生デモが起きた（一二・九運動）。北平のデモに呼応して、同年一二月、上海婦女界救国会と上海文化界救国会が結成され、さらに翌一九三六年一月に上海各界救国聯合会、二月に上海職業界救国会、五月に全国学生界聯合会や全国各界救国聯合会などが、上海で続々と成立する。[137]このうち全国各界救国聯合会は、張学良ら地方実力者と秘密電報を交わし、張学良らと密接に連携していた陝北の中共中央もくわわり、それらが蔣介石に政策転換を要求するために共同歩調をとり、さらに国民政府内でも馮玉祥・宋子文の支持をえた。[138]内戦停止・一致抗日を求める気運が高まるなか、上海では職能別の社会団体による政治運動が、こうして再び活発化したのである。

救国会は、都市の中間層や知識人を中心とした人びとの願望を反映した政治団体であった。例えば、上海婦女救国会は、沈茲九・史良などの知識人女性が組織し、女工が合流したほかに女性職員・女子学生がおもな会員になった。また、上海職業界救国会は、弁護士の沙千里や中華職業教育社の潘仰堯らが発起人となり、会員は商工業者や「上級職員」から「小職員」「学徒」まで合わせて一三〇〇人あまりに達し、中華職業学校・立信会計学校出身の職員も多かった。[139]

さらに、国民政府が上海職業界救国会の幹部の逮捕を画策すると、一九三六年五月からは、銀行業・保険業・外国商社（「洋行」）などの業界ごとに、俸給生活者の親睦団体である聯誼会が組織されて、抗日救国の教育・宣伝や福利活動を展開した。聯誼会に参加した俸給生活者たちは、スポーツ・合唱・演劇などを通して愛国的な情緒を共有しただけでなく、廉価な食料・燃料・生活必需品や医療・理髪サービスを提供された。聯誼会は、一九三八年前半をピークにして、多数の企業職員を組織化することに成功した（第四章）。

ちなみに、労働者の間では、大規模な日系紡績工場を中心に、工場ごとに救国会が結成された。さらにそれらを取りまとめる組織として、一九三六年八月、上海工人救国会が成立した。その後、熟練労働者の間でも、儲蓄会・互助社や工人夜学・読書会・歌唱会といった学習・親睦活動の形式で、抗日救国運動が推進された。[140]

共産党地下組織の再建

こうした救国会運動は、共産党が勢力を盛り返す足掛かりとなった。左派の知識人の主張は、五・四期には個人の解放が主であり、過激な政治運動を引き起こす背景になったが、一九三〇年代には民族の解放が主となって、共産党への共感を生む背景になった(141)。上海の共産党地下党も、一九三五年のコミンテルン第七回大会と一二・九運動の影響を受けて路線転換を模索し、左派知識人との連帯を積極的に追求し、これらが救国会に結実していった。救国会は、左派知識人が公開部分を、共産党員が非公開的部分を分担する「統一戦線」の組織となった(142)。

一九三四―三五年にかけて、陝北の党中央と上海の地下党員は連絡が途切れていたが、三六年四月、党中央が馮雪峰を上海に派遣して、党中央と上海の地下党との関係が回復した。同年七月、党中央は中共駐上海辦事処（潘漢年主任・馮雪峰副主任、一九三七年九月に八路軍駐滬辦事処となる）を開設し、国民党や日本に関する諜報活動などを担わせた。さらに一九三六年一二月、馮雪峰が上海臨時工作委員会を組織して、地下党組織を掌握・整理した。ただし、安全上の理由から、中共駐上海辦事処と地下党組織とはあまり接触せず、別系統の組織と活動が維持されていた(143)。こうしたなかで共産党地下党は、救国会に対する組織工作を重点的に推し進め、地下党員を救国会の活動に積極的に携わらせた(144)。さらに共産党支部・青年団が、上海の各救国会およびおもな聯誼会に創設されていった。

共産党の関わる救国会運動の盛り上がりが頂点に達したのは、一九三六年一一月八―一八日における四万人規模の在華日系紡績工場労働者のストライキにおいてであった。それは、上海市総工会（朱学範主席）と統一行動をとり、在華日本紡績同業会が依頼した杜月笙の調停を受け入れて、賃上げなどの成果をあげた(145)。ただし、日本側は、各工場に陸戦隊を配備して労働者の動きを抑えこみ、さらに一一月一八日、在華日本紡績同業会総務理事の船津辰一郎が、ストライキの背後にいる共産党員の取り締まりを上海市市長の呉鉄城に申し入れた(146)。同日には上海在駐の総領事も、共産党員と救国会の有力者の逮捕を要請した(147)。

この在華紡のストライキにおいて、共産党がどの程度重要な役割を果たしたかは定かではない。共産党の影響下の上海工会聯合会（一九二七年創設）や共産主義青年団江蘇省委員会が中心になって、ストライキを発動したとする説もあるが[148]、これらの組織力を過大評価すべきではない。ともあれ当時の各工場では、共産党組織が破壊されて存在しなかった。共産党員は身分を隠したまま、救国会の発動するデモなどに参加して、争議に間接的な影響をあたえるしかなかったはずである[149]。

一一月二三日、蔣介石は、第二次国共合作が模索される最中にもかかわらず、全国各界救国聯合会の有力指導者七人（沈鈞儒・鄒韜奮・李公樸・章乃器・王造時・沙千里・史良）の逮捕に踏み切る（「七君子事件」）。その後、救国会運動は一時停滞を余儀なくされ、共産党の地下活動も沈滞化した。一九三七年七月の盧溝橋事件勃発後に、七人はようやく釈放されたのである[150]。

（4）戦時期の抗争と大衆動員

一九三七年七月に盧溝橋事件、八月に第二次上海事変が勃発し、一一月にはすべての中国軍が上海から撤退した。その後の上海においては、対日協力政権・国民政府・共産党地下組織の三勢力が、それぞれ激しく対立しながらも、水面下では相互に情報交換をおこなっていた。こうした三勢力間の対立と連携に、青幇勢力が複雑に絡み合う。青幇は、国民政府と対日協力政権の双方に協力し、ときには共産党にも接触して、状況変化に現実的かつ功利的に対応した。そのため情勢が流動的になり、「グレー・ゾーン」が生じたことが、共産党勢力を一時盛り返させるきっかけになったのである。以下では、戦時上海における日本軍と傀儡政権、国民党、共産党の職員および熟練・非熟練労働者の動員について、それぞれ見ていこう。

日本軍と傀儡政権の労働者動員

日本軍は、一九三八年一〇月、中華工人福益会を成立させ、失業者や経済的な不満をもつ労働者たちを買収して、租界内でストライキを起こさせた。中華工人福益会の指導者はさらに中華民国工人同盟会を結成させて、一九三九年三月から労働者の煽動工作をさせた。

張克昌は、杜月笙の配下で国民党上海市総工会などの執行委員を務めた幹部であったが、張克昌の組織した暢社は、工会の指導権をめぐる争いにおいて、朱学範・陸京士らの毅社の勢力に圧倒されていた。さらに張克昌の勢力は、CC系によって抑圧され、国民党改組派と連帯していた。日中戦争の勃発後、張克昌らは傀儡政権に協力し、毅社に替わって郵局工会などを支配する。一九三九年五月、傀儡政権に協力する元国民党系の工会幹部たちが集まり、張克昌を理事長として、上海工運協進会を成立させた。同会は、一九四〇年八月に上海市総工会に改組される。こうした親日的な労働者団体は、一九四〇年に多くのストライキを起こした。しかし、それらは、経済的に困窮した非熟練労働者を一時的に動員できても、熟練労働者などを継続的に動員することはできなかった。一九四一年初頭をピークに多発したストライキは、政治的に組織化されたものではなく、個別に発生した経済闘争であった。

一方、一九三八年一〇月に市長に就任した元上海総商会会長の傅筱庵（四〇年一〇月に暗殺される）は、翌年から各業界において独自の工会を組織していた。一九四〇年三月、汪精衛が南京で中央政府を正式に樹立した後、同年八月、上海特別市総工会の成立が宣言されたが、上海特別市総工会とその系列の工会は、中央党部社会部には登記を拒否されたまま、中央直轄の上海市総工会と暗闘を繰り広げる。そのため、汪精衛政権の国民党中央党部社会部部長・丁黙邨は、一九四〇年一二月、上海市総工会と上海特別市総工会の双方に解散を命じ、翌年二月に上海市工会整理委員会を成立させ、それによって、中央党部社会部の社会運動指導委員会が上海の労働運動を直接指導できるようにした。上海市工会整理委員会は一九四三年四月に解散され、上海の各工会は上海特別市政府社会福利局工人団体審査委員会の管轄下に入った。両委員会の人員には重複が多かったが、改組後には工会に対する中央の統制がさらに厳しくなった[151]。

国民党の地下活動

一九三七年八月に第二次上海事変が勃発すると、青幇の領袖・杜月笙と、秘密組織の中華民族復興社（通称「藍衣社」）の特務処処長であった戴笠は、青幇の構成員を動員して、国民政府軍を援護する非正規軍の忠義救国軍を組織する。忠義救国軍は江南地方でゲリラ活動を継続し、杜月笙は亡命先の香港でそれを指揮した。しかし、忠義救国軍は、共産党に敵意を向けたり、対日協力政権に対して曖昧な態度をとったりしたので、杜月笙らは、忠義救国軍の司令官が対日協力政権に寝返ることを防げなかった[152]。

上海を離れた国民党は、呉紹澍らを上海に派遣して地下活動を始めた。蔣介石政権は、一九三七年九月から第二次国共合作下にあったが、抗戦初期の団結の気運が衰えると、三九年頃から共産党勢力の拡大を防ぐ措置をとり始めていた。国共両軍の軍事的な衝突も起こり始め、一九四一年一月の皖南事変に至る以前に、第二次国共合作は実質的に崩壊していた[153]。

さらに、一九四〇年初めには、重慶国民政府の地下工作機関である上海統一委員会が設立された。その創設には、当時香港にいた杜月笙、特務機関の軍事委員会調査統計局（以下では「軍統局」）で実権を握った戴笠、国民党ＣＣ系の呉開先らが中心的な役割を果たしていた。上海統一委員会は、汪精衛政権の人士の離反を促したり、汪精衛政権の人材掌握を妨害したりした。また、共産党員の多い中華職業教育社などの団体に対して、重慶国民政府の影響力の拡大を図った。さらに、戦前に国民党指導下の上海市総工会に動員されていた労働者たちに働きかけて、汪精衛政権や共産党による労働者の動員を妨害した。

ところが、一九四二年三月、上海統一委員会の地下活動を指揮していた呉開先が、日本の憲兵隊によって逮捕された。これを境に、上海統一委員会は、日本と汪精衛政権に対する抵抗運動ではなく、重慶と南京の両政府の接触のために利用されるようになった。その背景には、上海統一委員会の工作員と汪精衛政権の官吏の多くが、一九三九年以前にはともに国民党CC系に属し、反共的な心情を共有していたことがあった。逮捕された呉開先は、和平の提案を伝える使者として、一九四三年三月に釈放されて重慶にもどった。杜月笙は、上海から日本軍の支配地域を越えて重慶へと服・薬・ゴム製品などを出荷する交易に従事していたので、汪精衛政権と戦略的な協力関係を結ぶことを強く支持した(154)。

上海統一委員会が、再び日本と汪精衛政権に対する抵抗のための機関にもどったのは、終戦の数ヶ月前からであった(155)。終戦直前には、アメリカ軍の上陸を準備する工人忠義救国軍訓練班も組織された。それに労働者を動員するために、陸京士が、杜月笙の代理として上海に派遣された(156)。

共産党による職員・労働者の動員

一九三七年六月、毛沢東らと長征をともにした劉暁が、延安から上海に派遣され、馮雪峰に替わって、上海の地下活動を指導し始めた。劉暁は、毛沢東から「隠蔽精幹、長期埋伏、積蓄力量、等待時機」（中心的な幹部を隠し、長く潜伏して、力を蓄え、時機を待つ）という「一六字方針」を指示されていた。劉暁の上海到着によって、毛沢東らは、上海における地下活動をさらに指揮しやすくなった(157)。

一九三七年七月の日中全面戦争勃発後、従来の救国会に替わる救亡協会が、上海の各界で組織され始めた。九月に第二次国共合作が成立すると、救亡協会や共産党は、公開の団体として拡大した。劉寧一など上海の党地下組織幹部も釈放されて、延安から派遣されてきた劉暁らと合流したので、共産党は上海で本格的な活動を始められた(158)。

一一月の上海陥落によって、共産党は再び地下活動に転じるが、中国共産党江蘇省委員会（劉暁書記・劉長勝副書記）が改めて発足した[159]。

そして、上海工人救国会は、上海工人救亡協会に改組される。さらに一九三七年一一月には、中国共産党江蘇省委員会の指導下で工人運動委員会が成立し、救亡協会の活動に関与しながら、上海の各地区・各部門で労働者の組織工作を進めた[160]。また注目すべきは、上海職業界救亡協会が、一九三七年九月に沙千里らを理事として成立し、「職員群衆」と企業経営者との「合作」「聯合」を呼びかけて[161]、両者を抗日救亡運動に動員したことである。上海職業界救亡協会には、中国共産党江蘇省委員会の指導下で党と青年団が設けられ、職員運動委員会（一九三七年一一月成立）がそれらの指導にあたった[162]。共産党の職員運動委員会は、成立からの約二年間で、党員を二〇人あまりから六〇〇人あまりに増やすまでに成長したという[163]。この頃の国民党は、一九三七年七月に御用団体の上海市各界抗敵後援会を発足させ、他の抗日団体を組織することを禁じていたが、各界救亡協会は、一方で抗敵後援会に団体会員としてくわわりながらも、他方で活動の自主性を保つ方針をとっていた[164]。

戦時期において、上海の共産党地下組織は、動員戦略の転換を迫られていた。おもな動員対象が、工場の熟練労働者から、中・下層の職員・店員や、郵便・交通など公共事業の従業員などに変更されたのである。なぜならば、もともと電力・電車・ガス・水道会社などの従業員には、教育を受けた技術人員が多く、青幇や国民党の「黄色工会」の影響が少なかった[165]。そのうえ、日本軍が上海華界の工業地区に進駐したために、工場での組織活動の危険性が増した一方、金融・商工業・公共事業の機関が集中した租界の中心部には、一九四一年末まで日本軍が進駐しなかったからである[166]。

その結果、企業・機関職員や商店員は、聯誼会や職業補習学校などの互助・文化活動や救国運動にくわわると、そこで精力的に活動する共産党地下党員と接触するようになった。中国共産党江蘇省委員会職員運動委員会書記の顧准は、とくに聯誼会を党と大衆の有用な「橋梁」と位置づけ、それを積極的に利用して党員を増やそうとした（第四章）。それに対して、中国共産党江蘇省委員会副書記の劉長勝は、聯誼会の名誉理事に多くの資本家がいることを問題視し、各企業単位で職員・労働者の動員を進めることを主張する。劉長勝と対立した顧准は、上海の職員運動から離脱させられてしまった(167)。とはいえ、聯誼会の活動は、戦時の職員・店員や熟練労働者たちにとって重要であり、重慶国民政府の提唱した国民精神総動員運動とも合致しており、共産党にとっても大いに利用価値があったといえる。一九四〇年に劉長勝が、四四年には劉暁がそれぞれ延安に行って、上海の地下活動について報告した際、毛沢東は党の聯誼会に対する工作を肯定していたという(168)。

共産党と救亡協会の苦境

しかし、一九三九年九月、イギリス・フランスがドイツに宣戦を布告して、第二次世界大戦が勃発すると、ドイツの同盟国であった日本の傀儡の中華民国維新政府の特務機関（通称「特工総部」）が、上海の両租界内での活動を活発化させた(169)。さらに重慶を脱出した汪精衛は、一九四〇年初めまでに上海・南京を拠点とした政権を確立したが、すでにそれ以前の一九三九年三月から、汪精衛政権の特務機関（通称「ジェスフィールド七六号」）が活動を始めていた(170)。

一九四〇年八月、イギリス陸軍が共同租界から撤退し、一〇月には親独のヴィシー政権からフランス租界に新たな領事が派遣される。日本の圧力を受けた両租界の警察は、反日および反汪精衛政権の宣伝や活動に対する取り締まりを強化する。同年までには、日本の憲兵隊との協力関係も成立した(171)。この頃までには、汪精衛政権と重慶の国民政府も、共産党に対する抑圧を強化していた。その結果、党籍が露呈した共産党地下党員やその協力者が上海を離れなければならなくなり、共産党の地下活動は沈滞する(172)。

こうして、救亡協会の活動は困難に直面し、各救亡協会は固定した集会所で公の活動を継続できなくなった。しかし、上海市職業界救亡協会に所属した各聯誼会の代表は、毎回異なる茶館などで会って連絡をとりあっていた。翌月には上海の各救亡協会も、一九三九年九月の重慶の国民参政会の動向に呼応して、憲政促進会を組織した。一九四〇年には、職業界救亡協会が粮食合作協会を発起して、米を廉価で職員・労働者に売り出した(173)。

聯誼会でも、摘発されそうになった共産党地下党員が上海を離れた。だが、多くの聯誼会は、対日協力政権下で要職についた人士の庇護を受けるなどしながら、政治色の強い活動を自粛し、文化活動や福利厚生事業を中心にして存続した。聯誼会のほかにも、上海電力公司などの企業においては従業員たちが合作社を組織して、食料や燃料を集団で調達する活動をおこなった。顧准によれば、これらの活動を通して、共産党地下党員は、上海の職員・労働者の間に人脈を築き、戦後になって上海にもどった国民党に対抗する足場を固めたという(174)。一九四五年八月の時点で、約二〇〇〇人もの共産党員が上海に潜伏していた(175)。そして戦後には、各聯誼会が職員の動員を活発化させたが、そこでは国民党員と共産党員が激しい主導権争いを展開することがあった（第四章）。

（5）国共内戦期の大衆動員

国民党内の権力闘争と労働運動

一九四五年八月一四日、日本は連合国に無条件降伏を通告し、一八日から上海にアメリカ軍が進駐する。その直前の八月九日、共産党は、劉長勝を書記として上海市委員会の成立を宣言していた。さらに、地下党組織の指導下で上海工人地下軍を創設して武装蜂起を挙行し、新四軍と合流して上海を占拠する計画をも立てていた。ところが、党中央は、二一日に武装蜂起停止の緊急通電を発した(176)。こうして共産党は、戦後も上海で地下活動を継続することになったのである。

終戦当初の上海の治安は、周仏海市長が維持していた。周仏海は、汪精衛政権で汪と陳公博につぐ三番目の地位にありながら、重慶の蔣介石とも通じていた。蔣介石は上海の接収を、おもに第三方面軍司令官・湯恩伯に当たらせた。それは湯が上海地方の利権と関係がなかったからだといわれる。一九四五年九月七日、国民政府第三方面軍首脳は、大群衆の集まった上海の大場飛行場に到着した[177]。さらに九日には、新市長兼淞滬警備総司令に就任していた銭大鈞も重慶からやってきて、市内の行政機構を接収した。銭大鈞新市長が通った飛行場から市党部までの沿道には、数十万人の市民が出迎えた[178]。すでに一九四三年の外交交渉によって、共同租界・フランス租界は重慶の国民政府に返還されていたので、戦後の市政府は上海全域を一元的に統治することになった。

そして戦後の上海では、戦前の「黄色工会」の指導者たちが重慶からもどってきて、元の地位に返り咲く。青幇領袖・杜月笙の門弟であった陸京士は、軍統局局長の戴笠の信任をえていた。上海にもどった陸京士は、上海市工人忠義救国軍を率い、それがすぐに解散されると上海工人福利委員会と護工隊を設立して、労働者の武装組織の幹部を養成した。陸京士は、青幇と軍統に助けられながら、共産党から労働運動の主導権を奪おうとしたばかりでなく、共産党員を暴力的に弾圧した[179]。

ただし、戦後の上海においては、政府公認の工会の数が急増したものの、国民政府は戦前の全盛期のように上海の労働運動を統制することができなかった。なぜならば、①急激なインフレの昂進によって、労働者の生活がきわめて不安定な状態にあり、②共産党地下組織の影響の強い工会もあり、さらに重要なことに、③国民党内の権力闘争が激化し、そのために労働運動が利用されたからである。すなわち、国民党中央党部調査統計局（「中統局」）が創建した労工協進社が、陸京士の工人福利委員会と衝突したし、国民党内の楊虎・朱学範・馬超俊らも、それぞれの労働者組織を育成して陸京士の統制力を削いだ。とりわけ、戴笠の指揮する軍統局および杜月笙・陸京士と、陳立夫・陳果夫の掌握する中統局およびCC系の人士との間で、抗戦期以来の抗争が戦後に激化し、労働運動に大きな影響をおよぼしていた[180]。

さらに、終戦後の蔣介石は、戴笠と軍統局の権勢を抑制するのに腐心し、戴笠の上海における権限集中を避けるために、敵手の宣鉄吾を警察局局長として派遣した。そのため、上海における「漢奸」の処理を一手に牛耳ろうとする軍統局の戴笠に対して、その政敵の宣鉄吾が横やりを入れることがあった。例えば、従業員に「漢奸」として告発された新新公司（百貨店）の総経理・李沢に対して、戴笠の軍統局は庇護しようとしたが、宣鉄吾の警察局が逮捕し、蔣介石はその逮捕を支持したのである（第五章）。

共産党のストライキ発動と国民党統治の末期

一方、共産党の組織工作は、戦後においても引き続き、熟練労働者や職員・店員などを重視する。ただし、従来からの中・下層職員にくわえて、上層の経営・管理者層に対しても、これまで以上に積極的な働きかけをするようになった[181]。さらに共産党は、公共事業の従業員の動員を重視した。一九四七年九月、国民党政権は、上海電力公司の工会が共産党に指導されている証拠をつかみ、幹部を逮捕して、工会の解散を命じた（「富通事件」）。すると、イギリス電車公司・フランス水電公司などの労働者が、富通事件に抗議してストライキを始めた。それは、共産党の発動したストライキであった[182]。

一九四七年七月に「戡乱動員令」を発布した国民政府は、その後、共産党員を厳しく摘発する。そのため、多くの共産党地下党幹部が、上海から香港などに逃れた[183]。しかし、そうしたなかでも富通事件直後の一九四八年一月には、「舞潮案」（ダンスホールの営業禁止令に抗議するダンサーなどが社会局へ乱入した事件）[184]や、中新九廠における大規模なストライキなど、共産党が直接関与しない自発的な抗議運動が頻発していた。国民党政権は、それらも共産党の指導によるものと疑って、徹底的な捜査と摘発を強行した[185]。

一九四八年八月、国民党政権は、法幣を金圓券に替えて物価の安定を図る幣制改革をおこなった。その遂行のために、蔣経国は武装集団を率いて、ブルジョワジーや投資家を拘禁し、財産を押収した。この時に、杜月笙の息子・杜維屏も逮捕されて、杜月笙と蔣介石の決裂が決定的になった。蔣経国が指導した暴力的な政治運動方式の物価安定策も、短期間で失敗に終わり、上海の物価高騰は二ヶ月間も抑えられなかった(186)。

青幇の共産党への接近

以上で見たように、民国期の上海において労働者の動員に強大な権力を右していたのは、青幇の諸勢力を取りこんだ国民党政権・対日協力政権の派閥であった。共産党が上海の労働者に大きな影響力をもったのは、二回の国共合作直後の一九二四年から二七年初頭までと、三七年終りから三九年頃まで、そして人民解放軍進駐前夜の四九年頃だけであった。しかも、共産党が動員できたのは、当初はおもに熟練労働者だけで、戦時期からも中・下層の職員・店員や公共事業従業員などがくわわっただけだった。共産党は、大多数の非熟練労働者に対する動員力が弱かった。上海における共産党の労働者動員は、革命成功の原因になった部分よりも、革命成功の結果としてもたらされた部分が大きいのである。

国民党政権が崩壊に向かうなかで、国民党に協力して労働者を掌握した青幇の領袖のなかには、香港に亡命したり、国民党とともに台湾に渡ったりした者がいた。杜月笙は、蔣介石の意向によって、狙っていた上海市長や上海市参議会議長の座につけず、そのうえ蔣経国によって息子を逮捕され、失意のなかで香港に亡命し、一九五一年にそこで他界した(187)。

青幇と共産党の接触は、日中戦争期の第二次国共合作時にもあったが、戦後に共産党の優勢が明らかになるにつれて一段と活発化した。例えば、杜月笙のもう一人の著名な門弟の朱学範は、国民党政権下で中国労働協会の理事長に就任し、一九三六年七月にジュネーブのＩＬＯ（国際労働機関）の大会に中国代表として参加した時から、中国共産党と頻繁に接触し始めていた。朱学範は、第二次国共合作の後、共産党の解放区の工会を中国労働協会にくわえた。彼は終戦後の一九四六年一一月、陸京士と対立して香港に亡命するが、一九四八年初頭にハルビンに渡って、李立三の歓迎を受け、毛沢東と周恩来の指導する革命への忠誠を誓う。朱学範は、共産党の下で中国国民党革命委員会の設立に携わり、同年八月に復活が決まった中華全国総工会（陳雲主席）の副主席の一人になった(188)。

青幇勢力の大部分は、在地社会に残留した。例えば、蘇北幇の人力車夫の領袖になった顧竹軒は、アヘン窟・賭博場・妓院を営み、一九三〇年代には杜月笙の最大のライバルになったが、しばしば共産党にも協力し、五・三〇事件後のゼネストでは共産党と同盟関係を結んだ(189)。また戦時期には、共産党地下党員を救出したり、匿ったりすることがあり(190)、さらに戦後には、上海市参議会議員を務めながらも、中国共産党上海局統戦部幇会工作委員になった甥の顧叔平を通して、共産党の地下組織に便宜を図った。顧竹軒は、共産党への貢献が認められて、一九四九年八月の上海市第一届人民代表大会に招かれた(191)。

このように、戦後内戦期において、青幇の領袖の一部が国民党政権から離れ、共産党に再接近した。それによって、共産党は、熟練労働者や職員だけではなく、非熟練労働者や雑業者の間にも勢力を伸ばすことができた。

人民解放軍の上海進駐と職員・労働者

ところで、中国共産党は、戦時期の地下活動時代から一貫して、職員と労働者の連帯・協調と均質化を目指していた。例えば、共産党の職員運動委員会の書記であった顧准は、一九三九年に同委員会の機関誌『職業生活』において、企業内で労働者が職員を敵視したり敬遠したりすることがあり、他方で職員が労働者を見下すことがあるという認識を示したうえで、両者が大衆運動において「合作」すべきと力説している。顧准の分析によれば、南京国民政府成立前の一九二五—二七年の労働運動でもすでに、労働者と職員の「合作」の有無が、運動の成否を左右していたという(192)。

戦後の一九四六年は、民国期において最多件数のストライキが発生した年になった(193)。当時の一部の労使紛争においては、労働者が企業主の対日協力を告発して、労働運動と告発運動を同時に進めた。ストライキと「漢奸」告発運動を積極的に推進した従業員団体や工会の指導者には、共産党の地下党員がくわわっていた（第五章）。当時の共産党地下組織は、「高（上）級職員」「中級職員」の利益に十分な関心をはらい、彼らの同調ないしは中立を勝ち取って、労働者側の味方につけることを重要戦略としていた(194)。すなわち、地下活動時代の共産党は、熟練労働者と職員を中心的な支持基盤とし、資本家に近いエリート職員をも動員対象として重視した。また、一部の資本家に対しても、潘漢年らが「統一戦線」工作を展開して協力者にした。

一九四九年に入って、人民解放軍が上海に迫ると、上海職業界協会（上海職業界救国会・救亡協会から戦後に改組）および共産党の影響下にあった職員や労働者たちが、工人糾察隊を組織するなどして「護廠運動」を展開する。彼らは、国営工場の設備の台湾への移転や破壊活動を阻止し、さらに、共産党の政策を宣伝して企業活動を維持させた。また、共産党地下党員の活躍によって、各商店・工場の従業員たちが人民保安隊を組織した。人民保安隊は、人民解放軍が上海に進駐した五月以前に地域の治安を維持していた（第四章）。

上海の多くの人びとは、共産党に大きな期待を抱いて、その到来を歓迎したといえる。その反面、当然ながら、共産党の統治に不安を感じ、香港などに逃避したくともできず、消極的に共産党支配の現実を受け入れた人びともいた。一九四九年五月二七日、人民解放軍は上海市全域を制圧し、直ちに上海市軍事管制委員会を設立して管制下におく。中国共産党中央華東局が、従来の党地下組織を解散して、上海の政治工作を直接指導した。翌二八日に成立した上海市人民政府は、上海市軍事管制委員会とともに、政府機関や国営企業の接収・管理を始めた(195)。

そして同月三一日、上海総工会籌備委員会の成立が宣言された。その指導下で、上海職員協会や人民保安隊などの職員・店員・労働者たちが、工会の創設に着手する[196]。上海総工会籌備委員会は、新たに創設する工会の組織基盤として、聯誼会などの既存の親睦団体を利用した[197]。一九四九年の時点において、職員と労働者の意識や生活にはまだ大きな相違があったので、職員は既存の民間団体を媒介として工会に組みこまれたのである。一九四九年末までに、上海の職員・労働者の総計約一〇七万人のうち約七七万人が工会に組織化された[198]。工会には、工場長や株主となっている者、労働者に恨まれている者をのぞいて、技術者や管理職員の参加も認められた[199]。

人民共和国成立後に、上海総工会や上海市工商業聯合会が設立された。しかし、それらは北京の中華全国総工会や中国工商業聯合会の下部組織であり、全国においてしばしば中心的な影響力を有した民国期上海の労働者や商工業者の団体と異なって、一地方組織に序列を格下げされていた。上海地域の各業界の工会はすべて、一九五〇年二月に新設された上海総工会の指導下に入った[200]。注目すべきは、職員と労働者が同じ工会に組みこまれ、聯誼会のような、労働者を除外した職員だけの団体が組織されなかったことである。これ以降、職員と労働者を区別しない「職工」（従業員）という用語が、呼称や統計上の範疇として広く用いられるようになった。そして共産党政権は、労働者に職員との「合作」を宣伝したばかりではなく、労働者たちに職員を批判させて脅しつけたり、職員に自己批判させたりしながら、職員と労働者の強制的均質化を実現しようとしたのである。その結果として、政治運動が激化し、企業管理を混乱させる事態に陥ることさえあった（第八章）。

（6）人民共和国建国後の大衆動員——民国期からの変化

民国末期・人民共和国初期の社会統合

すでに見たように、南京国民政府は、共産党のような階級区分にもとづく大衆動員を避け、おもに商会や工会などの職業別の社会団体を再編・統合しながら、大衆の国民化に着手した[201]。ただし、南京国民政府の団体統合主義は、国民党内外の諸勢力による対立・抗争の均衡上に成立し、しかも在地の秘密結社が抗争に深く関わる不安定な体制であった。上海を統治した対日協力政権は、社会団体を用いた統合方法を継承し、さらに「保甲」（近隣住民の管理組織）の整備・強化を進めた。一方、国民政府は、戦時期から「単位」（職場）を通した大衆の組織化にも着手し[202]、戦後には社会団体と「単位」の両方を人衆動員に利用した。また、国民政府は対日協力政権と異なって、終戦直後には形式上、保甲制度に自治的な性格をあたえていた。だが、一九四八年末までには保甲制度を戦時体制に組みこみ、共産党やそれに同調する勢力を弾圧するためのものとした[203]。

さらに指摘すべきことに、民国末期・人民共和国初期には清末・民国初期と異なり、民間人士が中心になって国家から自律的な自治機構を設立する動きが弱かった。なぜならば、すでに多くの民間実業家が経済官僚に転身していたし、民間団体やその指導者たちが国民政府に取りこまれていたからである[204]。戦後内戦期には、国・共両党が社会団体の主導権をめぐって争った一方、社会団体も強力な党・国家に依存しようとしていた。

例えば、商工業者と関わりの深い知識人が中心になって組織した民主建国会は、一九四五年末に成立した当初、自らの要求を実現するために国民党に依拠していた。しかし、軍事情勢の変化に応じて、一九四八年までには共産党の革命闘争を支持するようになった。民主建国会は中国革命に参加するなかで、民間の商工業者の自律性・主体性を擁護しようとしたが、一九五一―五二年の「三反」「五反」運動までには、そうした主張を強調できなくなった[205]。同様に、商工業者の同郷団体は、民国期には政府の優遇措置を受けながら未整備の福祉事業を補っていたが、一九五〇年代初頭には共産党政権によって財政難に陥れられて、解体・接収を受け入れざるをえなくなったのである[206]。

共産党による支配確立と「反革命鎮圧」

そして共産党政権の成立後には、新政権に対する労働者の期待の高さもあって、失職・減給への抗議や待遇改善を求める労働争議が、戦後内戦期よりも多発する。[207] 共産党は、一方では争議を調停・仲裁して生産を維持しながら、[208] 他方では工会と職場（「単位」）を党に忠実に服従する組織につくり替えて、上海の労働者と職員を動員していった。

工会は、各企業に幹部を派遣して、職場ごとに「反革命分子」を告発する大会を開催し、密告の手紙を受けつけた。人民解放軍の進駐以前に結成された工人糾察隊も、捜査に活躍していた。[209] こうして集まった材料をもとに、一九五一年四月二七日の一斉検挙をピークとした「反革命鎮圧運動」が展開される。公安局は、一九五一年末までに、まず「特務」および「悪覇」（悪辣なボス）・「匪族」（土匪）といった明らかな騒擾を重点的に取り締まったうえで、調査期間をへて一九五二年末から、「反動会道門」（民間宗教結社）のような社会に深く根ざした組織の摘発を本格化させた。[210]

この時、共産党によって「特務」とされたのは国民党の関係者であり、「悪覇」「匪族」として摘発された者のなかには青幇の構成員が含まれていた。過去に共産党の幹部を逮捕・殺害した国民党員などが探し出されて処刑された。[211] 一九四九―五三年にかけて共産党政権が展開した「反革命鎮圧」は、一九二七年の四・一二クーデター以降に国民党と青幇が結託して共産党員を壊滅させたのとちょうど裏返しの構図であり、まさしく「革命」の遂行であった。

また、労働組合政策も、一九五一年末までに転換される。工会の役割は労働者の利益表出にあると主張した李立三が批判され、工会は労働者を教育・管理・動員するための組織になっていく。[212] 工会はその後も連鎖的に発動された政治運動において、共産党と一体化して労働者と職員に対する宣伝・動員工作を担っていった。

「三反」「五反」「民主改革補課」

一九五一年末から、党員幹部の汚職・浪費・官僚主義を批判する「三反」運動が、国家機関と官営企業において本格的に発動される。「三反」運動は、朝鮮戦争による財政悪化の解消と戦時体制の引き締めを図ったものであった。[213] 上海では戦時の地下活動員であった潘漢年（副市長）と劉長勝（上海総工会主席）が、「三反」運動を指揮した。「三反」運動の結果、官営企業の主要ポストは党員によって占められ、労働者から新たな幹部が抜擢された。一方、民国期からの留用人員は、技術員をのぞいて、幹部の座から引きずり降ろされた。[214] 技術員は保護されたが、積極的な労働者を使って脅しつけられて、共産党のためにつくすように手なずけられた。

「三反」運動による国家機関と官営企業の引き締めが順調に進展すると、党・政府は民間企業の経営者に対して「五反」運動を発動する。「五反」運動は、民間の企業家による贈賄、脱税、国家資材の横領、手抜き仕事と材料のごまかし、国家経済情報の窃取を批判する運動であった。「三反」運動の対象となった官営企業と民営企業の間には、派遣や引き抜きなどの人員交流もあったので、「三反」運動から「五反」運動への展開は必須のものと考えられた。[215]「五反」運動の際、民間企業に対して、政府機関は発注を減らし、銀行は貸し渋りをした。経営にゆきづまった企業主は、生産・賃金支払い・食事提供を停止（「三停」）したり、ときには告発の報復として職員・労働者を解雇したりすることがあった。それに対して商工業従業員は、人民共和国建国以来最多の労働争議を引き起こしたが、争議は工会と政府が介入して調停された。[216]

「五反」運動の勝利宣言がなされた直後の一九五二年七月からは、民間企業で「民主改革補課」運動が本格的に発動された。「民主改革補課」運動でおもな攻撃目標となったのは、民国期から労働者の雇用・管理を請け負ってきた職工頭と、依然として肉体労働者よりも上位にあると考えられることのあった職員であった。

これらの運動の結果、民国期の企業工・エリート職員・一般職員・職工頭らがすべて権威と権限を損なった。それに代わって台頭したのは、政治的使命を帯びた党員とそれに忠実な労働者の幹部たちである。一九五二年の「五反」運動と「民主改革補課」運動による混乱をへて、民間企業の営業額は落ちこみ、「公盛私衰」の状況が生じた。そのことは、民間企業の公私合営化、すなわち実質的な国営化への道を開いた（第八章）。

党内の実務派幹部の失脚

さらに、共産党の内部でも、指導者の交替が進められた。建国当初の上海では、民国期に当地で活躍した地下党員が、党・政府の要職を多数占めていた。しかし、建国後の政治運動の連鎖のなかで旧勢力が排除されたのにともなって、旧勢力と親交を結んだり、主義・主張を一部共有したりしていた党幹部も、巻添えになって失脚することがあった。

例えば、戦時上海において中国共産党江蘇省委員会職員運動委員会の書記として企業職員の動員工作を担った顧准は、人民共和国建国後に上海市の財政局局長と税務局局長に就任した。ところが、「民主評議」によって各企業の税負担を決める方式に反対したことなどが理由になって[217]、「四反」運動（「三反」と「五反」の過渡期）のさなかの一九五二年二月までに失脚し、党内外の職務を一度すべて解任される[218]。その後、顧准らが戦時に職員動員のために利用した聯誼会は、国民党・青幇・対日協力政権との関係を疑われ、「反動組織」として批判されるようになり、さらに文化大革命の勃発後には聯誼会との関わりが迫害の口実にもなった（第四章）。

顧准は、一九五五年一一月の日記のなかで、企業職員たちの「実用主義哲学」を自分自身の思想に重ね合わせて反省していた[219]。顧准は、市場経済や多政党制を肯定したリベラル左派の知識人であり、その後も自らの思想を頑強に主張し続けたので、たびたび「右派」と認識され、労働改造を強いられるなど不遇の生涯を送った。

ほかにも、潘漢年は、日中戦争期に中国共産党中央華中局統一戦線部部長に就任し、上海のブルジョワジーの取りこみ工作を担い、人民共和国建国後に中国共産党上海市委員会副書記および上海市人民政府副市長に就任した。ところが、一九四三年夏に汪精衛に会ったことを党中央に報告しなかったことを口実として、五五年四月に突然逮捕される[220]。潘漢年の逮捕は、上海実業界に大きな衝撃をあたえた。

（7）「社会主義」の確立

公私合営化と階層再編

一九五三年九月、資本家の活動が許容される新民主主義から、それが否定される社会主義への「過渡期の総路線」が公布された。人民共和国成立後から上昇を続けた賃金水準は、同年末頃から下降に転じる[221]。そして、公共事業や主要企業から順に、公私合営化が本格的に進められた。政府機関が民間企業に発注する委託加工・生産は、一九四九年から民間企業救済と市場安定のために実施されていたが、五三年頃からは民間企業に公私合営化を促すために強化された[222]。

公私合営とは、本来、複数の国営・民営企業が合併して、もともとの経営者たちが集団で経営にあたることだが、実際には、党・政府の代表者が民間企業の経営・管理を掌握した。さらに公私合営の後、多くの積極分子が党員に抜擢されたので、共産党の支配力がいっそう強化された。公私合営化は、一九五五年に加速され、五六年九月には中国共産党第八次全国代表大会において、「資本主義工商業の社会主義改造」の完成が宣言されるに至った。一九五六年の一年間で、上海では六万一三〇〇人の党員が誕生し、同年末までに上海全市の党員数は一八万人以上にふくれ上がった[223]。

公私合営化の際、多くの民間企業の「資本家」は、「国家幹部」に転身することを期待していた。だが、民間企業時代の企業主や重役職員たちは、公私合営後には降格されて微々たる職務を割り当てられただけにもかかわらず、

「資本家」や「資本家代理人」の名目は解かれなかった。彼らは、労働者と強制的に差別化・分割化され、党・政府幹部の身代わりになって、労働者の批判の矢面に立たされ続けたのである（第八章）。

公私合営化を実施した政府は、民間企業を接収した代償として、一九五六年から六六年まで年率五分の定額配当とそれに準じる賞与金を、「資本家」と「資本家代理人」に支払い続ける。しかし、民間企業の資産価値はきわめて低く査定されていたうえに、獲得した定額配当の半分は公債を買い、一割は互助金として供出しなければならなかった（第八章）。さらに、「小資産階級」の「資本家代理人」と認定されたエリート職員のなかには、「資本家」のように定額配当を受け取れず、職員・労働者のように福利・厚生を受けられず、家計を維持するのが困難になる者も現れた[224]。くわえて、技師・技術員に対しては、彼らがテクノクラート（技術官僚）として特権階級を形成することがないように、階層平準化のためのイデオロギー操作や教育が大規模かつ長期間にわたって実行され続けた[225]。また、小商店の自営業者も微妙な階級であり、公私合営化の過程ではたいてい「資産階級」に区分された。彼らが労働者に再区分されるには、一九六〇年代前半における社会主義教育運動の発動を待たなければならなかった[226]。

こうして、公私合営化の完成までに、企業主・職員・労働者の間では格差の縮小が実現したが、それは下降的な均質化であった。他方、党・政府幹部が新たな特権階級を形成し、また、非正規雇用者と正規雇用者の間の格差は依然として大きかった。

消費生活の統制

ところで注目すべきことに、戦時期から人民共和国初期には、商業ベースとは異なる方法で大衆消費が拡大していった。消費合作社は、日用品を生産者から直接大量に仕入れて社員に廉価で販売する組織である。それは上海において、物資調達が困難になった日中戦争期に勃興し、一九五〇年代初頭にさらに発展した（第四章）。

そして一九五〇年代半ばからは、政府が物資を統制する配給制度が実施されるに至った。一九五三年冬からは、国家が穀物・油・綿布の統制購入・販売を順次実施する[227]。同年から、戸籍簿または「購糧証」(食糧購入証明)にもとづく食糧の配給が始められた。食糧の配給の主たる対象者は、「都市戸籍」をもつ都市住民であった[228]。さらに一九五五年八月の「市鎮糧食定量供応暫行弁法」の公布以降、全国各都市で「糧票」(配給券)による食糧定量配給制度が開始される[229]。「糧票」は、当時までに整備されていた「単位」や「居民委員会」(「保甲」の機能を強化した近隣住民の管理組織)[230]を通して配布された。配給制度は、その後に商品供給が不足してくると、しだいに日用品などにも拡大された。こうして、都市の人びとの消費生活に対しても管理・統制が強化された。

以上からわかるように、南京国民政府期に本格化した党・政府による社会統合の試みは、一九五六年、民間企業の公私合営化(実質的な国営化)が一応完了した頃までに一度完結に近づいたといえる。

反右派闘争への転換

党・国家による大衆の組織化・支配強化は、一九五六年秋から翌年春にかけて一時的に緩む。例えば、一九五六年秋には、旧民間企業のいくつかが独自の営業活動を再開する。同年末から翌年春にかけては、一部の物品について自由市場が維持され、一部の小企業が独自に従業員を雇用することも認められた[231]。一九五六年七月から実施された賃金制度改革が、職員・労働者に実質的な所得増をもたらしていたことも相まって、同時期にはレストラン・ナイトクラブ・贅沢品の消費ブームが巻き起こった[232]。

さらに、ポーランドとハンガリーでの暴動の知らせが、社会主義社会に対する疑念を深めて、学生の請願運動と労働者のストライキが頻発した。工場では、党・政府幹部が、労働者に対して困惑しおびえる姿が見られるようになった。このときのストライキの背景には、出稼ぎ・臨時雇い・若年の労働者が、地元・終身雇用・ベテランの労働者に対して不満を高めたことがあった[233]。つまりこの頃までには、正規雇用者と非正規雇用者の間、特権階級化していた党・政府幹部とそれ以外の従業員の間などに、深刻な社会的格差が生み出されていたのである。それらが、「鳴放」期のストライキや、さらに後の文化大革命期の「造反」の一因になった。

しかし、一九五七年五月を境にして、政権に批判的な発言を求める「鳴放」運動が、政権批判者を批判する反右派闘争に転換された。上海の反右派闘争は、毛沢東に忠実であった党市委第一書記の柯慶施が指揮をとる。反右派闘争においては、「五反」運動などで抜擢された党・政府幹部や、党・政府幹部の機嫌を取って出世を図る者たちに対する批判が、徹底的に封殺された。宣伝・教育の焦点は、「資本家」と労働者の間の階級矛盾に絞られ、特権階級化した党員による大衆指導の問題点は隠蔽された（第八章）。そしてその後の大躍進運動においては、労働者が幹部に抜擢されるのではなく、逆に幹部が現場に出て労働に直接従事するようにもなった[234]。

また、工会が党からの自立性を保持して、職員・労働者の利益集団となる試みも、反右派闘争によって再び挫折した[235]。職能を反映した八等級賃金制度は、「資産階級等級制」と批判されて、わずか一年あまりで放棄された。それに代わって、労働者の賃金を低く抑えて農民との収入格差を是正する「合理的低賃金制」が、一九五七年秋から導入されたのである[236]。

五　大衆消費から大衆動員へ――一九二〇―五〇年代の変化と連続

民国期と人民共和国初期の相違

さてここで改めて、国民党・共産党の両政権による大衆動員を見比べると、大きく異なる面がある。すなわち、古厩忠夫が指摘したように、清末・民国期に頻用された「国民」「公民」「中華民族」の概念は、抽象性・統一性を特徴としていた。それに対して、共産党政権が頻用したマルクス主義的な「人民」の概念は、敵排除の論理がきわめて明確であった[237]。

それゆえ、清末・民国期における公共性（「公」の場におけるコミュニケーションのあり方、社会統合の原理）は、共感・共鳴を生み出して同胞に帰属・同化させようとする志向が主流であった。それに対して、人民共和国初期の公共性は、反感や憎悪をあおって敵を排除・排斥しようとする、日中戦争期以降に著しい傾向を強めたと考えられる。また、清末・民国初期には、公共圏（「公」にコミュニケーションをする場）が多元化・多様化し[238]、民国期には、たいてい複数の公共圏が共存・競合していた。それに対して、人民共和国初期には、公共圏の多様性・重層性が失われて、単一ないしは少数の系統の公共圏が圧倒的となった。それにともなって、敵対者の排除が徹底化された。たしかに国民党政権の諸勢力も、一九三〇年代から大衆運動を利用して政局を操ろうとしていたが、共産党政権は、より過激な運動をよりたくみに利用して、敵対勢力のより徹底的な弾圧をおこなったのである。

商業広告と政治宣伝の連続性

しかし注目すべきことに、こうした変化の底流には、「大衆的公共性」というべき共感・共鳴にもとづく秩序原理が貫かれていた。そもそも、すでに民国期においては、本書でも具体的に見るように、大衆動員と大衆消費とがしばしば分かちがたく結びついていた。もっともわかりやすい例として、国民党は北伐以降、国旗や孫文像などの政治シンボルを大衆動員に積極的に利用し、国民政府はそれらを神聖化するために商業利用を厳しく取り締まったが、完全に禁止することはできず、国旗や孫文像が商品のデザインや商業広告に利用され続けたことなどが挙げられる[239]。

さらに、大衆消費における商品広告と、大衆動員における政治宣伝には、人的・技術的な互換性・連続性が存在し、そのことはすでに両大戦間期において理解されていた。例えば、上海の広告画家・梁鼎銘は、一九二六年に広州に南下して国民党に加入し、政治宣伝に従事するようになった。また、広州の幻吾広告画院（一九二二年創設）は、政治宣伝画の訓練もおこない、企業や新聞社などのほかに党政機関にも卒業生を送っていた[240]。ほかにも、両大戦間期の上海で活躍した謝之光は、タバコや化粧品などの商品を宣伝するポスター式カレンダーに多くの美人画を描いた。その美人画は、グラビア雑誌『良友』画報の表紙を飾ることもあったが、時事に敏感な彼は、人民共和国建国後には中国共産党の政治宣伝のためのポスターを描いた[241]。

ほかにも興味深いことに、民国期に多くの種類の民営商業新聞が刊行されると、各紙はそれぞれに特色ある紙面づくりをおこなって、特定の読者を獲得するようになったが（第一章）、人民共和国初期まで継続された新聞各紙は、それまでの読者をひき続きそれぞれの政治宣伝の対象に定めていたのである（第八章）。

大衆行動の変化

両大戦間期に優勢であった消費主義（贅沢な消費によって自己実現しようとする志向）は、日中戦争期をへて後退し、共産党政権下では短期的な復活をのぞいてほぼ消失する。戦時期以降、人びとはしだいに、大衆消費ではなく大衆動員の場で願望をかなえようとすることが増えたのである。もちろん、大衆消費そのものは消費合作社や配給制度などによって維持・普及されたが、大衆消費と大衆動員が以前にも増して緊密に結びつき、表裏一体のものになっていった。余暇における大衆行動（多くの人びととの同一行動や集団行動における大衆的なふるまい、mass behavior）は、大まかな趨勢としていえば、しだいに大衆消費ではなく大衆動員としての面を強めていた。人びとが大衆（多くの人と同じないしは同じであろうとする人びと）となり、大衆が大衆を生み出したのは、しばしば消費の場においてではなく動員の場においてのこととなった。

一九五〇―六〇年代の上海社会に関する金野純の研究によると、当時の大衆動員には、「静態的な全体主義モデルとも戦時の総動員体制とも異なる独特のダイナミズム」が見られたという[242]。そうした大衆行動のダイナミズムは、どのように形成されてきたものなのか。まずはおもに先行研究を手がかりにして、民国期から人民共和国初期までの大衆消費から大衆動員への変化の趨勢を探ってみよう。

民国期都市中間層の新興エリートはしばしば、儒教的な思考や行動を基本としながらも、欧米起源の科学的な教育を受け、洗練された職業につき、流行のブランド商品を消費する人びとであった。民国期上海の新聞広告においては、「長衫」（清代の官吏や知識人およびそれを真似た商人たちが着ていた男性用ガウン）や洋服を着て消費する俸給生活者たちが主役であった（第一章）。しかし、人民共和国初期都市のエリートは、多数の人民に同化しながら、政治運動に身を投じる人びとを指すようになった。学校教員はもちろん企業職員や商店員に至るまで、職業のビジネスとしての面が否定・批判され、政治宣伝員としての役割が重視されていく。そして新聞の宣伝記事の主役は、人民服を着用して生産し運動する労働者に代わった。大衆消費とともに台頭した民国期の新中間層は、人民共和国初期の大衆動員の過程で、労働者階級と資産階級に完全に二極化された（第八章）。

こうしたなか、商品広告に代わって政治宣伝が、都市の生活空間のすみずみまであふれかえっていく。異なる読者層をターゲットにしてきた各商業紙は、それぞれの読者層に対する政治宣伝工作を分担する。消費者が広告に出て証言をして、新たな消費者を増やしたのと同じように、動員者の政治的ふるまいが宣伝されて、新たな動員者を増やす。消費し消費されていた大衆は、動員し動員される大衆に変わった。娯楽や消費に埋没してスターのゴシップを注視した大衆は、政治集会で熱狂し指導者の一挙一動を注視する大衆へと変わっていったのだ。

注目すべきことに、大衆消費と大衆動員が混合した集団行動は、すでに日中戦争前から見られた。例えば、上海市政府は、民衆の「軍事化」を目指す新生活運動に人びとを動員するために、一九三五年から集団結婚式を開催したが、人びとはそれを廉価で荘厳な婚礼の大衆消費として利用していた（第三章）。また、終戦直後の一九四六年に盛大に開催されたミス上海コンテストは、多くの人びとにとって一大娯楽イベントにすぎなかったが、それは国民政府主導の難民救済事業への募金を目的とするものであった（第七章）。

さらに、戦時・戦後期の聯誼会はアマチュアのスポーツ・音楽・演劇などをおこない、それらを大衆化して職員・労働者の抗日救国運動への動員に役立てていた。それは、いうならば大衆消費から大衆動員への過渡的な活動であった（第四章）。娯楽のなかでも、アマチュア演劇について見れば、伝統劇（京劇など）は実業家や文化人などの有産階級、新劇（話劇）は学生が中心に携わっていたが、戦時期からはそのほかの大衆も担い手として台頭した。同時に演劇活動の動機も、演劇革新や趣味教養から大衆宣伝の手段へとより明確に限定されていった[243]。また文学について見れば、上海の新感覚派などモダニスト作家と左翼文芸家の双方は当初、読者対象としても描写対象としても一九二〇年代に形成された都市大衆に焦点をあてていた。ところが両者は一九三〇年代に戦争との関わり方をめぐって分岐し、左翼文学陣営がイデオロギーの外側にたって美学や芸術性を追求し続けるモダニスト作家の無力をきびしく批判するようになり、さらには戦時には、モダニスト作家が日本の統治者に対して微妙なやり方で抵抗ないし協力するようになった。こうした文学史の展開からも、上海大衆社会の誕生と変貌に文学者とその読者たちがどのように向き合っていたのかを読み取ることができるだろう[244]。

そして戦時上海の大衆にとっては、「漢奸」という共通の敵を非難することが道徳的義務のようになっていた[245]。さらに戦後には、商業新聞・雑誌までもが一斉に、抗戦英雄を賞揚し「漢奸」を個人攻撃した。その際には、大衆世論による制裁、攻撃対象への憎悪をかりたてる情動的な言説、攻撃対象を擁護する者まで攻撃しようとする大衆心理などが見られた。例えば、「自由」「人権」を主張して「漢奸」を擁護した弁護士は、群衆の非難を受けた（第五章）。また、一九四六年におこなわれた市参議会議員の選挙活動では、立候補者を「漢奸」として攻撃するネガティブキャンペーンが展開され、さらに選挙後には、補欠の参議員候補が当選した参議員を「漢奸」の罪で告発したと報じられて騒然となった（第六章）。

こうした大衆の告発と運動によって身近な指導者が打倒されるという「漢奸」告発運動の鮮烈な経験は、人民共和国成立後に具体的に受け継がれる。例えば、一九四九年の「漢奸」告発運動に用いられた動員手段は、一九五二年春の「五反」運動などでしばしば見られた方策を先取りしていた（第五章）。そして人民共和国初期には、より身近な人びとが大衆の攻撃の対象になる。集会や壁新聞などで批判され自己批判を迫られた大衆は、戦後のタブロイド紙（「小報」）で攻撃された「漢奸」と同じような心境を味わうことになった。比喩的に論じるならば、民国期にはたいていメディアによって劇場化された大舞台の政治劇に観客席から声をあげていた大衆が、人民共和国期にはしばしばそれぞれの小舞台に上らされて政治劇を演じなければならなくなったといえる。

人民共和国初期に動員方法が洗練されて、個人の日常生活がより細部まで具体的に宣伝のなかに取りこまれたのにともなって、民国期のように個人が自らの行動に独自の意味を付与できる余地は減っていった。すなわち、民国期の商品広告は、消費者の日常生活を反映させて共感をえていたが、個々人の多様な消費の仕方には十分に対応しきれない面があったので、生産者や広告主が大衆に示したのとは異なる消費の仕方が、独自に編み出されることも多かった(246)。さらに、消費行動においてはしばしば、マスコミの広告よりも親しい人びとの口コミの方が信じられていた。商品広告が、大衆消費の拡大と同時並行して進む消費者大衆の細分化、いわば「分衆化」に対応するのは難しかったのである。

また、国民党の政治宣伝はしばしば、人びとの都合のよいように換骨奪胎されて利用されていた。例えば、新生活運動の一環で政府が主催した集団結婚式に参加した花婿・花嫁はたいてい、式典終了後に家族・親族・友人を招いて大小の宴会を開いた。国民政府はそれを調査したが、干渉することはなかった。民国期の人びとは、大衆としての集団行動と個人としての私的な行動を両立し使い分けていたのである（第六章）。

これらに対して、人民共和国初期の政治宣伝においては、末端の党・政府幹部がしばしば個々人の日常的なふるまいを徹底的に調べ上げ、望ましくない言動を具体的に糾弾・封殺した。さらに、小グループ（「小組」）・大会・壁新聞（「大字報」）などにおける批判や自己批判が、マスメディアの宣伝を補って、個別の事例に周到に対応した（第八章）。こうして共産党政権は、大衆向けの宣伝と個々人の実体験との間のギャップを克服し、いうならば「分衆」を動員することに成功した。その結果、政治運動の緊張が高まれば、人びとは親しい知人・友人や家族・親族までをも告発しなければならなくなったのである。

娯楽・消費の場の変容

ところで、消費や娯楽の場は、日中戦争期からしばしば政治的な目的で利用されるようになった。例えば、一九二〇年代後半に誕生した漫才・コント形式の芸能である「滑稽」の芸人・筱快楽は、戦後上海のラジオで「庶民の代弁者」という立場から時事・社会問題を語り、一九四九年八月に検挙されるまで注目を集めたという[247]。

さらに興味深いことに、上海・南京路のショーウインドーやネオンサインは日中戦争後までに、商業広告・商業美術史上もっとも洗練された高い水準に達したが、それらは商品の陳列や広告に使われただけでなく、政治キャンペーン・社会教育・公衆道徳宣伝のために転用された。例えば、戦時期（日本軍進駐前）の租界の本屋や雑貨屋のショーウインドーは、重慶政府の宣伝や抗日救国の広告であふれていたという[248]。そして、終戦直後の商店のショーウインドーには孫文と蔣介石の肖像が飾られ、新生活運動が再開されると、そのスローガンを掲げたネオンサイン広告がホテルや百貨店の屋上に設置される[249]。人民共和国成立直後に朝鮮戦争が勃発すると、ネオンサインはアルファベットから漢字に改められ、ショーウインドーには「抗米援朝」を訴える絵・模型・写真が展示されたのである[250]。

図序-1　人民共和国初期の大世界（上海人民遊楽場）の様子（舞台上では奇術をしている）
出典：上海市檔案館所蔵（H1-21-8-12）.

また、戦前期に繁盛した大衆娯楽施設は、戦時・戦後の低迷をへて、人民共和国建国後には政治宣伝の場に変革された。例えば、一八五〇年にイギリス商人（「大班」）が創建した上海競馬場は、一九四一年のアジア太平洋戦争勃発後に一時閉鎖され、その後再開されて汪精衛政権下で存続したものの、一九四五年春、戦況の逼迫によって競馬は続けられなくなった。終戦後、国民政府の上海市長・呉国楨は、財政収入の増加のために競馬を再開しようとしたが、新聞紙上や市参議会では反対意見が多く、公園にすべきという意見が多く出される。市政府は、世論を考慮して競馬を再開できず、資金難のために競馬場を公園に改修することもできなかった。一九五一年、中国共産党上海市委員会宣伝部は、国慶節やメーデーに大規模なパレードやデモをおこなう場所が上海にないことから、競馬場をそうした場所に改修することを主張した。同年八月、上海競馬場の敷地は回収されて、その後、「人民広場」と「人民公園」に改修された(251)。

中国共産党は、一九四九年三月の第七期二中全会において、都市工作に重点をおく方針を打ち出すと同時に、「消費都市」を「生産都市」に改造することを提起していた(252)。人民共和国初期の上海においても、この方針が貫徹されて、消費の場所と時間が失われていったのである。

ほかにも、戦前の上海の租界地区に二〇以上も開設された遊楽場は、人民共和国成立前夜までには大世界など四つを残すだけになった。大世界遊楽場は、一九五四年に市政府に接収されて、翌年に「上海人民遊楽場」に改造された。上海人民遊楽場では、劇の合間の出し物が激減し、遊具も壊れたまま放置され、遊楽場の特色を失って劇場の寄せ集めのような施設になった。それは、長時間居続ける地元の観客よりも、短時間見学するだけの外地・外国の賓客が重視された結果であった(253)。従来の遊楽場に代わる新たな総合娯楽施設として登場したのは、上海市工人文化宮や工人倶楽部であった。一九五〇年九月に西蔵路に創設された上海市工人文化宮は「労働者の学校と楽園」と称され、図書館・囲碁将棋室・卓球場・劇場・労働運動資料館などを設置し、映画を上演し、合唱・器楽・舞踏・話劇団を結成していた(254)。これらは戦時・戦後期の聯誼会の活動と人材を継承するもので、大衆化した娯楽をしばしば政治動員と結びつけながら推進していた。［図序-1］

自殺と大衆

以上のように概していえば中国において、近代主義（モダニズム）と愛国主義（ナショナリズム）と人民大衆主義（ポピュリズム、中国語では「民粋主義」）は、共存・共犯関係にあった。両大戦間期に中国で受容された近代性は、日中戦争と中国革命をへて、しばしば愛国主義や人民大衆主義に親和的な面だけが選び出されて定着していった。そして注目すべきは、両大戦間期上海の先端的な近代性のなかに、人民共和国初期の人民大衆主義にもつながる「大衆的公共性」（大衆の共感・共鳴によって形成される秩序のあり方）が内包されていたことである。ここではもう一つだけ、自殺をも喚起した新聞と大衆の圧力について見て、大衆感情にもとづく公共性の歴史的展開を明らかにしておこう。

本書第二章で見るように、一九三〇年代の映画スター・阮玲玉は、前夫と新たな恋人との間の三角関係がこじれて裁判沙汰になり、新聞紙上に格好のゴシップを提供する。阮玲玉が、噂に対する恐怖と前夫への憤りから新聞公開用の遺書を残して自殺すると、上海人衆に大きな波紋が広がった。自殺原因をめぐって新聞・雑誌上で様々な憶測が飛び交い、一〇万人以上の人びとが葬儀場まで遺体を一目見ようと訪れ、約三〇万人の群衆が霊柩車の通る墓地までの沿道に押しよせて、二人の女性が後追い自殺をした。阮玲玉の自殺は、映画・演劇・百貨店などによっても商業利用されたが、遺族はそれに苦痛を感じても十分な対策を講じられなかった。阮玲玉の悲劇を生み出した新聞の宣伝力と、スキャンダルを好む大衆心理を、魯迅は痛烈に批判していた。

このように、両大戦間期に大衆化した新聞などのメディアは、ある人がメディアを通して一躍有名人になる仕組みを成立させていた。それは当時の人びとにとって、大衆として見つめる享楽とともに、大衆に見つめられる脅威が増大したことを意味していた。流言蜚語がしばしばメディアによって拡大されて、社会秩序を揺るがし、ときには人を死に追いやったのである。

阮玲玉のほかにも、本書第七章で見るように、一九四六年のミス上海コンテストで準優勝した復旦大学の女子学生・謝家驊は、香港映画の出演まで果たし一躍時の人となる。しかし他方で、大富豪の新郎との愛憎劇がタブロイド紙で克明に報道された。さらに、実父が戦時上海の財界で要職に就いていたことから、「漢奸の娘」として非難された。彼女もまた、愛人と別れない夫を苦に自殺未遂をして、夫に大衆の圧力を加えようとした。

そして人民共和国初期においては、人衆とメディアの圧力がさらに多くの自殺者を生んだ。当時、「反革命」の嫌疑がかけられた者は処刑を恐れただけではなく、大衆集会での告発やメディアの宣伝におびえて自殺を図った。[56]共産党の統計には表されないが、自殺は、政権に対する抵抗・挑戦を示す行為でもあった。例えば、「五反」運動においては、メディアが一斉に「資本家」の不正の告発を大衆に呼びかけたが、自己批判を拒んだ「資本家」に対しては、「ドアの前のスローガンが目眩と頭痛をあたえ、街頭の呼びかけが胸騒ぎを起こさせた」[256]。こうした政治的な圧力によって、上海では自殺が波状的に起こり、路上や黄浦江への飛びこみが日常的となり、公園では木を使った首つり自殺を防ぐために巡回がおこなわれ、棺桶が売り切れ、葬儀場が混み合ったと回想されている[257]。

「市民的公共性」の発露

以上で見たように、両大戦間期から人民共和国初期の都市社会において支配的であったのは、「大衆的公共性」というべき共感や反感にもとづく秩序形成のあり方であった。「大衆的公共性」や、それを生み出した大衆消費から大衆動員へという大衆行動の変化は、近代世界においてしばしば見られたが、上海近代の特徴は急激で劇的な変化のダイナミズムにあったといえよう。しかし、そうした劇変のただなかに身をおいた上海の人びとは、ただ受動的に感化され、動員されていたばかりではない。序章の最後に補足しておくべきは、たとえ伏流にすぎなかったとはいえども、資本や権力を論理的に批判して、それらとは異なる主義を実現しようとする人びとの自発的な言動、いうならば「市民的公共性」が当時の上海市民の間でも見られたことである。

例えば、第二章で見るように、戦後上海では成熟した消費者に権利意識が芽生えていた。広告された医薬品の効能と安全性に疑念を抱いた消費者が、一市民として新聞に投書し、専門家の意見を求めた。投書記事に敏感に反応した市政府衛生局は迅速に対応して、広告主の製薬会社に販売・広告の停止命令を出す。市民の新聞への投書が、直接的に行政機関を動かしていたのである。

商品広告と政治宣伝はともに、大衆の潜在的傾向を読みとって、それに適合したシンボルを操作しながら、広告・宣伝主体の望む方向へと大衆行動を誘導していたといえる。しかし、大衆は資本や権力に操作されるだけではなかった。大衆の主体的な行動や志向が、資本や権力に作用して、ときには社会状況を変えていたのである。

さらに一九五〇年代においては、政治参加の手続きが十分に制度化されないまま、以前よりも多くの人びとが政治運動に動員された。その結果、大衆が党・政府幹部に操縦されやすくなったのと同時に、党・政府幹部も大衆による干渉を受けやすくなった。そのことは、第八章で見るように、一九五六―五七年の「鳴放」運動の時期に開催された各会議において、党・政府幹部への批判が多く集まったことからもわかる。公私合営化が完成した「社会主義」の社会において、もっとも良好であるはずの労働者大衆と党・政府幹部との関係（「党群関係」）は、実際にはもっとも鋭い緊張を孕んでいた。それは、大躍進運動において労働現場に高いノルマが課せられ、強圧的命令や高圧的指導がおこなわれると、深刻な問題として浮上した[258]。

六　本書の課題・視点・資料

さて本書は、両大戦間期から戦時・戦後、さらに人民共和国初期へと至る上海社会の変化と連続を考察する。その際には、日常生活史の視点を重視し、できるだけ身近な生活世界を正面に見すえて、従来とは異なる社会史を描こうとする。具体的には、当時の新興階層であった新中間層（精神・頭脳労働に従事する俸給生活者を中心とする階層）の生活体験から説きおこし、都市大衆社会のダイナミズムに迫りたい。すなわち、近代上海の新中間層の消費・動員および彼らが関わったイベントに着目しながら、一九二〇―五〇年代における大衆行動の変化と連続を明らかにして、「大衆の誕生と変貌」という都市社会史の展開を浮き彫りにしよう。本書は、おもに上海図書館所蔵の新聞・雑誌・図書を資料とし[259]、上海市檔案館（文書館）所蔵の未公刊文書を補充して分析する。とくに大衆を研究対象とするため、できるだけ多様な大衆紙・誌の記事に目を通していく。

第Ⅰ部では、両大戦間期から戦時・戦後にかけての大衆消費と大衆動員を中心に見ていく。第一章「見せる群衆の誕生――『新聞報』の広告に見る新中間層と大衆消費」ではまず、民国期都市における広告媒体の発達を概観したうえで、近代上海のビジネスマンにもっともよく読まれた商業紙『新聞報』について検討する。その図版広告などから、都市中間層の消費生活と大衆消費社会の形成の様相を考察していこう。具体的には、第一に、『新聞報』の記者が残した回想録や、当時の新聞学者の論説などから、『新聞報』の成長過程には、グローバルな面と中国独特の面とがあったことを明らかにする。第二に、『新聞報』に掲載された図版広告を収集する。そこに登場する人物像を分析すれば、都市の消費リーダーや大衆消費者の社会階層を考察できよう。また、俸給生活者（ホワイトカラー）がどのような商品広告に登場していたのかを分析すれば、当時の新中間層の消費傾向がわかるだろう。さらに、広告図版に描き出された俸給生活者の消費生活の様子も見ていきたい。そして第三に、群衆の登場した広告図版に着目する。どのような群衆がどのような場所に描きこまれているのかを見ながら、都市の生活空間に広告媒体が充満し、日常生活の様々な場面で大衆消費が拡大していった様相を明らかにしよう。

第二章「阮玲玉の自殺と大衆消費社会の黎明」では、一九三〇年代上海の映画スター・阮玲玉のスキャンダルと自殺を取り上げる。阮玲玉の自殺が当時のマスメディアと大衆におよぼした波紋、さらにそれが大々的に商業利用された様相を見ながら、黎明期の大衆消費社会の荒々しい実態を明らかにする。一方、阮玲玉の自殺の原因をめぐって展開された議論を整理し、さらに阮玲玉自殺の商業利用やそれにともなう大衆の情動に向けられた批判・抵抗・規制を考察する。またくわえて、医薬品の不正広告の取り締まりに関する事例研究をおこない、とくに上海市政府衛生局の公文書を精査して、国民政府が消費者のクレームに対処した過程を明らかにしよう。これらの作業を合わせて、民国期都市において誕生して間もない大衆消費社会がどのように秩序づけられようとしていたのかを検証したい。

第三章「集団結婚式――消費する大衆、動員される大衆」は、中国で一九三〇年代半ばから流行し始めた集団結婚式という大衆行動を考察する。集団結婚式は、市政府や民間の集団結婚服務社などによって頻繁に開催された。中国近代都市において、集団結婚式はなぜこれほどまでに盛行したのだろうか。なぜ多くの人びとは、集団で結婚式をおこなったのか。集団結婚式において、花婿・花嫁や参加者は何を感じながら、どのようにふるまったのか。これらの疑問を、当時の結婚成立の社会的・法的な要件の変化、さらには上海における大衆社会の形成、大衆消費と大衆動員の相互関係などに着目しながら、新聞・雑誌記事や結婚式業者の同業公会の文書などを精査して解き明かしていきたい。

第四章「娯楽と消費における大衆動員——戦時・戦後の聯誼会」は、戦時の上海で拡大した俸給生活者の親睦・相互扶助団体のうち四つの代表的な団体について活動の実態を明らかにして、戦時・戦後の俸給生活者の消費と娯楽を考察する。聯誼会の活動は大きく分けて二つあり、まず興味深いのは、演劇・合唱・スポーツなどの娯楽であった。これらは、職員たちを抗日・救国運動に動員するためにも利用されたが、本書では、聯誼会が文化・娯楽をどのように大衆化して、政治的な宣伝や動員に利用したのかを見ていきたい。なお、聯誼会の活動には、共産党地下組織が積極的に関わっていた。本書はおもに、一九八〇年代後半以降に共産党史の一環として編纂された史料集を用いて戦時・戦後の新中間層の余暇生活を考察するので、論述が偏向しないように注意したい。次に、聯誼会のもう一つの活動は、消費合作社による俸給生活者の生活支援、すなわち生活必需品の配給販売や福利厚生サービスなどであった。これらの活動から、戦時・戦後の俸給生活者の消費生活の実態を探りつつ、商業ベースではない大衆消費の普及のあり方を検証しておきたい。

第II部では、戦後から人民共和国初期にかけての大衆イベントおよび大衆動員を中心に見ていく。第五・六・七章では、一九四六年の上海の李沢事件・市参議員選挙・ミス上海コンテストを取り上げるが、これらはいずれも「漢奸」告発運動と深く関わりながら、終戦直後の上海大衆を巻きこみ、多くの反響と議論を呼んで秩序を揺るがせた重要なメディア・イベントであった。

第五章「『漢奸』の告発と戦後上海の大衆――李沢事件を例として」では、李沢事件をメディア・イベントとして考察し、マスメディアの役割に着目しながら「漢奸」に対する大衆感情がどのように高められたのかを明らかにしていく。さらに、戦後上海において、大衆感情がどのように政治に反映されたのか、すなわち「漢奸」に対する過熱しがちな大衆感情を、国民党政権の各機関や共産党地下組織はどのように対応し、利用したのかを検証していこう。また、「漢奸」を擁護した弁護士の論理や、彼らに対して向けられた大衆のまなざしを明らかにしたい。主要資料としては、多種多様なタブロイド紙（「小報」）を使用する。くわえて、上海市政府警察局・社会局・調査処の報告書や書簡を読みこんで、国民党政権内の権力闘争が運動と裁判の行方を大きく左右していたことも論証する。

ところで、市参議員選挙は上海初の普通選挙であったが、議会の成立後、当選した業界有力者が「漢奸」として告訴されるというデマが広まった。第六章「市参議員選挙と『漢奸』告発運動」では、こうした選挙前後の混乱と世論の動向に注目しながら、「漢奸」告発運動がどのように地域秩序を揺るがし、また、その後どのように秩序が立て直されたのかを考察する。戦後期の地域秩序の再生過程に、上海の大衆が投票やメディアを介してどのように関わったのかを、各種タブロイド紙から読み解こう。

ほかにも、ミス上海コンテストは、蘇北難民の慈善救済のために、国民党政権の要請を受けた杜月笙らが推進した大規模なイベントであった。第七章「ミス上海コンテストに見る戦後大衆社会」ではまず、都市中間層の女性たちが出場した美人コンテストが、どのような社会的反響を呼んだのかを検証する。コンテストで準優勝した謝家驊は、「漢奸の娘」として批判されながらも、大富豪と結婚し、香港映画に主演し、さらに夫とのトラブルを露呈した。こうした謝家驊が、戦後上海のメディアと大衆感情にどのように関わったのかを、タブロイド紙を主要史料として明らかにしたい。

最後に、第八章「演技と宣伝のなかで――共産党支配の確立と大衆行動の秩序」は、一九五〇年代の党・政府幹部が、民間企業（および公私合営企業）の職員、とりわけエリート職員（「高級職員」「資本家代理人」）を動員する現場を検証する。本章では、「三反」「五反」運動や公私合営化を概観し、とくに「民主改革補課」運動と反右派闘争を詳細に見て、共産党政権が企業職員に対する支配を確立していく過程を跡づける。企業職員たちが、職場（「単位」）という日常生活の場でどのような大衆行動をとり、またどのように大衆の脅威を体験したのかを明らかにしていく。そして、民国期の動員手段および大衆行動の秩序が、人民共和国初期の政治運動の時代にどのように引き継がれ、どのように変化させられたのかを考察したい。史料としては、各企業で政治運動を推進した末端の党組織・政府機関の報告書を精査し、さらに当時の上海からの亡命者の回想録なども参照して、民間・公私合営企業の職員たちの生々しい言動を拾い上げていこう。

第Ⅰ部　両大戦間期から戦時・戦後へ

第一章　見せる群衆の誕生
――『新聞報』の広告に見る新中間層と大衆消費

一　商業広告から大衆消費を探究する

『新聞報』と大衆消費社会

一八九三年二月、『新聞報』が上海で創刊された。それは、幅広い階層の人びとに読まれるようになり[1]、民国期にはしばしば『申報』を上回る販売部数を記録し、もっとも人気のある商業新聞に成長する。『新聞報』は、記事の編集について知識人の評価が低かった反面[2]、経済ニュースと広告がとても充実していた。商工業者や店員・職員たちによく読まれたことから、『新聞報』は、「柜台報」（商店のカウンター用の新聞）ないしは「広告報」（広告新聞）と呼ばれた[3]。『新聞報』や『申報』などの商業新聞には、一九二〇年代後半から三〇年代前半をピークとして[4]、多数の広告が掲載される。

こうした商業新聞の成長からは、民国期における大衆消費社会の成立をうかがい知れる。民国期は、新聞・映画・ラジオなどのマスメディアに、読書人以外の多くの人びとが視覚や聴覚を駆使して関わりをもち始めた時代であった。これらのマスメディアは、広告媒体として、都市における商業の発展と大衆消費の拡大に重要な役割を果たした。

そこで本章は、おもに『新聞報』の図版広告などから、当時の上海の人びとの日常生活を読み解いていきたい。とくに、上海の新中間層（俸給生活者層）を中心とする読者・消費者と新聞・広告との関わりを考察し、中国近代における「大衆」（いうならば多くの人びとと同じであろうとする人びと）の誕生の様相を具体的に見ていこう。

中国近代の広告と消費者に関する先行研究

中国近代の広告、とりわけ新聞広告については、近年、興味深い研究成果が数多く発表された。ここでは、本章の問題意識と関連の深いものを中心に吟味しておきたい。メディア史の観点から民国期上海の広告と新聞の関係を分析した村井寛志は、広告会社と新聞社の経営陣における強い人的結びつき、新聞社における営業部門の権限強化、それらが新聞紙面におよぼした影響を考察した[5]。そこで課題として残されているのは、新聞の閲覧者＝消費者を視野に入れて、新聞紙面を分析する作業である。例えば村井は、広告が性規範や愛国主義などの社会的規範を冒した要因として商業資本による利益追求を強調したが、商業資本をつき動かすのは当然ながら消費者の欲望である。新聞広告には、消費者の日常生活が反映されていたといえる。

後世に残った文献資料を検証する歴史研究においては、企業や新聞の栄枯盛衰、そして経営者やジャーナリストの経歴を中心に論述することが多く、多数の消費者や読者を考察することは少なかった。しかし、近年の社会史研究は、中国近代の代表的な嗜好品であったタバコや医薬品などに対する消費者の意識を明らかにしつつある。また、広告を単に購買意欲を喚起するものとしてとらえずに、広告のもった社会的な意味や、広告の受け手の能動性・主体性に着目する研究が見られるようになった。

まず、広告用のポスター式カレンダー（「月份牌」）を美術・文化史の観点から研究したE・L・ライは、絵画を描いた有名画家たちのテーマや技法の相違を詳しく分析した。さらに、商務印書館がポスター式カレンダーを印刷・発行したばかりではなく、展示会のスポンサーを務めたり、商業美術家・挿絵画家を養成したりして、その普及に大きな役割を果たしたことなども指摘している(6)。またF・L・ラーゴは、ポスター式カレンダーに描かれた女性像を考察した。とくにしばしば見られる足を組んだ女性のポーズが、消費の主体であるのと同時に欲望を喚起する客体として描かれたと分析している(7)。

次に、新聞広告については、王儒年が、『申報』の広告から近代上海の人びとの享楽主義的な人生観や消費主義的傾向を読み取っている(8)。また、『申報』の「トランスカルチャー広告」を分析した龐菊愛は、一九一〇年代以降に外資系企業が中国の様々な文化的要素を借用して広告のテクストを構築する現地化過程などを明らかにした(9)。そして、イギリス資本のブリティッシュ・アメリカン・タバコ社（中国名は英美烟公司）と華僑資本の南洋兄弟烟草公司が販売競争をするなかで新聞に掲載した広告については、とりわけ豊富な研究がある(10)。

タバコ広告と女性との関わりについては、前述のライが、一九二〇年代までに女性がタバコの消費者として広告の標的になったと指摘している(11)。また『申報』の広告を考察した蔡維屏は、家のなかで喫煙しながらくつろぐ女性たちが、一九二〇年代以降の広告画に現れるようになったことに着目した。そして広告の女性たちが、男性を喜ばすために客体化されているとは限らず、消費者としての主体性や自己愛、個人として存在感をもっていたと論じた(12)。同様に、『新聞報』の広告を解読した楊朕宇は、一九三〇年代までには女性が正面に、男性がその傍らに描かれた図版が増えることに注目し、レジャーにおいて女性の主体性が確立されつつあったことを読み取る。さらに楊は、一九二九年のビュイック（Buick）自動車の図版広告を読み解き、そこでは女性が運転し、男性が助手席に座っており、女性が優位な立場にある一方、助手席の男性は運転席の女性を見つめており、まなざしにおいては男性が優位になって、両者の権力関係のバランスが保たれていると分析した(13)。ほかにも、広告に登場したモダンガール像に近代主義的通俗社会学（優生学やフェミニズムなど）がどのように影響しているかについては、タニ・E・バーロウの研究がある[14]。

また医薬品について、民国初期（一九一二―二六年）の『申報』に掲載された広告を分析した黄克武の先駆的な研究は、広告主や広告手法、人びとの病気観や治療習慣、広告に反映された社会生活のあり方などを考察した。そして、当時の上海で医薬品の紹介者としてもっとも頻繁に登場したのは紳商・買辦として名高い虞洽卿であったこと[15]、政府・同業公会・マスメディアが広告に関する社会倫理や社会的責任を追及しなかったこと、性病治療薬の広告が多かったのは患者が性病を隠すために医師の診療を受けたがらなかったからで、そのために多くの薬店が通信販売もおこなっていたことなど、興味深い指摘をしている[16]。ほかにも呉咏梅は、『申報』と『盛京日報』（瀋陽、一九〇六―四四年）における日本の医薬・化粧品の広告を集めて考察したり[17]、一九二〇―一九三〇年代の中国・日本のポスターにあらわれる中上流階層のモダン女性像を比較したりしている[18]。

さらに清末民初の『申報』の広告を分析した河世鳳は、上海近代の消費者について[19]、仁丹の図版広告では、官吏や商人などに替わって、一般大衆が消費者として描かれるようになったことを指摘している。医薬品の効能を証明する人物としては、学生・医師・新聞記者・教員などの新中間層がよく使われた。広告はタバコを「上等社会」の嗜好品であると強調し、人びとの社会的上昇を求める欲求を刺激して、消費行動を誘導しようとした。国産品の広告が国内の政局を利用することがあり、例えば、南洋兄弟烟草公司の広告が辛亥革命の際に帝政反対を示したのは、おもな消費者である新中間層の政治傾向に一致させたからだという[20]。このように、新聞の読者、嗜好品の消費者として、新中間層の台頭が指摘された。

以上のように、中国近代都市における広告と消費者の関わりについての論考を中心に回顧すると、先行研究の分析対象に偏りのあることがわかる。すなわち、民間商業新聞およびその新聞広告に関する研究は、『申報』に集中している[21]。また、消費者とその意識については、欲望の喚起者ないしは消費の主体者としての女性や、愛国主義の創生・利用に関心が集中している。

こうしたなか、S・コクランによる製薬業者の研究は、次のような事例を興味深く論じている。例えば、「仁丹」をまねて「人丹」を製造するなどした中法葯房の黄楚九は、女性を描いたカレンダーを配布したり、遊楽場（「大世界」）やラジオ局（「大陸電台」）を創設したりして、商品の広告に活用した。五洲薬房（後に「五洲大薬房」という名称を併用）の項松茂は、各地方に日立った外装の分店を配置しながら中国全域に事業展開した。新亜化学製薬廠の許冠群は、各政治勢力とたくみに渡りあうフィクサーとなった一方で、一般向けの『健康家庭』や医療関係者向けの『国葯新生』を創刊して自社の薬を推奨し、戦時期の上海を拠点に発展を遂げた。そしてタイガーバーム（「虎標萬金油」）で知られる胡文虎は、自ら創刊した『星洲日報』などの新聞を利用して自社製品を宣伝し、東南アジアから中国におよぶ広い地域に事業を拡大した[22]。コクランによると、黄楚九や許冠群らは、自社の薬品を西洋の製品に分類しながらも、西洋の医療科学を中国の伝統的な思想に合致するように解釈し直して販売を促進した。だから、当時の消費者にしてみれば、漢方薬のなかには新たに創作された伝統的な薬があり、西洋の薬剤のなかには中国で創作された西洋の新薬があるということになったのである[23]。

また、F・ディケターによる消費の社会史研究は、きわめて独創的である。ディケターが注目したのは、ローカルな人びとによるグローバルな商品の「創造的な私用」（creative appropriation）という局面であった。ディケターによれば、個人は商品を、ときには生産者の意図をこえて多様な目的で使用するのであり、同じ品物でも社会集団によって異なる意味や方法で用いられる。例えば、民国期に大量生産された廉価な鏡は、悪霊を家に入れないために入口の外に置かれた。消費者は商品の意味や解釈をつくり出す生産者であり、消費＝私用とは一種の社会活動であるという[24]。

ディケターが指摘するように、人びとはたしかに、商品に特別な意味をこめて消費することがあった。とはいえ、商品広告と消費者の間には、密接な相互関係があったことも否定できない。民国期の都市においても、広告が大衆の消費を喚起し、消費する大衆が広告に登場してさらに大衆の消費を喚起するようになっていたし、商品広告は消費者の共感を獲得するために彼らの日常生活を反映させる工夫を始めていた。広告・宣伝と消費者の実体験とのギャップは、広告・宣伝の未熟さゆえに生じたことも多く、その克服の試みこそ注目すべき事象である。

本章は、販売部数と広告量においてしばしば『申報』を上回った『新聞報』を分析対象とし、そこに掲載された広告や広告主の意図を考察するだけでなく、広告で表現された消費者像を検討して、上海近代の人びとの消費生活と消費空間を明らかにしていく。具体的にはまず、中国近代における新聞広告と新聞読者層を概観した後、『新聞報』を発行した新聞報館とその新聞販売戦略の歴史を跡づける。次に、『新聞報』の図版広告に表れた男性と群衆の図像を分析することで、新聞読者＝消費者の日常生活を考察し、両大戦間期の中国都市における新中間層の台頭と大衆消費社会の誕生のダイナミズムを具体的に明らかにしたい。

二　民国期上海のメディア環境

（1）新聞各紙の創刊と新聞広告

中国の早期の新聞

中国では民国期までに多様なメディアが発達し、都市空間が広告で満たされた。だがそれにもかかわらず、新聞・雑誌・郵便物は、もっとも重要な広告媒体であり続ける。とくに新聞は雑誌に比べて、様々な階層・職業の人びとが目にするため読者層が広範であり、より大きな宣伝効果を期待できた。さらに、新聞は迅速に発行されるために、広告主が早く商品を売り出して資本を流動させることができ、流行品や季節商品の宣伝にも適していた[25]。本節では、中国近代においてどれくらいの人びとが新聞とそれに掲載された広告を閲覧していたのかを探るために、まずは新聞および新聞広告の歴史を概観しておきたい。

中国における最初の中国語定期刊行物は、一八一五年八月五日にマラッカで創刊された『察世俗毎月統記伝』（一八二一年停刊）である。これは、英国人宣教師たちが布教をおもな目的として創刊した月刊紙であったが、宣教師たちは伝道の副産物として、定期刊行物とは何であるかを中国人読者に紹介することになった[26]。『察世俗毎月統記伝』の創刊号には、「立義館告帖」という私塾が生徒を募集する広告が掲載されていた[27]。

続いて、一八三三年八月一日にプロシアの宣教師が広州で創刊した『東西洋考毎月統記伝』（一八三三―三九、三七―三八年）[28]や、五三年九月三日に英国人宣教師が香港で創刊した『遐迩貫珍（China Serial）』（一八五六年停刊）なども[29]、商業情報や商業広告を数多く掲載した。さらに、一八六八年九月五日にアメリカ人宣教師Y・J・アレン（Young John Allen　林楽知、一八三六―一九〇七年）らの創刊した『中国教会新報』は、七四年九月に『万国公報』（一八七四―一九〇七年）と改称された。『万国公報』は、光緒帝らが新政を始めると鋭い政治評論を展開したので、二〇世紀初頭には中国の定期刊行物のなかで最多の販売部数（四―五万部程度）に達する。この『万国公報』も、各種の広告（「告白」）を掲載し、広告量をしだいに増やした[30]。

そして、英字紙『ノースチャイナヘラルド（North China Herald）』（一八五〇―一九五一年）を発行する字林洋行（“North China Herald” Office）は、一八六一年一一月二九日に上海で、『上海新報（The Chinese Shipping List and Advertiser）』（通称『滬報』、一八七二年停刊）を創刊する。これは、二―四日に一度の刊行であったが、中国語による最初の欧米式新聞であり、前述のY・J・アレンらが編集に携わった[31]。『上海新報』は、広告が紙面の大半を占め、報道も経済情報がほとんどを占める商業紙であった。『上海新報』には創刊当初から、土地の貸出（「出租地」）や広

図 1-1　路上のニューススタンド（『申報』『新聞報』『時事新報』および各種雑誌を売っている）
出典：『良友』第 103 期，1935 年 3 月 15 日，35 頁.

告するための地図が数多く掲載された。ほかにも、一八六三年六月六日から、船舶の調達を代行する外資系商社（「洋行」）が船の小さな挿絵を載せるなど、早い時期から多くの図版広告が掲載された。[32]

大衆向け商業紙の登場

その後の上海では、社会的な影響力の大きい民間商業新聞が数多く発刊された。例えば、一八七二年四月三〇日には、英国商人のE・メイジャー（Earnest Major　美査）らが、『申報』（一九四九年停刊）を創刊する。[33] そして一八九三年二月一七日、英国商人のA・W・ダンフォース（A. W. Danforth　丹福士）らが、『新聞報』（一九四九年停刊）を創刊した。[34] 一九世紀後半に創刊されたこれらの民営新聞は、文字だけでなく図版を効果的に利用した商業広告を掲載する。例えば、『申報』は、創刊から五ヶ月足らず後の一八七二年九月二〇日、外国製の織機の広告を掲載し、それが『申報』で最初の図版広告であった。[35]

林語堂の推計によると、中国における新聞数は、一八九五年には二〇種類足らずであったが、民国期に入る頃には約五〇〇種類となり、一九二〇年代後半には六〇〇種類をこえ、三五年には九〇〇種類をこえていたという。[36] 清末民国前期に、新聞が急激に発達したといえる。そして、多くの種類の民営商業新聞が刊行されるようになると、各紙はそれぞれに特色ある紙面づくりをおこなって、読者を獲得するようになった。例えば上海では、『申報』は、政治ニュースに力を入れ、文化・教育界での販売を比較的重視した。それに対して『新聞報』は、経済ニュースと広告に力を入れて、とくに商工業者や店員・職員への販売を重視した[37]。『新聞報』では、結婚・葬式・誕生祝い、開業・開店などの広告がそろうので、上海の各業界人や工場・商店の経営者たちが社交に役立てたという[38]。ほかにも、『時報』（一九〇四―三七年）はスポーツ（「体育」）の報道・提唱にも力を入れ、『時事新報』（一九〇七―四九年）は学術関連の記事を充実させた[39]。［図1-1］

新聞各紙の公称販売部数は、一九三三年版の『申報年鑑』によると、上海の『申報』と『新聞報』が一五万部で最多、その次に上海の『時事新報』が五万部、続いて上海の『時報』、天津の『大公報』（一九〇二年創刊）と『益世報』（一九一五―四九年）が三万五〇〇〇部であった[40]。また、一九三五年に克労広告公司（Carl Crow, Inc.）が各新聞社の公称販売部数を集計したデータによると、当時の日刊新聞の販売数（海外および「満洲」で発行された中国語新聞を含む）は、三二四万二七六四部であったという[41]。ただし、林語堂が指摘しているように、民間の新聞・雑誌社は広告掲載料を維持・上昇させるために、販売部数を誇張して発表する傾向があった。販売部数を一五万部と公称する『申報』『新聞報』にしても、一九二〇年代後半には、実際には一〇万部足らずしか販売されないこともあったという[42]。誇張されても三二四万二七六四部という日刊新聞の公称販売部数は、当時の中国の全人口が約四億三〇〇〇万人であったと考えれば、けっして多くなかった。

（2）民国期における新聞読者層

中国の都市と農村におけるメディア環境の格差

当時の中国の知識人たちが論じていたように、同時代の日本の新聞・雑誌購読状況と比較すると、中国における読者層の薄さは際立っていた。蔣国珍の推計によると[43]、一九一九年の郵務管理局の調査では、登記されている新聞・雑誌が中国全土で一〇五九種類、当年の人口は四億三〇一九万八七九八人であったので、およそ四〇万人に一

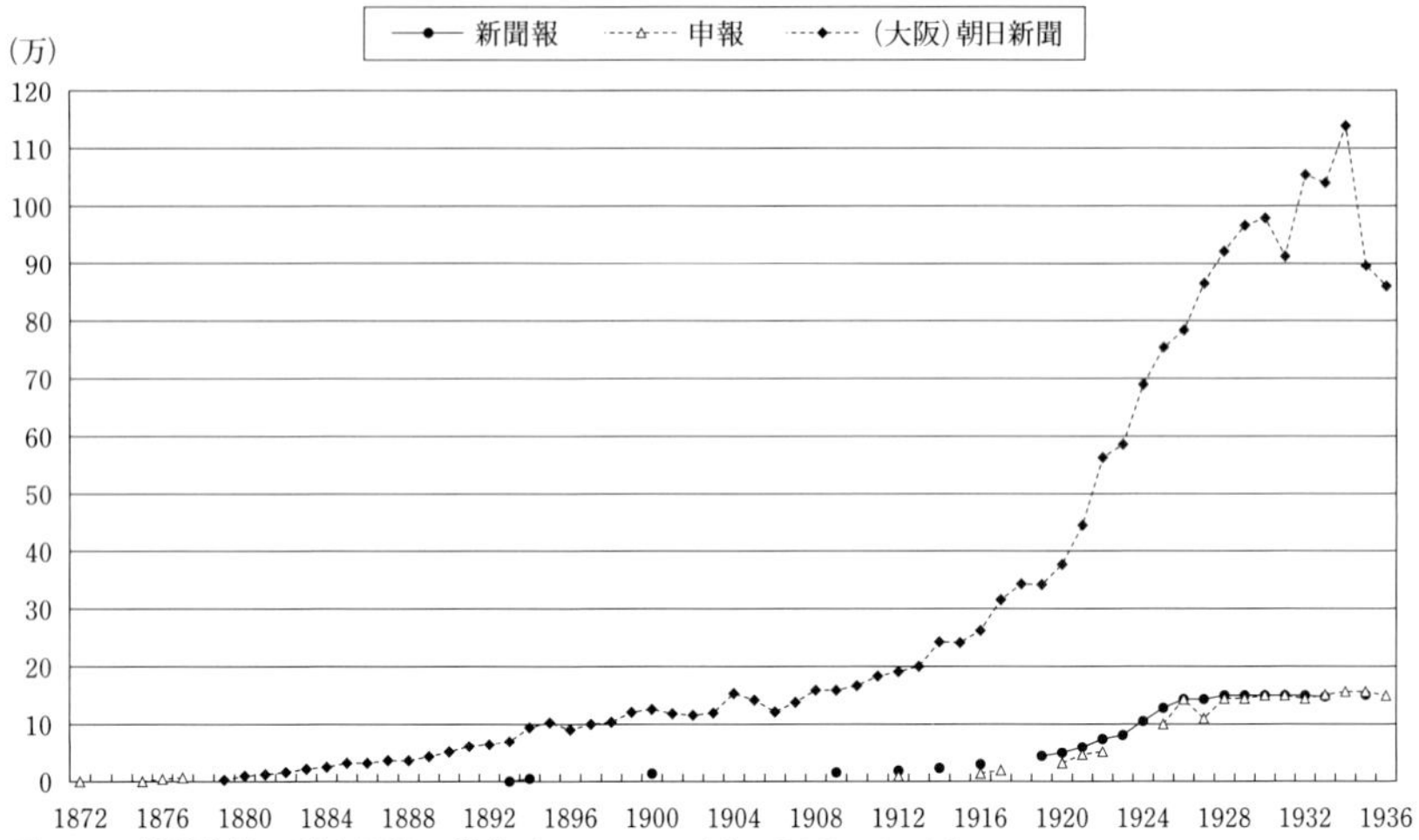

図 1-2　新聞発行・販売部数の推移（1872-1936 年）［単位：部/年］
出典：劉農民『報業管理概論』上海，商務印書館，1936 年，261 頁；胡道静『新聞史上的新時代』上海，世界書局，1946 年，103 頁；同「新聞報 40 年史（1893-1933）」『報学雑誌』第 1 巻第 2 期，1948 年 9 月，9-11 頁；大阪本社販売百年史編集委員会編『朝日新聞販売百年史（大阪編）』朝日新聞大阪本社発行（非売品），1979 年，620 頁以下の折り込み，にもとづいて筆者が作成.
注：『新聞報』『申報』は，新聞社が公表した「銷数」（販売部数）.『（大阪）朝日新聞』（1888 年までは『朝日新聞』，89 年からは『大阪朝日新聞』）は，「発行部数」の数値.『（大阪）朝日新聞』の 1879-81 年は「知事あて届け」，1882-83 年は「戸長役場への届け」，1884 年は「本紙上発表」，1885-88 年，1892-93 年は「大阪府統計書」，1889-91，1894-98，1899-1905 年は「勘定報告書」（4-9 月），1898 年は「内務省統計報告」より算出された数値，1906-36 年は 5 月 20 日の数値を集計した.

種類の定期刊行物があったことになる。それに比べて、日本では一九二二年末に登記されていた新聞・雑誌が四五六二種類、二〇年の人口が五五九六万一一四〇[44]人であったことから推計すると、およそ一万二〇〇〇人に一種類の定期刊行物があったことになる。

また、中国において突出した販売量を誇った上海の商業紙『申報』『新聞報』にしても、［図1-2］から明らかなように、同時代の日本の主要紙の一つであった『大阪朝日新聞』の発行部数と比較すれば、中国と日本における新聞市場の規模の差は歴然としていた。

黄天鵬（一九〇九？―八二年、復旦大学新聞系教授等を歴任）は、一九三〇年の論著のなかで、中国と日本のそれぞれの総人口を新聞総販売数ないしは発行部数で除算して、次のように対比して述べた。

すなわち、日本では「毎六人に必ず一人が新聞を読む」という計算になるが、中国では「四〇〇人のなかでわずか一人が新聞を読む」という計算になってしまうという[45]。

とはいえ、中国近代においても大都市圏に限って見れば、新聞閲覧者の割合は低くなかった。例えば、人口約五〇万人あまりの香港における日刊紙の公称販売部数は約二八万部、人口約三〇万人の大連における日刊紙の公称販売部数は約一二万部であったというデータがある[46]。したがって、大都市圏では、およそ一・七―二・五人に一人が新聞を読んでいたという計算になる。さらに当時の中国では、一部の新聞を大勢で閲覧するのが一般的であり、例えば「朝に五分の金銭で買い入れた新聞を、午後には二分の金銭で売り出すことができ、翌日にも売ってなお一分の金銭をえることができ、一部の新聞が転々と何人もの読者の手にわたる[47]」という実情があった。

これらを考慮に入れれば、中国でも両大戦間期までには、都市においてかなり多くの人びとが日常的に新聞に接していたといえる。同時に、わずかな都市人口と大部分の農村人口との間には、流布する新聞および情報の量に大きな格差が存在したとも考えられる。したがって、当時のメディア環境の著しい格差は、日本・中国の国家間というよりも、中国国内の都市部と農村部の間に存在していたというべきである。

中国近代における識字率と俸給生活者

さらに、新聞の読者層について考察するためには、識字率や教育水準の問題も考慮する必要がある。黄天鵬によれば、新聞で一般的に用いられる漢字は四―五〇〇〇字程度であり、小学校の国文の教科書で用いられるのが四〇〇〇字あまりであったという[48]。したがって、新聞を閲読するには、少なくとも小学校卒業程度の学力が必要であったといえる。だが、一九三〇年当時の中国の人口約四億三六〇〇万人のおよそ八割は、学校教育を受けたことのない非識字者であった[49]。

都市部については、共産党地下党員らが一九三九年に公刊した『上海産業与上海職工』が、上海の紡績工場における労働者の識字率を分析している。それによれば、一般に男性労働者の五〇—六〇％、女性労働者の八〇—九〇％が非識字者であったという。例えば、日系在華紡の内外棉第七工場では、男性労働者七〇〇人あまりのうち、数文字わかる者すら半分足らずで、何とか無理をすれば新聞が読めるのは十数人にすぎなかった。女性労働者三〇〇〇人あまりでは、識字者は五〇—六〇人のみで、そのうち新聞を読めたのはごく少数であったという。一方、中国資本およびイギリス資本の紡績工場では、労働時間の終了後に補習教育を受けられたので、男性労働者の約三五％、女性労働者の約二〇％が識字者となっていたが、工場の補習教育は労働者に必要最低限の数百字を読めるようにしただけだったので、新聞を読めた者は〇・五％にも達しなかったという[50]。

このように、民国期都市において、工場労働者は新聞・雑誌の主要読者にはなりえなかった。それゆえ、当時の中国における新聞の販売部数増大の背景には、都市における新中間層の出現・成長があったものと考えられる。すなわち、学校教育を受けた後、企業・機関に雇われて精神・頭脳労働に従事する俸給生活者たちが、知識人や経営者・商店主などとともに、新聞・雑誌の主要読者になった。例えば、両大戦間期の上海においては、朝の出勤前に新聞に目を通す習慣のある者が多く、とくにビジネスマンは、証券や物品の交易所の情報を収集したので、朝八時に新聞が届かないと不便に感じることがあった。しかし、上海の各新聞社は、共同租界内の漢口路・福州路一帯に集中しており、新聞を売りに行くのに時間のかかる地区があった。そのため、市内を五地区に分けて、各地区の映画館（朝には映画が上映されていない）を新聞の集配所とし、各紙をまとめてトラックで配送し、そこから新聞売り（「報販」）が販売・配達に出向くという方法が確立されていった[51]。

（3）消費者としての新聞読者

さらに注目すべきことに、民国期の新聞広告のスポンサーは、新聞の主要読者として台頭した都市の新中間層を、広告のおもな標的に設定するようになった。一般に広告とは、人びとの潜在的な欲求をはっきり目に見えるようにして、型にはまった消費行動に導こうとするものといえる。だから、民国期の新聞広告を分析すれば、当時の新中間層を中心とする消費者の意識や行動を、ある程度明らかにできるだろう。

ここでは、両大戦間期の上海における消費者の動向を概観するために、まずは戈公振（一八九〇―一九三五年、『時報』の編集長、国民大学新聞系教授等を歴任）が算出した、一九二五年四月一〇日から三〇日間の『申報』の新聞広告に関するデータを確認しておきたい。それによると、当該期間の『申報』の新聞広告面積は全紙面の五九・八％を占めた。もっとも多かったのは医薬品の広告であり、医薬品と医師の広告を合わせると広告全体の約二一・七％を占めた。第二には、娯楽関連（演劇・映画・遊楽場など）が約一八・五％。第三に、贅沢品（タバコ・酒・化粧品など）が約一一・一％。第四に、そのほかの商品が約六・九％。第五に、商事（商店の開店・引っ越し・譲渡・競売など）が約六・四％。第六に、書籍が約五・六％。第七に、金融関連（貯蓄や株の募集および金融界の広告など）が広告全体の約三・六％の面積を占めた[52]。

掲載された広告の種類は、各新聞社の置かれた環境や経営方針によってちがいが生じた。そのため戈公振は、上海の『申報』と、北京の『晨報』、天津の『益世報』、漢口の『中西報』、広州の『七十二行商報』の広告を比較している[53]。ここでは『申報』に掲載された広告から考察する限り、両大戦間期上海の消費者たちは、医薬品・タバコ・酒・化粧品・書籍などの購買や、劇場・映画館・遊楽場などでの遊興を求めていた。そして、これらの商品や娯楽が、大衆消費のおもな対象になっていたと考えられる。

もちろん、当時の労働者たちも日常的に、医師の診察を受けずに薬を買って手軽に治療したり、親戚や友人を招いてタバコ・お茶・菓子をふるまったりしていた[54]。そのため、たとえ新聞記事は読解できなくとも、薬やタバコの図版広告には興味をもっただろう。しかし、労働者たちは、結婚式と葬式を除いては、多くの交際費を捻出できず[55]、娯楽にあてる経済的な余裕も乏しかった。それに比べて、俸給生活者たちは、多様な社交や娯楽を楽しむ文化的素養と経済的余裕があったので、主要な消費者として台頭したのである。

次節からは、販売部数で『申報』に勝るとも劣らなかった『新聞報』に掲載された図版広告を分析し、上海近代の新中間層が、人びとに憧れられる消費リーダーとして台頭していった様相や、彼らの日常生活や社会心理を明らかにする。ただし、本節ではその前に、『新聞報』が中国近代の最大手の民間商業新聞に成長するまでの道筋を簡潔に跡づけておきたい。史料としては、経営者や記者たちの回顧録、新聞社が公刊した社史、および先行研究などを照合する。とくに、『新聞報』の販売戦略および広告媒体としての影響力の拡大、そして政府による統制の強化に着眼して論述したい。

（4）『新聞報』の販売促進と広告獲得

『新聞報』の創刊

『新聞報』は、一八九三年二月一七日、英国商人で華盛紡織廠董事長（代表取締役）のA・W・ダンフォース（前述）、同じく英国商人のF・F・フェリーズ（F. F. Ferries　斐礼思）、中国人実業家で有名な「張園（味莼園）」の所有者でもあった張叔和が合弁で創刊した。ダンフォースが総董（会長）、フェリーズが経理（支配人）に推挙されて就任した[56]。創刊当初は、『上海新報』などで編集を務めた蔡尓康が編集長として招聘されたが、董事会（理事会）との意見対立などからわずか半年で退任した[57]。その後、『新聞報』の販売部数は一時わずか数百部にまで落ちこんで、『申報』の四分の一にも達しない情況となった[58]。そのため、中国人株主が事業から離脱して、ダンフォースが単独で経営するようになったが、一八九九年、ダンフォースの経営する浦東のレンガ工場が倒産し、新聞社はアメリカ資本のブチェスター社の所有となった。

一八九九年一一月四日、アメリカ人宣教師・漢学者で南洋公学の監院（校長）を務めていたＪ・Ｃ・フェルグソン（John C. Ferguson 福開森）が新聞報館を買収し、汪漢溪（一八七四―一九二四年）を総理（総支配人）に抜擢した。[59]汪漢溪は安徽の人で、かつては知県を務め、[60]南洋公学で総務として働いていたところをフェルグソンの目にとまったという。[61]汪漢溪は、後に「公」（言論の公正さ）・「快」（報道の速さ）・「博」（読者層の広さ）といわれる方針を重視して、新聞発行の指揮をとった。[62]『新聞報』は、創刊当初には当時の『申報』などと同じ一〇文（銅銭一〇枚）で販売されたが、[63]フェルグソンの買収後には、それよりも安い七文に値下げされて、販売が促進された。[64]

広告主の影響力の拡大

汪漢溪が経営した頃の『新聞報』では、顧客から広告科が広告を受け取るとそのまま活版科に送り、活版科は、面積の大きな広告を紙面の上段に、小さな広告を下段に印刷することが多かった。小さな広告の多くは遊戯・娯楽関係のものであり、その関係者たちが『新聞報』の広告科に対して、もっと目立つ位置に広告を掲載するように求めた。しかし、広告科が対応を怠ったために、文芸関係者たちが『新聞報』から離れ、『申報』との間で、広告を目立った位置に掲載する代わりに一紙だけに掲載するという契約を結んでしまった。この一件の後、汪漢溪は『準備科』という部署を新設して、すべての広告の分類や配置を統括させることにした。[65]

準備科とは、「広告の編集部」というべき部署であった。それは、広告とニュースの比率をおよそ六対四にするという方針を守るために、毎日の広告の分量に応じて紙面数を決定し、さらに必要に応じて広告やニュースの分量を増減させた。一九二〇年代に入って『新聞報』の販売部数が五万部をこえてくると、準備科の役割がいっそう重要となった。というのは、当時の上海において、『新聞報』の販売価格は大洋三分六厘、新聞販売業者への卸売価格は小洋一分八厘であった。それに対して、五枚＝一〇面の紙代は大洋三分かかり、新聞一部売るたびに一分あまりの損失が生じ、それは広告代で補うしかなかった。しかし、広告を多く掲載すると、それだけ多くの紙面を使うので、一部当たりの損失は増え、販売部数が増えると損失額も大きくなる。だから準備科は、広告が多すぎれば、顧客に広告の掲載を延期してもらったり、広告の掲載を断ったりして、逆にニュースが多すぎれば、あまり重要でないものを抜き取るように編集部（「編輯部」）とかけあった[66]。

その結果、『新聞報』では、広告主や広告業者が、準備科を通じて編集部に影響をあたえ、紙面構成を左右するようになった。当時の広告業者は、一般的には広告主から二割程度の手数料を取って、広告主と新聞社を仲介した。ただし、『新聞報』と『申報』の広告は、後に聯合広告公司（Consolidated National Advertising Co.　一九三〇年創設）が、大部分を一手に請け負うようになったという[67]。ちなみに、創刊時には数千元しかなかった『新聞報』への広告掲載費は、販売部数の増加にともなって一〇〇万元近くに達し、営業支出と株主配当を差し引いても、従業員に賞与を出せるまでになったという[68]。

新聞報館の中国的特徴

以上のような広告主の影響力と広告面積の拡大は、近代の民間商業新聞の発展過程においてしばしば見られたグローバルな現象であった。一方、新聞報館の経営実態には、中国社会に特有の状況も引き継がれた。第一に、新聞報館の人事では、しばしば同族や同郷の者が採用された。一九二四年に汪漢溪が病没すると、フェルグソンは、汪漢溪の長男の汪伯奇を総経理（総支配人）、次男の汪仲韋を協理（副支配人）に就任させた[69]。汪伯奇が編集部を、汪仲韋が管理部門（「経理部」）と印刷所を掌握する。汪伯奇・汪仲韋の兄弟は、ともにセントジョン（聖約翰）大学出身で英語に長けたエリートであったが、彼らは安徽籍であり、新聞報館の管理職には多くの同郷者がいたという[70]。

第二に、「幇会」（秘密結社）と関わって、地元の情報を収集することがあった。一九二〇年代に入ると新聞報館は、編集者のほかに外勤記者を雇って取材をおこなった。編集部の下には取材部（「採訪科」）が新設され、一九二七年までには六人の記者が所属していた。この頃の外勤記者や編集者のなかには、秘密結社（「幇会」）と強い関係を保つことによって、上海の情報を集めた者がいた。三人の記者が黄金栄の徒弟であり、一人の記者と二人の編集者が杜月笙の徒弟、すなわち「青幇」の構成員であったという(71)。

『新聞報』と『申報』の競合と連携

さてそれでは、『新聞報』の販売促進活動を、地域ごとに『申報』と比較しながら検討してみよう。新聞報館の経営権が汪伯奇・汪仲韋兄弟に移った後も、『新聞報』は着実に販売部数を伸ばしていった。前掲の［図1―2］からわかるように、一八九三年に創刊された『新聞報』の販売部数は、一九〇〇年代から一〇年代にかけてほぼ一貫して『申報』を上回った。とりわけ、上海市内および上海―南京、上海―杭州―寧波を結ぶ鉄道沿線の都市や鎮においては、『申報』に大差をつけた(72)。『新聞報』は、一九三三年から中国全土における販売総数では『申報』をわずかに下回ったが、それでも上海市・江蘇省・浙江省における『新聞報』の優位は揺るがなかった（［表1―1］参照）。

汪兄弟は、社説（「社論」）をあまり重視せずに、しばしば短評ですませ(73)、その代わりに、人びとの好奇心に迎合した社会記事を多く掲載する方針をとる。また、一九二六年四月一日から三七年八月一四日までは、広告が大半を占める「本埠附刊」を、上海在住の購読者に無料で刷りそえた(74)。こうした販売戦略は、とりわけ上海とその周辺地域においては有効であり、他紙にも模倣された。

表 1-1　中国二大商業新聞の販売部数（1935 年）　［単位：部］

地　域	『申報』	『新聞報』
上海市	56,050	61,080
江蘇省	34,950	37,537
浙江省	14,300	18,750
その他	50,600	32,661
合　計	155,900	150,028

出典：劉農民『報業管理概論』上海，商務印書館，1936 年，261 頁．

図 1-3 『申報』の配達員
出典：上海市歴史博物館ほか編『中国的租界』上海古籍出版社，2004 年，247 頁．

一方、申報館は、上海での劣勢を挽回するために、配達会社（「遞送公司」）を立ち上げて、『申報』をほかの新聞よりも早く、毎朝自転車で家まで直接届けた（〔図1-3〕）。それと同時に、各家庭への訪問販売をおこなったこともあった。だが、『新聞報』の顧客を奪うには至らなかったという。(75)『新聞報』の汪漢溪は、訪問販売員を各家庭に派遣して受注する方法を採らなかった。なぜならば、読者や広告主に、新聞の売行きが悪いことを暴露することになると考えたからであった。この方針は座右の銘として、息子の汪伯奇・汪仲韋兄弟にも引き継がれた。(76)

ほかにも、汪漢溪は、発行科のほかに「推広科」（普及科）を増設し、道路・鉄道路線などの交通状況を逐一把握して、できるだけ早く新聞を中国各地に配送しようとした。(77) しかし、『新聞報』の販売部数は、上海から離れた広州などの都市においては、歴史と名声のある『申報』に遠くおよばなかった。(78)

それればかりでなく、上海の周辺地域においても、杭州などの大都市で地方新聞が発行されるようになると、『新聞報』『申報』の両紙にとって強力なライバルとなる。上海で発行された『新聞報』を杭州にもっとも早く運ぶには、上海を朝八時に発車して昼一二時に到着する特快列車を利用するしかなく、杭州の分館を経て読者の手元に届かせるのは午後二時前後になってしまった。そのため、杭州で発行された国民党機関紙『東南日報』の方が販売部数を伸ばし、大きな影響力をもった。(79) こうした状況に対応して、『新聞報』は杭州で「杭州附刊」を発行する。読者は、月に一角五分多く支払うだけで、朝にまず「杭州附刊」を、午後には上海で発行された『新聞報』を見られた。さらに『新聞報』と『申報』は合同で「申報新聞報杭州附刊」を発行した。これらによって、両紙は杭州で多くの読者を獲得するのに一時成功したが、その後に国民党中央宣伝部の規制を受けてしまい、「杭州附刊」の発行許可が取り消された[80]。

（5）『新聞報』に対する統制

『新聞報』の生き残り戦略

ところで、新聞報館総董のフェルグソンは、人脈のあった北京政府が打倒されて国民党政権が樹立されると、将来に不安を感じるようになった。そこで一九二九年一月、自身の保有する新聞報館の株式六五％を、すべて史量才に売却しようとする。だが史量才は、一九一二年に『申報』を、一九二七年に『時事新報』をすでに買収しており、そのうえ今度は『新聞報』を買収しようとしたので、新聞報館の経営者や従業員らが反対しただけでなく、国民党政権の干渉をも招いた。国民党政権は、全国の世論を誘導できる権力者が生まれることを恐れていた[81]。しかしそれでも、フェルグソンは新聞報館の持株をすべて売却した。ただし、史量才は新聞報館の株式の五〇％を取得しただけで、経営に関しては汪伯奇・汪仲韋兄弟に全権を委ねて介入しないことになり、さらに董事長（会長）には金城銀行上海分行の総経理であった呉蘊斎が就任した[82]。

中国政府に登記された『新聞報』は、その後、当局の干渉を受けやすくなった。北伐の後、国民党政権は上海の共同租界に新聞検査所を設置して、民間商業新聞の検閲を実施する。さらに一九三七年八月に第二次上海事変が勃発し、一一月に国民党軍が上海地域から全面撤退すると、日本軍がその新聞検査所を接収した。こうして『新聞報』は、日本軍の検閲を受けなければならなくなった[83]。そこで新聞報館は、アメリカのデラウェア州に登記し、太平洋出版公司（Pacific Publishing Co.）を成立させて、それに全資産を借り受けさせて、日本軍の検閲を回避した[84]。国外に登記して名目上では欧米の会社になる戦略は、自由な言論や生き残りをかけた上海の新聞社の常套手段であり、それは「孤島」期（日中戦争初期）にもっとも効果を発揮した（第四章参照）。

しかし、経営者の汪仲韋や記者の顧執中をはじめとする新聞報館の関係者七名は、一九四〇年六月三〇日に汪精衛政権が発表した八三名の「民族敗類」（民族の裏切り者）に入れられる。そのため、汪仲韋は一九四〇年七月に香港に逃れた。一九四一年一二月八日にアジア太平洋戦争が勃発し、上海でも日本軍が共同租界に進駐すると、日本軍はただちに、アメリカに登記していた新聞報館と申報館を接収して、両紙を停刊させた(85)。両新聞社は、日本の海軍の管轄区域に入っていたが、陸軍が文化・出版・宣伝事業を統括することを主張した。その結果、『新聞報』『申報』の両新聞は、一九四二年一二月八日まで日本の陸軍報道部（当初の部長は秋山邦雄）の管理を受けることになった(86)。

新聞報館の監事（「監督」）になっていたフェルグソンは、日本軍によって拘束された後、アメリカに送還され(87)、経営者の汪伯奇は辞職した(88)。そのため、呉蘊斎が新聞報館の董事長と総経理を兼任して、一九四一年一二月一五日に『新聞報』を復刊させた(89)。しかしそれ以降、『新聞報』は政府の統制を受け続けることになり、民間商業新聞としての活力を失っていった。日本の占領下では厳しい報道管制がしかれ、中国の政局だけでなく上海で起こった事件についても、自由な報道が許されなかった。一方、広告だけは大量に掲載されて、紙面の三分の二以上を占めたが、新聞販売量は落ちこんでいった。さらに、一九四二年一一月二五日、日本の海軍が期日を前倒しして申報館・新聞報館を管理下に入れた際には、両新聞社の従業員に抗日分子がいないか再調査した(90)。そのため両紙は、一一月二六日から一二月七日まで休刊を余儀なくされた。

政府機関紙となった新聞報

一九四五年八月の日本軍敗戦の後、国民党政権は『新聞報』や『申報』を「敵偽」（偽政権）および「附逆」（敵に追随して祖国を背く）の大新聞として接収しようとし、九月一八日から停刊させる。そのうえで『新聞報』報務管理委員会を開設し、肖同茲（国民党中央宣伝部秘書・中央通訊社社長等を歴任）を主任委員、程滄波（『中央日報』社長・国民党中央宣伝部副部長等を歴任）を指導委員、詹文滸（国民党中央宣伝部の要職や曁南大学新聞系教授等を歴任）を総経理、趙敏恒（ロイター通信等で記者）を総編輯（編集長）、銭永銘（銭新之、財政部次長・交通銀行董事長等を歴任）を発行人に任命し、一九四五年一一月二二日から『新聞報』を復刊させた(91)。

一九四六年三月、国民党政権は、新聞報館・申報館の株式所有の既得権を認めると同時に、おもに個人名義で国民党が過半数の株式を買い集める方法によって、両新聞社を完全に支配した。五月の株主総会（「股東大会」）では、新聞報館の董事長に銭永銘、常務董事（常任理事）に程滄波らが選出される。その後、新聞報館の董事会は、程滄波を社長に、詹文滸を総経理に、趙敏恒を総編輯に任命した。こうして、程滄波が主管した『新聞報』は、潘公展が社長・総主筆（編集長）を兼任した『申報』と並んで、国民党系の代表的な大新聞となった(92)。

ちなみに、人民解放軍の上海進駐後の一九四九年五月二七日、『新聞報』は停刊された。その後、『新聞日報』に改められて、店員や職員などに対する宣伝を担う。だがそれも一九六〇年五月三一日に終刊となり、中国共産党上海市委員会の機関紙『解放日報』に吸収・合併された。

三　図版広告に表現された大衆消費

（1）消費リーダーとしての新中間層像

さてそれでは、以上のような歩みをたどった『新聞報』の図版広告を見ていくことにしよう。中国の新聞広告において、一般の人びとがモデルとして登場するようになったのは、二〇世紀に入ってからのことである。新聞紙面は都市社会の変化を反映して、一九一〇年代後半からは、いわゆる「新中間層」、すなわち企業・機関職員ないしは商店員などの俸給生活者とわかるように描かれた人物像が新聞広告のモデルとして現れる。

［表1-2］は、筆者が各年一月の『新聞報』の紙面を精査し、明らかに「新中間層」とわかる人物の図像を広告に採用した企業と商品の名称を列挙したものである。全体的な傾向を見ると、新中間層の図像を新聞広告に用いた企業は、一九一〇—二〇年代には外資系が多かったが、三〇年代以降にはしだいに中国資本系が中心になったといえる。そしてアジア太平洋戦争が始まると、『新聞報』は紙不足の影響から紙面を減らし、戦争末期の一九四四年には第一・二面だけの日もあり、図版広告も小さく少なくなる。戦後には、『新聞報』の紙面数は太平洋戦争開戦前の水準に回復したが、図版広告の大きさと分量は増えなかった。そしてこの頃までには、広告主のほとんどが中国企業になっていた。

さらに重要なことに、新中間層像は、医薬品の広告にもっとも多く登場し、続いてタバコ、食品・飲料、衣料品・化粧品・生活用品などの広告に頻繁に登場した。こうした広告の多い商品からは、近代上海の新中間層の消費生活をうかがい知ることができる。

本節ではまず、『新聞報』の図版広告から、広告主や広告業者の企図だけでなく、彼らが広告のなかに取りこもうとした消費者の日常生活を考察する。とりわけ、両大戦間期までに消費リーダーとして台頭した新中間層像、および彼らの職場や家庭における消費生活を具体的に明らかにしよう。その際には、上海の俸給生活者がしばしば大量生産された商品を購入する大衆消費者であったこと、また、彼らの消費生活が近代性（modernity）と同時に中国的特徴（Chineseness）を有していたことに着目したい。史料としては、『新聞報』の膨大な量のマイクロフィルムが、上海図書館や関西大学図書館などに所蔵されており、筆者は各年の一月と七月を中心とした時期の紙面を中心に検討した(93)。

表 1-2　新中間層の図像を広告に掲載した企業と商品（1916-49 年の各 1 月）

1916-29 年（第 I 期）
〔医薬品〕第威徳製薬公司（De Witt & Co., Ld., E. C.）（英）：*第威徳補腎丸，第威徳潤腸丸，*韋廉士医生薬局（Williams Medicine Co.）（英）：*韋廉士紅色清導丸，*華發薬行（Sanatogen Co., Ld.）（独）：*散拿吐瑾延年益壽粉，*太和薬房：*保肺漿，*科發薬房（Kofa American Drug Co., Fed. Ink.）（米）：*強慧米，嘉徳紅包補丸（Carter's Little Liver Pills），*兜安氏西薬公司（Foster-McClellan Co.）（米）：*兜安氏秘製保腎丸，*首穀薬房（米）：*首穀薬片（Sargol），*先霊洋行（Scherings, Limited）（独）：*阿卡奴（Arcanol），*東亜公司（日）：*仁丹，*父子薬房：*唐拾義咳丸，*徳康公司：*啤士（Peps），*企業不明：*粹華杏仁精，益体母，阿司匹霊*
〔タバコ〕英美烟公司（British-American Tobacco Co., Ld.）（英）：*三炮台，哈徳門，*南洋兄弟烟草公司：*大愛国，金馬，金麒麟，支雙喜，十支飛艇，自由鐘，白金龍，*華成烟草公司：*美麗，金鼠，也是，*華達烟公司：*好運道，*永泰和烟草公司（Win Tai Vo Tobacco Co.）（英）：*大英，*大美烟草公司（Great American Tobacco Co.）（米）：*紅屋，吉士，*華商烟公司：*富而好施，金鳳，大號雙烟，*三興烟公司：*大中山，*興昌烟公司：*照相，金鎊，*鐘聲烟公司：*鐘聲，*九星烟公司：*日月，*GIC 烟廠：*味多利*
〔食品・飲料〕貿勒洋行（米）：*老人牌桂格麦片（Quaker White Oats），*栄發牛奶公司（American Milk Products Corporation）（米）：*栄發牌牛奶（Peony Milk），孔雀牌甜煉乳（Peacock Condensed Milk），*同益洋行（米）：*博士登茶，*怡昌洋行（Anderson Myer & Co.）（米）：*飲霍爾氏葡萄酒（Hall's Wine）*
〔衣料品・化粧品・生活用品・その他〕貿勒洋行（米）：*固齢玉（Kolynos）牙膏，*怡昌洋行（Anderson Myer & Co.）（米）：*司丹康美髪霜，*精華眼鏡公司，精益眼鏡公司，中華書局，柯達公司（Kodak Ld.）（米）：*柯達鏡箱，柯達軟片，*百代（Pathé-Marconi）唱片公司（仏）
1930-44 年（第 II 期）
〔医薬品〕第威徳製薬公司（De Witt& Co., Ld., E. C.）（英）：*第威徳補腎丸，第威徳潤腸丸，*韋廉士医生薬局（Williams Medicine Co.）（英）：*紐禄豊（Neuraphen），*華發薬行（Sanatogen Co., Ld.）（独）：*散拿吐瑾延年益壽粉（Sanatogen），*虎標永安堂：*虎標頭痛粉，*太和薬房：*保肺漿，飛艇牌麦精魚肝油，*科發薬房（Kofa American Drug Co., Fed. Ink.）（米）：*嘉徳紅包補丸（Carter's Little Liver），*信誼化学製薬廠：*維他賜保命，*力弗肝（Livex），五洲薬房：*人造自来血，*中法薬房：*艾羅補脳汁，*中英薬房：*中英大補薬，中英菓子塩，*新亜薬廠：*賀爾賜保命，寶青春（Biozygen），當帰児，*美最時洋行（Thyen, Joh.）（独）：*加爾餐（Kalzana），*柯爾登洋行（独）：*梅濁尅星，*中国製薬廠：*益寿多勤（Isotogen），*麦士徳薬行（?）：*補格賽金延年益寿片（Parksage Tablets），*新華行公司：*常備刀片，*崔氏瓣香廬薬房：*驥製半夏麯，*華培洋行（Walbert Co.）（?）：*海品聖，*大西洋薬行：*福的賜保命補丸，*正徳薬廠：*康福多，*赫孚孟羅氏公司（Hoffmann-La Roche, Ld., F.）（スイス）：*散利痛（Saridon），*武田薬廠（日）：*水太寶霊，*企業不明：*海頡蘇（Hadensa），生殖素，希米脱氏固精片，健身露（Maltonic），瑞氏消毒白膏，若素之 AD，好力生*

〔タバコ〕南洋兄弟烟草公司：*白金龍（Golden Dragon）*，華成烟公司：*美麗*，*金鼠*，福新烟公司：*金字塔*，元泰烟公司：*金門（Golden Gate）*，華明烟公司：*芝加哥（Chicago）*，美星明記捲烟廠（米）：*克楽富（Clove）*，*克楽富丁香（Clove Virginia）*，克利来司公司（英）：*克来文（Craven "A"）*

〔食品・飲料〕以羅公司（英）：*以羅果子塩（Fruit Salt）*，華嘉洋行（Siber Hegner & Co., Ld.）（スウェーデン）・新瑞康洋行（Trachsler Ld., J. H.）（スウェーデン）：*華福麦乳精*，霍傑士洋行（?）：*好立克麦精牛乳粉（Horlick's Malted Milk）*，上海啤酒公司：*巴徳酒*，企業不明：*福的茶*

〔衣料品・化粧品・生活用品・その他〕正泰信記橡膠廠：*回力套鞋*，怡昌洋行（Anderson Myer & Co.）（米）：*派克（Parker）筆*，廣生行公司：*雙妹老牌花露水*，金星自来水筆廠：*金星牌自来水筆*，中美鐘錶総公司：*利可達（Record）*，寶信洋行：*天梭錶（Tissot）*，茂昌眼鏡公司，上海電話公司，金城銀行，永生公司

1945–49 年（第 III 期）

〔医薬品〕信誼化学製薬廠：*維他賜保命*，*配尼西霊片剤（Penicillin Tablets "Sine"）*，*鼻通*，五洲薬房：*人造自来血*，太和薬房：*保肺漿*，永業薬房：*康福多*，良園薬廠：*良園枇杷膏*，阿脱拉（Atlas）薬廠：*九維濃（Vinine）*，美亜薬房：*九九維他*，太平洋薬廠：*養肺湯（Pui-A-Tone）*，中国通用薬廠：*克嗽*，企業不明：*若素之 AD*

〔タバコ〕華成烟公司：*美麗*，*金鼠*，福新烟公司：*紅金*，仁餘烟廠：*神魚*，大東南烟公司：*白蘭地*，大華烟公司：*金鎊*，興康烟草公司：*総指揮*，中華烟草公司：*雙斧*，企業不明：*中華門*，華明烟公司：*芝加哥*

〔衣料品・化粧品・生活用品・その他〕祥生雨衣廠：*BHB 双馬牌雨衣*，中匯内衣公司：*橡皮領襯衫*，*科学領襯衫*，新声棉織廠：*寶鼎牌棉毛衫*，*寶鼎牌衛生衫*，南華内衣織綢：*否司脱（First）襯衫*，華泰織造廠：*雙針牌棉毛衫*，国華内衣廠：*ROXY*，利華織造廠：*鴛鴦牌棉毛衫褲*，天字第一號：*元灰厚呢大衣*，*波蘭拷花厚呢大衣*，天明雨衣製造廠：*天明透明雨衣*，栄昌徳雨衣服装廠：*飛龍牌雨衣・襯衫*，大中央帽廠：*博士牌呢帽*，大中華橡膠廠：*雙銭牌套鞋・球鞋・輪胎*，正泰信記橡膠廠：*回力牌套鞋・球鞋*，企昌橡膠廠：*喜喜牌・三八牌橡膠皮鞋底*，新亜旅行袋廠：*飛機式旅行袋*，新華行公司：*常備老人頭牌保安刀・刀片*，戎生錩打火機製造廠：*鹿頭牌打火機*，孫隆晶五金製造廠：*香賓牌瓦斯式両用火油炉*，公勝紡織印染廠，利康毛紡製帽廠，中華書局，王開照相，益茂証券号，訊美航空公司，企業不明：*A. D. K.*（オーバーコート），*三星牙膏*

出典：『新聞報』（1916–49 年）の各年 1 月分の紙面
注：斜体は商品のブランド名．
職員・店員の風貌をした男性像の図版広告を中心に取り上げた．女性像の図版広告は，職業婦人ないしは主婦と確認できた場合に限った．
外資系企業について，アメリカ（米）・イギリス（英）・ドイツ（独）・フランス（仏）・日本（日）の企業は，国籍を略称で示した．英語などでの企業名も，できる限り示した．ある時点で中国資本に売却された企業も，ここでは本来の外国籍を示した．

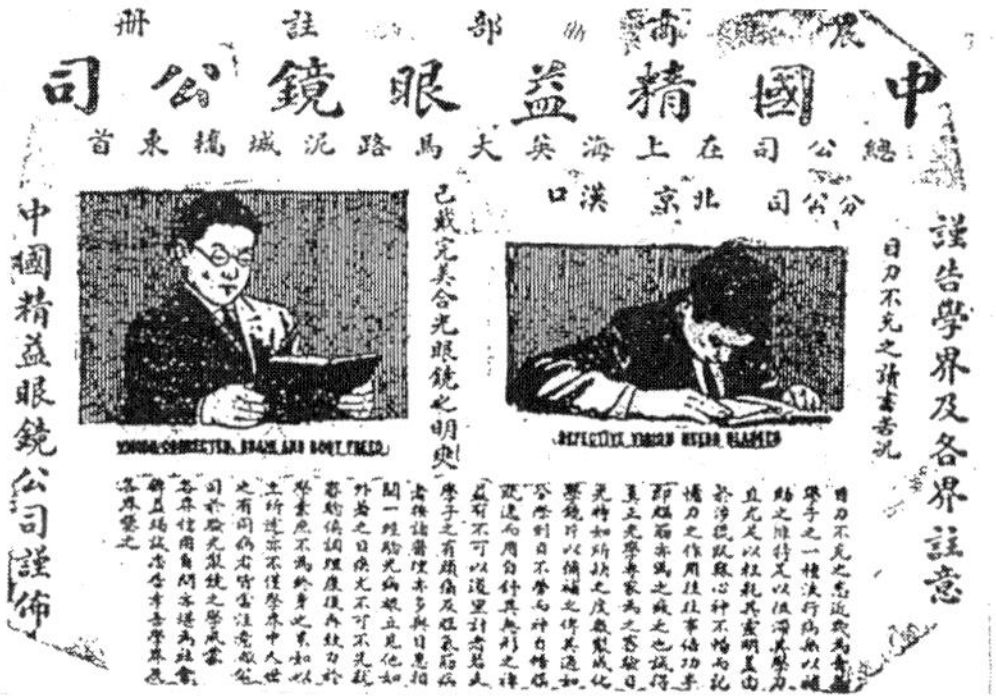

図 **1-4**（左）　眼鏡の広告の新中間層
出典：『新聞報』1916 年 1 月 9 日第 16 版.
図 **1-5**（下）　中華書局の広告の新中間層
出典：『新聞報』1917 年 1 月 4 日第 13 版.

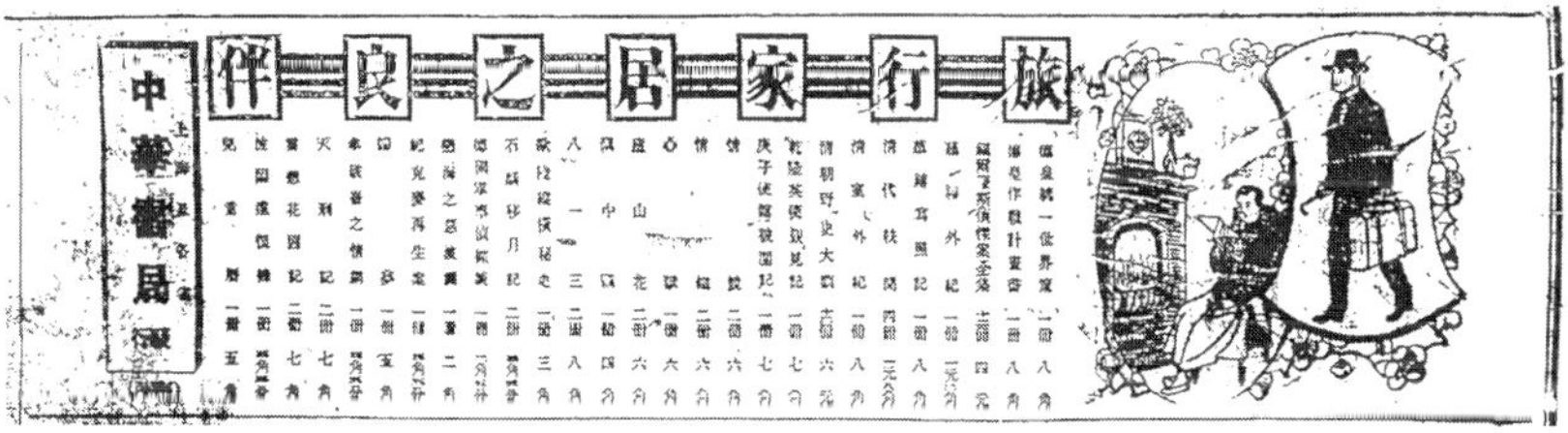

眼鏡・書籍・レコード

［図1-4］は、精益眼鏡公司（一九一一年創設）による一九一六年の広告であり、もっとも早い時期に新中間層像を採用した図版広告の一つである。広告は「謹んで学界および各界に注意を告げる」として、「視力が不十分な読書の苦況」と「完璧に度のあった眼鏡をつけた爽快さ」を対比して図示している。当時、知識人を中心として眼鏡が広く普及し始めていたことがわかる。

［図1-5］は、商務印書館と並ぶ老舗の大出版社・書店である中華書局（一九一二年創設）の一九一七年の広告である。それは、各種読本を「旅行と家でのくつろぎのよいおとも」として宣伝している。書籍も、高学歴の人びとを中心に日用品になりつつあったといえる。

また［図1-6］は、一九一四年に上海に進出したフランスのパテ・レコード（Pathé-Marconi　百代公司）の二二年の広告である。夫婦で贈答品を買いに行くときに、妻が夫に上着を羽織らせてもらいながら、「パテの蓄音機とレコードこそが、本当に最高のプレゼントです。人に贈れば、その人は永遠に忘れないはずです」などといっている。この広告の夫は、欧米風の紳士的なふるまいをしており[94]、夫婦は教養のある紳士・淑女として描かれている。

このように一九一〇年代後半からは、新中間層のなかでも上層の知識人たちが、眼鏡・書籍・レコードなどを日用品として購買するようになった。同時に、これらの日用品は、教養・生活水準の高さを示すアイテムにもなったと考えられる。

図 1-6　パテ・レコードの広告の新中間層夫婦
出典：『新聞報』1922 年 1 月 9 日第 8 版.

図 1-8　タバコの広告の旧来の店員
出典：『新聞報』1926 年 7 月 23 日第 12 版.

図 1-7　タバコの広告の新しい職員
出典：『新聞報』1926 年 7 月 20 日第 12 版.

タバコを吸う都市中間層

ところで、タバコの広告には、しばしば商店員・事務職員やその職場の風景が描き出された。［図1−8］は、一九二六年におけるアメリカの大美烟草公司（Great American Tobacco Co.）の「吉士（Chesterfield）」というタバコの図版広告である。前者は若い職員のような人物を、後者は旧来の店主・店員のような人物をモデルにしている。一九二〇年代の外資系タバコ会社は、当時の消費者の状況に対応して、二タイプの広告を掲載していた。すなわち、当時タバコのおもな消費者となった都市中間層には、学校教育を受けた後に企業・機関で働いた若い世代の俸給生活者たちと、旧来からの中・小商店で働いた年長世代の店主・店員たちの二種類がおり、新旧両タイプが比較的はっきりと区別されたことがわかる。

一方、多くの労働者は喫煙を愛好し、ブランドタバコさえもバラで買って消費することがあったので(95)、彼らも広告対象であったことは間違いない。しかし、タバコの新聞広告に登場する労働者は、職員・店員に比べて少なかった。その理由は第一に、労働者が新聞の主要な読者ではなかったから、そして第二に、労働者が広告に登場して憧れられる消費リーダーにはなりづらかったからだと考えられる。

図 1−9　タバコを吸いながら新聞を読む図版の広告を見るタバコを吸う青年
出典：『新聞報』1931 年 7 月 22 日第 1 版.

広告主や広告業者は、典型的な消費者の日常的な風景をモダンに描き出して、そのなかに商品を自然にとけこませ、消費者が広告の図像に自分自身を重ね合わせてくれることを目指していた。広告が人びとの消費行動を型にはめる様相は、［図1−9］のように、当時の広告自体にも意識的に

図 1–10　南洋兄弟烟草公司の「大愛国」というタバコ広告
出典：『新聞報』1922 年 1 月 10 日第 13 版.

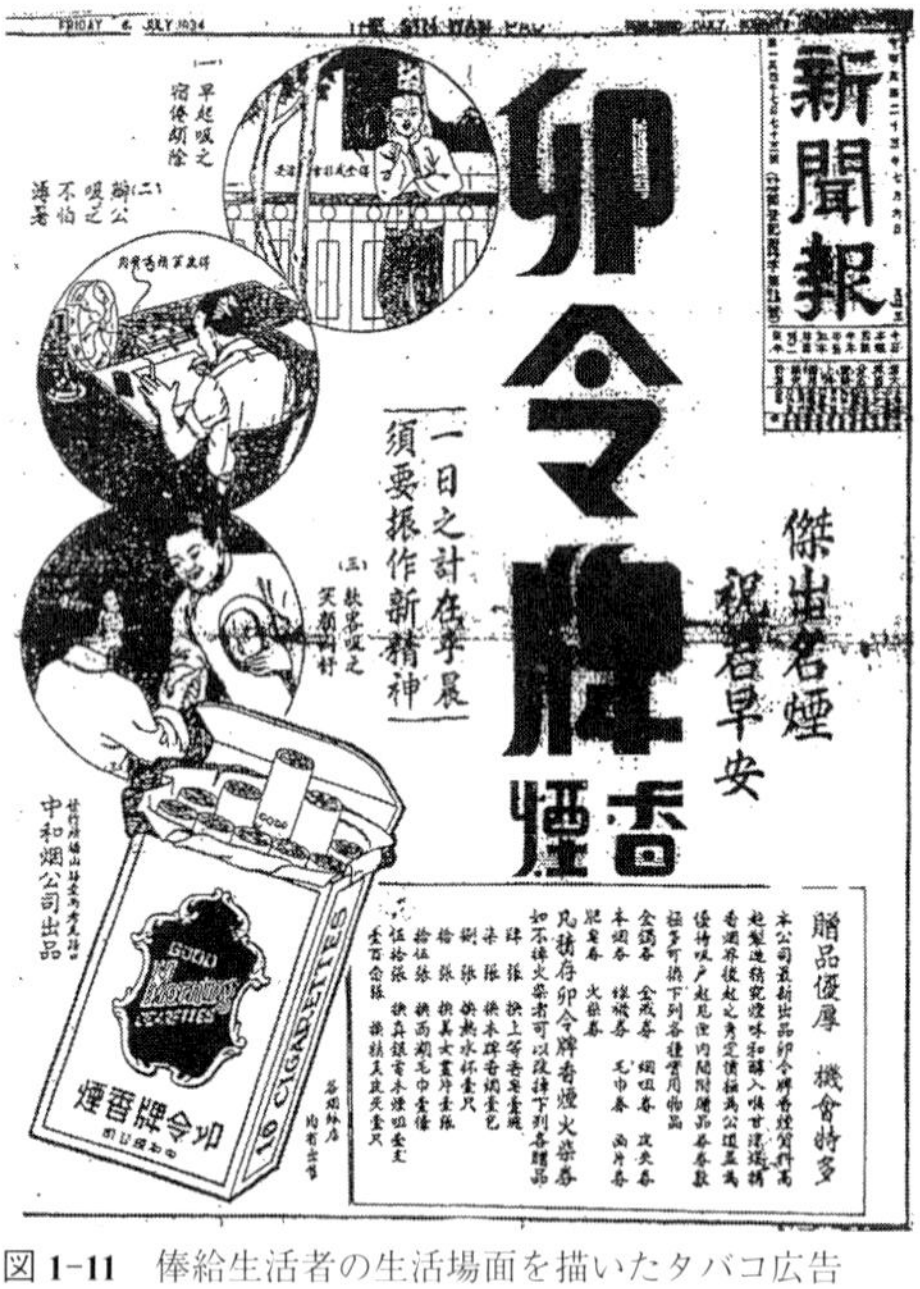

図 1–11　俸給生活者の生活場面を描いたタバコ広告
出典：『新聞報』1934 年 7 月 9 日第 1 版.

描き出されている。すなわち、南洋兄弟烟草公司の「旗美牌」というタバコの一九三一年の図版広告では、タバコを吸う新中間層の青年らしき人物が描かれた新聞広告を、まったく同様の人物がタバコを吸いながら閲覧している様子が描かれている。これは、さらに実際の新聞読者たちが同じようにタバコを吸いながら閲覧してくれることをねらったといえる。こうして多数描かれた図版広告のなかの喫煙者とその閲覧者は、みな同様に消費者大衆となりえたのである。

また、仕事時間にタバコを吸う一時を描き出した図版広告も数多く掲載された。例えば〔図1–10〕は、南洋兄弟烟草公司の「大愛国」というタバコの一九二二年の図版広告である。この広告は、事務室らしき所で一服する職員を描き、職場の机の上に「大愛国香烟」の缶を置いておけば「愛国の心意を示し、また美術的なイメージも出せる」と宣伝している。ほかにも、［図1-11］は、一九二四年七月における中和烟公司の「卯令牌」というタバコの図版広告である。この広告は、「(一) 朝起きて吸えば疲れがとれ」、「(二) 事務のときに吸えば蒸し暑さも心配なく」、「(三) 客をもてなすときに吸えば同じように笑顔が広がる」として、職員の日常生活の三場面における喫煙を勧めている。ただし、第三番目の図版の左側の男性は、よく見るとタバコをくわえたまま顧客と握手しており、その姿態は少し不自然である。これらの広告はすべて、当時の俸給生活者たちが仕事をしながらタバコを吸っていたことを示し、またその生活習慣を助長しようとしていたといえる。

滋養強壮剤と俸給生活者

民国期都市の人びとはたいてい、通院するよりも気楽で安価なことから、医薬品を購入して病気の治療を試みた。そして医薬品のなかでも、とりわけ「補品」「補薬」といわれる滋養強壮剤の広告に、新中間層像が頻繁に登場した。新中間層を中心とする人びとは、医薬品を治療のためだけでなく、健康増進のためにも服用するようになった。すなわち、もともと「補品」「補薬」は贅沢品であったが、両大戦間期には「大衆」といわれた幅広い階層にまで普及した。

中国都市における健康増進薬のブームは、当時の製薬業者の広告戦略からも明らかになる。例えば、新誼化学製薬廠は、活性酵母を胃炎や消化不良に効く胃腸薬「食母生」として売り出した。その際には、「大衆補品」という売り出し文句をつけて宣伝した[96]。また、新亜薬廠の広告部は、「寶青春」を「大衆補品」「家常（日常）補品」と位置づけた。そして、「以前には補品の服用は、貴

図 1-12　滋養強壮剤の広告で腎臓をおさえている俸給生活者
出典：『新聞報』1916 年 1 月 16 日第 7 版.

図 1-13　精神・頭脳労働者の仕事風景を描いた滋養強壮剤の広告
出典：『新聞報』1941 年 1 月 16 日第 1 版.

族と高級家庭の生活においてだけであったが、大衆補品である『寶青春』が世に出てから、平民もまた試してみる機会ができ……〔後略〕」と宣伝した[97]。そのうえで、頭脳・精神労働者（「労心者」）や、さらには肉体労働者（「労力者」）をモデルにして、図版広告を制作していた[98]。

［図1-12］は、一九〇九年に上海に進出したアメリカの兜安氏西薬公司（Foster-McClellan Co.）が、一六年に掲載した「補腎丸」という滋養強壮剤の広告である。中国服を着た人物が、背中を押さえて痛みに耐えており、「十のうち九の症状は、腎臓が弱ったことからくる」と説明されている。さらに同じ薬の別の広告では、「背中の痛みは腎臓の病である」と説かれていた[99]。中国近代の健康増進法においては、脳・胃腸とともに腎臓の役割がきわめて重視されており、腎臓が弱ると背中が痛むと信じられたので、背中を押さえた人物の図像がしばしば滋養強壮剤の広告に登場したのである。

ほかにも［図1-13］は、中法大薬房（一八九〇年に黄楚九が開設）が一九〇五年から製造・販売している「艾羅補脳汁」という滋養強壮剤の四一年の図版広告である[100]。

「知識階級の人びとに必需の大補品」という宣伝文句がうたわれ、疲れた様子の管理職員・事務職員・会計人員・女性職員・男女教員の図像が描かれている。この広告は、宣伝対象を精神・頭脳労働者たちに絞りこんでいる。彼らが疲れを感じたときに、四〇年近くの販売実績がある定番の滋養強壮剤「艾羅補脳汁」を想起させようとしていた。

消費リーダーになる職業婦人

また［図1-14］では、粉ミルクが滋養強壮剤と同じように宣伝されている。一九三五年における霍傑士洋行のホーリックス麦芽エキス粉ミルク（好立克麦精牛乳粉　Horlick's Malted Milk）の広告では、沈という姓の職業婦人がモデルになった。彼女の事務仕事をしている様子が図版に描き出されたのと同時に、次のような体験談が宣伝されている。沈によれば、「ここ数ヶ月、私は体の倦怠を感じて、仕事をするにも力が出なくて、退廃して怒りやすかったのです。その後に医師の処置を受けたところ、それは夜間にお腹が減って苦しかったためと知りました。そこで私は、ホーリックス麦芽エキス粉ミルクを飲むと、精神的に発奮してきて、およそ元の私にもどりました。」という。

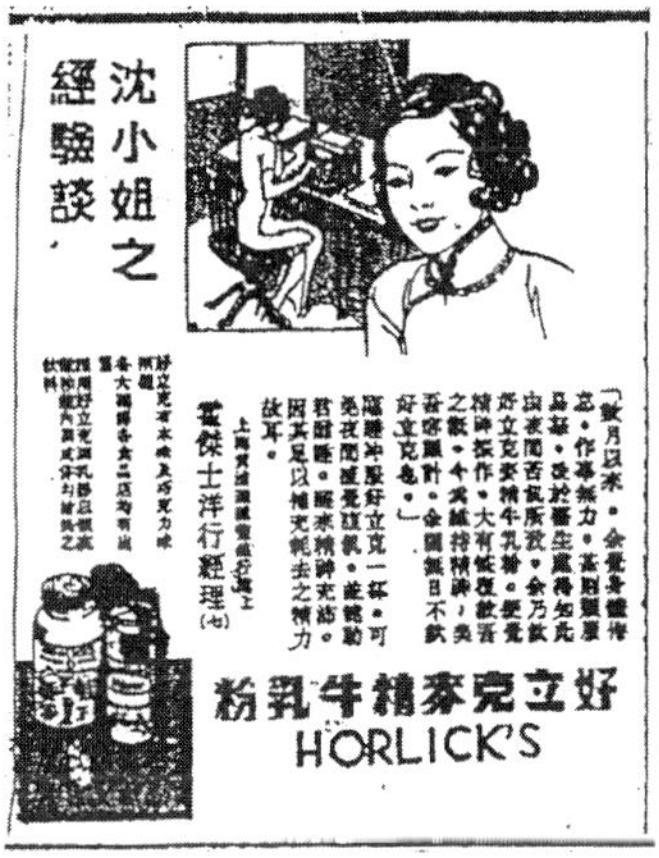

図1-14　粉ミルクの効用を宣伝する職業婦人
出典：『新聞報』1935年1月6日 第12版.

この沈という女性は仮名かもしれないし、架空の人物かもしれない。また、体験談も不自然で、脚色ないしは創作された感が否めない。しかしながら、この広告で興味深いのは、一般の職業婦人のものとされる言葉が長々と宣伝されている点である。すなわち、大衆が商品を使用した体験談を語って、商品の効用を誇張している。演技（ないしは虚構）を新聞広告などで宣伝することによって、新たな消費者大衆を生み出し、さらにその新たな消費者を宣伝に利用する。こうした演技と宣伝の連鎖のなかで、商品の販路を拡大しようとしていた。そして広告主・広告業者は、消費リーダーとなって流行をつくり出せる職種や階層の人びとを登場させたので、事務職員の職業婦人が大衆消費のリーダーとなったのである。彼女は、短髪にパーマをかけて「旗袍」（チーパオ）を着てハイヒールをはいており、一九三〇年代中国都市の流行の先端を体現するモダンガールであった。

（2）都市空間の演出と群衆の居場所

ところで清末の都市には、すでに様々な商品広告があった。例えば、物売りがふれ歩いて大声で呼び売りをしたり、ドラや太鼓などの鳴り物を打ち鳴らしたり、商人たちが商店の壁面に広告の文句を書いたり、間口に看板や垂幕（「招牌」「幌子」「布告」）あるいは商品の実物かそれを象徴するような飾り物を取り付けたり、正月には店頭に飾り提灯（「花灯」）を掛けたりした。さらに、貼紙やポスター（「招貼」）・陳列窓（「橱窗」）・映画なども広告に用いられていた(101)。

民国期に入ると、多くの商人たちが広告の効用をいっそう重視するようになる。各種の商業広告は、上海の市街地を起点にして、高度に発達し広く普及していった。広告媒体に利用されたものには、新聞・雑誌・郵便物および「月份牌」（広告用のポスター式カレンダー）や包装紙などの印刷物にくわえて、①貼紙・ポスター（「招貼」）、②建物の側壁（「民墻」）、③看板（「路牌」）、④ネオンサイン（「霓虹灯」）、⑤ショーウインドー（「橱窓」）や窓飾り（「窓飾」）、⑥乗物、⑦宣伝ビラ（「伝単」）、⑧パレードや楽曲・街頭移動人夫、⑨映画、⑩ラジオ放送などがあった。これらの広告媒体が民国期都市の景観や日常生活をどのように変えたのか、以下で順次明らかにしていく(102)。

さらに、広告媒体は都市空間を多様に演出しながら、不特定多数の人びとの注意を集める場所をつくり出した。

上海近代におけるその様相は、『新聞報』などの新聞各紙に掲載された図版広告に象徴的に描きこまれている。本節では、上海近代の都市空間のどのような場所に、どのような広告が設けられ、どのように人びとの注目を集めて、群衆を生み出したのかを考察しよう。

①貼紙・ポスター

民国期の中国都市を歩けば、各所でもっともよく見られた広告は、貼紙・ポスターであっただろう。戦前に中国で商売をしたことのある小説家の米田祐太郎は、一九四一年刊行の著書のなかで次のように述べている。

図 1-15　街頭に貼られたポスター（おそらく売物）を見る人びと
出典：『良友』第 103 期，1935 年 3 月 15 日，34 頁．

> 大は新聞紙二頁大。いや宣伝物によると、八間も、十間もある道路を跨いで、人びとの歩く上、空中へ橋の如く、でかく／＼と広告や宣伝文句が認めてある大きなのから、紙幣《さつ》の半分位の貼り紙広告まで、赤や黄、緑など色彩はまちまちで、城壁と云はず、牆垣《かきね》と云はず、家の白壁、廟《ミヤオ》の門柱、どこにでもべた／＼と貼りつけてある。……〔中略〕……広告や宣伝文の上へべた／＼と外の広告を貼つてゆくので、半分しか意味の判らないのなどあつて、混然雑然《こんぜんざつぜん》たる異風景。(103)〔ルビは原文のまま〕

こうした貼紙に書かれた文字を読めない者には、読める者が話して聞かせてやった。それゆえ、貼紙の広告は、大衆が日常的に接するものになっていた。米田によれば、「官庁の布告から一般宣伝ポスター

図 1–16　抽選で大金の当たるポスターを見る人びとが描かれたタバコ広告
出典：『新聞報』1933 年 6 月 22 日第 1 版.

の文句まで、城壁とか街辻に貼り出してあると、そこはいつも黒山の人だかり、中には文字を解する人が周囲の人びとにそれを読んで話してゐる光景はよく見受くるところ」であったという[104]。このように、両大戦間期の中国都市では、至る所に貼紙やポスターがあり、さらにその前に日常的にできる人だかりが、日本人観察者の興味を引いていた。日本の都市においても数多くのポスターや看板などがあったが、そこに立ち止まって注視する人は多くなく、一瞥するだけで通り過ぎる人びとがほとんどだったからである[105]。［図1–15］

そして、『新聞報』の図版広告においては必ず、ポスターの前を通り過ぎる群衆ではなく、立ち止まって注視している群衆が描かれた。例えば［図1–16］は、一九三三年における華東烟公司の「梹榔牌」というタバコの広告である。図版に描かれたポスターでは、「梹榔牌」の空箱を五箱集めると抽選券一枚と交換でき、抽選によって合計一万二〇五〇元もの大金が当たると告示されており、それを群衆が注視している。群衆の老若男女は、おそらく一人一人が「梹榔牌」のタバコを吸っているのだろう。この図版広告の群衆は、タバコを吸いながらポスターを見ているところを新聞閲覧者に見せている。それによって、「梹榔牌」のタバコは人気があり、さらに抽選にも多くの人びとが注目していることを宣伝していたのである。

なお、南京国民政府が成立した一九二七年頃から、広告ポスターは、政府による規制や課税の対象となったばかりでなく、新聞広告の普及やカラー印刷による費用の高騰などから伸び悩んだ[106]。

②建物の側壁

建物の側壁に描かれた広告は「民墻広告」とよばれ、上海近郊を起点として鉄道沿線に数多く設置され、都市と都市を結ぶ鉄道の車窓風景を一変させた。一九二八年に上海で刊行された広告学の一般啓蒙書『広告学ABC』は、次のように述べている。

以前には、上海―南京、上海―杭州の鉄道路線沿線一帯の建物の背後に、多くの仁丹〔日本製の口内清涼剤〕の広告が印刷されていた。汽車に乗って外を眺めるとき、一枚一枚はっきりした青の下地に白字で書かれた仁丹の広告が、次から次へと私たちの目に映りこんできた。仁丹の二文字は、一度汽車に乗ればもう私たちの脳裏に深く刻みこまれてしまう！　これがすなわち仁丹が中国で流行したわけではなかろうか？[107]

図1-17　埠頭（十六舗碼頭）の広告
出典：史梅定主編・上海市檔案館編『追憶――近代上海図史』上海古籍出版社，1996年，32-11.

③看板

看板広告（「路牌広告」）は、まずは通商港と鉄道の駅や沿線および景勝地などに設置され（［図1-17］）、その後しだいに都市繁華街の十字路や路地入口および建物の屋上や窓の前など、人びとの視線が当たる所にはどこでも設置されるようになった[108]。早期の看板は印刷されたポスターを板に貼りつけていたが、後にはトタン板に彩色ペンキで描かれるようになる[109]。さらに、看板広告の周囲に夜間用の電灯を設置することもあ

図1–18　電灯の設置されたタバコの看板広告
出典：上海市檔案館所蔵写真（H1-1-36-4-40）.

った。[110] 例えば［図1–18］は、愛多亜路（現在の延安路）の華商紗布交易所（現在の上海自然博物館）の隣の建物の屋上に設置されたタバコの看板広告の写真であるが、二つの電灯が設置されていることがわかる。

清末には看板広告を設置したのは外資系企業だけだったが、一九一一年になって中国企業も設置し始めたという説がある。上海では当初、明泰・又新の二つの広告会社がペンキ屋を雇って、仁丹などの看板広告を制作していたが、技術的には未熟であった。しかし、一九一九年にアメリカ人のC・クロウが設立した卡尔克労広告公司（Carl Crow, Inc.）などが、技術力のあるペンキ工を養成した。さらに、一九二一年に王万栄の設立した栄昌祥広告社は、二七年頃までには上海市内や上海—南京、上海—杭州の鉄道沿線の看板広告をほとんど受注し、三五年に克労広告公司などの外資系広告会社を買収するまでに成長した。[111]

上海で看板広告をもっとも多用したのは、ブリティッシュ・アメリカン・タバコ社であった。また、長江から上海市内につながる呉淞江の岸辺には冠生園（一九一五年創業の食品製造・販売会社）が、上海郊外の景勝地には中国化学工業社（一九一二年に方液仙が創業した中国初の日用化学製品の製造・販売会社）が、それぞれ大型の看板広告を出していたという。[112]

看板広告とそれを見つめる人びとは、しばしば新聞の図版広告にも描き出されていた。例えば［図1–19］は、一九三〇年における中国化学工業社の「三星」ブランドの蚊取り線香の広告である。鉄道沿線に設置された看板広告を、親子三人で眺めている様子を描いている。新聞広告の閲覧者は、広告に描かれた看板を見ている人を見て、

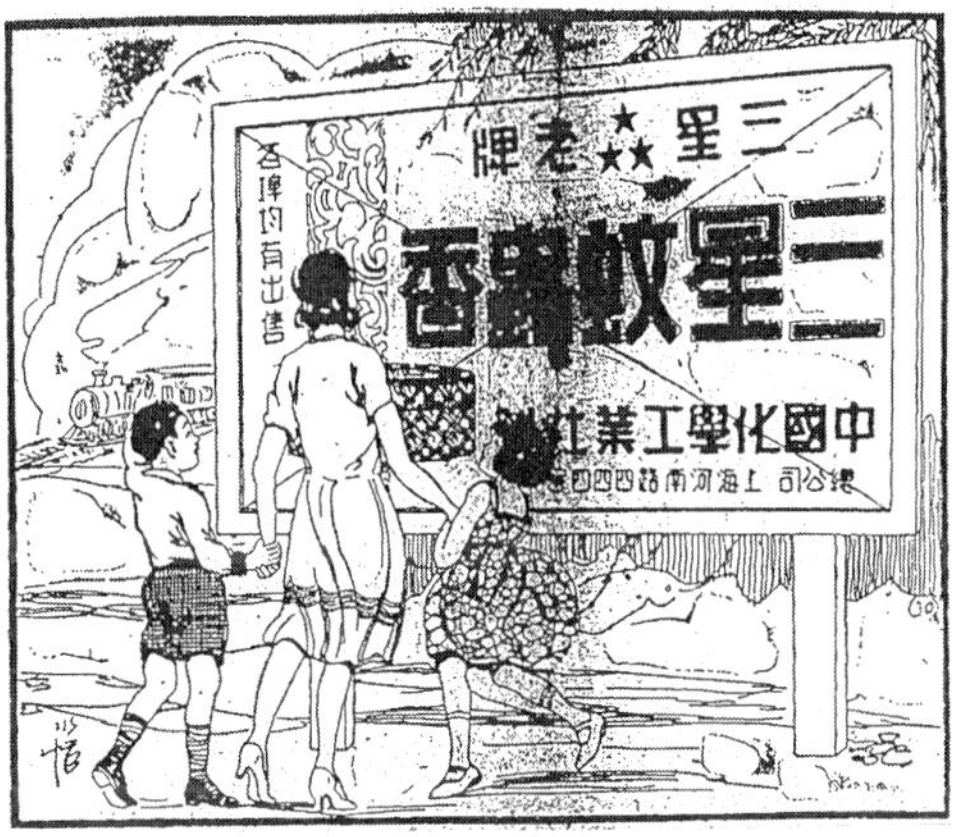

図 1-19　蚊取り線香の広告に描かれた看板を見る母子
出典：『新聞報』1930 年 7 月 28 日第 12 版.

図 1-20　輸入高級タバコの広告に描かれた競馬場の看板と観客
出典：『新聞報』1933 年 1 月 28 日第 2 版.

看板に書かれた宣伝内容を詳細に見ることがあっただろう。また［図 1-20］は、一九三三年における上海烟公司の「発達爾」というタバコの図版広告である。「発達爾」は、イギリス製であり、舶来品の高級タバコ（「上等舶来品香烟」）のなかでももっとも安いことが看板に書かれている。この図版広告においては、おそらく価格競争が競馬に喩えられており、競馬場の観客に見立てられた歓喜する群衆が、看板の宣伝文句に新聞閲覧者の注目を集める役割を果たしていた。

ただし、街頭の看板広告は、南京国民政府によって厳しく管理されるようになった。しかも、上海市では社会局が広告業者を、公用局が街頭広告をそれぞれ管轄したので、手続きが煩雑を極めた。当時の広告業者の回想によれば、「おしなべて街頭広告を新装ないしは改装するには、まず建築設計図を制作し、所有者の許可証と合わせて、公用局の審査をへた後、さらに工務局に建築鑑札を申請し、それを受領されてからやっと施工できる。交通問題に抵触する場所があるときには、一般に公用局が公安局の立ち会いのもとで解決する」という手続きが必要になった[113]。

④ネオンサイン

ほかにも、大都市の通行人の目を引いた広告媒体として、ネオンサインがあった。西欧では、一八八七年にドイツでネオン灯が発明されると、一九一〇年にはパリで世界初のネオン広告が出現し、二三年にはアメリカでもネオン広告が設置された[114]。中国で最初のネオン広告は、一九二六年に上海南京路の「伊文斯（伊文思）図書公司」（Edwards Evans and Sons）が、タイプライターのブランド名のRoyal（皇家牌）を飾りつけたものである。その翌年からは、ネオンが屋外看板や露天広告に用いられ始めた。中国の百貨店で最初にネオン広告を用いた先施公司（一九一七年開業）は、屋上に「先施」の二文字をあしらったネオン灯を設置した[115]。

中国近代においておそらく最大のネオン広告は、一九二八年に「大世界」遊楽場の屋上の斜面に設置された「紅錫包牌香烟」[116]を宣伝するものである。それは、アメリカ資本の麗安公司によって設計された。中心に大きな時計があって、その時計を灰皿から飛び出したタバコが取り囲む、という斬新なデザインが注目を集めたが、後に「蜂房牌絨線」（毛糸）の広告に代わられた[117]。

ちなみに、ネオン灯の製造工場は、上海では一九二八年にポルトガル人が「麗耀霓虹灯廠」を、その後アメリカ人が「麗安霓虹灯廠」を開設し、両工場はそれぞれ「通明霓虹灯廠」「中国霓虹灯廠」と改称されて、中国人経営者に引き継がれたという[118]。ネオンサインの技術は急速に進歩し、色が多種多彩になり、光線が瞬時に変化するものも開発され、図案化も可能になる。一九三〇年代までには、上海南京路の多くの商店が、ネオンサインによる色彩豊かな装飾美を競いあい、夜の上海を華やかにした[119]。

⑤ショーウインドー・窓飾り

くわえて、ショーウインドーがたくみな演出を施しながら新商品を陳列して、通行人の目を楽しませた。旧来の中国商人には、商店の窓を飾りたてて広告に利用するという発想はなく、ガラス窓にものれんをかけて視線を遮断し、店内を見られないようにしていた[120]。ところが、上海ではまず先施・永安といった大百貨店が、ショーウインドーを設置し始める。上海の百貨店の広東人経営者は、香港・マカオなどから専門家を招いて、ショーウインドーの設計と商品の陳列をまかせた[121]。

その後、ショーウインドーは、しだいに中・小商店にも普及していった[122]。企業が商店の窓を賃借りして、自社の商品を陳列することもあるようになった[123]。とくに薬局は、一九二〇年頃に中西薬房（Great China Dispensary　一八八八年創業）が設置したのを皮切りにして、ショーウインドーによる商品陳列をとても重視していた[124]。

⑥乗物

ところで、街路におけるポスターや看板の取り付けが政府の管理によって厄介になると、汽車・路面電車・トロリーバス・バス・船といった乗物に、さかんに広告ポスターが取り付けられるようになる[125]。上海では、一九〇八年から路面電車が、一四年からトロリーバスが、二四年からバスが、三四年から二階建てバスがそれぞれ運行を開始しており、これらの乗物は、すべて動く広告媒体として利用された[126]。さらに、広告のために運行される広告車や広告船も登場したという[127]。

路面電車やバスは、胴体や後部に広告を描いて走行しただけではなく、車内にも広告を貼付して乗客の目を引いた（図1-21）。広告学の一般啓蒙書『広告学ＡＢＣ』（一九二八年）は、路面電車の車内広告の利点を次のように説明していた。

新聞を読むかあるいは連れと話をしている場合を除いて、路面電車に乗っている人はいつももっとも寂しくて暇である。毎日この道を歩き慣れた人は、窓の外の景色を眺めることに関心のあるはずがない。だから車内で

図 1–21　車内の座席に貼られた広告（矢印は電球の広告）
出典：上海市檔案館所蔵写真（H1-6-48-16-94）.

きょろきょろするとき、視線は自然と目の前の鮮やかで美しい広告のうえに止まる[128]。

市街地を走る路面電車の乗客を分析したこの一節からは、日常生活における広告の浸透を読み取れる。通りすがりの乗客は、日々の業務から一時的に切り離されて手持ぶさたの状態にあったからこそ、広告に視線を奪われやすくなっていた。広告学の専門書『広告学綱要』（一九三〇年）は、新聞・雑誌・郵便物をのぞく最有力の広告媒体として、路面電車やバスを挙げ、その理由を次のように述べた。すなわち、乗客は車内広告の前にどうしてもしばらくは居続けて、それを無意識に反復して閲覧するので、宣伝の影響を受けやすい。また、路面電車やバスの広告は、中・下層の人びとの目にも触れやすい。さらに、広告を見た人びとがその商品を購入して帰宅するのも容易である。だから、食品・化粧品・日用品の広告が数多く出されたという[129]。

こうして都市空間は、商品情報によって埋めつくされていった。広告業や広告学の発展にともなう広告媒体の多様化は、何気ない空間に人目をひく演出を施し、都市の日常生活を変えていったといえる。

⑦宣伝ビラ

人びとの集まる商店・遊楽場・映画館・イベント会場などでは、ポスターが貼られ、広告看板が設置されただけではなく、広告用のビラがばらまかれた。例えば、一九三五年一〇月に上海で開催された第六届全国運動会の際に、新聞報館は、「『新聞報』、『新聞夜報』、販売部数最多」「『新聞報』、『新聞夜報』、効力最大」、「『新聞夜報』は各選

図 **1-22**　号外新聞を読む人びとを描いたタバコ広告
出典：『新聞報』1932 年 8 月 3 日第 1 版.

図 **1-23**　飛行機から広告ビラを散布する様子を描いた梅毒治療薬の広告
出典：『新聞報』1933 年 7 月 16 日第 1 版.

手を歓迎します」などと書いたビラを空中の気球から散布して、観客の注目を集めた[130]。さらに、都市の空中における広告としては、飛行機でのビラ撒きのほかに、凧やアドバルーンが揚げられたり、花火が打ち上げられたりすることもあった[131]。

ビラなどの広告が群衆にばらまかれる様子は、新聞の図版広告にもしばしば描き出された。例えば［図 1-22］は、一九三二年における南洋兄弟烟草公司の「金斧牌」という煙草の広告である。図版では、三缶購入すると一缶贈られるという「煙草界のよい知らせ」を告げる「特刊」（号外）が配られ、正面の二人組の女性をはじめとする通行人たちが目を落としている。号外を配る者たちとそれに見入る者たちはともに、「金斧牌」の安売りキャンペーンに注目を集めるために描かれている。新聞の閲覧者は、広告の主張に対して懐疑心や違和感をもったとしても、広告に対する刹那の好奇心から、商品を記憶の片隅に留めるかもしれなかった。

ほかにも［図 1-23］は、一九三三年におけるフランス製だという「皮隆氏九一四（Novarsenobenzol "Billon"）」という梅毒治療薬の広告である。飛行機から広告用のビラを散布して、群衆の注目を集めているように描かれている。

図 1-24　国産品を提唱するパレードを描いたゴム製品工場の広告
出典：『新聞報』1934 年 1 月 1 日第 2 版.

⑧パレード・楽曲・街頭移動人夫

人目を引く装飾物や宣伝車を使ったり、心地よい音楽を奏でたりしながら街頭をねり歩く、広告のためのパレードがあった。広告パレードは、商店が開店するときや安売りするとき、あるいは何か特別な宣伝をするときにおこなわれた[132]。

例えば［図 1-24］は、一九三四年元旦における大中華橡膠廠の新聞広告である。太鼓を打ち鳴らしながら、同工場で生産するゴム製品の巨大模型とともに「提唱国貨、挽回利権」（国産品を提唱して、外国の利権を挽回しよう）などと書かれた垂れ幕を掲げて、都市の大通りを行進する様子が描かれている。このパレードは、国産品の提唱を自社製品の販売促進に利用していた。

⑨映画

さらに映画館では、上映開始前に広告用のスライド（「幻灯」）や動画（「活動電影」）が映写されるようになった。上海には欧米から香港経由で映画が伝来し、一八九六年八月に徐園という遊楽場で初めて一般公開された。それは、神戸における日本初の映画公開（一八九六年一一月）に先駆けていた。一八九〇年後半から上海では、欧米人たちが映画館の創設と映画の製作を開始し、一九一〇年代には中国人も映画製作に携わり始め、二〇年代には初の中国産長編映画が製作されるに至った。上海の映画界は、一九一六年にハリウッド映画が輸入され始めると活況を呈し、二六年にトーキー映画（発声映画）が誕生すると、上海でもすぐに上映されるようになる。一九三〇年代の上海では、大きな映画館が続々と設立された(133)。

そして、上海の映画館では、スライド映写による広告が一九二〇年代後半に全盛となる(134)。例えば、ドイツの拝耳（Bayer）公司（一八六三年創業）は、早い時期から梅毒治療薬の「六〇六」の生産工程をスライドで映写して宣伝したという。中国の製薬会社の商品でも、中法薬房の「艾羅補脳汁」「九一四薬膏」「龍虎仁丹」、五洲薬房(135)（一九〇七年創業）の「人造自来血」「海波薬」、中西薬房（一八八八年創業）の「痰敵」「胃鈅」といった医薬品が、スライドの映写によって宣伝された(136)。また、動画の広告では、しばしば不思議あるいは滑稽な物語のなかに商品情報を挿入し、観客の興味を喚起しながら商品を記憶させた。例えば、ブリティッシュ・アメリカン・タバコ社の「許仙復活記」という広告映画では、許仙官が白蛇精を見て気を失いそうになったときに、ブリティッシュ・アメリカン・タバコ社のタバコを吸ってよみがえったという(137)。

図 1-25　宣伝映画を見る観客たちを描いたタバコ広告
出典：『新聞報』1934年6月12日第2版.

なお、一九三〇年頃からは、おもに華商広告公司（China Commercial Advertising Agency　一九二六年創設）が、上海における映画広告を代行するようになった(138)。しかし、何回も広告が映写されて観客の不評を買うことがあったため、一九三〇年代には広告の映写を一切受け付けない映画館も現れた(139)。

広告映画が上映される様子は、新聞広告にも描き出されている。いうならば、異種のメディアの融合が、すでに試みられていたのである。例えば［図1-25］は、一

図 1-26　胡蝶の映画を見て商品を使い始める女性を描いた石鹼の広告
出典：『新聞報』1935 年 7 月 25 日第 9 版.

九三四年におけるブリティッシュ・アメリカン・タバコ社の「哈徳門」というタバコの広告である。同社はイギリス資本であるが、中国の畑でとれたタバコの葉の使用を宣伝する映画を上映している。それを見る観客は同じような後姿に描かれており、まさに大衆というべき様相を呈している。ほかにも［図1-26］は、一九三五年における利華肥皂公司の「力士（Lux）」という石鹼の新聞広告である。主婦と思われる女性が映画を観て、女優の胡蝶の肌が白いのに気づき、その理由を友人に聞いて、「力士」の石鹼を使い始めるという話が漫画に描かれている。この広告からは、当時の映画や映画スターが、都市大衆の消費生活に大きな影響をあたえていた様相をうかがえる。

⑩ラジオ放送

視覚からではなく聴覚から都市空間を演出したのが、広告放送である。劇場や茶館などで広告放送がおこなわれたのにくわえて、ラジオ放送も開始された。上海では一九二三年一月二三日から、アメリカ人のE・G・オズボーン（E. G. Osborn　中国名は奥斯邦）が、中国無線電気公司（Radio Corporation of China）を創設して、ラジオ放送を開始する。しかし、毎晩一時間の英語による西洋音楽の放送のみで、わずかに二ヶ月足らずで挫折した。続いて、アメリカ資本の新孚洋行（Electrical Equipment Co.）や開洛公司（Kellogg Switchboard and Supply Co.）などが、ラジオ放送をおこなった。さらに一九二七年からは、上海の大百貨店・新新公司が、中国民間資本による最初のラジオ放送を開始する。その平日の放送時間は午前九時から午後一〇時まで、放送内容は、国内外のニュース、西洋音楽（「西調」）・広東音楽（「粤調」）、蘇州の語り物音楽（「蘇灘」）、講演、自社の宣伝など多岐にわたっていた(141)。

ラジオが一般家庭に広く普及するには時間がかかり、一九二八年における中国全土のラジオは、約一万台という推計がある(142)。それにもかかわらず、上海では一九三〇年代初頭までに、多数の民営ラジオ局が開設された。一九三二年末には四〇局（そのうち六局は欧米資本）、最盛期の三四年末には五四局の民営ラジオ放送局が上海にあった(143)。また、一九三六年には中国全土で八〇局のラジオ放送局があり、そのうちの三八局が上海にあったという(144)。

こうしたラジオ放送を、初期にはおもに外資系企業が、その後はしだいに中国企業も、商業広告に利用するようになった。ラジオ放送を利用した広告には、番組と番組の間に商品情報を流すほかに、スポンサーが音楽・話劇・「弾唱」（民謡の弾き語り）・漫才（「滑稽」）・講演などの番組を主宰して、番組内で商品広告を随時挿入する方法があった(145)。後者の方法では娯楽と広告の境目が曖昧になり、視聴者はたとえ短時間であっても、広告に対して身構えることなく、しかも繰り返し接したので、その影響を受けやすかったと考えられる。さらに、ラジオは人びとの集まる場所に置かれるようになったので、まるで音楽や語り物のように、商品情報を不特定多数の人びとの耳に届けて、大衆の消費・娯楽に大きな影響をあたえ始めた。

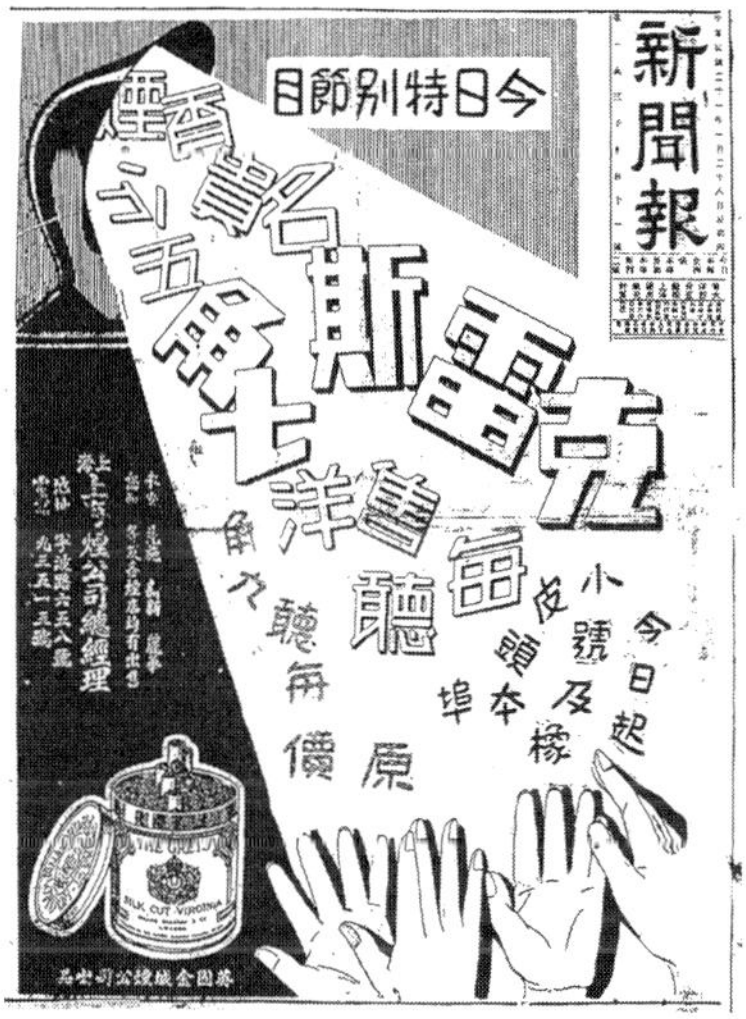

図 1-27　ラジオの宣伝の様子を描いたタバコ広告
出典：『新聞報』1932 年 1 月 28 日第 1 版.

そして、ラジオによる商品宣伝の様子も、新聞広告に描かれた。例えば［図1-27］は、一九三二年における上海烟公司の「克雷斯」というタバコの図版広告である。ここでは、ラジオから聞こえた宣伝文句によって、多くの人びとがその商品を欲するイメージが描き出されている。

（3）見せる群衆を見る大衆

ところで、両大戦間期の上海における新聞の図版広告には、しばしば群衆が登場し、そのなかには、新中間層に属すると思われる風貌の人物が数多く描きこまれていた。新聞広告に登場する群衆像は、あくまでも商品価値を際だたせるために、見られることを目的として描かれたものである。たいていの広告主は、図版の群衆が新聞の閲覧者をも巻きこんで、消費行動に影響をあたえることを期待していた。一方、新聞広告に登場する群衆を眺める多くの人びとは、いうならば「みんなと同じになりたい」と「みんなに差をつけたい」という両方の気持ちを、矛盾なく同時にもっていたといえる。そして、新中間層をはじめとする人びとは、消費者の共感をえようとする広告業者に、自分たちの願望を汲みとらせて商品広告に投影させていた。影響力のある広告は、商品価値を再定義しながら、よりよい生活を求める消費者をときに大衆と一体化させ、ときに大衆と差異化させてみせた[146]。こうした消費者と広告の相互作用のなかで、近代上海の大衆消費社会が形成されていったのである。

以下では、両大戦間期の『新聞報』の広告に登場した群衆像をいくつか吟味しながら、当時における新中間層の日常生活と大衆消費社会との関わりを具体的に見ていきたい。

群衆の登場と生活場面の想起

［図1-28］は、一九一六年における文明書局の『増訂六版　日用実鑑』（日用手引）の広告であり、「居家旅行必備之書」（日常生活や旅に必需の書物）と宣伝されている。また、［図1-29］は、一九二〇年における国粋保存会・大

図 **1-28**　日用手引書を買う老若男女を描いた広告
出典：『新聞報』1916 年 1 月 20 日第 13 版.

図 **1-29**　占い書の広告に描かれた指さす紳士たち
出典：『新聞報』1920 年 1 月 9 日第 5 版.

東書局の『未来預知術』（占い書）の広告である。当該書は、「漢丞相諸葛武侯」が著し、「宋数学家邵康節」が註をつけ、原書は失われたが、「閩公林寵佑博士」が「巴黎〔パリ〕図書館」で写しとったと宣伝されている。

これらの書籍の広告が、比較的早い時期に群衆像を採用していた。前者の群衆は、様々な職種の老若男女が販売所の前に行列をつくって、みな『日用実鑑』を手に取って見ている。それによって、『日用実鑑』が「必備」の書物であることが宣伝された。また、後者の群衆は、予言者であろう正装の紳士が指をさし、それを取り囲む同じような紳士たちがその予言者を指さしている。中央の大きく描かれた紳士が『未来預知術』であり、その周囲の小さく描かれた紳士がその読者大衆ということであろうか。両広告の閲覧者は、描かれた群衆に共鳴して、それらの書籍を購入することを期待されていた。

社交の場面において群衆のなかの人びとに生じる一瞬の心理をたくみにとらえた広告もあった。例えば［図 1-30］は、一九一四年におけるブリティッシュ・アメリカン・タバコ社の「紋盤牌」というタバコの広告である。それは「欧米各国の上流社会でもっとも人気のあるタバコであり、もし大勢の人がいる所で吸えば、人を敬慕させられる」と宣伝された。この広告では、宴席で四人の商人たち

図1-30　宴席で商品を吸う人を注視する人びとを描いたタバコ広告
出典：『新聞報』1924年1月12日第2版.

図1-31　社交場での口臭予防を説く胃腸薬の広告
出典：『新聞報』1935年1月25日第11版.

が、「紋盤牌」を吸う一人を羨ましそうに注視している。会場で人が使う商品に興味がわくことは、実際によくある。広告の閲覧者は、広告に描かれた四人の商人たちと視線を重ねて、それを疑似体験させられたのである。

また、世間体を強調することによって、商品への欲求を喚起しようとする広告もあった。［図1-31］は、一九三五年におけるイギリスの第威徳製薬公司（De Witt & Co., Ld., E. C.　一九一三年創業）の「第威徳潤腸丸」という腸薬の広告である。宣伝文句には、「社交を成功させたければ、必ず口臭を取りのぞかなければならない。口臭を免れたければ、まず必ず腸をきれいにしなければならない。第威徳潤腸丸は、腸をうるおす聖なる薬である」とうたわれた。閲覧者は、社交の際に自身や他人の口臭が気になった経験を想起し、広告の腸薬を口臭予防の目的で使うことを期待されていた。

抽象的な群衆像

さらに注目すべきことに、中国の両大戦間期の図版広告ではしばしば、他人と同じであろうとする人びとの集合である「万衆」「大衆」の存在が明確に意識されて、それを象徴化した抽象的な群衆像が描きこまれた。例えば

図 **1-32**　タバコを求めていっせいに手を伸ばす群衆を描いた広告
出典：『新聞報』1925 年 7 月 3 日第 18 版.

図 **1-33**　一列に並んで商品を求める群衆を描いたタバコ広告
出典：『新聞報』1928 年 7 月 10 日第 1 版.

〔図1-32〕は、一九二五年における永泰和烟草公司の「双馬牌」というタバコの広告である。商品を注視しながらいっせいに腕を伸ばす群衆が描かれている。この図版は実際の場面の写実ではなく、人びとが広告を見て一斉にタバコを買い求める様子を期待して描かれた象徴的な群衆像である。

また〔図1-33〕は、一九二八年における華達烟公司の「天馬牌」というタバコの図版広告である。女性が配るタバコを、一列に並んで手を出して欲する群衆が描かれている。広告の中央に書かれた「万衆歓迎」（広範な大衆に人気がある）の様子を、図版で表現したものといえる。ほかにも〔図1-34〕は、一九三七年における「美麗牌」というタバコの広告である。タバコを口にくわえた顔面が描かれて、「大衆が愛して吸う」と宣伝された。近代中国においては、女性の喫煙者も一般的であった。一四人に象徴させて描かれた「大衆」のなかには、二人の子供の顔もあるが、彼らはタバコをくわえていない。タバコの広告に子供が登場するのは、日本では見られない中国の広告の特徴であった[147]。

タバコ以外にも、〔図1-35〕は、一九二九年におけるスウェーデンの華嘉洋行の「華福麦乳精」（濃縮麦芽乳）の広告である。

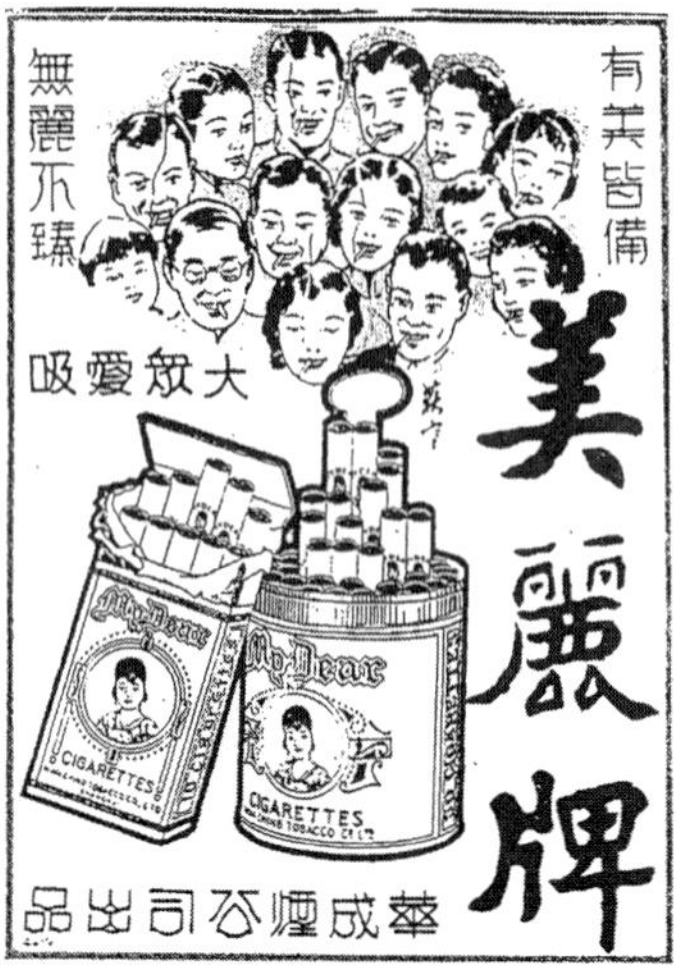

図 1–34　タバコを口にくわえた大衆（女性を含む）の面々を描いた広告
出典：『新聞報』1937 年 1 月 31 日 第 4 版.

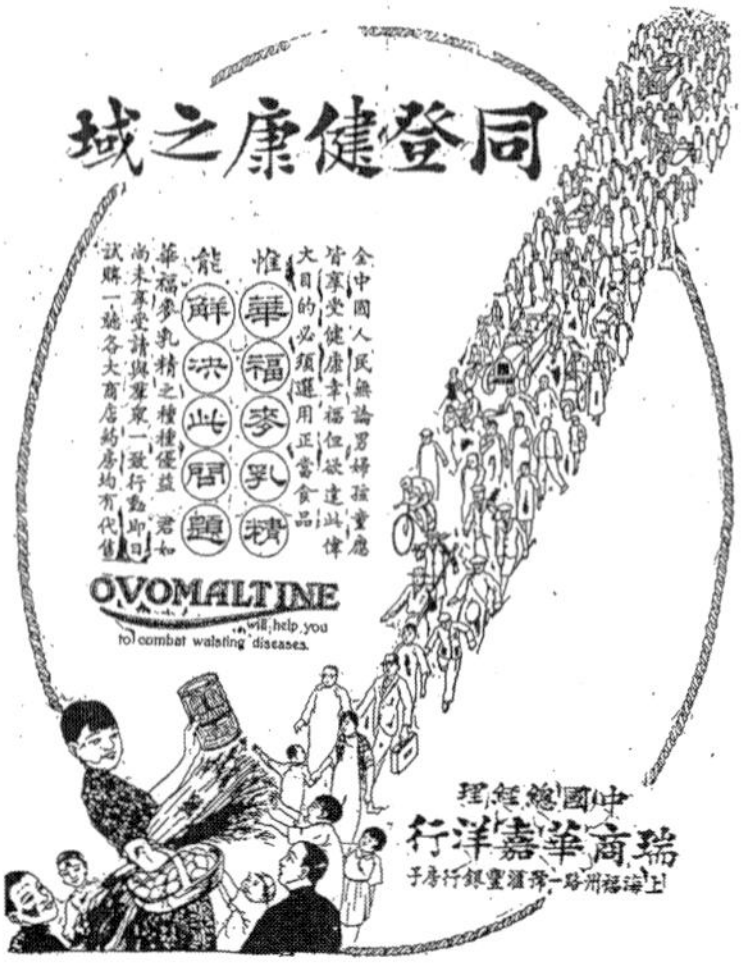

図 1–35　麦芽乳濃縮液を買い求める行列を描いた広告
出典：『新聞報』1929 年 1 月 13 日第 31 版.

宣伝文句は、健康と幸せを享受するためには当該商品を用いるしかないとしたうえで、「あなたがもしまだ〔華福麦乳精を〕味わい楽しんでいないのならば、どうか群衆と一致して行動して、すぐに試しに一つ買ってみてください」とうたっている。行列をつくる群衆は、健康と幸せを求めて商品を買おうとする消費者大衆を想像して描かれたものである。

　これらのいずれも写実性に乏しい群衆像は、想像上の大衆を象徴的に描き出し、新聞閲覧者＝消費者に見せて、その共感や同調を誘うことを期待したものである。閲覧者は、共感とともに違和感を覚えることがあっても、広告とそれが宣伝する商品に好奇心や関心を振り向けたと考えられる。

西洋医薬に対する大衆心理

ほかにも、中国近代においては、欧米の医薬品に対して、まるで神に対するかのように救いを求める大衆心理がしばしば広告に描き出された。例えば［図 1–36］は、一九三四年における第威徳製薬公司の「第威徳補腎丸」という滋養強壮剤の広告である。尿を清めて消毒することによって、

図 1-36　光を放つ滋養強壮剤に集まる大衆を描いた広告
出典：『新聞報』1934 年 7 月 2 日第 11 版.

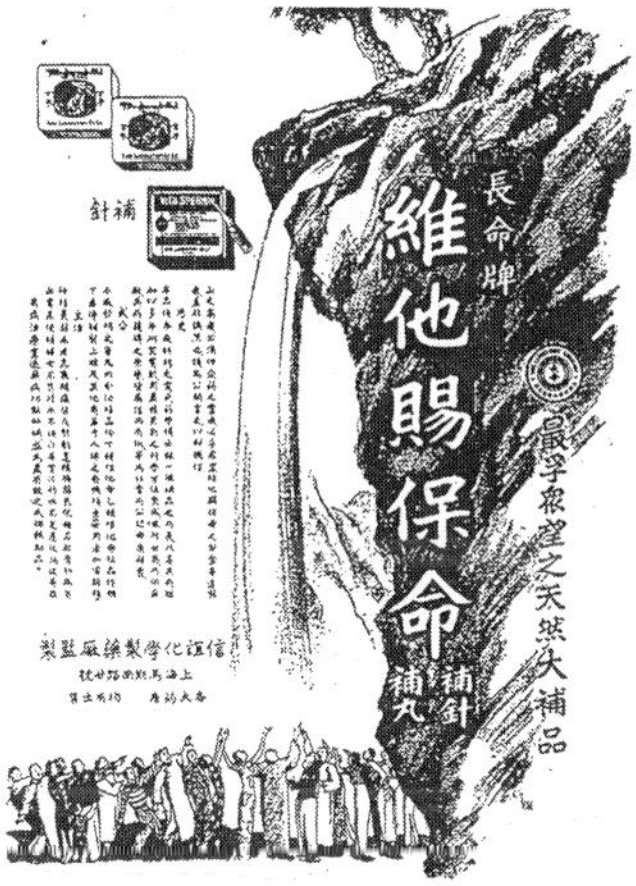

図 1-37　滋養強壮剤の効用を滝からの流水に喩えた広告
出典：『新聞報』1937 年 1 月 21 日第 11 版.

腎臓を強健にし、寿命を延ばすと説いている。図版では、光り輝く商品に引き寄せられている群衆を見せながら、宣伝文句では「群衆の健康を求めて、あまねくサービスする」と謳い、広告左下の「贈券」を郵送すれば試供品を贈ると宣伝している。ここでいう「群衆」とは、現代日本語の「大衆」という意味である。広告の閲覧者は、図版に描かれた群衆に続いて商品に惹かれていき、試供品の使用をきっかけに商品の常用を期待された。

また［図1-37］は、一九三七年における信誼化学製薬廠[148]（一九一六年創業）の「維他賜保命」という滋養強壮剤の広告である。「山が高ければ仰いで足をつまだてなければならず、薬がよく効けば必ず衆望をつなぐ」とうたわれた。図版には、滝からの流水に喩えられた商品の効能を求めて、群衆が相争って集まって来ている様子が描かれている。この群衆もまた、閲覧者の購買意欲を喚起するために描かれたものであ

図 **1-38**　光を放つタバコに集まる大衆を描いた広告
出典：『新聞報』1936 年 7 月 26 日第 1 版.

る。

さらに、一九三〇年代後半には、華成烟草公司[149]（一九一七年創業）の広告が、図版とともに「大衆」という言葉を頻繁に用いて商品を宣伝していた。例えば［図1-38］は、一九三六年における「金鼠牌」というタバコの広告である。光り輝く商品の周囲に、人びとが吸い寄せられるかのように集まって、群衆が生み出されていく様子が描かれている。そして、「全国において毎日平均でおよそ六五万人が金鼠牌のタバコを吸っている。質がよくて値段も安く名実ともなっていなければ、どうしてこのように大衆に人気が出るのだろうか？」と宣伝されている。この広告の群衆は、全国の六五万人の「大衆」を象徴的に描き出して、さらに多くの消費者大衆がそれにくわわることを期待したものである。

大衆との差異化

以上のように、見せるために描かれた大衆を利用して、それを見た消費者大衆の同調を誘おうとする図版広告が、両大戦間期の中国の新聞によく見られていた。とはいえ、すでに述べたように、「大衆」は常に周囲の「大衆」から自らを差異化しようともしていた。そうした消費者の願望に応えるために、広告主は、大衆の流行に同調できる商品というイメージと同時に、他者に差をつけられる商品というイメージを創出した。

大衆品との差異化を図ろうとするイメージ戦略は、中国の広告では一九三〇年代から頻繁に見られた。例えば、一九三〇年代の広告に頻出した宣伝文句の一つに、「与衆不同」（普通のものとは異なる）があった（［図1-9］）。ほかにも、一九三四年における華成烟公司の「美麗牌」というタバコの広告は、「上等人自吸上等烟」（上等な人はおのずと上等なタバコを吸う）と宣伝された(150)。

これらのブランドタバコの広告からもわかるように、消費者大衆の細分化、いうならば「分衆化」は、「大衆」の誕生とほぼ同時に始まっていたといえよう。たしかに、もし広告の閲覧者が普通とは異なる「上等」な商品を消費すれば、それは広告主が「大衆」のために用意した差異化の作法に従うことになるので、差異化の行為自体がまた大衆的な行動になることもあった。とはいえ、広告業者が大衆消費文化を自在に操縦することはできない。例えば、あるブランドタバコが「上等人」の吸う「上等烟」として定着するかどうかは、広告主の望むようになるとは限らなかった。使用する商品やその意味づけは、個々の消費者が日常生活の様々な場面で決めていたからである。

このように消費者が選択的に広告を利用して、大衆との一体化と差異化、すなわち大衆化と分衆化を繰り返すなかで、上海の大衆消費社会が形成され、さらに成熟化に向かおうとしていた。ただし、大衆消費の成熟には、次章六節で見るように、広告の不正・誇大・虚偽をいかに克服するのかという課題があった。

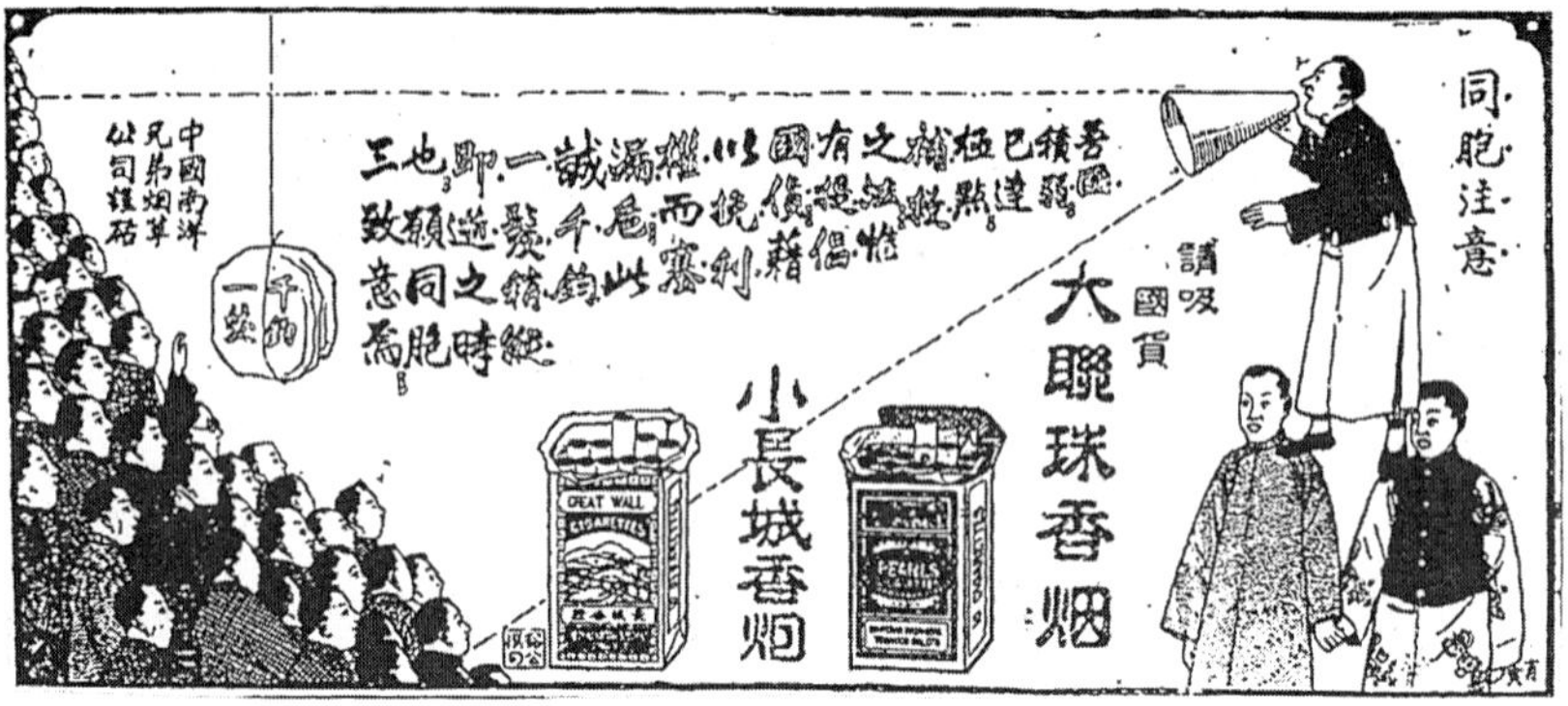

図 1-39　国産品の愛用を群衆に演説する様子を描いた南洋兄弟烟草公司の広告
出典：『新聞報』1925 年 6 月 28 日第 15 版.

（4）政治動員される群衆

政治運動のなかの群衆

ところで、商品広告のなかには、政治的に動員された群衆が描き出されることもあった。例えば、［図 1-10］でも見たように、南洋兄弟烟草公司は、中国市場で先行するブリティッシュ・アメリカン・タバコ社と競合するなかで、国産品（「国貨」）の愛用を宣伝したことが知られている。当社の一九二五年の「大聯珠牌」「小長城牌」というタバコの広告（［図 1-39］）においては、高所に立つ宣伝者が群衆に向かって次のように演説している。すなわち、「我が国の積み上げた弱点は、すでに極点に達した。救済方法は、ただ国産品を提唱し、それによって利権を挽回して、〔国家の〕損失を防ぐことしかない。今は本当に、とても重いものを髪の毛一本でつるすような、つかの間のとき〔というべき危機的状況〕である。」という。それゆえここに描かれた群衆は、愛国心に目覚めようとしている中国の「同胞」（同国人）たちの姿であった。

また［図 1-40］は、一九二八年における五洲薬房の薬品・化粧品の広告である。大衆（「万衆」）が心を一つにして外国製品を排斥し、国産品を提唱し、中国国民の富強を達成しようとする様子が象徴的に描かれている。動きの止まった時計は、当時の中国の停滞を隠喩しており、みんなで針を引っぱって動かそうとしている群衆が、広告主の期待する愛国意識に目覚

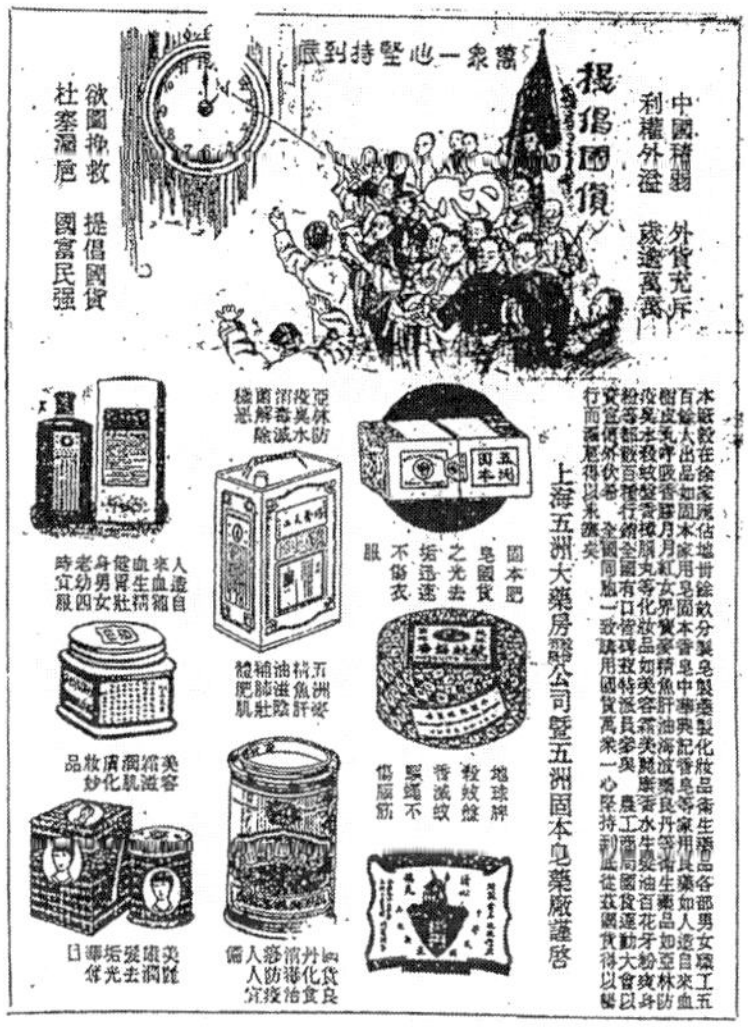

図 1−40　大衆が心を一つにして国産品を提唱する様子を描いた五洲薬房の広告
出典：『新聞報』1928 年 7 月 12 日特刊第 1 版.

図 1−41　衛生運動とそれに参集する群衆を描いた消毒薬の広告
出典：『新聞報』1931 年 7 月 17 日第 8 版.

めた中国国民の姿であった。つまりこの広告は、中国民間企業がいわば「民族資本」の論理にもとづいて、大衆を国民につくり替えようとする試みといえた。

ほかにも、同じく五洲薬房の広告である［図1−41］は、一九三一年に「亜林防疫臭水」という消毒液（フェノール水）を宣伝したものである。南京国民政府期に盛行された「衛生運動」[151]のプラカードを掲げている群衆もまた、広告主が閲覧者に衛生意識を芽生えさせて消毒薬の消費を促した、いわば見せるための群衆であったといえよう。

消費と動員と「見せる群衆」

こうして両大戦間期の新聞広告に出現した「見せる群衆」を歴史的に位置づければ、それは商品宣伝＝消費喚起のために開発されたが、後には政治運動に大衆を動員するためにも利用されていくメディアの一つといえる。

例えば［図1−42］は、一九二九年一月二一日における九星烟公司の「日月牌」というタバコの広告であ

図 1-42　新商品と抽選に歓喜する群衆を描いてみせたタバコ広告
出典：『新聞報』1929 年 1 月 21 日第 2 版.

図 1-43　商品を掲げて見せながら笑顔で行進する群衆を描いた信誼化学製薬廠の広告
出典：『新聞報』1935 年 6 月 27 日第 1 版.

る。広告は、新商品の発売開始に際してタバコの各箱につけられた応募用紙に、旧暦元旦（一九二九年二月一〇日）の各時刻における天気と気温を予想して郵送すれば、正解者のなかから抽選で二〇〇名に十八金の腕時計ないしは自転車を贈呈すると宣伝している。図版に描かれているのは、新商品の販売開始と抽選の実施に歓喜している群衆である。ほかにも［図1―43］は、一九三五年六月二七日の『新聞報』第一面すべてを使った信誼化学製薬廠の各種注射剤・錠剤の広告である。広告主の商品をそれぞれ右手で掲げ見せながら、正面に向かって笑顔で行進してくる群衆が描かれている。

　あえていえば、［図1―42］からは、後の人民共和国期における開国典礼や国慶節における官製の集会を、［図1―43］からは、文化大革命において毛沢東語録を掲げて行進する人びとの姿を連想できないだろうか。

　また［図1―44］は、一九五〇年一〇月一日の『解放日報』（中国共産党上海市委員会の機関紙）に掲

図 1-44　人民共和国成立一周年の祝賀パレードを描いたイラスト
出典：『新聞報』1950 年 10 月 1 日第 3 版.

載された人民共和国建国一周年の国慶節を祝う官製デモの図版である。人民が国旗や垂幕、そして当時はまだ先に孫文像、後に毛沢東像を掲げ、楽隊や踊子を付き従えて行進しており、その下には「封建」勢力が敗走している様子が描かれている。このパレードの図版（［図1-44］）と、一九二〇年代における商品広告のパレードの図版（［図1-24］［図1-43］）を比べて見ると、その類似性を指摘できる。なぜならば、両大戦間期において広告や宣伝に群がり、商品広告に描きこまれた群衆と、後の共産党政権下で官製のデモや集会に参加し、新聞・雑誌などで宣伝された群衆は、同じ目的でつくり出されていたからである。

すなわち両者はともに、多数の人びとが情緒や観念を共有している様子を見せつけることによって、それを見た人びとの行動を型にはめようとする、いわば「見せる群衆」であった。したがって、商品広告と政治宣伝という役割は異なっても、ともにシンボルを操作しながら、広告・宣伝主体が望む方向に大衆の行動を誘導しようとした両者には構造的な連続性があった。このように中国都市は、両大戦間期から人民共和国初期にかけて、マスメディアに頻繁に登場する「見せる群衆」が大衆を生み出す時代になっていたのである。

四　『新聞報』に登場した大衆

中国における新聞数は、一八九五年には二〇種類足らずであったが、民国期に入る頃には約五〇〇種となり、三〇年代半ばまでには九〇〇種類をこえたという推計がある。また、一九三〇年代半ばの中国における日刊新聞の販売数は、総計約三〇〇万部をこえる程度で、上海の『申報』と『新聞報』がともに公称一五万部前後で首位の座を争っていた。民国期の『新聞報』は、資本主義社会の商業新聞に共通した特徴として、広告主や広告業者が紙面構成に大きな影響力をもち、それにともなって広告面積が増大した。一方、新聞報館は、経営者の同郷の管理職員が多数を占めたり、秘密結社の青幇との関係に頼って取材する記者がいたりするなど、中国の新聞社に特有の性格もあった。

中国では一九三〇年代までに、大都市圏に限れば約一・七―二・五人に一人が新聞を読んでいたという推計ができる。都市空間には、新聞・雑誌などの印刷物のほかにも、ポスター・看板・ネオンサイン・ショーウインドー・映画・ラジオなど、多様な広告媒体が出現し、都市と農村のメディア環境の格差が拡大していた。民国期の中国において、広告を見て、広告に登場する近代的な大衆となれたのは、おもに都市部の人びとであった。

『新聞報』の広告は、しばしば消費者を登場させて、その共感をえるようになった。例えば、一九二〇年代の欧米系タバコ会社の図版広告には、都市の新・旧中間層、つまり若い世代の俸給生活者と年長世代の店主・店員がそれぞれ登場していた。このうち俸給生活者は、滋養強壮剤（「補品」「補薬」）など医薬品の広告にもっとも多く登場し、タバコ、食品・飲料、衣料品・化粧品・生活用品などの広告にも頻繁に登場した。例えば、おしゃれな職業婦人が商品を使用した体験談を語って、その効用を大げさに強調してみせる広告もあった。こうして、新中間層がマスメディアに登場し、消費リーダーとなった。

また、中国では両大戦間期から、新聞広告に群衆が登場した。そのなかには、社交の場面において一瞬生じる心理をとらえたり、世間体を強調したりして、現実性を追求したものもあったが、もっとも多かったのは、新聞読者＝消費者である「万衆」「大衆」を抽象化して描き出した、いわば見せるための群衆であった。図版広告の群衆像には、例えば、市中の貼紙・ポスターに群がる人だかりや、欧米の医薬品に対してまるで神に救いを求めるかのように崇拝する様子など、中国に特徴的な大衆心理も描き出されていた。ただし、商品広告のなかには、他者と差をつける上等な商品として宣伝するものも登場し、消費者の大衆化と同時にいわゆる「分衆化」も始まっていた。両大戦間期の商業広告に登場したこのような「見せる群衆」は、人民共和国初期には政治運動に大衆を動員するためのメディアとなる。

第二章　阮玲玉の自殺と大衆消費社会の黎明

一　映画女優の自殺から見えるもの

阮玲玉自殺の社会的インパクト

両大戦間期の中国都市においては、いわゆる大衆が誕生し、大衆消費社会が形成された。そのことは、一九三五年における映画スター・阮玲玉（一九一〇—三五年）のスキャンダルと自殺を伝えたマスメディア、それに対する都市大衆の反響の大きさ、それを利用しようとした様々なビジネスの出現からもっともよくわかる。

自殺した阮玲玉の遺体を安置した上海の万国殯儀館、および葬儀・告別式後に霊柩車が通る膠州路一帯に見送りにやってきた人びとは、総計のべ四〇万人をこえたという。たしかに、葬列に大規模な群衆が集まったのは、阮玲玉が最初ではない。一九一七年の盛宣懐の会葬には一〇万人以上の群衆が集まり、三一年に死去したＳ・Ａ　ハートン（Silas Aaron Hardoon）の会葬も最大規模のものであった。[1] しかし、阮玲玉の葬儀は当時、「中国大衆の自発的な行動の新記録」[2]といわれ、この記録は中国においておそらく一九八九年の（第二次）大安門事件までぬりかえられなかったのではなかろうか。

阮玲玉の自殺は、一九三一年九月一八日の満洲事変によって東北地方を失ったときよりも人びとの関心を集めたといわれる(3)。自殺後の半月間には「上海の空気にこの悲劇がしみ渡り」、人はみな「談阮」（阮玲玉の自殺についてあれこれ話すこと）にくわわったのだという(4)。

自殺・ジェンダー・メディア

中国社会においては前近代から、姑などの家族を非難するために、若い嫁が自殺を図ることは珍しくなかった(5)。しかし、民国期における若い女性の自殺に関して注目すべきは、それが新聞報道などを通して大きな反響を呼び、社会に波紋を広げたことである。民国期の女性の自殺は、新聞の記述方法や発行部数、さらにマスメディアや社会秩序のあり方にも影響をあたえることがあった。

例えば、一九一九年に長沙でおこった花嫁自殺事件は、事件の翌日から湖南の新聞『大公報』で詳しく報道されると、大きな反響を呼ぶ。自殺は、父母の命に従う請負婚（「包辦婚姻」）を望まないためにおこなわれたので、婚姻制度をめぐって様々な意見が出され、なかでも青年期の毛沢東が九篇の論評を『大公報』に載せていた(6)。

また、一九二二年の上海では、民営新聞社秘書の席上珍が、雇主の男性との金銭をめぐるトラブルから自殺を図り、その事件が各商業新聞に大々的に取りあげられ、当時の社会・経済状況と関連づけられて議論された(7)。

一九二八年の上海では、女性公務員の馬振華が、処女でないことを疑われたのを苦にして自殺を図る。さらに、婚約者の男性も、新聞社に自らへの非難に反論する投書をしてから自殺未遂をした。この事件は、新聞・出版物・映画・演劇の格好の題材となり、とりわけ各新聞紙上では、「愛」に関する議論が大々的に展開されて、社会学者・自然科学者や国民党上海特別市宣伝部長なども議論にくわわった(8)。

ほかにも、一九三一年の蘇州では、国民党の高官と上流階層の未亡人がホテルで心中すると、商業新聞各紙が報道・調査・分析した。さらにこの事件に影響を受けた二組の男女が同じようにホテルで心中し、それをまた新聞が書き立てるという、いわば自殺と自殺報道の連鎖が見られた。(9) それはちょうど、消費する大衆を商品広告が描き出し、それを見た者が商品を消費するという、前章で見た消費と商品広告の連鎖と同様の現象であった。

そして一九三四―三五年には、上海の二人の有名映画女優があいついで自殺する。一九三四年二月一二日に艾霞が自殺し、二三日に彼女の所属していた明星影戯公司が追悼会をおこなった。会場には胡蝶・徐来といった有名女優や映画人が数多く出席し、それを見ようと群衆も集まった。そして、誰が艾霞を殺したのかが話題になった。(10) 周知のように、翌年には、艾霞の生涯を題材とした映画『新女性』（上海聯華影片公司）が上映される。(11) ところが、それに主演した阮玲玉が、一九三五年三月八日、映画で演じた艾霞と同じように自殺してしまう。(12) 一九三〇年代の上海では、自殺とそれを題材にした映画の連鎖まで起こっていたのである。

本章で論じる阮玲玉の自殺は、それまでの女性自殺事件のあらゆる要素を含んでおり、それゆえ、阮玲玉が男性たちの攻撃のいけにえになった、(13) と論じるだけでは不十分なのである。阮玲玉の自殺をめぐるマスメディアや商業・消費の動向を視野に入れれば、たしかに、資本主義的な大衆消費文化が男性優位の構造（「父権」「家父長制」）を強化する一面が浮かび上がるが、(14) 同時に他方では、大衆による攻撃の矛先は男性の側にも向けられ、既存の秩序が動揺する一面も見られていたのである。

本章の視点

本章では、阮玲玉自殺をめぐる世論の動向、およびそれが上海のビジネスと消費におよぼした影響を跡づけよう。とくに着目したいのは、阮玲玉の自殺が、新聞・雑誌・書籍・映画・演劇・ラジオ・小売などの業界において徹底的に利用された点である。本章は、阮玲玉自殺の商業利用とそれに対する批判・抵抗・規制を具体的に見て、黎明

図 2-1　阮玲玉
出典：『良友』第 103 期，1935 年 3 月 15 日，26 頁．

期の荒々しい大衆消費社会の実態と、それがどのように秩序づけられたのかを考察したい。

くわえて、当時急速に発達したマスメディアに、上海の大衆および政府がどのように関わったのか考察を深めたい。具体的には、民国期における不正広告の規制のあり方を検証する。それによって、中国都市における黎明期の大衆社会が秩序づけられ、消費者の意識が成熟化する兆しを明らかにしたい。

二　自殺までの経緯

（1）阮玲玉のスキャンダル

阮玲玉（一九一〇―三五年）は、広東省中山県の人だが上海で生まれ育ち、一七歳のときから広東籍の富豪子弟・張達民と同棲し、一年後に結婚した。だが張達民は、香港で太古公司（Butterfield & Swire Co.）傘下の瑞安輪船（汽船会社）の「買辦」（高級使用人）となり、上海を離れる。その後、阮玲玉は、妙容（愛称は「小玉」）という養女をもらい受けた。さらに一九二五年には、張達民の兄の紹介で明星影戯公司に入り、三〇年頃から映画女優として人気を高めた。しかし阮玲玉は、香港で事業を続ける張達民と仲が悪くなって協議離婚し、その後、上海で華僑実業家の唐季珊と同棲を始める。唐季珊は既婚者であったために、阮玲玉と結婚できなかったが、阮玲玉と張達民のために手切れ金を出した。そのうえ阮玲玉は、張達民と別れた後も彼に毎月一〇〇元の支払いを一年間続けていた。

［図2-1］［図2-2］［図2-3］

　それにもかかわらず、張達民は、阮玲玉が訴訟によって映画界での地位や名声が傷つくのを恐れるのをよいことに、より多くの金銭をせびろうとして、四〇〇〇元、六〇〇〇元と要求額を増やしていった。さらに張達民は、離婚の条件として、旧居の衣服・装飾品や家具などの返還を阮玲玉に合意させた。これに対して唐季珊は、一九三四年一月一一日、張達民を名誉毀損で上海共同租界内の特区第一法院に訴えたが、張達民は無罪となった(15)。その後、今度は張達民が、離婚条件を履行していないとして、文書偽造・不法占拠・窃盗の罪で、阮玲玉をフランス租界内の特区第二法院の初級刑庭（刑事法廷）に提訴する。同時に、婦女子誘拐と姦通（「略誘通姦」）の罪で、唐季珊と阮玲玉を同法院の地方刑庭に提訴した(16)。

図2-2　唐季珊
出典：『良友』第103期，1935年3月15日，27頁.

図2-3　張達民
出典：『良友』第103期，1935年3月15日，27頁.

　阮玲玉と唐季珊の関係に対して、この時点での大衆感情は必ずしも同情的でなく、完全に張達民の側に立った意見も新聞などで見られていた(17)。そして一九三五年三月九日、両案件についてまとめて地方刑庭で審理がおこなわれることになると、上海の映画ファンをはじめとする多くの人びとが注目することになる。

　すでに開廷の前々日の三月七日には、特区第二法院の報到処（出頭所）に、傍聴券の予約を求める人びとがやってきたが、報到処の職員が、法院（裁判所）は映画館ではないので入場券を予約することはできないとして拒否していた。特区第二法院の司法警長は、傍聴者で混みあって法廷の秩序が乱されることのないよう、フランス租界の警官を治安維持にあたらせ、傍聴証を厳格に調べて、券のない者を入廷させない方針を発表した[18]。

（2）阮玲玉の自殺と遺書

ところで、後日の報道によると、三月七日、阮玲玉は、聯華の映画製作所から深夜一二時頃までに虹口の自宅に帰り、同居している母と訴訟について話をした。そのときには、「九割がたは勝訴するでしょうが、ただ法廷に入って衆目を集めるのが怖い」と語っていた。そして午前三時の就寝前、唐季珊には、「キスをして、これが最後だから」といったという。このとき、唐季珊が阮玲玉の口調と顔色の異常に気づいて、彼女の母を呼びに行って部屋にもどると、阮玲玉はすでに喋れなくなっていた。阮玲玉は、三瓶三〇片もの睡眠薬を服用して自殺を図っていた。唐季珊が慌てて病院に運び込んだが、医師たちの懸命な治療もおよばず、阮玲玉は八日夕方に息絶えた[19]。阮玲玉は享年二六歳[20]、唐季珊は当時四一歳であった[21]。

阮玲玉は逝去したが、三月九日、裁判は予定通り特区第二法院で開廷される。法廷は傍聴人でたいへん混みあい、とくに女性の姿が目立ったという。裁判には原告の張達民が体調を壊して欠席したが、被告側の唐季珊と阮玲玉の母が出廷した。阮玲玉は三通の遺書を残しており、一通は一般社会に向けた声明、一通は張達民を強く責め立てたもの、もう一通は唐季珊に母と養女の世話を頼んだものであった。裁判において、被告弁護人の江一平は、阮玲玉が残した三通の遺書のうち、張達民と一般社会に向けた二通を参考資料として提出した。そのうえで江一平は、阮玲玉が「新聞に姦通で訴えられたと載せられ、当人の名誉が大きく損なわれて、最大の鬱憤と憤慨から服毒自殺するにいたったが、実際のところ姦通の事実はけっして定かではない」と主張した[22]。

裁判において提出された阮玲玉の二通の遺書は、翌日の新聞各紙で公開される。一般社会に向けた遺書には、「〔前略〕……しかし彼〔張達民〕は恩を仇で返し、無実の罪をなすりつけて徳に報いる。さらに部外者〔「外界」〕は

（内情をよく）わからないから、私が彼に対して申し訳ないことをしていると思う。ああ、いったいどのように考えたらいいのだろうか。考えに考えたすえ、ただ死によってけりをつけるのみだと思う。ああ、私一人の死など何を惜しむことがあろうか。しかしやはり人の噂は怖いものだ、人の噂は怖いものだと恐れるのみである」という。後に有名となる一節があった(23)。

さらに、張達民に宛てた遺書には、「（前略）……張達民、私はあなたがどのようにしてこの輿論から逃れきれるのかを見ています。あなたは今どのみち、さらに唐季珊を無実の罪に陥れることはできませんよ。なぜならばあなたはすでに私を殺害したのですから」と書かれていた(24)。くわえて封筒には、「請代付各報登之阮託」（阮に代わって各新聞に渡して掲載するようにお願いします）の九文字が記されていたという(25)。

後に有名となる「人言可畏（人の噂はこわいものだ）」という遺言からは、阮玲玉が、自分たちの私生活を注視する大衆に対して脅威を感じていたことがわかる。しかしそれだけではなく、阮玲玉の自殺は、死を外部（「外界」）の大衆に広く見せつけて「輿論(26)」（ここでは大衆感情の意味に近い）を喚起するために遂行された、いわば見せるための自殺であったといえる。阮玲玉は、自らにあまり好意的ではなかった世論と、それを生み出したマスメディアの脅威を強く意識し、その威力を張達民に対する反撃に利用したのである。

三　遺体に集まる群衆

それでは、阮玲玉の自殺に対して、大衆と知識人がそれぞれどのような反応を示したのかを見ていこう。そこから、当時誕生して間もない荒々しい大衆消費社会と、その秩序づけが模索される様相を明らかにしたい。

阮玲玉の遺体は、租界警察（「捕房」）の調査と、第一特区地方法院検察処による検死をへたのち、一九三五年三

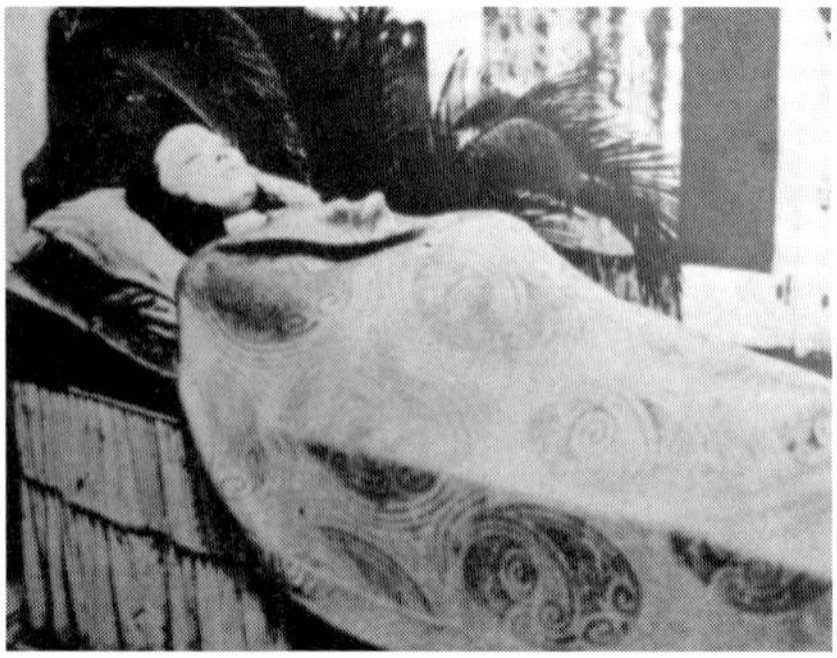

図 2-4　安置された阮玲玉の遺体
出典：『阮玲玉女士遺影集』上海，商美社，1935 年.

図 2-5　阮玲玉の遺体との対面にやってくる群衆
出典：『美術生活』第 13 期，1935 年 4 月，26 頁.

月九日の午前、萬国殯儀館に安置された。当日の午後、萬国殯儀館の門前には、すでに数千人[27]の青年男女が、阮玲玉の遺体に一目会おうとやって来たという。翌一〇日には、当該地区を管轄する静安寺捕房がすべての警官を萬国殯儀館に派遣して秩序の維持にあたった。門前の道路が群衆でごったがえし、南北に長い行列をつくるなか、すべての人が記帳したり遺体と対面したりできるわけではなかった。九—一〇日の両日に、合わせて六万人以上の人びとが萬国殯儀館を訪れた[28]。［図2-4］［図2-5］

入棺がおこなわれた一一日にも、遺体に面会しに来た群衆が押しあいをする事態となる。静安寺路の租界警察が総出動して治安維持にあたり、計三台の警備車両と数名の馬に乗った警官が交通整備にあたった。午後四時から、明星・芸華の両映画会社が公祭をとりおこなった。それを見に集まった群衆には女性が多く、なかでも女子学生の姿が目立ったという。面会終了時刻の午後五時を過ぎても、群衆が立ち去ることはなかった。当日だけでも、合計六万人以上の人びとがやって来て、上海市外から来た者も多かった[29]。一一日の入棺の後にも、阮玲玉の遺体に会いに来る者は後を絶たず、その数は一〇万人以上に達した。そのなかには当然、ただ好奇心にかられて来た者、賑やかさにつられてやって来た者、ほかの映画スターに会えるのを期待して来た者などもいた[30]。

一四日、遺体は萬国殯儀館から霊柩車で聯義山荘まで運ばれた。そこで最後の告別式と葬儀がとりおこなわれた後、埋葬された。霊柩車には、孤児院の楽隊や遺影を掲げた車などがつき従った。霊柩車が通る膠州路一帯には、三〇万人以上の群衆がひしめき合ったという[31]。［図2-6］［図2-7］

さらに注目すべきことには、萬国殯儀館で阮玲玉の遺体と対面した群衆のなかで、二人の若い女性が後追い自殺をした[32]。そのうちの一人の夏陳氏（二五歳）は、恒利銀行の銀行員の妻であった。彼女は、萬国殯儀館に行った翌一一日朝、家に帰って服毒自殺を図ったが、早期に発見されて病院に運びこまれ、一命をとりとめたという[33]。

こうした後追い自殺事件はおりしも、阮玲玉の自殺が青年たちに悪影響をおよぼすのではないかと、議論され始

図 2-6　阮玲玉の葬列
出典：『中華日報』1935 年 3 月 15 日第 1 張第 1 頁.

図 2-7　阮玲玉の葬儀
出典：『阮玲玉女士遺影集』上海，商美社，1935 年.

めたさなかに起こった。阮玲玉の自殺をきっかけに、女子の自殺の多さが問題視され、自殺に関する映画の制作には慎重であるべきだという意見が出されていた[34]。また、阮玲玉をはじめとする自殺者の心理が分析され、自殺とその報道が青年にあたえる暗示作用（suggestion「授意」）が指摘されて、報道関係者は青年男女の自殺防止に対して責任を負うべきだとする意見が出されていた[35]。

四　「談阮」――阮玲玉の自殺をめぐる論議

（1）「誰が阮玲玉を殺害したのか?」

阮玲玉の自殺後、上海の人びとは様々な場面で噂話をして、「衆口『談阮』[36]」という情況が生まれる。新聞・雑誌上から学校の読書会に至るまで、あらゆる場所で「誰が阮玲玉を殺害したのか?」に関する討論がおこなわれたのである。

例えば、『中華日報』は読者に、「誰が阮玲玉を殺害したのか?」について意見を集めた。しかし、寄せられた意見の大半は、ただ憤慨して「誰々を殺してやる」という類のものであり、掲載できなかったという[37]。阮玲玉の自殺に対する大衆の反応には、きわめて情動的な面があった。また、上海の女学校の高級中学（高校）三年生の読書会も、「誰が阮玲玉を殺害したのか?」に関して討論した。そこで女学生たちが出した答えは、①金銭の力にものをいわせて阮玲玉を弄んだ唐季珊、②阮玲玉につきまとって金銭をたかり続けて訴訟まで起こした張達民、③虚栄心が強く意志の弱い阮玲玉自身、④阮玲玉の個人的なことを気ままに暴露し続けた新聞や、正邪入りまじった世論（「混淆黒白的輿論」）、の四種類に分けられたという[38]。女学生たちが挙げたこれらの回答は、当時の新聞・雑誌上で一般的に示された意見と重複するが[39]、ほかにもしばしば、⑤社会の現実が、阮玲玉自殺の原因として論じられていた[40]。

阮玲玉の自殺前、風当たりがもっとも強かったのは、唐季珊（①）に対してであったが、阮玲玉の遺書は唐季珊に好意的であり、恨みなど書かれていなかった。それにもかかわらず、唐季珊に対する大衆感情は、阮玲玉の自殺後も好転しなかった。雑誌上では、阮玲玉の生前、唐季珊が彼女を厳しく束縛する一方、自身は交際範囲が広く、ほかの映画女優にも言いより、さらに阮玲玉を平手打ちして泣かせたこともある、などと伝えられた(41)。それゆえ、唐季珊は連日多くの奇怪な電話を受けるようになり、香港に一時移り住むことを考えるようになったという(42)。

（2）プチブル女性への批判

ここでは次に、阮玲玉自身に対する批判（③）、およびそれと関連した社会批判（⑤）を見ておきたい。阮玲玉が自殺にまで追いこまれた境遇には、同情的な意見がほとんどであったが、彼女の自殺行為に対しては、批判的な意見が目立った。例えば承達は、「今の社会は残酷すぎる。しかし彼女もまたいくじがなく弱すぎる！」とした(43)。欧查は、「彼女の自殺の動機は、もともと社会が女性に直接あたえた過酷すぎる処遇である。だが同時に、彼女は勇敢さと学識が不足していた」と評価する(44)。また羊棗は、女性がときに恋愛の虜となってしまうことを批判した(45)。これらの手厳しい意見の背景には、阮玲玉の死を美化すると、さらに後追い自殺者が出るのではないかという強い懸念があった(46)。

さらに、阮玲玉が映画と実生活を混同したという意見が多かった。例えば、伯寗の心理分析によれば、阮玲玉が主演した『新女性』などの映画はすべて悲劇であり、役者は芝居を自分の人生の一部と考えるので、阮玲玉はすでに自殺の経験があるような精神状態になっていた。そのうえ、阮玲玉は張達民と同棲中に実際に服毒したこともあり、自殺の準備状態（「自殺的預存状態」）になっていた。そこで困難な状況に直面したので、「強烈な暗示」を受けて、以前の道（「旧路」）を歩んでしまったという(47)。当時には、このようにして俳優たちが続々と自殺してしまうのではないかという危機感さえ生まれ、俳優の自殺防止をめざす「阮玲玉演技奨金」の設置までもが提起された[48]。

そして、阮玲玉が自殺した思想背景を分析する論者も多かったが、興味深いことに、それらはほぼ二つの理由づけに分かれる。一つは、阮玲玉たちの古い「封建」的な考え方が批判された。例えば塵無は、「阮玲玉女史の自殺は、あくまで封建残余が促したものであり、封建残余の代表は、もちろん堕落した記者・張達民・唐季珊および阮玲玉自身が内にもっていた観念である」と論断した[49]。塵無のほかにも、阮玲玉の自殺を論じた数多くの知識人たちが、五・四運動や北伐運動の後で再び台頭した「封建思想」（保守的な考え方）や「封建勢力」の悪影響を指摘していた[50]。

もう一つは、阮玲玉がプチブルの女性（「少有産女性[51]」、「小布爾喬亜的女性[52]」、「小資産階級中的知識女性[53]」）、ないしはモダンガール（「摩登女子[54]」）の典型とみなされ、それに特有な精神的葛藤が自殺の原因になったと分析された。すなわち、彼女たちは、物質生活の向上と恋愛などの精神的な満足を両方とも強く求めるが、実際には男性中心の社会のなかでかなわないので苦悶するという。

（3）大衆への批判

ほかにも、阮玲玉の自殺の原因として、大衆の言論・感情（「輿論」）やマスメディアのあり方[4]を批判する論者が多かった。例えば白石は、「社会の人士は、あのくだらない者（張達民）に制裁をあたえないで、逆に阮玲玉に冷酷な刺激をあたえたのだから、これもまたなんとくだらない社会であろうか！」と、生前の阮玲玉に対する大衆感情を批判した[55]。同じように抽琴は、「社会の人士と輿論界は、間接的に阮玲玉を殺害した下手人である」と批判している[56]。また茅盾も、阮玲玉の遺書を吟味して、「このなんと恐ろしい輿論！　このなんと恐ろしい社会！」と嘆いた[57]。

そして、梁賽珍は大衆を厳しく批判し、「もしお姉さん〔阮玲玉〕が死ななければ、今日のお姉さんに同情する者も、井戸に落ちた人を助けないばかりか石を投げこむかのように、冷たくあざけり熱くあてこすっていたことでしょう。さらにいえば、お姉さんが死のうとしても死ねず、幸いに命をとりとめたとしても、必ずお姉さんの強引さをそしり、見え透いたことをすると、事実を曲げていっているでしょう。ああ、社会とはそんなもの、人情とはそんなものです」と、情況に応じて薄情に変転する大衆感情の放埒な性格を嘆いている[58]。

注目すべきことに、新聞とその読者をもっとも痛烈に批判していたのは、魯迅であった。彼によれば、新聞は伝える内容を選択し、修飾をしつこくわえ、阮玲玉のような弱い人びとに対しては、その運命を左右する力をもっているという。一方、大衆はとくによく知っている人物のスキャンダルを聞きたがるものだという。魯迅によれば、読者は阮玲玉の記事を見て、「私は阮玲玉ほどきれいではないけど、あの女よりはまっとうだわ」と思う。自殺の後でさえ、「私は阮玲玉のように芸はないけど、勇気があるわ。自殺しないもの」と思われる。魯迅は、「何枚か銅貨を使って自分の優越性を発見するのは、なるほど、なかなかお徳である」と、阮玲玉のスキャンダルを消費する大衆を冷笑的に批判している[59]。〔図2-8〕

図 2-8　魯迅死去の報にふれて，「魯迅が死んだから何だっていうのだい．阮玲玉ではあるまいし」と話すホワイトカラー（1936 年）．阮玲玉の死のショックが大きかったことがわかる．
出典：丁聰作，『東方漫画』第 1 期，1936 年 12 月 1 日，23 頁．

このように魯迅たちが批判した事態は、中国に特有のものというよりは、程度の差こそあれ、近代に誕生した大衆に普遍的に見られた現象であろう。阮玲玉が自殺した一九三五年は、中国において大衆が誕生してから長い時間が経過しておらず、それゆえ大衆は荒々しく、大衆消費社会は未成熟であった。しかし重要なことに、阮玲玉の自殺をきかっけとして、メディアや大衆の危険性をめぐる議論が大々的におこなわれた。黎明期の大衆消費社会が秩序づけられ成熟化へと向かう兆候が、上海でも見られ始めていたのである。

五　ビジネスに利用される自殺

（1）阮玲玉自殺の商業利用とその規制

とはいえ、商業紙『新聞報』『申報』などを見ると、当時の上海の実業人たちが、阮玲玉の自殺を商機ととらえて、積極的にビジネスに利用し、大衆消費を煽っていた様相が明らかになる。

まず映画界では、自殺の直後、聯華影業公司が各映画館に対して、阮玲玉の作品を上映するときには商業道徳を尊重し、不幸な事件を利用して広告・宣伝をおこなわないように要請する。[60]しかし、中央大戲院は、「阮玲玉女士遺作」として大々的に宣伝しながら、『新女性』（蔡楚生監督、聯華影業公司、一九三五年）を上映し始める。[61]阮玲玉主演の『神女』も、華徳大戲院などで上映が始まった。[62]そして聯華影業公司も、阮玲玉を記念する特集号を発刊したり、阮玲玉が死の直前に撮影していた最後の作品を公開したりしようとして、阮玲玉の事件を宣伝に利用する特権を専有しようとしていると批判された。[63]

演劇界では、阮玲玉の自殺を脚色した『玲玉香消記』の上演が、ただちに開始された。[64]阮玲玉は生前、一九三四年に自殺した映画女優・艾霞の生涯から素材をとって脚色した映画『新女性』に主演したが、その阮玲玉が自殺すると、今度は彼女の生涯に取材して脚色した戯曲が制作されたのである。また、上海老九和綢緞局という老舗絹織物店の開いたラジオ局で話劇を放送していた李昌鑑は、聴衆からの多数の手紙や電話を受けて、話劇『阮玲玉自殺』を編集・放送している。(65) このように、「悲劇の女優」の物語が大量生産され、都市大衆によって大量消費されていたといえる。

それゆえ各娯楽場では、いいかげんで事実にそぐわない劇も公演されるようになり、阮玲玉の母は、娘と親族が侮辱されるとして、市政府教育局に制止を要請した。(66) それに対して政府側は右往左往し、各部局をたらい回しにする。まず市教育局は、いきすぎた描写、および現存する人が芝居に盛りこまれてよいのかどうか、中央政府の教育部に打電して指示を仰いだ。すると教育部は、案件が内務行政に関わるとして、内政部に諮る。内政部は、民法第十八条の「人格権」（人権）、および民法第十九条の「姓名権」（他人が名前を盗用するのを禁じるもの）を取りあげ、演劇が本人の同意をえずに人物を編入し、それが「人格権」「姓名権」を侵害したと認識されたときには、法院（裁判所）に訴えられると回答した。それを受けて、唐季珊は阮玲玉の母を励まし、阮玲玉の母はさらなる行動に出るか考えたという。(67) こうした繁雑な経過からわかるように、一九三〇年代の上海において、興行的な理由から過度な演出をくわえて人格や名誉を傷つける演劇を個人が制止することは、制度的には可能でも、実際には容易でなかった。

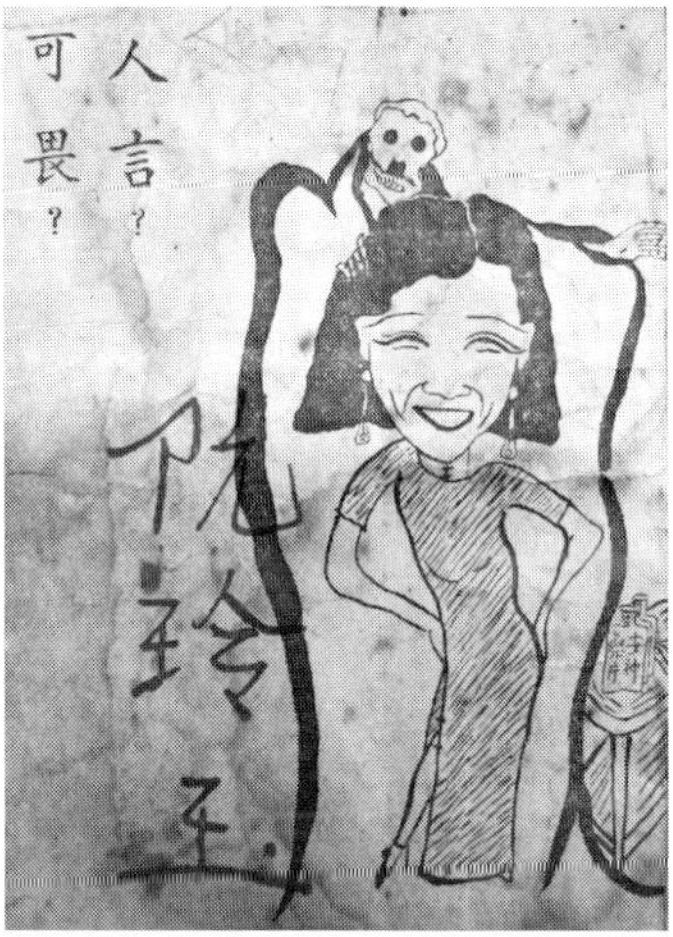

図 2-9　『誰が阮玲玉を殺したのか』という本の通俗的な表紙挿絵
出典：影芸出版社編『誰殺阮玲玉』上海，民衆業務社，1935 年，表紙.

出版界でも、阮玲玉自殺の経緯を扇情的に書きたてて、大衆の好奇心を満たそうとした刊行物が数多く出版された。例えば、自殺直後の『新聞報』には、タブロイド紙の『上海日刊』（『上海報』のことか？）が発刊する「阮玲玉専号」(68)、『声色月刊』が刊行する「阮玲玉自殺」の特集号(69)、あるいは『阮玲玉自殺記』といった書籍の広告が掲載されている。(70)

図 2-10　阮玲玉の死を通俗的に名残おしむイラスト.「復活」,「体は死んでも精神はなお存在する」と説く
出典：影芸出版社編『誰殺阮玲玉』上海，民衆業務社，1935 年，最後から 2 頁目.

図 2-11　阮玲玉に対する同情を利用してカネ儲けする商売人を風刺するイラスト
出典：張楽平図，丁言昭・余之文『上海 Memory——張楽平筆下的三十年代』上海辞書出版社，2005 年，70 頁.

書店では、関連書籍を購入すれば、阮玲玉の生前の写真が贈呈されるといったサービスがおこなわれたという。[71]［図2-9］［図2-10］［図2-11］

また同様に新聞各紙も、阮玲玉自殺の記事を載せて、売上を伸ばそうとした。大世界遊楽場のトロリーバス乗り場では、新聞売りが「三十六種秘密、七十二種黒幕」を叫び、阮玲玉の新聞を売っていたという。[72] 阮玲玉のスキャンダルと自殺に関する記事を見て、孤星は、本来は「輿論」（それは西洋人のいう「公共意見」、中国の士大夫のいう「清議」）の源泉となるはずの新聞が商品化し、社会の大多数の心理に迎合するようになったと批判している。[73]

商業界において、阮玲玉の自殺をもっとも大々的に宣伝に利用したのは、民営百貨店の中国国貨公司であった。中国国貨公司は、阮玲玉の遺影の展覧会をレストラン街（「飲食部」）で開催しながら、春の大バーゲンセールをおこなった。その広告は、自殺直後の三月一二日から二四日まで、『新聞報』「本埠附刊」（上海版）や『申報』「本埠増刊」などに連日

掲載された。(74)

（2）張達民の映画制作

そして阮玲玉の自殺をもっとも露骨に商業利用し、それゆえ遺族の怒りと世論の顰蹙をかったのは、張達民であった(②)。張達民はまず、阮玲玉との三角関係に関する暴露本を出版し(75)、その後には彼女の恋愛と自殺を題材にした映画制作に奔走する。

阮玲玉の映画を作る話を最初に張達民にもちかけたのは、月明公司という武俠映画を専門に制作する小さな会社であった。張達民自身も出演することになり、交渉が進められたが、金銭面での折り合いがつかず、実現しなかった(76)。その後、張達民はみずから香港の世界影片公司に話をもちかけ、彼自身が脚本・演出・主演を一手に引きうけて、阮玲玉との恋愛過程を描く映画を制作することになる。世界影片公司は、張達民に生活費として一〇〇〇元を貸し、制作費として一万元あまり（一説には二万元ちかく）を投資し、興行利益の三割を彼に分けあたえる契約をした(77)。

この映画の題名は当初、『阮玲玉』となる予定だったが、内容面で唐季珊と阮玲玉の母への誹謗が激しすぎたために、世界影片公司は裁判沙汰となることを恐れ、『情涙』（情の涙）に改名する。朱剣琴という女優が演じた阮玲玉も、それとほのめかして登場するだけに改められた。映画『情涙』は一九三六年二月に完成し、試写会がおこなわれたが、素人の張達民が制作・主演したうえに、唐季珊や阮玲玉の母の登場のしかたも不適切なため、評価は最低となり、香港・広東の高級な映画館はどこも上映を引き受けなかった。世界影片公司は、これ以上の損害をさけるため、『情涙』の上映を断念し、制作費と張達民に貸した生活費を回収しなかった。ところが、興行利益の一割をえられる契約をしていた張達民は、この結果に不満であり、世界影片公司と交渉の末、訴訟までひきおこした(78)。

こうして『情涙』の上映が中止になると、今度は仁声公司が阮玲玉の自殺を題材にした映画制作に名乗りをあげる。沈台誠が脚本・監督を担当し、セリフはすべて広東語、張達民が自らの役を演じて主演となり、華南地方の有名女優・譚玉蘭が阮玲玉をほのめかすヒロインの役を演じた。この香港映画『誰之過』（誰かの過ち）は、一九三七年三月に香港の新世界戯院から上映開始されたが、素人役者の張達民が主演ということもあって、興行成績は芳しくなかった。しかも、張達民は阮玲玉との個人的な関係を利用して銀幕に現れ、カネ儲けをしている恥知らず（「無恥」）として非難された[79]。張達民による阮玲玉自殺の露骨な商業利用に対して、大衆感情は厳しかった。

さらに、一度は上映中止になった世界影片公司の『情涙』も、一九三八年一〇月一五日に張達民が香港で病死したと伝わると、「朋友之妻」（友人の妻）と改題して上映されることになった[80]。しかし、張達民は、戦後上海のタブロイド紙にも、妾にしていたダンサーを一〇〇万元で他人に譲ったとか[81]、すでに富豪の仲間入りを果たし中国初のカラー映画の撮影を計画している[82]、といったニュースで登場しており、実際にはいつ彼が死去したのか定かでない。もし一九三八年の病死説がデマならば、張達民は、少なくとも結果として、世論の批判をものともせず、阮玲玉ばかりでなく自らの「死」をも商業利用したことになる。

六　不正広告の取り締まりと消費者意識

（1）民間における自己規制

両大戦間期の中国都市においては、医薬品やタバコなどの嗜好品が、工場で大量生産され、大衆に大量消費された。そのなかで、消費者の関心を集めるために様々な工夫をこらした広告が、新聞紙上に出された。しかし、本章で見た映画女優の自殺に便乗した広告のように、商業道徳を軽んじた広告主や広告業者の奔放な創意が、社会秩序に緊張を生むこともあった。

それでは、民国期において、不適切な広告や放縦な大衆消費は、どのように規制されたのだろうか。本節では、とくに新聞紙上の不正広告の取り締まりについて簡潔に検証しながら、中国都市における大衆消費がどのように秩序づけられ、商工業者や消費者がどのように成熟化に向かいつつあったのかを考察しておきたい。

外国製品の広告に対する規制

中国近代においてもっとも大規模で徹底的に広告が規制された例としては、一九一九年の五・四運動期に始まった日本商品の広告の新聞掲載中止が挙げられる。当時の各新聞紙上においては、「仁丹」や「味之素」および日系銀行・商社などの広告が、数多く掲載されていた。しかし、『申報』『新聞報』『時報』『神州日報』『時事新報』『中華新報』『民国日報』の主要七紙は、一九一九年五月一四日、日本企業の広告および日本の船舶の出航日、為替相場、商況等を一切掲載しないことを議決（「公決」）し、翌一五日、各紙面の冒頭で通告した[83]。主要七紙による日本商品の広告の拒絶は、その後、一九三二年五月に国民政府が日本と塘沽（タンクー）停戦協定を締結する頃まで続いた[84]。

ほかにも、一九二五年に五・三〇事件が勃発すると、『新聞報』などの大手新聞社が、ブリティッシュ・アメリカン・タバコ社など、欧米企業の広告を一時期掲載しなかった[85]。

多様な不正広告と自己規制

このように中国の各新聞社は、愛国主義の高揚のなかで、外国商品の広告に対しては、比較的容易に徹底した規制を実施できた。しかし、中国の団体・個人による各種の不適切な広告はなかなか根絶できず、対応に苦慮していた。

当時の新聞によく見られた不適切な広告としては、記者の回想録や広告学の論著によると、例えば、猥褻な書籍や偽物の医薬品を宣伝すること、(86) 外国人の発明者を捏造するなど虚偽の商品情報を流布すること、(87)「大減価」(大バーゲン)と称して質の悪い商品の価格を提示することなどがあった。(88) また、特定の団体や個人を誹謗中傷して私怨を晴らすこと、(89) 広告で職員を募集して応募者から保証金を騙し取ること、あるいは、広告で結婚相手を募集して応募者の情報を別の目的に利用したり、応募者の自己宣伝の文面を編集して『男女愛情尺牘彙編』(実用恋文集)という書籍を出版したりすることなどもあった。(90) 映画の宣伝においても、虚偽の情報を公表して話題づくりをしたり、(91) 主題を歪曲してお色気映画のように宣伝したりすることがあった。(92) ほかにも、猥褻な書画が「文芸」欄で、ダンスを教えることが「交際」欄で、西洋美女の按摩が「医薬衛生」欄で宣伝されることがあり、青少年への悪影響が懸念されていた。(93)

こうした様々な不正広告、および投機を煽る宝くじの広告などを規制するために、中国広告公会(一九一九年成立)や全国報界聯合会(一九一九年成立)などの同業団体は、「章程」(規定)の条項や「勧告」などの形式で、おおまかな指導目標を示していた。(94) しかし実際には、不正広告に対する規制の詳細は、各新聞社・広告業者・企業の内部規定にもとづく自己規制に委ねられていた。

例えば、新聞報館は、一九二〇年代までに広告掲載に関する社内規定を整備する。そして、「本紙が掲載する広告は、字句の配置と体裁が正当な主旨をもち、法律の範囲をこえないものに限られ、他人の名誉に悪い影響や損害をあたえるもの、あるいは騙すのに近いものは、一律に掲載できない」と取り決めていた。(95) そのうえで、風紀を乱す恐れのあった「女子按摩」や「裸体跳舞」(ヌード・ダンス)などの広告を拒絶したり、トラブルの多かった死亡・離婚・保証取消などの通知に商店名義の保証(「鋪保」)を求めたりした。(96)

（2）政府による医薬品広告の統制

両大戦間期における取り締まりの始まり

それでは、不適切な広告に対する規制に、民国期の行政機関はどのような役割を果たしていたのだろうか。上海においては、一九二四年一一月に成立した上海市公所が、広告税を徴収する際に定めた規定において、街頭に治安や風紀を乱す広告を貼ることを禁じる[97]。さらに、一九一七年四月に南京国民政府が樹立された後、七月に成立した上海特別市政府は、「取締淫猥薬物宣伝品暫行規則」（猥褻な薬物の宣伝品を取り締まる暫定規則）や「取締報紙違禁広告規則」（新聞の違反広告を取り締まる規則）を制定して、不正広告の規制に乗り出した[98]。この後、とくに医薬品の広告に対して、政府がしばしば取り締まりを実施するようになった。

例えば、一九二八年五月二一日の『新聞報』には、五洲薬房の「樹皮丸」という強壮剤の広告が掲載される。それは「多妻」と題し、「房事（性交）にいそしみ、性欲を節制しないと、精液は枯渇し性的不能になる。この症状になると、長らく人生の楽しみがなくなるが、ただ樹皮丸を常用しさえすれば治る」などという文句をうたっていた[99]。ちなみに、民国期において妾をとることは重婚にはならず、富裕層の間では一般的な慣行であった。しかし、南京国民政府の内政部は、この宣伝文句が「猥褻なことに関わり、風紀の教化を乱す」として摘発する。そして、青年を誘惑して人心を堕落させる「誨淫之広告」（淫を教える広告）をすべて取り締まるようにと、上海特別市政府に指示を出した。これを受けた上海特別市政府は同月二九日、同市の公用局と公安局に訓令を発し、上海の新聞紙上の不適切な広告に対する取り締まりを開始した[100]。

それに対して翌月一四日、申報館・新聞報館・時事新報館・民国日報館・中央日報館・時報館の六社は、「今後は風紀の教化に大きな影響を与えないように適切な注意をはらう」と公安局に回答した[101]。しかし、公用局は公安局への書簡のなかで、次のような問題点を指摘している。すなわち、各新聞社は広告の掲載に利益を求めているから、「誨淫広告」を自ら進んで拒絶することは難しい。また、各新聞社は租界の管轄下にあるので、国民政府が取り締まりを徹底することも難しいという[102]。

その後も国民政府は、「出版法」（一九三〇年一二月）、「宣伝品審査標準」（一九三二年一二月）、「図書雑誌審査辦法」（一九三四年六月）、「修正出版法」（一九三五年七月）、「修正取締樹立広告的方法」「戸外広告物張貼法」（一九三六年一〇月）といった、不適切な広告の取り締まりに関わる法律を公布した[103]。さらに、広告業者の徐百益の回想によれば、上海市政府衛生局は、一九三二年から医薬品の新聞広告の管理体制を強化したという[104]。しかし、広告に関連する各法律の条文は、抽象的で曖昧な部分も多かった[105]。そのうえ、上海のおもな新聞社や企業は租界内にあったから、戦前期の国民政府は不正広告の効果的な取り締まりを実施できなかったのである。

戦時・戦後期における取り締まりの強化

上海の広告に関する厳格な取り締まりを現存史料から確認できるのは、租界地区をも管轄下に入れた日中戦争末期の対日協力政権からのことである。一九四四年三月、上海特別市の衛生局と宣伝処は、新聞紙上およびラジオ放送における医薬品の広告に誇張があり、人びとがそれを盲信して服用すると健康に影響があるとして、「取締医薬広告暫行規則」（医薬広告を取り締まる暫定規則）を起草する。この規則によって、「虚偽、誇張ないしは他人の名義で効能を保証して人に容易に誤解をあたえるもの」、「性病の予防ないしは避妊、強壮、堕胎およびそのほかの猥褻で、善良な風俗に影響をあたえるもの」などを宣伝することが禁じられた。

さらに重要なことに、医薬品を宣伝する企業は、まず広告の草案を衛生局に提出して、審査を受けて認可をえたうえで発表すること、つまり、広告の事前検閲が義務づけられた。また、新聞社・雑誌社・ラジオ局・劇場などは、衛生局の認可をえていない医薬品の広告を掲載することが禁じられた[106]。そして一九四四年六月から、上海特別市衛生局には、市内の各製薬工場から多数の「審査医薬広告申請書」（医薬品広告の審査の申請書）と広告の草案が提出された[107]。

終戦後において、上海全域を支配下に入れた国民政府は、戦時期の対日協力政権よりもさらに厳格に、医薬品とその広告を管理する。上海市衛生局は、一九四六年三月に「医薬宣伝品取締規則」を制定し、一九四七年八月には「医薬宣伝品管理規則」に修訂して、それぞれ公布した[108]。これらによって、医薬品の広告を出す製薬会社は、薬のサンプルと処方箋および広告の草案をすべて市衛生局に提出して審査を受け、認可をえなければならなくなった[109]。

上海市衛生局は、一九四六年一―八月において、製薬会社から五〇四件の広告の申請を受けつけ、そのうち八八件を取り締まっている[110]。また、一九四七年三月から四八年一二月までには、一三五二件の医薬品の広告を認可し、四二〇件を取り締まった[111]。ほかに上海市衛生局は、一九四六年七月頃から四九年二月頃にかけて、新聞にすでに掲載されてしまった不適切な広告に対しても、積極的な摘発をおこなっていたことを確認できる[112]。

（3）消費者意識の高まりと行政機関の対応

さらに興味深いのは、こうした医薬品の不正広告に対する取り締まりを、政府が市民の要望に応えて実施していたという点である。戦後期においては都市の消費者の権利意識が高まり、市民がマスメディアを使って医薬品とその広告に対する行政のあり方を批判し、それを察知した政府が迅速な対応を図る、といった展開が見られていた。

例えば、一九四六年一一月二四日付の『新民報晩刊』の「医薬顧問」欄は、「読者」の陳継の質問状と、医薬品の専門家である曹緒長の回答を掲載した。陳継は、結核の特効薬と宣伝されている「使他肺安定」という九福公司の医薬品の効能および人体への有害性について、専門家の科学的な見解を「公開披露」して欲しいと、新聞社に投書して要請する。それに対して、曹緒長は、「使他肺安定」は、結核に効能がないばかりか、人体に有害かもしれないと回答する。さらに最後に、「厳格な検査をへていない一種類の新薬が、広告に大々的に掲載されて、大いに商売になっていることを上海市衛生局が容認できるのは、実に不可解である！」とつけくわえて、市の医薬行政に疑問を投げかけた[113]。この新聞記事で着目すべきは、一般市民と専門家が、匿名でなくおそらく実名で公開問答をおこない、さらに専門家の意見として、行政に苦言を呈している点である。

しかしながら、実は上海市衛生局はすでにこのとき、「使他肺安定」のサンプルを南京の衛生署に送って化学検査を依頼し、九福公司に対しては「使他肺安定」の販売と広告を停止するように通告していた。さらに上海市衛生局の医薬管理処は、一一月二四日付の『新民報晩刊』の記事を重視し、二九日までにはそれを切りぬいて担当科長に回付していた。そして翌月六日には、市衛生局が南京の衛生署に検査結果および指示を再び求めた[114]。

このように、戦後上海においては、見識のある消費者が、医薬品などの不適切な広告に強い疑念を抱き、商品や広告およびそれらに対する行政に関して、新聞紙上で疑問や批判的意見を公表できた。そして何より、市民の新聞への投書が、行政機関を直接的に動かすこともあったのである。消費者意識の高まりやマスメディアを通した行政批判、およびそれに対する政府の迅速な対応は、中国都市において戦時期までは見られなかった大衆消費社会の成熟化の新たな兆しであった[115]。

七　一九三〇年代上海の大衆消費社会

阮玲玉の自殺およびそれに対する反響からは、両大戦間期の中国都市において大衆が誕生し、それがメディアを通して世論（大衆感情）を形成し、多くの人びとの行動に影響をあたえるようになったことが明らかになる。一九三五年に自殺した映画女優の阮玲玉は、社会に向けて遺書を残していた。阮玲玉の自殺は、大衆に同情を喚起し、葬儀に空前の規模の参列者を集めて、後追い自殺まで誘発したのである。

さらに、大衆の情動には商機が見出されていた。映画館では阮玲玉の遺作が上映され、劇場では彼女の自殺を脚色した芝居が公演され、百貨店では彼女の遺影展覧会で客寄せをしながらバーゲンセールがおこなわれ、街では彼女の自殺を煽情的に書きたてる新聞・雑誌・書籍が売り出された。阮玲玉の元夫・張達民も、彼女の恋愛と自殺を題材とする新作映画を公開した。これらの商品を阮玲玉の遺族が制限することは、実質的に不可能に近かった。

阮玲玉の自殺とその後の騒動は、多くの有識者の関心を集めた。阮玲玉の境遇には同情的な意見がほとんどであったが、彼女の自殺行為に対しては批判的な見解が多かった。さらに、魯迅をはじめとして、大衆感情（「輿論」）やマスメディアのあり方を批判する論者が多かった。黎明期の大衆消費社会は、一九三〇年代の上海においてやっと成熟化に向かい始めたばかりであった。阮玲玉の自殺をめぐって、情況次第で一変する放埒的な大衆感情、大衆に迎合して個人を翻弄するメディア、大衆の前に立たされた個人の感じる圧力など、人びとは大衆のダイナミズムを明確に意識し、それを批判した。しかし、それを秩序づける制度も経験もまだほとんどなかったのである。

本章では、民国期における医薬品などの不正広告の規制についても検証した。不正広告の取り締まりは、両大戦間期には、新聞社や企業の自己規制に委ねられている部分が大きかった。しかし、日中戦争末期の対日協力政権は、新聞・ラジオ広告の事前検閲において実績をあげた。さらに戦後期の上海の新聞紙上では、権利意識の芽生えた消費者が、医薬品の効能と安全性に疑念を抱いて投書し、それに専門家が公開で回答して、市の医薬行政を批判することもあった。マスメディアにおける批判に、上海市政府衛生局は迅速に対応した。このように中国都市の大衆消費は成熟化の兆しを見せていたが、十分に成熟するまもなく大衆動員の時代の到来を迎えることになったのである。

第三章　集団結婚式
――消費する大衆、動員される大衆

一　なぜ集団結婚式が流行したのか

一九三〇年代半ばから、中国では集団結婚式という一見風変わりな儀式が盛行し、全国に広がっていった。集団結婚式は、イタリアで始まり、ドイツでもおこなわれ、中国に伝わった新しい結婚式のスタイルであった。日本ではあまりおこなわれなかったが、中国では国民政府が新生活運動の一環として普及させ、大都市から中小都市、さらに近郊農村へと広がった。

集団結婚式の参加者には俸給生活者の花婿、専業主婦となる花嫁というカップルが多く、上海をはじめとする大都市の新中間層が起点となって、ほかの階層に広まったといえる。集団結婚式は当初、地方政府が主催したが、上海などではまもなく民間の集団結婚服務社が続々と設立され、中国都市のブライダル産業の先駆けとして大いに発達した。一九五二年末から婚姻登記が実施され始めると、民間主催の集団結婚式は衰退したが、政府が政治的な目的で利用したので存続し、一九八〇年代以降に再びさかんになった。

こうした集団結婚式の歴史に関しては、全体像が十分に検討されておらず、その盛衰についてははっきりしないことが多い。とりわけ、集団結婚式は中国近代都市において、なぜこれほどまでに盛行したのだろうか。集団結婚式に関する先行研究は、国民政府が主催した儀式のなかに、国家による「社会の動員」というべき要素を見出し、それが婚礼慣行および社会風紀の変革を促したことを指摘している[1]。いいかえれば、集団結婚式は人びとが公権力を内在化する契機として理解されているのである[2]。たしかに、国民政府が集団結婚式の普及に果たした役割は大きいが、しかしそれでは、新生活運動がほかの地方都市に比べてさかんであったわけではない上海が、集団結婚式の流行の発信地になった理由がわからない。

本章は、当時の人びとが集団結婚式をどのように見ていたのかに留意しながら、集団結婚式が普及した上海の社会情況を考察し、その流行の原因を探りたい。結論的にいえば、民国期においては、登記でなく儀礼こそが結婚成立の社会的・法的な要件であったこと、そして上海を中心として大衆社会が形成されていたことが背景になって、集団結婚式が普及したことを明らかにしていく。とくに指摘したいのは、集団結婚式が、国民政府による大衆動員であったと同時に、上海の人びとによる荘厳な婚礼の大衆消費であったという二面性である。それゆえ本章は、国民政府主催の集団結婚式のほかに、民間の集団結婚服務社についても詳論する。また、集団結婚式が、人民共和国成立後の社会変化に適応しながら存続した様相も論じたい。

二　請負婚・強制婚と「文明結婚」

請負婚・強制婚

清末民国期において一般的な結婚は、両親が配偶者を取り決める請負婚（「包辦婚姻」）、ないしは強制婚（「強迫婚姻」）と呼ばれるものであった。花婿・花嫁の両親は、信頼できる親戚やその知人、ないしは近隣者などを配偶者に選定し、さらに複数の仲人（「媒人」）を立てて花婿・花嫁を保証し、家族・親族間の永続的な友好関係を構築しようとした。請負婚・強制婚においては通常、結婚前の花婿と花嫁の間に情愛はおろか面識すらなかった。

そのため、下層社会においては、花婿の家族から花嫁の家族に支払われる花嫁代償（「聘金」「礼金」）が、しばしば結婚成立の唯一の要件として重視された。このような結婚は、売買婚（「売買婚姻」）といわれ、禁じられていたにもかかわらず盛行して、人身売買や女性誘拐の原因にもなる。(3) 一方、上流階層はしばしば、当人たちの意思よりも両家の家柄のつり合うことを重んじて結婚相手を選定し、さらに結婚式では『礼記』に記載された「六礼」に則ることを重視した。すなわち、「納采」（結納を納める）→「問名」（花嫁の名を尋ねる使者を派遣する）→「納吉」（結婚の吉日を占って花嫁の家に知らせる）→「納徴」（結納を納める）→「請期」（婚礼の期日を申しいれる）→「親迎」（婿の代理人が花嫁を迎えに行く）といった煩雑な作法にもとづく儀礼を両家で取りかわし、度重なる結納や宴会に多額を費やす必要があった。

「文明結婚」

しかし、民国初期には、煩雑な「親迎」などの儀礼が廃れた一方、「文明結婚」「文明婚礼」などと呼ばれる西洋式の結婚が、大都市のインテリ青年たちを中心に広まっていった。ここでいう「文明」とは、中国の『易経』『書経』など古典の言葉が、近代日本においてヨーロッパの語彙の訳語に当てられ、二〇世紀初頭までに日本語から再び中国語に取りいれられた言葉であり、それはすなわち「西洋文明」を意味している。したがって、「文明結婚」とは、中国近代における西洋式の結婚を指していた。

「文明結婚」においては、花婿が花嫁の同意と両家両親の承諾を取り付けて婚約し、倹約を心がけて挙式するのが一般的であった。挙式の日には、両親から男女に、それぞれ指輪と礼服が贈られた。儀式としては、楽隊による演奏、結婚の証人による証書の読み上げ、証人・仲人・当人の押印、装飾品の交換、お辞儀、訓辞・箴言・祝辞・謝辞、唱歌などがとりおこなわれ、その後でお茶会や宴会がひらかれた(4)。さらに、記念写真も撮影されるようになった。

こうした「文明結婚」は、旧来の婚礼に比べれば簡素とはいうものの、楽隊を呼び、花嫁を（輿や馬車にかわって）自動車で出迎え、宴会をひらくなどに、相変わらず多くの労力と費用を要した。それゆえ、一九三〇年代に廉価で盛大に挙式できる集団結婚式が流行することになったのである。

民国期の儀礼婚

ここで注意すべきことに、中華民国においては戸籍法上、結婚登記を必要としたが、それは結婚成立の要件ではなかった(5)。すなわち、一九三一年からは結婚登記が一応義務づけられたものの、手続きの履行は強制的でなく、それゆえ未登記の結婚も無効でなく、登記は結婚の証拠・保障の一つにすぎなかった(6)。その代わりに国民政府の民法は、結婚の形式的な成立要件として、公開の儀式と二人以上の証人を求めていた(7)。

結婚者は人望のある人物に証人になってもらい、結婚の事実を一族やそのほかの多くの人びとに知らせて公認されようとした。だからこそ、花婿・花嫁は宴会などに多額を費やしていた。さらに新聞広告を出して、大衆に向けて結婚を広報する者もいた。こうしたなか集団結婚式は、比較的少ない費用で盛大な式典に参加し、広い認知を獲得できたので、多くの人びとにとって合理的な選択となり、普及することになったのである。

三　両大戦間期——市政府の集団結婚式

（1）市政府による集団結婚式の主催

一九三四年二月、蔣介石が新生活運動を発動した。新生活運動とは、「礼・義・廉・恥」という儒教道徳を基本精神とし、国民生活の「軍事化・生産化・合理化」によって、国家の近代化を目指した大衆動員運動であった[8]。江西省・南昌に成立した新生活運動促進総会は、当時すでにイタリアやドイツで盛行されていた集団結婚式を中国でも提唱し、上海などで開催することに力を入れた[10]。集団結婚式は新生活運動のなかに取りこまれ、地方政府によって主催されることになり、さらに様々なメディアに取りあげられて、大衆の注目を集める盛大なイベントになっていった。

一九三四年末、上海市政府社会局は「新生活運動を推進し、つましい結婚を提唱するために、イタリアの集団結婚の方法をまねて、新生活集団結婚の式典を発起する[11]」と発表した。一九三五年二月七日に同局は、「上海市新生活集団結婚辦法」を『申報』などの主要新聞紙上で公布し[12]、集団結婚式が「倹約」しながら「荘厳」な儀式を挙行できると宣伝している。上海市政府主催の集団結婚式は、結婚する上海市民であれば誰でも参加でき、参加費は二〇元とされた。開催日はもともと、元旦・孔子誕生日・双十節（建国記念日）・総理（孫文）誕生日という党・政府の定めた記念日に設定されていた[13]。だが結局、毎月（のちには八月をのぞく偶数月）の第一水曜日に挙行されることになった[14]。

集団結婚式に参加する花婿は洋服を着てはならず、花嫁はパーマやハイヒールを禁じられた。花婿・花嫁は、国産（美亜紗廠製）の中国服の着用を義務づけられ、花婿は清代以来の黒・藍色の「袍掛」を着て、花嫁は淡紅色の「旗袍」を着て白いベール（「白紗」、wedding veil）を着けることになった[15]。このように定められた礼装には、中国伝統文化と国産品の提唱が意図されていた。だがそれでも式後には、花嫁のベールが輸入品であるとか、それを地面にひきずる様子はインド婦人のようである、といった批判が出ていた[16]。［図3-1］

図 **3-1**　第1回集団結婚式（1935年4月3日）の行進
出典：『良友』第104期，1935年4月15日，10頁．

中国最初の集団結婚式は、一九三五年三月一六日、浙江省区救済院（公立機関）の済良所が杭州・西湖湖畔の大光明戯院でおこなったものである[17]。その直後の一九三五年四月三日、地方政府が主催する初の集団結婚式として、「上海市新生活集団結婚」が開催された。それには五九組の結婚者が登記し、最終的に五七組が式典に参加した。集団結婚式に登記したのは、男性は企業・機関職員など、女性は学生・教員ないしは家で暮らす者などからなる新中間層が中心であった[18]。また、参加者の年齢を見ると、五七人の花婿は二〇―三七歳（数え年）、平均二六・二歳、五七人の花嫁は一七―二九歳、平均二一・二歳であった[19]。

（2）おごそかな式典の演出

一九三五年四月二日、上海の市中心部から少し北に離れた江湾の新市庁舎の大講堂において、集団結婚式の予行演習がおこなわれた。上海市長の呉鉄城は花婿・花嫁に対して、お辞儀の角度から退出するときの姿勢にいたるまで自ら細かく指導し、その後で次のように演説した。すなわち呉鉄城は、「私たちはしばしば婚葬や慶事に、少なくない金銭と時間を費やす。ひいては社会において多くの人びとが生涯倹約して蓄えたお金を、これらの婚葬や慶事といった人生の大事に使いつくしている」、「本市政府はこの点を鑑みて、とくに集団結婚式を提唱する。集団結婚には三つの大きな目標があり、第一に簡単、第二に経済的、第三に荘厳、そのなかでも荘厳がもっとも重要である」と語った(20)。

このように、上海市政府が主催する集団結婚式は、労力・経費・時間を節約することばかりでなく、おごそかな式典を演出して見せることをもっとも重視していた。なぜならば、大勢の人びとが集まった集団結婚式という儀礼空間は、花婿・花嫁たちの結婚を社会的に公認する場であり、同時に国民党政権が政治シンボルを駆使して大衆を国民化する場でもあったからである。

四月三日の午後三時から、五七組の結婚者のほかに、結婚の証人や式の主催者および市の職員、そして一万人あまりの観衆が新市庁舎の大ホール内外に集まって、「新生活集団結婚」の第一回式典が開催された。市公安局が会場の秩序維持にあたり、その軍楽隊が行進曲を演奏した。そのなかを、礼服を着た花婿・花嫁たちが、絹張りの提灯をもった社会局の男女職員に先導されてホールに入場し、二列に立ち並んだ(21)。司会者の号令に従って順番に壇上に上がり、孫文の肖像と党旗・国旗に向かって最敬礼して、三回お辞儀をした。さらに、お互いに向かい合って二回お辞儀をし、結婚の証人である呉鉄城市長と呉醒亜社会局長に敬礼とお辞儀をして、結婚の証書と記念品(円月式で花模様を象嵌した太極図の純銀メダル)を贈呈された。[図3−2][図3−3]

図 3–2　第 1 回集団結婚式の儀式
出典 :『良友』第 104 期，1935 年 4 月 15 日，10 頁.

このように市政府は、党旗・国旗や孫文像などの政治シンボルを集団結婚式の演出にたくみに取りこんで(22)、党・政府の権威を可視化させた。そのうえ、式典に集まった多数の観衆や新聞記事などを通して、式典を大衆に見せつけてその公共性を確立しようとした。集団

図 3-3　第 1 回集団結婚式の式典後の記念撮影（中央は結婚証人の呉鉄城市長）
出典：『新生』第 2 巻第 13 期，1935 年 4 月 20 日，表紙裏．

結婚式に参加した花嫁・花婿たちは、観衆に見せるための立ち居振る舞いを訓練されていた。さらに会場の観衆もまた、マスメディアを通して大衆の視線にさらされて、いわば「見せる群衆」となり、式典の主催者である党・国家の権威を高めるのに一役買っていたのである。

一時間一五分程度の儀式を終えると、呉鉄城市長が、結婚を証明する言葉（「証言」）と訓辞を読み上げた。その後、花婿・花嫁たちは再び楽隊の演奏と市職員の先導を受けて、二列になってホールから退場した。最後に、新市庁舎前の広場で市長や社会局長を交えて写真や記録映像の撮影をおこなった。集団結婚式の撮影には、国民党中央宣伝委員会の映画班のほかに、アメリカのパラマウント（Paramount　派拉蒙）、メトロ・ゴールドウィン・メイヤー（Metro-Goldwyn-Mayer, MGM　米高梅）、二〇世紀フォックス（Twentieth Century Fox　福斯）といった映画会社もやってきて、ニュース映像を国外に配信した[23]。さらに一九三五年一〇月二日に開催された第四回目からは、市政府の放送局が式典の全過程をラジオで生中継するようになった[24]。

（3）集団結婚式における大衆動員と大衆消費

以上のような市政府主催の集団結婚式において、花婿・花嫁たちは個性や主体性を押し殺していたといえる。参加者の全員が、秩序ある統一的な集団行動をとって、儀式全体に調和しなければならなかったからである。すなわち集団結婚式は、結婚者にとって、個性や主体性を追求しないかわりに、少ない費用で格式の高い結婚式に参加できる、いわば荘厳な婚礼の大衆消費であった。他方、それは国民党政権にとって、党・国家の権威を高め、国民国家の確立を目指した新生活運動に大衆を動員するためのイベントであった。

集団結婚式においては、国家が結婚という私的な領域に介入する。そのことは、当時のジャーナリズムにおいて明確に認識されていたが、しばしば肯定的にとらえられ、警戒や批判は乏しかった。例えば、蘋星の論評によれば、集団結婚式は「婚姻統制」であり、一九三〇年代半ばの中国では経済統制・金融統制などが流行し、婚姻統制はそれに続くものであるという。蘋星は、もし将来に新たな婚姻法が採択されれば、集団結婚式に参加しなかった男女の子供が非合法になるかもしれないとまで空想しているが、それを時代の流れとして受け入れており、警戒していたわけではない。逆に蘋星は、離婚においても集団離婚ができれば、弁護士代などを節約できると無邪気に提唱していた。(25)

さらに、社会人類学者の黄華節は『東方雑誌』誌上で、「国家が社会を統制する権力を獲得することは、腐敗した官吏や不良の政府に濫用されなければ、理想にもとづいて厳密な手順を定めてじょじょに『婚姻生活社会化』の計画を推進し、大勢が向かい衆心の帰する理想の境地を実現するのに有利である」と論じている。黄華節は、集団結婚を国家による「社会統制」ととらえ、結婚の理想を実現するための必要手段であると主張した。彼によれば、集団結婚式は「無意識のうちに集団行動の習慣を養成し」、「知らず知らずのうちに感化する方法で〔結婚の〕『社会的意義』を人心に注入する」という。(26)［図3-4］

このように当時の中国では、国家による社会統制がしばしば肯定されていたといえる。しかし、批判的にいえば、集団結婚式に参加した花婿・花嫁たちは、規律に従って統一的に行動し、個性や主体性のない大衆としてふるまい、国民党政権の権威発揚に利用されて、国内外のメディアと大衆の好奇心にさらされていた。さらに、新生活運動の一環である集団結婚式は、明言こそされなかったが、イタリアなどの場合と同じく、出産の奨励（とそれにともなう国家の富強）を一つの目標にしていたと考えられる。(27)それゆえ、つきつめれば個人よりも国家にとって都合のよい

図 3-4　第 2 回集団結婚式（1935 年 5 月 1 日）の入場
出典：『良友』第 105 期，1935 年 5 月 15 日，6 頁.

結婚が求められ、国策に反する集団離婚などいくら節約になっても実現されるはずがなかった。

一方、上海市政府社会局が開催した集団結婚式は、上海の「中産階級」の未婚男女にセンセーションを巻きおこした。杭定安によれば、集団結婚式の方法は、とりわけ都市、なかでも上海においてこそふさわしいという。都市に住む人びとは、物質的な誘惑を受けやすいので虚栄心が生まれる。結婚に関しても、しばしば体面を重んじて、借金まで背おいこみ、結婚後に債務に圧迫されて生活が不安定になる。集団結婚は、こうした心理への対処療法として、一般の経済的に裕福でない青年男女に節約した結婚式をおこなわせながらも、彼らの体面をたもち虚栄心を満足させられるというのである[28]。

このように集団結婚式は、参加者からしてみれば婚礼の大衆消費の場であった。だから、集団結婚を広く普及させるためには、汽車の座席と同じように、様々な等級のものを準備する必要があるとさえいわれた[29]。史上初の政府主催による一万人規模の集団結婚式は、一九三〇年代の都市大衆社会の産物であり、都市中間層を中心とする大衆消費と、国民党政権による大衆動員とが相互作用して生み出されたイベントであった。

ただし、集団結婚式の参加者たちは、こうした大衆イベントだけで挙式していたわけではなかった。彼らは式典の終了後、たいてい数席の小宴会をひらいて、親しい家族・親戚・友人らを招き、それぞれに結婚を祝った。[30]国家に動員・統制されない親密な人びとによる祝福は、集団結婚式の参加者にとっても不可欠であったのだ。こうした私的な宴会によって、集団結婚式の提唱する節約の意義は薄れたが、花嫁・花婿たちは式典の集団行動で疎外された個性や主体性を取りもどし、結婚式をより人間味のあるものに変えることができたのである。

上海市政府社会局は、集団結婚式の参加者の私的な宴会を調査したが、それに干渉することはなかった。中国における国家の「婚姻統制」は、集団結婚式によって始まったばかりであり、上海の社会統制という観点からだけ見れば、集団結婚式の影響は新生活運動と同様に微力であった。他方、都市中間層の若者たちは、集団結婚式を自分たちの結婚式の一部として主体的に利用していたのである。

（4）集団結婚式の普及

上海では一九三五年から三七年までに、市政府が計一三回の集団結婚式を開催し、合計で一二一九組のカップルが参加した。[31]同時期には、上海市に続いて、中国の各地方政府が集団結婚式を開催する。おもな場所だけでも、一九三五年五月に太原、六月に南昌・天津、[32]八月に南京、[33]九月に廈門、一〇月に杭州・開封・鄭県（河南）・晋陽・鎮江・無錫、一二月に広州、三六年一月に宝安県（広東）、三月に潮陽県（広東）・汕頭、四月に蕪湖、七月に北平、日付不明だが長沙・南寧でもそれぞれ挙行された。[34]

これらのほかに、各地では政府主催の集団結婚式に刺激を受けた民間団体が、同様の式典をおこなうようになった。例えば漢口では、一九三五年九月に基督教青年会が集団結婚式を開催しており、[35]杭州市では、市政府のほかに湖社民衆倶楽部なども開催している。[36]一九三六年二月には、香港初の集団結婚式を青年会が開催した。[37]上海市でも、市政府とともに青年会や工会（労働組合）などが集団結婚式を挙行していた[38]。

集団結婚式の流行は都市部にとどまらず、近郊農村にも広がっていった。例えば、一九三五年一一月に上海県閔行の民衆教育館[39]が、一二月に呉県（現在は蘇州市内）の新生活運動促進会[40]が、それぞれ第一回の集団結婚式を開催している。上海浦東の高橋鎮では、一九三五年から高橋農村改進会が集団結婚式を始め[41]、三七年一月の式典では、地元出身の杜月笙が結婚証明人となり、三組のカップルの集団結婚に六〇〇人あまりが観衆として集まった。当時の高橋鎮ではしばしば、上海の消費主義の影響を受けて、婚礼の宴会を三―七日もおこない、費用は少なくとも五―六〇〇〇元、多い場合には四―五〇〇〇元もかけていた。婚礼が贅沢になる一方、結婚できなくなる者も現れ、「搶親」（略奪結婚）の風習もなくならなかったので、集団結婚式が熱心に提唱されたのである[42]。都市の大衆消費文化が近郊農村に拡大していった一例と見ることができる。

さらに注目すべきことに、中国の集団結婚式は上海から海外へも広がった。一九三六年五月に日本（おそらく東京）で開催された「世界婚礼進化博覧会」では、中国の集団結婚式の資料と写真が特別展示された。ちょうど日本に視察に訪れていた上海市社会局の張秉輝科長がそれを参観しており、彼の聞いたところによれば、東京市も当時、集団結婚式の開催を検討していたという[43]。また、ミャンマーの華僑の間では、新生活運動促進会が一九三八年五月までに五回の集団結婚式をおこなっていた[44]。戦後の一九四八年には、ミャンマー華僑服務社の陳孝奇社長が、上海市長に集団結婚式の実施方法を問い合わせている[45]。ほかにも、戦後の一九四六年には、台湾省嘉義市政府も、上海市政府社会局に集団結婚式の実施方法を問い合わせている[46]。

このように中国の集団結婚式は、上海市政府主催の式典を皮切りに、上海を起点として各地方都市やその近郊農村、さらには海外へと普及していったのである。

四　戦時期——民間企業・団体の集団結婚式

（1）大衆向けのブライダル産業の発展

一九三七年一一月、三ヶ月の激戦をへて国民党軍が上海から撤退し、日本軍が上海の華界（租界以外の地区）を占領すると、租界は日本軍の占領地域に囲まれた「孤島」になった。そのため、市政府主催の集団結婚式は中断を余儀なくされる。しかし、上海の人びとの間では、戦時においてこそ集団結婚式によって節約し、国家や貧窮者に寄付すべきだという意見が受けいれられた[47]。寧波・浦東・宝山同郷会や湖社（湖州出身者の同郷会）などの同郷団体が、戦争難民となって上海に流入してきた人びとなどのために、しばしば集団結婚式を主催するようになった[48]。さらに「上海集団結婚代辦所」が設立され、一九三八年四月二四日から定期的に集団結婚式を挙行したのである[49]。

そしてこの頃の上海では、集団結婚式を専業とするブライダル産業が勃興した。その最初の企業である中国集団結婚服務社は、一九三七年一月、謝鵬飛によって開業され[50]、三八年には毎月のように集団結婚式を挙行した[51]。中国近代における本格的な大衆向け結婚式ビジネスは、集団結婚の普及とともに発展したと考えられる。上海の集団結婚服務社は戦時期に急増し、最盛期には六七社にまで増えた[52]。

静安寺路にあった中国集団結婚服務社のオフィスは、テーブルクロス・椅子カバー・カーテン、さらには電話まですべてピンクにそめられ、ピンク一色の世界になっていた。さらに、壁には何枚かの紅のシルクのかけものや、一幅の金ラシャの対聯がかけられて、これらがすべてめでたい雰囲気を醸しだし、来客に特別な感覚をあたえたという[53]。当時の集団結婚服務社は、遊楽場のホールなどを借りきり、新聞紙上で挙式するカップルを募集し、花・礼服・結婚証明書・楽隊などを手配し、名望家や弁護士などを招いて結婚の証人とし、申込者から数十元の手数料を取った[54]。そして例えば、一九三八年に中国集団結婚服務社が開催した婚礼には、平均して二五組前後の結婚者と五〇〇名ほどの来賓が参加していた[55]。

中国集団結婚服務社のために結婚の証人を務めた厳陽武弁護士によると、当時において正式の結婚と認められるためには、公開の儀式をおこない二人以上の証人がいればよかった。だから、集団結婚服務社による結婚の手続きは、「もっとも合法かつ有効」といえた[56]。集団結婚式に参加すれば、ほかに豪奢な宴席を設けるなどの必要もない。そのため、戦時のインフレで生活が窮乏化するなか、結婚費用を少しでも節約したい大衆のニーズにこたえて、集団結婚服務社はおおいに繁盛した。

当時の結婚の合法性は、式典に参加した証人によって担保されたから、とくに民間主催の集団結婚式においては、権威のある名望家に証人となってもらうことが重要であった。だから、戦時の上海では、「三老」といわれた在地有力実業家の聞蘭亭・袁履登・林康侯らが、しばしば上海集団結婚代辦所・同郷会・集団結婚服務社などに招かれて、結婚の証人を務めた。また、戦後には彼らに代わって、潘公展（市参議会議長等）・宣鉄吾（市警察局局長等）といった国民党系の有力者が、民間の集団結婚式にも招かれた[57]。

しかし、こうして流行した民間の集団結婚服務社での結婚式には、新中間層にとっていくつか忌避すべき問題があった。まず、集団結婚式は労働者や見習い店員が参加するものであり、それでは体面をたもてないと考える親がいた[58]。実際に、集団結婚式では私語などが多くて、荘厳な雰囲気がたもたれていない場合も多かった[59]。さらに、集団結婚服務社による営利追求の弊害も見られていた。例えば、クリーニングせずに礼服が不潔になっていることがあった[60]。また、集団結婚服務社は、結婚は一生にたった一度のことであるという挙式者の心理につけこんで、花や礼服をよいものにさせたり、茶・酒・食物や芸人などをくわえたりして、様々な追加料金を徴収した[61]。戦時期に民間企業が主催した大衆向けの集団結婚式でさえ、必ずしも質素に営まれて節約になるとは限らなかったのである。

（2）重慶の国民政府と上海の対日協力政権による集団結婚式

一方、戦時期の国民政府は、重慶市などにおいて集団結婚式を継続して開催していた(62)。一九四二年一一月一日には「集団結婚辦法」を公布し、参加する花婿・花嫁に対して、正規の医師による健康証明書の提出を求めるようになった(63)。戦時期の政府主催の集団結婚式は、荘厳な式典の大衆消費というよりは、出産奨励を目的とする愛国・救国運動への大衆動員という面が強まった。

また、対日協力政権下の上海においては、一九四三年二月二八日、市政府社会局が初めて集団結婚式を主催した。陳公博市長らが出席して結婚の証人となり、一四組の結婚者が参加したが、そのうちの一人の花婿は日本国籍であった(64)。集団結婚式は、傀儡政権と日本の友好関係の宣伝にも利用されていたのである。

五　戦後期――市政府による集団結婚式の復活

（1）国民政府主催の集団結婚式の低調

終戦後に国民党政権下にもどった上海では、一九四五年一二月二五日、市政府社会局が「勝利記念集団結婚」を主催した。会場の浦東大厦には、四二組の花婿・花嫁と二〇〇〇人あまりの来賓が参集し、儀式は「簡単」かつ「荘厳」におこなわれた。銭大鈞市長が結婚者に結婚証書を手わたし、さらに蔣介石（国民党軍事委員会）委員長の著作『中国之命運』を贈呈した。銭大鈞市長は、各人が「幸せで円満な家庭」をつくるとともに、「共同して一つの繁栄した上海、一つの強くてさかんな中国を建設する」ことを願って、演説を締めくくった(65)。式典においては、花嫁・花婿が規律正しく整列・お辞儀をして見せて、その様子は上海のタブロイド紙でも報道された(66)。こうして集

図 3-5　大来集団結婚服務社の第 121 回集団結婚式（1946 年 12 月 17 日）
出典：上海市檔案館所蔵（H1-31-114）.

団結婚式は、戦勝した国民党政権の功績を宣揚し、国民政府が指導する戦後中国の発展戦略に大衆を動員するためのイベントになった。

その後も上海市政府社会局は、一九四六年三月三日に第二回、一〇月一〇日に第三回、一二月一二日に第四回、一九四七年四月四日に第五回の集団結婚式を主催する[67]。市政府社会局は、『中央日報』『申報』『新聞報』『正言報』『立報』『和平日報』などの大新聞に、集団結婚式の参加者を募る広告を出した[68]。それに呼応して戦後上海の集団結婚式に参加したのは、小卒・中卒の二〇歳代で、男は商業、女は家事に従事する都市中間層が中心であった[69]。

一九四七年一〇月、上海市政府の民政処が民政局に格上げされて、集団結婚や新生活運動の事業が社会局から引き継がれた[70]。上海市政府民政局は、一九四八年の元旦と五月二〇日に集団結婚式を主催する[71]。ただし、市政府は集団結婚式を、戦前には二年間に一三回挙行したのに対して、戦後には約二年五ヶ月の間に七回開催しただけだった。また、戦前の一三回には計一二一九組（各回平均約九四組）が参加したのに対して、戦後の七回には計一九〇組（平均約二七組）が参加しただけだった。戦後にはすでに、民間の集団結婚服務社や社会団体が頻繁に集団結婚式を開催しており、市政府は集団結婚式の主催者から管理・監督者に退いていたのである。そして、市政府が最後に挙行した一九四八年五月二〇日の式典には、わずかに五組

が参加しただけだった[72]。国民政府の権威失墜も、集団結婚式の主催を無意味なものにしていた。［図3-5］

ちなみに、一九四七年初頃からは、集団結婚式に参加する花婿・花嫁が、婚前に市立病院ないしは政府公認の病院で身体検査を受診し、「結婚健康証書」を交付してもらい、婚礼の際にそれを立会人に読みあげてもらわなければならなくなった[73]。こうした施策は、新婚夫婦に健康で丈夫な子供を産み育てさせ、国民国家の富強を目指す優生思想にもとづくものである。結婚する男女に対する身体検査・健康診断は人民共和国期に継承され、衛生・医療機関の整備にともなって義務づけられていった。

（2）主催者の多様化と式典の通俗化

市政府社会局・民政局のほかに、一九四七年末からは、市参議会議員たちが設立した国民聯合節約婚礼社も集団結婚式を開催して、市参議会議長の潘公展らを結婚の証人として招いた[74]。さらに、市総工会（労働組合）や上海青年館などの社会団体も、集団結婚式を主催した。

例えば、市総工会の主催した集団結婚式に参加したのは、おもに工場労働者たちである。そこでは、結婚者の遅刻によって婚礼の開始時刻が遅れたり、紹介をへて結婚する花婿・花嫁が、式の当日にも結婚相手を間違えたりすることさえあった。さらに、結婚の証人による訓示も、多くの子供をつくるように努力しなさいといった軽妙な内容が多かったという[75]。市総工会や前述の集団結婚服務社が主催する式典は、しばしば俗っぽくて軽々しく、労働者の参加が増えるとその傾向は著しくなった。

一方、すでに見たように、市政府主催の集団結婚式は「荘厳」を旨とし、予行演習をへて規律正しく整然と実施されていた。それに参加した花婿・花嫁たちは、中等教育を受けた俸給生活者が多く、なかには大卒者もいた[76]。とはいえ戦後期には、例えば南京市の主催した集団結婚式では、私語・口論・盗難などが多くて騒がしく、妊娠してお腹の大きい花嫁も目立ち、婚礼の儀式を理解していない結婚者も多く、秩序が乱れていた。それゆえ南京市長の馬超俊は、以前には提唱していた集団結婚に反感さえもつようになったという(77)。

六　人民共和国初期——儀礼婚から登記婚へ

(1) 人民共和国初期における集団結婚式の流行

一九四九年五月、人民解放軍が進駐して共産党統治が始まった当時の上海では、集団結婚式がさかんにおこなわれていた。集団結婚式には他業種の企業も参入して、一九五〇年には二五社の集団結婚服務社が営業していた(78)。当時の集団結婚服務社には、おもに酒や料理を提供する業者や、礼服をレンタルする業者など、多様な業態が生まれていた(79)。

例えば、南京路の国際飯店の労働組合〔「工会籌備会」〕は、経営者の同意をえて、一九四九年一〇月からホテルの豪華な施設を開放し、「工人〔労働者〕集団結婚」を催し始める。国際飯店は、同年一一月末までに七回の集団結婚式を開催し、一二七組の労働者男女が挙式した。国際飯店の従業員は、集団結婚式のためにしばしば無報酬で働き、総工会籌備会の朱俊欣副主任らが結婚の証人を務めた。国際飯店の集団結婚式には、上海の各業界の労働者だけでなく、南京・杭州・崇明・南通・南翔・浦東などからも参加者があって、人気を博していた(80)。

人民共和国成立当初の一九四九年末から五二年にかけて、上海で集団結婚式が流行していた原因を、上海市集団結婚服務商業同業公会（籌備会）は、「解放以後、人民は節約の利益をさらに明らかにし、過去における虚栄の心理を捨て、結婚でも見栄をはって浪費しなくなった」と分析している(81)。とはいえ、こうした節約を重んじる社会風潮よりも重要な原因は、新政権が誕生して、人びとが内戦の恐怖から解放されて将来に明るい展望をもち、さらにインフレが克服されて生活が安定し、結婚者が増えたことであろう。また、新中間層だけでなく多くの労働者たちの間でも、廉価で盛大に挙式できる集団結婚服務社の利用が広がっていたことが、集団結婚の流行の要因として考えられる。

しかしながら、集団結婚服務社が繁盛すると、集団結婚業への投機的な参入者が、不正な商売をおこなうようになった。とりわけ、低価格の結婚費用を広告して客よせしながら、たくみに様々な名目をたてて別途に料金を徴収する店が跡をたたなかった(82)。また、中華人民共和国婚姻法（一九五〇年五月一日公布）において、男性は二〇歳、女性は一八歳（原則として満年齢）に達すれば結婚できると定められていたが(83)、集団結婚服務社は、年齢審査を万全におこなわずに婚礼を催すことがあった(84)。さらに同婚姻法は、性病・精神異常・生理的欠陥などのある者の結婚を禁じたが、集団結婚服務社が婚前の健康診断を軽んじ、梅毒や結核などの患者が結婚する危険を招いていたことも、メディアで取りあげられて社会問題化する(85)。これらの事態に対応するため、中国集団結婚服務社の謝鵬飛らが中心となって、上海市工商業聯合会（籌備会）の指導下で、上海市集団結婚服務商業同業公会（籌備会）が組織された(86)。

（2）結婚登記の普及と集団結婚服務社の衰退

ところで、すでに論じたように、民国期には登記が婚姻成立の法的要件にならず、その代わりに公開の儀式と二人以上の証人が必要とされていた。しかし、一九五〇年五月一日に公布された婚姻法においては、儀式や証人の必要が完全に省かれて、登記だけが結婚に不可欠な手続きとなる。例えば、上海では一九五二年一二月二二日から、結婚登記が実施され始めると(87)、結婚者は各区政府に申請・登記をおこなって、結婚証書を受け取らなければならなくなった。登記は、単に結婚の証拠となるだけでなく、合法的な結婚の成立に不可欠な要件となった。未登記の結婚は、無効とはいえなくても違法となり、登記しないこと自体が人民政府不支持の表れと認識される危険も生じた

のである。〔図3-6〕〔図3-7〕

人民共和国期においては、結婚の法的根拠が、民国期のような儀式と証人によってではなく、政府への登記によって担保されるようになった。さらに、こうした儀式婚から登記婚への移行は、結婚や家庭という私生活の領域に国家の管理が浸透することを意味していた。すなわち、結婚登記の際、男女両人は自ら各区政府に出頭しなければならず、各区政府は審査をおこなって「封建的」として禁じた強制婚・請負婚などを防止していた(88)。

結婚登記の結果、集団結婚服務社は規制を受けて経営難に陥り、営業停止に追いこまれる店も現れた。集団結婚服務社は、これまでのように独自の結婚証明書を発給することを禁じられたので、政府への正式な結婚登記をすませた後に婚礼をおこなう者にしかサービスを提供できなくなったからである(89)。たしかに、結婚登記が義務づけられ

図3-6　上海市蓬莱区の居住区で「婚姻図片流動宣伝隊」が新婚姻法の宣伝をおこなっている様子（1952年4月1日）
出典：上海市檔案館所蔵（H1-11-3-55）.

図3-7　提籃橋区政府の婚姻登記所（右側）に結婚登記の手続きをしにやってきた新婚夫婦（左角）
出典：上海市檔案館所蔵（H1-1-31-54）.

た直後には、従来通りに登記せずに挙式する結婚者も多かった(90)。しかし、結婚登記が定着していくと、登記のあとで職場や里弄（集合住宅）の一室に同僚や近隣者を集めて、簡便な婚礼をするだけの者が増えていった(91)。そのため、礼服のレンタル業やレストランなどが繁盛した反面、集団結婚服務社の商況は悪化する(92)。集団結婚服務社は、過当競争と規制に苦しむなかで、一組の花婿・花嫁のためにも結婚式を催すようになり、一九五三年中頃にはそれが式総数の四分の一程度を占めるようになった(93)。

政府による社会管理が厳格化されたのにともなって、集団結婚服務社による婚礼はしだいに簡素化されていった。例えば一九五三年一一月、上海市人民政府工商行政管理局は同業公会に通告して、集団結婚服務社の結婚式における国歌の演奏を禁止する(94)。また、一九五六年の国慶節（一〇月一日）には中国集団結婚服務社などの五社が、上海市福利事業公司の協力の下、第一回の「改良集団結婚」を共同開催し、そこでは結婚の証人や紹介人などの儀式が省略された。これらの儀式は、結婚登記の普及によってもはや社会的・法的な意味を失っていた。一方、礼服の着用や記念撮影はおこなわれ、さらに社交ダンスや各種の余興も催された(95)。

（3）存続する集団結婚式

一九五六年末、上海市福利事業公司の指導の下、大上海集団結婚服務社などの民間企業四社が合併して、南京路の東亜旅館に上海婚礼服務社が創設された(96)。上海婚礼服務社は、翌年元旦に第一回の集団結婚式を開催し、それに参加した一一〇組の結婚者のなかには、「先進生産者」の表彰メダルを身につけていた者もいた(97)。このように、結婚登記の制度が確立された後でも、依然として登記後に挙式する結婚者が少なくなかったので、集団結婚式がなくなることはなかったのである。そして一九五〇年代中頃から、集団結婚式は再び国家によって積極的に利用され始めて、大衆を勤勉な労働者とするための宣伝に利用された。

集団結婚式は、文化大革命期には低調となったようであるが、一九八〇年代初頭に再びさかんになる。上海の中心商業区・黄浦区の老舗レストランも、宴席を設けずに茶と菓子だけを提供して、集団結婚式を挙行した[98]。さらに一九九〇年代からは、上海のシンボルタワー・東方明珠塔が、集団結婚式（現在では「集体婚礼」という）の中心地となる。一九九四年一〇月に竣工された東方明珠塔では、九六年五月四日、市政府が五・四運動を記念して、一〇〇組の男女による集団結婚式を挙行した[99]。その後も東方明珠塔では集団結婚式が続けられ、上海と中国の発展という現政権の実績を象徴するものともなっている。一方、現在の中国では海外（パリやバリなど）で集団結婚式を挙げるカップルも多いが、それは高価な海外ウェディングの大衆消費という面がある。現代中国の人びとは、集団で結婚式をおこなうことに対する抵抗感が私たち日本人よりも少ないようだが、それは経済事情とともに本章で見た歴史的背景と関係があるかもしれない。

七　大衆向けブライダルとしての流行

新生活運動の一環で挙行された集団結婚式が、国民政府による社会統制の一手段であったことはまちがいない。しかし、集団結婚式が興味深いのは、中心的な参加者が都市の新中間層であったこと、そして中国近代随一の大都市・上海を起点に普及していったことである。集団結婚式が近代中国でこれほどまでに盛行したのは、一九五二年末から実施され始めた結婚登記が定着するまで、登記ではなく儀礼こそが結婚成立の法的・社会的要件になっていたことを前提とする。そうしたなかで、合理的な選択をする都市中間層の若者たちが、ある程度の体面をたもちながらも節約できる集団結婚式を利用していたのである。

中国の集団結婚式は、一九三五年三月に杭州の救済院済良所が初めておこない、続いて四月に上海市政府が主催し、その後の一年あまりの間に全国各都市および近郊農村にまで広まった。国民政府にとって集団結婚式は、望ましい結婚のあり方を提唱し、ひいては国家の富強につながる出産を奨励する場であり、同時に、政治シンボルを駆使して党・国家の権威を高め、大衆を国民化する場でもあった。それゆえ、集団結婚式の参加者は、個性や主体性を追求せずに儀式全体に調和して、秩序ある統一的な集団行動を大衆に示さなければならなかった。一九三〇年代中頃には、こうした国家の「婚姻統制」に対して違和感や警戒感は表明されず、むしろそれに期待がかけられていた。しかし、集団結婚式の参加者はたいてい、式典の終了後に家族・親戚・友人らと小宴会をひらいており、集団結婚式を自分たちの結婚式の一部として主体的に利用していたといえるのである。

こうした集団結婚式は、大衆動員の手段としては限界があったが、それ以上に荘厳で盛大な婚礼の大衆消費の場として流行した。日中戦争期および戦後期には、地方政府主催の集団結婚式が減った一方、上海では多数の集団結婚服務社が開業し、集団結婚式が大衆向けブライダル産業の成長を促した。ただし、民間の集団結婚服務社には、参加者のマナーの悪化、営利追求、規則違反などの弊害も目立っていた。一九五二年から実施され始めた結婚登記が定着していき、儀礼ではなく登記が結婚成立の要件になると、集団結婚服務社の営業状態は悪化していった。とはいえ、登記後に婚礼をおこなう者がいたので、集団結婚式は勤勉な労働者を宣伝する場になることもあった。

一九三〇年代に政府主導で始まり、民間の大衆向けブライダル産業の発達をうながした中国の集団結婚式は、八〇年代に再び脚光をあびて、現在でも盛行している。それは依然として政府の権威発揚の場でありながら、人びとによって豪勢な婚礼の大衆消費の場として利用されているのである。

第四章　娯楽と消費における大衆動員
――戦時・戦後の聯誼会

一　戦時・戦後の上海中間層への視点

聯誼会とその史料

一九三七年七月に第二次上海事変が勃発し、日本軍が上海の租界を包囲するように華界（中国政府の管轄地区）を占領すると、租界に大量の難民と物資そして資金が流れこんだ。南京路の百貨店では、通貨膨張のなかでも、外部から流入した資金による大量仕入れなどによって営業状況を改善して、アジア太平洋戦争勃発後に「軍管理」を受け入れるまでの期間、つかの間の「黄金時代」というべき繁盛を見ていた[1]。しかし、こうした「奇形的」な繁栄は共同租界の中心においてこそ目立ったものの、日本軍の支配下に入った閘北・虹口・南市・滬西などの商業街区では一九三八年のクリスマスにも往年の賑わいがもどらなかったという[2]。

戦争にともなうインフレと社会不安は、上海の都市中間層の日常生活に大きな変化をもたらしていた[3]。戦時上海の俸給生活者の変化について、葉文心らは、彼らが個人の職業能力の向上よりも、社会・経済全体の状況の改善に関心を向けるようになり、職場の人間関係をこえた集団的な連帯を求めながら幸福を追求するようになったことを明らかにしている。(4) それをふまえつつ、本章は、戦時上海において、新中間層の娯楽や消費までもが政治運動に動員し動員される場になったこと、いいかえれば、俸給生活者たちが大衆消費だけでなく大衆動員を身近に体験するようになり、消費と動員、娯楽と政治運動が以前より密接に結びついていった様相を具体的に見ていきたい。

戦時上海の俸給生活者たちは、「聯誼会」などと呼ばれる親睦・互助団体を次々と発起する。聯誼会は、消費合作社を設けて、食糧や燃料などの廉価な生活必需品の提供、診療所・理髪店の福利厚生サービスなどをおこなったり、時局の学習会を開催したりした。さらに興味深いことに、聯誼会は、スポーツ、音楽、演劇、将棋・囲碁といった娯楽活動を活発に推進し、戦時期においてそれらを幅広い俸給生活者たちに普及させていた。聯誼会には、各業界の職員（ホワイトカラー）のみが参加でき、労働者（ブルーカラー）は参加できなかったので、それは職員たちのアイデンティティーの拠り所にもなり、彼らが中間層文化を形成する基礎にもなった。(5)

本章は、銀行や銭荘の従業員が組織した上海市銀銭業聯誼会（以下では「銀聯」と略す）、外資系企業の職員が組織した上海洋行華員聯誼会（以下では「洋聯」、一九三八年四月に「華聯同楽会」に改称、以後は「華聯」）、保険業の職員などが組織した上海市保険業業余聯誼会（以下では「保聯」、四六年秋に「上海市保険界同仁進修会」に改称、以後は「保進」）、商店員やそのほかの中国資本系企業の職員が組織した益友社を取りあげる。四つの代表的な民間企業職員の親睦・互助団体が、どのような戦略を駆使して戦時・戦後を生き残り、俸給生活者たちを動員して、彼らの娯楽や消費を変えたのかを明らかにしたい。

四団体については、一九八〇年代後半から九〇年代初頭、往年の活動家たちが中国共産党上海市委員会の党史史料徴集委員会に集まって史料集を編纂しているが、(6) 編纂者は共産党地下党員が中心のため、共産党史の史料集になっている。その記述においては、文化大革命期までに批判された多くの地下党員や企業職員の名誉回復のために、彼らの抗日的・親共産党的な行動が強調されている。さらに、一部に独特の語り口、誇張された表現、記憶ちがいによる誤記も散見される。本章は当該史料集を用いて、戦時・戦後の俸給生活者の娯楽と消費を再構成するが、同時代に刊行された聯誼会の機関誌の記事と照合しながら論述を進めて、できるだけ誤りや偏りを免れるように努めたい。[7]

戦争における多様で微妙な態度

ところで、戦前の中国における半植民地的な情況は、戦時の対日協力の背景になった。[8]戦時の上海においては、「曲線救国」の論調が広く受け入れられて、日和見主義的な行動が多く見られ、共産党・国民党・対日協力政権の三方に通じることさえありえた。[9]それゆえ、戦時上海の人びとの行動を説明するのに、「愛国」か「対日協力」か、という単純な二分法はあまり意味がない。例えばＰ・Ｍ・コーブルは、戦時の企業家が、家族企業を生き残らせて、その経営権を一族以外に明け渡さないことを最大の目的として行動したと結論づけている。[10]これに対して古廐忠夫は、上海実業界の有力者が、日本側の誘いに抵抗しながらも、地域の生産と生活を維持するために日本の支配と関わらざるをえなかった面を強調している。[11]

一見すると対照的な両氏の見解は、相互に矛盾するものではない。すなわち、占領地や植民地およびそれに準じる地域の人びとの日常的な営みは、①厳しい現実のなかで生きのびるための行動であった。そしてそれは、②統治者に対するやんわりとした拒絶ないしは抵抗になりえたと同時に、③消極的ないしは間接的な支持や協力になることもあった。三つの局面は明確に区別できなかったから、結果として「グレー・ゾーン」、すなわち後になって異なる立場から幅のある解釈をされる余地が生まれたのである。

本章は、企業家でなく俸給生活者を、ビジネスでなく娯楽や消費を分析対象として、上海の人びとの戦争に対する多様で微妙な態度を具体的に明らかにする。後述のように、戦時において聯誼会の活動に参加した企業職員や経営者に対する後世の評価は、過去半世紀において変転してきた。本章は、俸給生活者たちの活動に対して解釈の幅や評価の変転が生まれた原因を、戦時・戦後の実情に探りたい。その際には、戦時期の聯誼会の活動が、当時の各階層・各党派、あるいは個人・地域社会・国家にとって微妙に異なる意味あいがあったことを明らかにする。また、戦時に成長した聯誼会が、戦後にはどのような役割を果たしたのかも見ていこう。くわえて、聯誼会の運営した消費合作社が、戦時・戦後の俸給生活者たちに提供したサービスにも注目したい。

二　聯誼会の設立と運営

（1）抗日救国運動の高揚と聯誼会の開設

上海市銀銭業聯誼会の成立

一九三〇年代までに上海では、共同租界工部局の中国人職員が工部局華員倶楽部を、海関（税関）の職員が海関倶楽部を、銀行員が銀行倶楽部などを設立していた。ただし、これらの倶楽部は、一部の上級職員や企業経営者だけが集う娯楽と社交の場といった性格が強かった。一般的な俸給生活者たちの親睦・互助団体が続々と設立されたのは、日中全面戦争の危機感が高まる一九三〇年代後半のことである。

まず、一九三六年六月、銀聯の設立準備が始められた。すでに同年二月に成立していた上海職業界救国会の第四大隊隊長を務めた張承宗（一九三七年八月に共産党入党）をはじめとする銀行員や金融業者が発起人となった[12]。銀聯は、同年一〇月までに成立大会を開催し、共同租界内の漢口路に部屋を賃借りして会所とし、国民党上海市党部と上海市政府社会局に登記を申請した。一九三七年七月に盧溝橋事件が勃発すると、設立されたばかりの銀聯は戦時服務団を組織し、国民党上海市党部が組織した上海市各界抗敵後援会と、左派系の人士を中心とする上海職業界救亡協会の両方に、団体会員として参加した[13]。

銀聯が設立された当時の上海には、外資系の銀行が二八行、中国の政府系銀行が一八行、民間資本系の銀行が五五行、銭荘・信託会社・両替店が約一〇〇店、外資系の保険会社が約五〇社、中国資本系の保険会社が約二〇社あり、合わせて約一万五〇〇〇人の金融業者がおり、銀聯はそれらをみな動員対象とした。銀聯の会員は、設立当初から若者を中心に四四一人が集まり、一九三八年初頭には一九〇〇人あまりに達した。同年七月には保険業者が保聯を創設し、翌年五月には銭荘業者が銭兌業同人聯誼会を新設して、それぞれ銀聯から独立する。それでも銀聯自体の会員数も増えつづけ、一九三九年四―六月の第六次徴集会員運動では中年の会員もくわわって約七二〇〇人に達し、日本軍による共同租界進駐前夜の四一年二月においても依然として三七五五人の会員がいた[14]。銀聯は、周囲を日本軍に進駐されて「孤島」と呼ばれた上海租界地区において、最盛期には五割ちかくの銀行員を動員していたのである。

上海洋行華員聯誼会の創設

また、洋聯の設立準備は、楊経才（天一保険公司職員）、虞心炎（慎昌洋行職員兼医師）、盧馥（矮克発公司職員、国民党員の経歴がある）らが中心になって進めた。彼らは、一九三一年九月に満洲事変が勃発すると、上海洋行華員抗日救国会を結成し、三六年二月から上海職業界救国会に参加して活動していた。

銀聯が発足した一九三六年一〇月、洋聯も結成されて、フランス租界にあるＹＭＣＡの建物で成立大会を開催する。洋聯の会所も共同租界内の漢口路に設けられて、同時期に近隣で開設された銀聯と洋聯は合同で活動をおこなうことが多く、例えば一九三七年七月、洋聯は銀聯と歩調をあわせて戦時服務団を組織した[15]。

洋聯の会員は、発足当初には六〇〇人程度であったが、華聯に改称後の一九四一年初頭には九四五九人に達する[16]。

ちなみに、一九三九年九月に欧州で第二次世界大戦が勃発する以前の上海では、一八〇〇社あまりの外資系企業があり、約一〇万人ちかくの職員が働いていた[17]。その後、上海の外資系企業の職員数は減少したので、洋聯・華聯は少なくともその一割以上を動員するまでに発展していたといえる。

益友社の創設

銀聯と洋聯の創設から一年あまり経過した一九三八年二月、益友社の成立大会が共同租界厦門路の建物でおこなわれた。益友社の発起時の社員には、螞蟻社（一九三〇年に創設された下級職員のための最初期の親睦団体）、上海職界救国会、立信会計学校、中華職業教育社の各補習学校、銀聯・華聯などの出身者がいた[18]。益友社の創設は、趙樸初（詩人・書家、上海仏教協会主任秘書・上海慈善団体聯合会難民収容股主任などを歴任）の尽力によるところが大きい。会所も当初は、もともと難民収容所になっていた共同租界天津路の建物を賃借りしていた。張蓬（上海大中華火柴公司職員、一九三七年九月に共産党入党）のように、難民収容所で活動経験のある者も社員にくわわった[19]。

益友社の会員数は、設立当初には四〇〇人程度であったが、九ヶ月後の一九三八年一一月には五倍の約二〇〇〇人、最盛期の四〇年六月には約四〇〇〇人に達し、日本軍が共同租界に進駐する直前の四一年六月にもまだ二〇〇〇人以上がいた[20]。益友社の社員の約一〇分の一は、女性が占めた。設立当初の女性社員の多くは、大型百貨店や電話会社などに勤める女性職員や、大病院の看護師などであった。その後、大企業の従業員がそれぞれに親睦・互助団体を組織するようになると、比較的小規模な商店の女性店員や女工・小学校教員などが、女性社員の大半を占めた[21]。このように益友社は、製造・流通・サービス業などに従事する職員・店員を中心に、男女を問わず幅広く動員していた。

上海市保険業業余聯誼会の創設

一九三七年七月、上海職業界救国会の下で、保険界戦時服務団が結成される。その発起人となった胡詠騏（寧紹人寿保険公司総経理・保険業同業公会主席、一九三九年初に経営者として初めて共産党入党）[22]、謝寿天（中国天一保険公司協理、四一年二月に共産党入党）[23]、郭雨東（太平保険公司職員・『保険界』雑誌編者、四八年に共産党入党）[24]らが準備を進め、三八年七月、保聯が銀聯・洋聯から独立して開設された。保聯の会所は、共同租界とフランス租界の境界になるエドワード七世路（現在の延安東路）沿いの共同租界側の建物にもうけられた。

保聯の会員数は、一九三八年七月一日の成立大会の際には四〇〇人あまり、同年八月までに九七三人、翌三九年三月までに一一一六人、四〇年一月までに一四〇二人となった。最盛期には、約五〇〇〇人の保険業者の三割ちかくが保聯によって動員されたことになる[25]。保聯の動員力が強かったのは、保険業の従業員が少数であり、さらに同業公会主席の胡詠騏をはじめとして、保聯の活動に積極的に賛助する業界有力者や上・中級職員が数多くいたからだと考えられる。

聯誼会の拡大の原因

以上のように、各聯誼会が戦時に多くの俸給生活者たちを動員できたのはなぜだろうか。第一に、その背景として、戦争への危機感と抗日意識の高まりがあった。聯誼会の職員動員に中心的な役割を果たしたのは、一九三〇年代に救国会や戦時服務団にくわわって大衆運動の経験を積んできた熱心な活動家たちであった。さらに次節で見るように、各業界の有力者も対外的な危機感を共有し、聯誼会の顔役となって、職員たちが聯誼会に結集しやすい状況をつくりだしていた。聯誼会の会員たちは、愛国的な情緒を共有して、戦争の脅威・不安をいくらか癒すことができたのである。

第二に、より現実的なこととして、聯誼会は、食糧や燃料などの生活必需品の安売りや、診療・理髪などのサービスをおこなっていた。これらの福利厚生事業は、戦時の俸給生活者たちにとって貴重であったが、留意すべきことに、聯誼会の物資調達は顔役の商工業者の援助を受けており、彼らのなかには対日協力政権に関わって生産・生活を維持しようとした者も少なくなかった。

第三に、聯誼会は会員同士の親睦を深めさせ、互助を促していた。会員の間では、学習や文化・娯楽だけでなく実生活での助け合い、例えば、生活資金の貸与や転職紹介などを期待する者もいたと考えられる。

（2）聯誼会の顔役と活動家たち

聯誼会に対する多様な態度

ではここで、戦時上海における各聯誼会の活動が、どのような人物によって推進されたのかを見ておきたい。聯誼会の組織は会員大会を最高機関として設置し、会員大会における投票で選出された理事・監事が理事会（執行機関）と監事会（監察機関）を組織した[26]。実務に携わる理事・監事には経営者が就任せず、中堅職員が中心に着任した。職歴のある中級職員が理事・監事になることによって、聯誼会の社会的地位を保ったばかりではなく、経営者と下級職員を橋渡しして聯誼会の会員を団結させようとしたからである[27]。

これらの理事・監事とは別に、各聯誼会は実業界の著名人を名誉理事として招聘した。聯誼会が名誉理事をたてた理由は、第一に、ある業界の有力者が聯誼会の役職に就任すると、その業界に対する聯誼会の動員力が向上したからであり、第二に、地域の有力者が名誉理事に名を連ねると、聯誼会は行政当局によって登記を受理されて合法的な団体になりやすいという利点もあった[28]。また第三に、名誉理事となった業界有力者から経済的な支援を期待でき、それによって聯誼会は、娯楽活動や福利厚生事業を充実させられた。それゆえ、複数の聯誼会で重複して名誉理事を務めた人物も多く、例えば、林康侯（銀行公会秘書長等）と徐寄廎（上海浙江興業銀行董事長等）は、銀聯・華聯・益友社の三団体の名誉理事を兼務していた(29)。

そして注目すべきなのは、最終的には名誉理事に就任した業界有力者たちの間でも、聯誼会に対する態度がまちまちだったことである。聯誼会の活動にもっとも積極的な実業家は、保険業同業公会主席・寧紹人寿保険公司総経理の胡詠騏であった。彼は保聯の発起と発展に尽力しただけでなく、親交の深かった章乃器・胡愈之・王任叔・劉湛恩・鄭振鐸・許広平ら、上海文化界救国会にくわわった著名な知識人たちに保聯での講演や講習を依頼した。ただし胡詠騏は、一九三九年、沙文漢（一九二五年に共産党入党、上海文化界救国会等で活動、中共江蘇省委上海局宣伝部長等を歴任）の紹介をへて、経営者としては例外的に中国共産党への入党を認められたように(30)、当時の商工業者のなかでは例外的であった。

実際に多くの商工業者は当初、聯誼会と一定の距離を保とうとした。彼らは、それが経営陣に対抗する労働組合に近い組織なのではないか、あるいは過激な抗日運動を展開する共産党の団体なのではないか、という警戒感をもっていた。例えば、林康侯は、銀聯が労働組合の性質をもつ団体であると考えて警戒したが、経営者や上級職員のための娯楽と社交の場である倶楽部に近い団体だという説明を聞いて、銀聯の成立大会での講演を承諾した(31)。また、中法薬房総経理の許暁初は、かつて中法薬房の練習生（見習い職員）であった鐘信仁（同益薬房経理）に相談して、益友社が共産党の団体ではないことを確認したうえで、益友社の名誉理事に就任していた。ほかにも袁履登は、華聯の名誉理事就任の要請を当初は引き受けなかった。そこで華聯は、袁の六〇歳を祝う宴会を開催して、虞洽卿や聞蘭亭らを招き、その場で華聯の活動趣旨を説明して、袁・虞・聞の三名の有力者を名誉理事に招聘することに成功した(32)。このように実業界の有力者は、広範な職員を動員する聯誼会に対して当初は警戒していたが、やがては協力していく場合が多かった。

聯誼会につながる人間関係網

さらにもう一つ注目すべきは、異なる政治的立場の商工業者たちが協力して、ともに聯誼会の活動を賛助した点である。第一に、聯誼会の活動は、地域の生産や生活を維持するために傀儡政権にやむをえず協力した有力者を顔役にすえて維持されていた。例えば、「海上三老」と呼ばれた聞蘭亭・袁履登・林康侯は、いずれも複数の聯誼会で名誉理事を務めたが、汪精衛政権下ではそれぞれ全国商業統制総会監事長・上海市商会理事長・上海市政府高級参議などの要職に就任した(33)。ただし第二に、対日協力政権の役職について表面上は協力しながらも、背後では共産党を帮助する人物がいた。例えば、一九四〇年から益友社の名誉理事を務めた葛維庵は、汪精衛政権下で青年団第一区部の総指揮を担当すると、共産党の地下党員二名を大隊長に抜擢して、汪精衛政権の青年団内部に共産党の影響力を残した(34)。[図4-1]

図 4-1　聞蘭亭（中央）と袁履登（左），（右は青幇領袖の黄金栄）
出典：上海市檔案館所蔵（H1-1-21-119）．

そして第三に、聯誼会の指導者のなかには、共産党や重慶の国民党と直接連携する人物もいた。例えば、聚興誠銀行総務主務の楊森培は、銀聯の秘書処主任に就任すると、聚興誠銀行の会議室を銀聯のために開放した。彼は日本軍の共同租界進駐後、共産党の制圧地区に行って入党する。また、銀聯理事の馮克昌は国民党員であり、三民主義青年団で幹部を務めた。同じく銀聯理事の曾憲瓊も国民党員であり、青幇頭領の杜月笙と親密な関係を保ちつつ、さらに共産党地下党員とも親交を結んでいた。銀聯の積極的な活動家たちは、会食して会務の計画を立てていたが、一九三七年九月の第二次国共合作の成立後、その会食には共産党員のほかに国民党員・国民党三民主義青年団員も参加するようになった[35]。

このように戦時上海においては、対日協力政権・国民党・秘密結社・共産党・租界当局に連なる人間関係網が、聯誼会を結節点として利用しながら、複雑に張りめぐらされていた。戦時の聯誼会の活動家は、共産党の地下組織だけでなく、租界当局や日本の傀儡政権に協力した有力人士の支援を受け、さらに国民党や青幇勢力にも接触しながら、俸給生活者を支援・動員していた。そのことが聯誼会を「グレー・ゾーン」に追いやり、後になって歴史的評価を変転させる原因をつくりだしたのである。

（3）聯誼会の活動戦略

両租界を移転する聯誼会

一九三六年一〇月、新設された銀聯と洋聯は共同租界内の漢口路を会所にしたが、その後まもなく共同租界工部局によって強制封鎖された。銀聯と洋聯は移転を余儀なくされ、フランス租界のジョッフル路（現在の准海中路）の建物を共同で賃借りして、新しい会所とする。一九三七年一一月、国民党軍が三ヶ月の激戦をへて上海から全面撤退し、両租界の周囲が日本軍に進駐されると、両租界も日本軍の圧力を受けて、抗日団体と抗日活動の取り締まりを強化した。銀聯と洋聯は、フランス租界公董局に取り締まられて再移転を余儀なくされ、ともに共同租界に舞いもどった[36]。

このように銀聯と洋聯は、共同租界とフランス租界を転々と移動することで、活動を継続した。こうした生き残り戦略は、中国共産党江蘇省委員会の言葉を借用すれば、「英、米、フランスと日本の間の矛盾を利用[37]」するものであった。すなわちそれは、多元的な統治権力と行政系統が並存した一九四一年以前の上海においてこそ可能である、巧妙な活動戦略であった。当時の俸給生活者たちが社会団体を結成して活動を展開できる空間は、複数の支配体系の狭間にわずかに存在しただけだったのである。

合法的な地位の獲得

一九三八年中頃になると、各聯誼会は共同租界工部局によって登記証の発行を受けて、合法的な社会団体としての地位を確立し、より多くの俸給生活者たちを動員した。例えば、フランス租界から共同租界に舞いもどった銀聯は、南京路に会所を設けて活動を再開していたが、一九三八年六月二〇日、共同租界の巡捕房（警察署）が私服警官を派遣して、銀聯を捜査させ会所を封鎖した。銀聯理事会主席の孫瑞璜（新華信託儲蓄銀行副総経理等を歴任）は、工部局へ自ら説得におもむいただけでなく、共同租界納税華人会副主席・銀聯名誉理事の徐寄廎に依頼して工部局にかけあってもらい、さらに銀行公会・銭業公会にも働きかけて銀聯の活動の合法性を証明してもらった。こうした上海金融業界の人間関係網によって、銀聯は共同租界工部局に登記を認められ、合法的な社会団体としての地位を確立できたのである。(38)

洋聯は、当時すでに上海職業界救亡協会の団体会員になっており、同協会の李文杰や王紀華（一九三六年に共産党入党）らを仲介者とし、共同租界工部局華人董事の虞洽卿・袁履登・江一平の賛助をえて、一九三八年四月、工部局に登記を申請した。当時の工部局は「倶楽部」に限って活動を認めていたので、洋聯は当初、「華聯倶楽部」という名称で登記しようとする。ところが「倶楽部」という呼称は、一部の高給取りだけに娯楽を提供する場であると中・下級職員が誤解する恐れがあり、結局、「華聯同楽会」に改称して申請がおこなわれた。工部局は、申請書類に記載された華聯の理事について調査し、彼らがみな外資系企業で一五年以上勤務した職員であるとわかると、登記直後に会員を急増させないことを条件として、華聯に登記証を発行した。(39)

益友社は、一九三八年二月に成立してまもなく共同租界工部局に登記を申請したが、なかなか受理されなかった。

そこで趙樸初が、南京路の愛儷園（ハートン花園）を借りてパーティーを開催し、益友社が正当な文化・娯楽活動をおこなっていることを宣伝し、さらに共同租界会審公廨の判事の関炯之に頼んで工部局の警務処と交渉してもらった。その結果、工部局は登記を受理したものの、申請した"I-You Association"（益友社）ではなく、"I-You Club"（益友倶楽部）として登記証を発行する。しかし益友社は、名誉理事の張菊生（工部局総務処職員、工部局華員倶楽部の副委員長等）らを通して、ふたたび工部局に働きかけ、最終的には"Association"（社会団体）として登記することが認められた[40]。これらに続いて、保聯もまた一九三八年一〇月に工部局に登記を認められ、合法的な社会団体になった[41]。

一九三八年において上海の各聯誼会は、会の顔役や支援者になった商工業者の人間関係網を頼って共同租界工部局に働きかけ、登記を認められて合法的な地位を獲得し、多くの俸給生活者を動員できるようになった。租界の周囲に日本軍が進駐した一九三七年末から三九年頃までは、半植民地というべき租界が、上海の新中間層の社会・文化活動に不可欠な役割を果たしていたのである。

狭まる自由な活動空間

ところが一九三九年末から、租界の安全性がしだいに損なわれていった。九月に英仏がドイツに宣戦を布告して第二次世界大戦が勃発すると、ドイツの同盟国である日本の傀儡の中華民国維新政府の特工総部（特務機関）が、上海の両租界での活動を活発化させる[42]。さらに、一九四〇年初頭までに汪精衛政権が確立されると、通称「ジェスフィールド七六号」という特務機関が強化された。また、上海を離れた国民党も、一九三八年後半から地下活動を始め、三九年頃から共産党勢力の拡大を防ぐ措置をとり始めて第二次国共合作を形骸化させ、上海の共産党地下党員の活動を抑圧するようになった[43]。くわえて一九四〇年から、日本の圧力を受けた両租界の警察が、反日および反傀儡政権の宣伝や活動に対する取り締まりを一段と強化し、同年までには日本の憲兵隊との協力関係も成立した(44)。

こうした圧力の増大に対して、各聯誼会は次第に政治色の強い活動を自粛し、文化・芸術や福利厚生の性格が強い活動を中心に展開する。しかしそれでも、例えば華聯の図書館は、共産党員の会員を捕まえようとした特務人員に踏みこまれる(45)。また、中国職業婦女倶楽部（一九三五年以前に創設された中国職業婦女会から三八年に改組）は、一九三九年九月に慈善バザーを開催すると暴徒に乱入され、同年一二月には、同倶楽部主席で共産党員の茅麗瑛が汪精衛政権の特務人員に暗殺された(46)。この頃までには、党籍の明らかになった共産党地下党員とその協力者が、上海を離れなければならなくなっていた(47)。

（4）聯誼会における共産党の拡大

中国共産党上海市委員会が「党史史料」として編纂した各聯誼会の史料集は、聯誼会の創設や発展の経緯を説明する際に「党の指導下」という文句を繰り返し挿入するが、それは後世における誇張である。すでに指摘したように聯誼会には、共産党の地下党員だけでなく、租界当局や日本の傀儡政府に協力した有力人士、国民党員や青幇関係者など、多様な活動家が関わっていた。とはいえ共産党の地下組織は、一九三八年前半をピークに三八—三九年にかけて(48)、全盛期の聯誼会を利用して、上海の俸給生活者のなかでの勢力拡大に成功したことは疑いない。中国共産党が聯誼会を利用しながら俸給生活者たちを動員し、党組織を拡大した過程を見てみよう。

第一に、新しい聯誼会が発起された際、ほかの組織で活動していた地下党員の若い活動家が派遣されて、設立準備や運営に携わった。例えば、一九三八年五月、銀聯で活動していた林震峰（中国保険公司職員）と洋聯の程恩樹（寧紹水火保険公司職員）の二名の共産党員は、中国共産党江蘇省委員会職員運動委員会の張承宗の指示によって、保聯に移動して設立準備にくわわっていた(49)。第二に、共産党は聯誼会内部に非公開の青年団を組織した。各聯誼会の会員は二〇―三〇歳代が大半を占め、とくに二〇歳前後の未婚者が中心であったので(50)、張蓬（一九〇七年生まれ）などの若い共産党員が中心になって、一九三八年から各聯誼会内部に共産党青年団を結成した(51)。第三に、共産党は聯誼会内部に非公開の党支部を設置した。洋聯の例を見ると、石志昴（労働者夜学校教員、一九三五年に共産党入党）と王明楊の二人の共産党員が、一九三六年の設立準備の段階から洋聯の活動に携わっていた(52)。その後、数名の洋聯会員が新たに党員になると、一九三七年末までに洋聯に非公開の党支部を設置し、さらに三八―三九年にかけて、洋聯の共産党支部は三〇名の新党員を増やした。党員数の増加にともなって、共産党は益友社や保聯にも党支部を設置し、銀行員に対しては金融業工作委員会の下で企業ごとに党支部を組織した(53)。

このように、共産党員が積極的に活動して聯誼会の会員を増やしたのと同時に、聯誼会の会員が共産党員になるという相乗作用を確認できる。それは、中国共産党江蘇省委員会職員運動委員会の顧准書記や張承宗委員らが推進した活動方針であった。職員の動員が成果をあげると、一九三八年から中国共産党江蘇省委員会が職員運動を重視し始め、副書記の劉長勝が職員運動委員会を指導するようになった。しかし、劉長勝らは聯誼会の名誉理事に多くの資本家がいることを問題視して、各企業単位で職員・労働者の動員を進めることを主張し、劉長勝と対立した顧准は、一九三九年七月に上海の職員運動から離脱させられる(54)。こうした活動方針の対立を孕みながらも、上海における共産党の新中間層に対する工作は、一九三八―三九年にかけてかなりの成果をあげていた。一九四〇年頃からは共産党に対する抑圧が強化され、党籍が明るみにでた地下党員が上海を一時離れたが、それでも終戦時の一九四五年八月には約二〇〇〇人もの党員が上海に潜伏していたといわれ(55)、共産党の地下組織が壊滅することはなかったのである。

三　戦時における娯楽の意味

（1）「孤島」における公共性

「娯楽救国」の誕生

ところで、中国都市の娯楽場では、一九三一年九月の満洲事変の後に目立った変化が起こっていた。全国規模で「娯楽救国」が提唱され、上海租界のダンスホールや映画館などでも、しばしば娯楽が「救国」と結びつけられるようになったのである。「娯楽救国」という現象は、それ以前の最大の国難であった一九〇〇年の義和団事変で八カ国連合軍が北京を占領した際には見られなかった。しかし満洲事変の後には、例えば、ダンスホールなどで中国の名士やその妻子が「遊芸大会」（演芸大会）や「茶舞大会」（ティーダンス大会）を開催するとき、「援助義勇軍」や「救済難民」の看板を掲げるようになった[56]。一九三三年に公開された大長城影片公司の映画『還我河山』（我に山河をかえせ、南宋武将・岳飛の廟の扁額の言葉）の広告は、「民族精神を発揚し、大衆の力量を表現し、武力抵抗を提唱して、救国の道筋を指し示す」と宣伝している[57]。また、一九三五年夏に各省で水害が発生して救災運動が盛りあがると、娼妓のコンテスト（「花選」）やダンサーとのダンス（「伴舞」）などでも、募金のために「娯楽救国」のスローガンが掲げられた[58]。

とはいえ、「娯楽救国」、「利用娯楽救国」（娯楽を利用して救国する）、「娯楽不忘救国」（娯楽は救国を忘れない）といったスローガンに対しては批判も多く、「娯楽」と「救国」は両立しないという主張が有力であった。例えば「跳舞救国」（ダンス救国）に対しては、「ある人がダンスをしているとき、豪華なダンスホールで酔いしれているなか、幾千万もの被災民の苦しみを想像できるだろうか」と問われた[59]。すなわち、「娯楽救国」にはもともと無理があり、それは娯楽好きの人びとが非難をかわして愛国者と認められるためのいいわけにすぎない[60]、と批判されていた。

さらに戦時期には、娯楽場やそこで遊ぶ客がしばしばテロの標的になった。例えば、一九三九年三月一日深夜、「血魂除奸団」を自称する組織が、百貨店の先施公司・大新公司、ダンスホールの仙楽舞宮（Ciro's Nightclub & Ballroom）、繁華街の英華街（現在の金華路）で同時に爆弾を投擲する。テロリストの目的は、ダンスホールの客など娯楽におぼれて国家存亡の危機という現実を忘れた者たちに警告を発することだった[61]。

一方、「娯楽救国」の批判者のなかには、現実的な観点からそれに利点を見出す者もいた。例えば、娯楽好きの者は、もしある娯楽場が営業停止になればちがう娯楽場を探す。遊蕩する者は忍耐力に欠けるので、娯楽場がないとパニックにおちいり危険である。遊蕩者に娯楽場で金銭を使わせることは、貧困問題の解決になるのと同時に、このパニックの危険をなくすことになる。個人の享楽しか知らない者は、国家・民族からすれば「廃物」にも等しいが、それでも「娯楽救国」には「廃物」利用の意義がある[62]、などと論じられていた。

「孤島」の社会不安

一九三七年一一月に日本軍が上海の華界（租界以外の地区）に進駐した後、上海の各聯誼会の機関誌は租界地区を「孤島」と呼び、そこに住む人びとの感じた社会不安や圧迫感を記していた。例えば、当時の上海の租界の雰囲気は、「上海のバンドは罪悪の淵源であるといわれてきたが、孤島に転落した後には環境がさらに劣悪になり、空気を汚濁して人びとを窒息させる。私たち商工業界の人士の多くが巻きぞえになり、こうした世の中の困難に遭遇して感じる苦悶はきわめて深刻である[63]」、「圧迫、痛ましさ、残酷さ、恐怖、貧しさと病、死の寂しさに満ちた孤島では、神経を麻痺させたか良心を喪失した者以外は、当然誰もが苦痛の深淵で頑なに辛抱している[64]」、「ダンスホール・娼館・ホテル・劇場は、毎日人の群れで満ちあふれ、その淫らな風紀は孤島を黒い蒸気で満たしている[65]」などと描写された。

さらに、「孤島」に暮らす俸給生活者の青年たちの多くは、「精神的なよりどころがなく、勝手放題で無規律の腐化した生活に流されることを免れず(66)」、「生活に圧迫されて人格を売りはらい、道徳を喪失する道を歩み、いくらかの者は酒色のかぎりをつくして、その時々の楽しみに溺れる(67)」か、あるいは「努力して昇官発財〔出世や金儲け〕をし、将来『猿に冠〔外見だけが立派で中身が非なるもの〕』になろうとする(68)」という心理状況であると分析されていた。

こうした「孤島」において聯誼会が目指したのは、比喩的にいえば、「孤島上の灯台」、「孤島上の職業青年各人に有益な友(69)」、「窒息しそうな上海における自由の原野(70)」になることであった。会の憲章のなかで、銀聯・華聯・保聯・益友社の四団体は、すべて「聯絡感情」〔心をつなげること〕を、また保聯をのぞく三団体は、「正当娯楽」を根本理念の一つに掲げていた(71)。さらに、例えば益友社によれば、「本社の発起は、もともと職業青年の苦悶を取りのぞき、正当な娯楽を提唱して、学術知識と服務道徳の増進を主旨とする」、そのため「社会において先進する指導者の教示をあおぎ、職業界全体の人士が合作することを求める」とした(72)。すなわち聯誼会は、「正当な娯楽」を提唱して、多くの人びとが感じていた戦争の恐怖や「孤島」で暮らす不安を癒し、広範な俸給生活者たちが向上心と連帯感をもつ場を提供するために発起されていたのである。

新生活運動・国民精神総動員運動と聯誼会

聯誼会の活動には、すでに論じたように共産党の地下活動員が積極的に関わり、戦時上海の新中間層の間で共産党勢力が拡大した。しかし同時に注目すべきことに、聯誼会の活動は、重慶国民政府の提唱した新生活運動や国民精神総動員運動とも歩調をあわせて進められていた。

新生活運動は、一九三四年七月に蔣介石が発動し、伝統的な儒教道徳を基本精神として、国民生活の「軍事化・生産化・合理化」を目指した大衆動員運動であるが、その指導理論は、日中戦争勃発後、「抗戦建国」という戦時体制に組みこまれて再構築される。(73) 一九三八年の大晦日、蔣介石は重慶の新生活運動協進会で、「正当な娯楽を提唱し、国民精神を奮いおこす」と題する講演をおこなった。その講演で蔣介石は、新生活運動が民族復興の観点から売買春や賭博を厳禁する一方、正当な娯楽はまったく禁止しておらず、逆に心身や社会に有益な娯楽を提唱しているとと述べる。そして「新生活運動要綱」から、「中国古代の礼・楽・射・御・書・数〔礼儀・音楽・弓術・乗馬・書法・算術〕の六芸は、今では逆に東西列強の建国のための主要な技術になっている」という文言を引用し、教育効果があって道徳的な行動を培うことのできる「正当な娯楽」の範囲を示す。さらに「娯楽は救国を忘れない」という言葉が流行語になっていることもつけくわえている。(74) 蔣介石の講話を受けて、華聯は、「本会の負う責任の重大さをさらに感じた」、「華聯の精神も民族精神の一部であるべきだ」(75)、益友社は、「今日の中国とりわけ孤島では、正当な娯楽の提唱がとても必要である」(76)とそれぞれ表明し、聯誼会の活動を新生活運動のなかに位置づけた。

さらに一九三九年三月一二日、蔣介石は、「国民精神総動員」を全国で実施し、二〇日には「国民精神総動員綱領」などを新聞各紙で公布する。(77)「国民精神総動員綱領実施辦法」は、「国民の日常生活を整頓し、一切の不正当な娯楽を取り締まる」ことを明示していた。(78) それを受けて益友社は、「孤島」においてこそ「国民精神総動員」を積極的に推進していく必要があると訴え、(79) 保聯は、「精神総動員」と題する話劇を上演して、(80) 会が提唱する「正当な娯楽」を宣伝した。こうして聯誼会は、活動方針が重慶国民政府の意向とも一致することを宣伝し、「孤島」になった上海租界の人びとをその娯楽活動に取りこんだのである。

図 4-2　「見よ，誰が尊敬に足り，誰が恥ずべきか」，「光明と暗黒の路が，はっきりと目の前に横たわっているのに何を躊躇するのか」と，益友社の娯楽活動に参加を呼びかけるイラスト
出典：吉光「你看！誰是可敬？誰是可恥？」『益友』第2巻第4・5期，1939年4月1日，23頁.

「正統な娯楽」の意味づけ

聯誼会の推進する娯楽には、著しい特徴があった。まず娯楽が、「正当な娯楽」とそれ以外の堕落した現象とに明確に二分されていた。中国都市ではすでに一九二〇年代から教育機関や社会団体が、演劇・映画・音楽鑑賞・スポーツ・公園散策・中国将棋・囲碁などを「正当な娯楽」として提唱していた[81]。それに対して、堕落した娯楽として非難されたのは、いわゆる飲む（酒）・打つ（賭博）・買う（買春）であった。戦時期には「正当な娯楽」が、より一層宣伝されなければならなくなった。例えば、益友社への入社を推奨する漫画を見ると、戦場で戦う兵士を尻目に踊る人びとを非難しながらスポーツ・音楽・学習に励むことを「光明の路」、ダンスホールやレストランで享楽することを「暗黒の路」として対比している。［図4-2］

さらに「正当な娯楽」は、聯誼会の会員各個人にとってだけでなく、上海の「市民」、ひいては中国の「民族」「国家」の全体にとって有益であることが求められた。例えば、益友社の名誉理事を務めた聞蘭亭は、「益友社の創設によって、たしかに多くの人びとが不当な場所から正当な娯楽の道へと移ったが、私たちの社がさらに発展すれば、確実に国家・民族全体を改造する効果がある」と述べ[82]、益友社は「全上海の市民」に入社を求めていた[83]。先行研究が明らかにしているように、民国期の社会団体は、しばしば会員各個人・団体全体・地域社会・国民国家のすべてに均しく貢献すると表明し、団体の会員を市民・国民・民族に同化させる役割を果たした[84]。戦時上海で俸給生活者が結成した聯誼会も、その傾向が著しかったのである。

　上海の租界地区はもともと欧米人に統治され、一九二七年末から四一年末には周囲に日本軍が進駐して「孤島」と呼ばれた。そこでは「ひどい者になると、自分がまた中華民国の国民であることさえ信じない」[85]という心理状態が生まれていたという。「孤島」の人びとがなおも中国国民であり続けるには、努力を必要とするようになった。各業界の俸給生活者たちは、聯誼会の娯楽活動にくわわることによって中国国民としての自己認識を保持しようとしていた。さらに、その娯楽活動と国民意識は、国・共両党によっても正当化された。聯誼会の活動は、いうならば国民党・共産党公認の「娯楽救国」であり、それゆえに多くの企業職員を動員できたのである。

公共性の模索

　そして、「孤島」と呼ばれた上海租界に住む俸給生活者たちにとって、聯誼会での活動は公共性の模索という面があった。すなわち、危機的状況に直面したからこそ、聯誼会の会員たちは、「市民」ないしは「良民」として道義的にふさわしい行動をとらなければならなかったのである。例えば、益友社の機関誌に掲載された「孤島の模範

図 4-3　風刺イラスト「孤島の模範良民」
出典：滌凡「孤島模範良民」『益友』第 3 巻 第 1 期，1939 年 9 月 15 日，10 頁．

良民」と題する漫画は、「聞かず、取り合わず、関わらない」という人士を風刺して、「孤島」に住む人びとのとるべき態度を示している〔図4-3〕。さらに聯誼会は、立場の異なる多様な人びとの参加を期待していた。例えば益友社は、「およそ我が民族・国家に対して同じ感情を表す友人は、範囲を分けず階級を分けず党派を分けず、一律に広く交わって、『集思広益』〔衆人の意見をとり集めてより大きな成果を収めること〕の効果を望む[86]」と表明し、政党・派閥や階層のちがいをこえて結集するように呼びかけていた。

ただし、聯誼会に政党・派閥や階層の異なる人びとが集まったのは、地域社会や民族・国家の存亡への危機感を共有したからである。端的にいえば、「孤島」といわれた戦時上海の租界地区の公共性は、民族主義・愛国主義に支えられていた。だから、聯誼会の機関誌では、微妙に食いちがう意見が提唱されることもあったが、見解の相違はしばしば「民族」「国家」への貢献という一致点に覆いかくされていた。とくに、聯誼会の提唱する娯楽は、市民・国民全体に有益であるという点では異論がなかったが、娯楽と国民の利益をどのように結びつけるのかについては、発言者の階層や職位によって微妙な食い違いがあった。つまり、聯誼会の顔役になった経営者やエリート職員は、余暇の充実によって職員の仕事の効率が上がり、商工業が発展して国家・国民が富強化することを期待していたが[87]、聯誼会で実際の活動を推進した一般職員や共産党地下党員などにしてみれば、職員の組織化と救国運動への動員こそが最大のねらいであった。

それゆえ、一般職員のなかには、上層人士との「統一戦線」に対して批判的で、上層人士に対して「使用の観点」しかもたず、経営者や上級職員が聯誼会で主体的・積極的に活動することには否定的な者が多くなった[88]。こうしたなか、日本やその傀儡政権にとって、聯誼会の商工業発展を目指す動向は利用すべきであり、大衆動員を目指す動向は抑圧すべきであった。だから戦時の聯誼会は、前者の方針を前面に押しだす戦略をとったのである。しかし後述のように、戦時には民族意識や愛国心によって隠蔽された聯誼会に関する認識の微妙なズレは、戦後に聯誼会内部で抗争が表面化するきっかけになっていった。

（2）娯楽による救国への大衆動員

聯誼会の文化・娯楽活動の全貌

それでは、一九三八年六月当時の華聯の組織から、聯誼会の最盛期における文化・娯楽活動の全体像を見てみよう。例えば華聯は、理事会・常務理事会の下に総務科・服務科・娯楽科・学術科・体育科をおき、服務科の下に互助・健康・消費合作、娯楽科の下にハーモニカ・歌唱・中国音楽・広東音楽（「粤楽」）・話劇・京劇（「平劇」）・将棋囲碁（「弈棋」）、学術科の下に雑誌新聞・教育・出版・学術研究・美術研究、体育科の下に卓球・テニス・小サッカー（「小足球」）・バスケットボール・バレーボール・女子バレーボール・水泳・中国武術（「国術」）・旅行の各サークル（「組」）を設置している。[89] 銀聯・保聯・益友社もほぼ同様の活動をおこなっていた。

これらの娯楽は、余暇に使える場所・時間・費用の限られた都市生活者の間で人気のあった種目が多い。聯誼会は、俸給生活者たちのニーズをよく察知して、余暇活動を組織化していた。ちなみに、値段が手ごろで習得しやすいハーモニカは、上海・北平・天津などを中心に一九三〇年代から急速に普及し、演奏技術も発達して玩具の域をこえていた。[90] また、広東音楽サークルは、もともと当時の外資系企業に多い広東籍の職員のために開設されたが、上海では広東出身者以外もくわわるようになった。中国将棋や囲碁も人気があり、「情を安定させて天賦の才能を養い、心や脳を訓練する」として奨励された。ほかにも教育サークルでは、英文・国文・簿記・速記の補習や一般教養に関する講演がおこなわれていた。[91]

スポーツと愛国主義

そして注目すべきことに、聯誼会の全盛期の一九三八―三九年においては、あらゆる文化・娯楽活動が、慈善救済および民族・国家への貢献の意味あいを付与されることがあった。まず、スポーツ（「体育」）について見てみよう。聯誼会がアマチュアスポーツを奨励した背景には、当時、競技水準だけを重視する「体育至上主義」や、運動選手を広告・宣伝に使う「商品化」への批判があった(92)。聯誼会は各種目のリーグ戦を開催し、例えば保聯は、一九三八年一一月からバスケットボール、三九年一月から卓球、四〇年から小サッカーのリーグ戦を開始する。さらに一九三九年六月には保聯と銀聯が合同で、慈善バスケットボール大会をおこなった。その後、「各職業団体慈善バスケットボールリーグ」を開幕させ、スポンサーとなった業界有力者や観客から難民救済のための募金を集めていた(93)。

戦時のスポーツ選手は、「国家至上、民族至上」、「傀儡に利用されず」、「漢奸とならない」といったことを義務づけられた(94)。なかでも中国武術は、愛国主義と深く関連づけられ、中国に対する「東亜病夫」「千年眠獅」といった誹謗の挽回を掲げていた(95)。中国武術は、戦時上海において「場所に拘束されず、設備が簡単(96)」であるため、「もっとも高尚でもっとも経済的かつもっとも健康に有益な運動の一種(97)」として奨励される。一九三九年には、上海市国術運動会が開催され、益友社も参加した。その開幕式では、日本軍の圧力を受けた共同租界工部局が禁じていた中国国旗の掲揚が強行され、「孤島」における民族・国家意識の高揚が図られていた(98)。さらに中国武術は、軍事訓練の意義を重視された。例えば、益友社で中国武術の大衆化に尽力した上海国術館常務董事の唐豪弁護士は、中国武術は個人の健康のためのみならず、「近代戦争で欠かすことのできない格闘、銃剣、手榴弾の投擲、走り幅跳び、よじ登りといった軍事技術にも応用できる」と主張していた(99)。

大衆動員のための合唱

スポーツのほかにも、歌唱と演劇が、慈善救済や愛国主義の表明のために盛行した。まず、歌唱について見よう。各聯誼会は、会の成立当初から歌曲制作と合唱をおこなった。歌唱は「有閑階級の奢侈品」ではなく、「集団の力の表れ」[100]、「戦闘の武器」[101]、「群衆を組織する工具」などと意味づけられ、「正義の歌声を静めず響き渡らせ、会員各位だけでなく全上海の市民にまで広げて、すさんだ恥知らずの淫らな音に取って代わる」[102]ことが目指された。

戦時上海の租界地区において抗日歌曲は禁止され、ラジオではめったに流されなくなった。そんななかでも、例えば益友社の合唱隊は、聶耳（一九三二年に共産党入党）や冼星海（一九三九年に共産党入党）の作曲した抗日救国歌を合唱した。さらに一九三九年、益友社社員の蘇民（上海国貨公司・培克洋行職員、共産党員）は、社歌『火炬歌』（たいまつの歌）を制作する。それは、『支那の夜』（一九四〇年、渡辺はま子唄）など、日本が「対敵宣伝工作」にも利用した流行歌に対抗して合唱された[103]。抗日歌曲とは対照的に、甘美な流行歌は「孤島」期から太平洋戦争勃発後に至るまで、ラジオや蓄音機などで聞けて人気を博していたのである[104]。

また、銀聯は一九三八年六月に合唱隊を発足させ、聶耳作曲の『畢業歌』や『義勇軍行進曲』などのほかに、第二次国共合作後に解禁されたソ連の歌曲を合唱した。一九三九年七月には、銀聯の合唱団と弦楽隊・管楽隊が、共同租界南京路の新新公司にある新都電台を借りてラジオ放送をおこない、上海市難民協会のために募金を呼びかけた。また、フランス租界の蘭心大戯院で慈善音楽会をおこない、収益を難民救済にあてた。さらに一九四〇年一月には、銀聯も会歌を制作し、歌詞には「民族復興」や「新中国の誕生」といった言葉を盛りこんでいる。しかし、日本軍の共同租界進駐から一九四三年まで、合唱団の活動は一時休止を余儀なくされる。この時期には、円卓上の蠟燭を囲んで、白居易詞『花非花』などの叙情的な歌曲を口ずさむことくらいしかできなかったという[105]。

ダンスの芸術化、京劇の大衆化

続いて演劇について見ると、小歌劇・京劇（「平劇」）・話劇がさかんにおこなわれた。小歌劇のなかで踊られる舞踏は、歓楽街のダンスホールで女性ダンサーと体を密着させて踊るダンスとは区別される。すなわち、益友社に招かれて指導にきた舞踏家の呉暁邦によると、歌劇の舞踏は「動きを媒介とする時間の芸術」であり、「社会生活のリズムの反映」であった[106]。益友社は一九三九年、日本の傀儡政府の官吏を風刺した『跳加官』[107]や『光明と暗黒』、上海社会の現実を描いた『孤島風光』や『夜声』などの歌劇を上演した[108]。

また、京劇の上演は多くの費用がかかることから、中・上級職員向けの娯楽であったが、益友社は「平劇平民化」を掲げて大衆化に努めた[109]。さらに当時、著名な演出家の欧陽予倩や劇作家の田漢（一九三二年に共産党入党）らが、歴史劇を抗日救国の宣伝用に改編した「改良平劇」を制作していた。それを受けて益友社も、京劇『陸文龍』を改編して、日本軍に頼る漢奸を批判し民族の大義を宣伝する劇を上演する。しかし、一九三八―三九年にかけて益友社がおこなった「改良平劇」の上演は、しばしば対日協力政権によって妨害された[110]。

話劇の大衆化と社会批判

そして話劇は、戦時期において「風俗を矯正」する効能を期待され[111]、もっとも濃厚に社会批判や抗日救国の意味あいを含まされた文化・娯楽活動である。銀聯に話劇サークルが成立したのは一九三七年一一月のことで、「社会劇の公開化、国防劇の遊撃化」を方針とし、時事問題を取材した「活報劇」を中心に多くの上演をおこなった[112]。銀聯の話劇上演は、抗日に立ちあがることを訴えるために労働者劇団が制作した一幕劇『鞭をすてろ』から始められる[113]。一九三八年六月、第三届会員大会の余興で上演した『一杯の牛乳』は、表向きは慈善家を装いながらも、報道されない日常の場面では人助けをしない富商の偽善を風刺したものだった[114]。また、八月に日本軍がソ連・朝鮮・

満洲の境界に進攻して張鼓峰事件が勃発すると、銀聯は同事件を題材にした『古峰口』を上演した[115]。

さらに銀聯は、共同租界工部局が強化する統制をたくみにかわしながら、批判的な現代劇の上演に成功していく。一九三八年一〇月、銀聯はアマチュア劇団としては初めて『日の出』の上演に挑んだ。『日の出』は、著名な劇作家・曹禺の代表作であり、金融業界の上層部の腐敗を批判した作品である。それは、フランス租界で治安維持を理由に上演が許可されず[116]、銀聯理事会主席の孫瑞璜の尽力によって共同租界内の麗都大戯院で上演された。上演は巡捕房の私服警官に干渉されそうになったが、観劇に来ていた共同租界納税華人会副主席・銀聯名誉理事の徐寄廎の名をだして難を逃れた[117]。また一九四〇年四月、銀聯の話劇サークルのために多くの作品を手がけた楊善同（中国銀行職員、共産党員）が亡くなると、銀聯は遺作の『安らかな江南』を上演する。それは抗日の色彩が濃厚な劇であったが、ダミーの脚本で工部局の審査を通過し、工部局の検査官を別室で丁重に接待している間に上演してしまう方法で公演を成功させた。しかし一九四一年一一月、銀聯の話劇サークルは劇作家の夏衍（一九二七年に共産党入党）が編集した話劇『愁城記』を上演し、それを戦時最後の大規模公演として、日本軍の共同租界進駐後には活動を休止した[118]。

このほかにも、「孤島」と呼ばれた上海の租界地区では、俸給生活者たちのアマチュア劇団が様々な演目を上演している。益友社の話劇団は、戦禍で失業した労働者の悲劇を描く『黎明』、作家志望の貧しいインテリ青年の末路を描く『青年作家』、封建的な売買結婚を描いた『いくつかの時代の結婚』、恋愛対象の選び方を主題とした『民主的なお嬢さまへの求愛』などを上演した。さらに、益友社の劇団は著名な演出家・李伯龍の率いる徴明社と合併し、一九三九年二月にフランス租界の黄金大戯院で曹禺作の四幕劇『雷雨』の公演に成功している[119]。また、保聯の話劇サークルは、共同租界のカールトン劇場で、例えば、フランスの喜劇作家モリエールの『守銭奴』を原作とした話劇『生財有道』や、シェイクスピアの『ロミオとジュリエット』などを上演した。保聯は、日本軍の共同租界進駐以前に、難民救済の募金を集める公演を中心として四〇回以上も話劇を上演したが、一九四〇年秋から話劇の上演回数を減らして、政治性の薄い京劇を中心に上演するようになった[120]。

このように、しばしば痛烈な社会批判の意味あいを含んだ話劇を理解するには、ある程度の学識が必要であった。そのため、話劇は中・上級職員の間では人気が高かったが、下級職員や労働者の間では地方劇に比べて不人気であった[121]。しかし、聯誼会は話劇のさらなる大衆化を進めようとする。例えば、益友社の劇団員は「新演劇運動」を重視して、「社会各階層の演劇を発展させ」、「労働者には労働者の劇団が、職員には職員の劇団がある」ことを目指していた[122]。一九三〇年代末以降の上海の租界においては、演劇の動機が単なる趣味教養ではなく、大衆に対する宣伝の意味あいを強めていた。それにともなって、有産階級や知識人層だけでなく、職員・労働者など広範な大衆が演劇に関わるようになったのである[123]。

軍隊の支援

くわえて、俸給生活者たちが組織した各聯誼会とその文化・娯楽サークルは、一九三八―三九年の盛期には、新四軍（共産党軍を主力とする国民軍）に経済的な援助をおこなったり、元国民党軍の兵団を慰問したりして、国共両軍隊を支援していた。例えば一九三七年八月、日本軍が上海に進攻した後、一〇月二六日から謝晋元の率いる国民党の兵団約四〇〇人は、蘇州河と共同租界を背にして日本軍に包囲されながらも、華界にある四銀行の共同倉庫を防衛して、対岸の租界住民に注目される。しかしわずか四日後に共同租界内への退却を余儀なくされ、武装解除されて膠州路の宿営地に軟禁されると、兵団の軟禁は一九四一年四月に謝晋元が部下に暗殺されるまで続いた[124]。一九三九年、保聯のバスケットボール隊は、軟禁されていた謝晋元の兵団の宿営地を訪れて親善試合をおこなう。また同年秋、保聯の話劇サークルは宿営地で『鞭を捨てろ』の慰問公演をした[125]。

ほかにも一九三八年一〇月、広州・武漢が相継いで陥落すると、華聯は上海市職業界救亡協会の呼びかけに応じて、表向きには難民救済を掲げる募金活動にくわわり、集まった募金の大半を新四軍に献金している[126]。また、一九三九年中頃には、益友社の女性社員が慈善バザーを開催し、八角の西洋鏡、角に〝V〟（〝victory〟の頭文字）を刺繍したシルクのハンカチ、紙の造花、子供服などをつくって販売した。この慈善バザーも、表向きには「節約して難民を救う」ことを掲げていたが、実際には、新四軍の軍資金を援助するために催されていた[127]。

特筆すべきもっとも盛大なイベントとして、一九三九年七月二四日から三〇日、複数の聯誼会が合同開催した「上海アマチュア話劇界慈善公演」を挙げられる。日本軍や傀儡政権の特務機関に警戒されないように、軍隊を支援する意味あいを含むことのある「義演」ではなく、慈善救済事業の意味あいが強い「慈善公演」という名称が用いられていた。フランス租界の黄金大劇場において七日間連続で九回の上演がおこなわれ、演目は多幕劇が七本、一幕劇が三本、俳優や裏方として一一劇団の三〇〇人以上が参加し、中国のアマチュア演劇史上に前例のない大規模な公演となった。銀聯・華聯・保聯・益友社にくわえ、工部局華員倶楽部・中国職業婦女倶楽部などの劇団が上演し、海関倶楽部の劇団も賛助したため、企業職員のアマチュア劇団員の大半がこの慈善公演に関わったことになる。

例えば、銀聯の上演した『緩期還債』（借金返済の延期）は戦時の経済的な重圧に耐えかねた銀行員が殺人を犯す話、華聯の上演した『酔生夢死』は北平陥落の前夜に怠惰な生活を送る人を描いた話、保聯の上演した『日出の前』（阿英作『群鶯乱飛』の改題）は東北部の大家族が先祖伝来の土地を売りはらうまでの話で、いずれも日本の侵略と蔣介石の東北政策を批判した作品であった[128]。そしてある日の公演終了後、主催者の張菊生と李伯龍は、当時すでに共産党に入党していた胡詠騏を介し、八路軍駐上海辦公処秘書長の劉少文に面会した。公演の収益は、劉少文を通じてほぼすべて新四軍に献金されたという[129]。

四　日本軍の共同租界進駐後の聯誼会

一九四一年一二月八日、日本軍は、英米両国との開戦にともなって共同租界に進駐し、その全域を占拠した。ただし、「敵国人」の除去や「敵国資産」の管理などの任務を終えると撤退し、共同租界内の治安警備を工部局警察に任せた。また、フランスは一九四〇年六月にドイツに降伏し、その後フランス租界公董局が日本軍に対して協力的な態度をとっていたので、フランス租界は当初から日本軍の進駐の対象外であった(130)。それゆえ、聯誼会の活動を可能にしていた複数の統治権力は、太平洋戦争勃発後も辛うじてわずかに残されていた。

しかし一九四三年一月九日、汪精衛の南京国民政府は英米に宣戦を布告しつつ、「日華共同宣言」および「租界還付及治外法権撤廃等に関する日本国中華民国間協定」に調印する。同月一一日には重慶の国民政府と英米政府も、「在華治外法権及びその関連特権取り消し」に関する新条約に調印する。これらに呼応して、フランスのヴィシー政府も二月二三日、不平等条約にもとづくフランスの中国における特権の放棄を公式に宣言した。そして実際には、一九四三年七月三一日にフランス租界、八月一日に共同租界が、それぞれ南京の汪精衛政権に返還された(131)。この時点で、上海の租界の安全性および多元的な統治権力と行政系統が完全に失われたことになり、その後も再現されなかった。

こうしたなか、太平洋戦争勃発後の各聯誼会の活動はおしなべて低調であったが、その度合は各業界の受けた損失の大きさによって異なっていた。当然ながら、共同租界が日本軍に占領されてもっとも深刻な損害を受けたのは、欧米系の企業である。イギリス・アメリカ・オランダなどの企業が営業停止に追いこまれ、多くの外国人職員が帰国し、残留者は一九四三年一月末から集団生活所に移住させられた(132)。中国人職員も何の手当もなく失業し、帰郷や転職するしかなかった。しかし、華聯は引き続き図書館を開館し、読書・歌唱・話劇も政治色のうすい芸術的なものを中心に続けて、球技の活動も継続する[133]。華聯の主席を務めた盧馥は、日本軍の租界占領後、病と称して主席の職を退いていたが、日本軍の憲兵隊に逮捕されて一週間拘留された。後年の回想によると、そのとき、華聯の会員に多くの共産党員がいることについて尋問を受けて、盧馥は「一万人あまりの会員がいるのに、誰が共産党員か私にわかるものか」と答えたという[134]。

また、製造・流通・サービス業界から多くの社員を集めていた益友社も、日本軍の共同租界占領後、新社員の募集を停止し、抗日の色彩の強い文化活動を自粛したが、診療所・理髪店などの福利厚生業務や図書館・補習学校などの文化事業を中心に継続した。さらに娯楽活動も細々と続けて、例えば、診療所の待合室を使って話劇を上演するといった工夫をしていた[135]。益友社の名誉理事の聞蘭亭が、日本や汪精衛政権に対して益友社の安全性を保証し、さらに汪精衛政権下で上海市政咨詢委員会主任委員・新聞報館社長などを務めた李思浩が、益友社の理事に迎えられた。益友社の理事会は、レストランで会食しながらおこなわれ、名誉理事の張文魁（恒義昇鞋料五金店・三友実業社等の創業者）らの自宅では、学者を招いて時局の討論会も催されていた[136]。ところがこうした用心深い運営にもかかわらず、益友社は日本軍の中国語機関紙『新申報』によって、「後方秘密機構」（国民党ないしは共産党の秘密機関）としてやり玉にあげられることがあった[137]。

続いて銀行業界を見ると、日本軍の共同租界進駐後、国民政府系と欧米資本系の銀行は日本軍に接収されて休業し、民間資本系の銀行・銭荘も営業が困難になった。銀聯は、活動を縮小・継続するか、それとも解散するかについて、会員の投票で決めることになった。投票の結果、大差で会の継続が決定されたが、ただしそれ以後は、上層人士が公の場で銀聯の会務に関わらないことになった。銀聯は、上海工業銀行総経理で金融協進社（新興中小銀行の団体）の有力者であった陳滋堂を、理事会臨時主席として招く。さらに、日本の特別高等警察に登記して合法的な地位を確立し、消費合作社や食堂、医院や理髪店などの事業を続けた[138]。

保険業界でも、日本の共同租界進駐後、欧米系の保険会社が全業務を停止され、東京海上火災保険や日産火災海上保険といった日系企業がそれに代わろうとしたが伸び悩んだ。一方、中国の民間資本の保険会社が続々と新設されて[139]、閉鎖された欧米系保険会社の従業員を吸収した。新興の各社は、資本規模が小さく、従業員が少なく、投機的な業務を中心におこなっていたとはいえ[140]、保険業界は活気づき、太平洋戦争勃発後に新たに保険会社に就職した青年も多く、業界全体の職員数は増加する。それゆえ、アジア太平洋戦争期においても、保聯の活動は相対的に活発であり、汪精衛政権に登記して合法的な地位を確立しつつ、福利厚生事業のほかに保険に関する学習会や話劇・球技・将棋などの文化・娯楽活動を継続した。当時、太平保険公司とその系列会社からなる太平集団が、保聯への経済的な支援をうち切ったが、それに代わって、太平集団のライバルである大上海集団が保聯を支援した。さらに、当時の保険業界に強い影響力をもっていた過福雲らの賛助も受けることができた[141]。

以上のように、太平洋戦争の勃発後も各聯誼会は、福利厚生事業や政治色の薄い文化・娯楽活動を継続し、多くの俸給生活者たちが聯誼会の会員であり続けた。確認するに、俸給生活者たちが聯誼会の活動を維持できたのは、日本や傀儡政権に協力した業界有力者たちの力添えがあったからだった。ただし、そうした有力人士のなかには、終戦後に「漢奸」として逮捕された者もいたので、後世の回想録や史料集では彼らの業績が強調されていない。一方、前述の顧准によれば、日本軍の共同租界進駐後にも上海に潜伏していた共産党地下党員は、生活を維持する活動を続けて、聯誼会や各企業でともに働いた職員・労働者たちの信頼を勝ちとり、戦後上海に舞いもどる国民党に対抗する足場を築くことができたのだという[142]。

五　戦後の聯誼会と娯楽

（1）聯誼会に対する国民党の統制

羅北辰による保聯の支配

一九四五年八月一四日、日本は連合国に無条件降伏を通告し、一八日から上海にアメリカ軍が進駐した。共産党は、同月に上海で武装蜂起を画策していたが急遽中止し[143]、戦後も地下活動を継続する。終戦直後の上海の治安は、汪精衛政権の周仏海市長が維持していた。九月九日、新市長に就任した銭大鈞が重慶からやってきて、支那方面派遣軍総司令官の岡村寧次の投降を受けいれ、市内の全行政機構を接収した。その後、多くの聯誼会が活発な活動を再開したが、国民党政権が民間団体の活動に以前よりも頻繁に介入した。戦後の国民党は聯誼会に党員を送りこみ、それを積極的に利用して上海の企業職員を統治しようとしたので、聯誼会は同郷会などと同様に[144]、国民党政権と共産党勢力の抗争の舞台になることがあった。

国民党にもっとも強い干渉を受けた聯誼会は、保聯であった。戦後の上海では、保険会社の増資や新設があいつぎ、さらに重慶など戦時における国民党統治区から政府系および民間の保険会社が移転して、また欧米資本系の保険会社ももどってきた。そのため、保険会社の数は戦時期の一〇〇社あまりから約三〇〇社にまで増加し、保険業の従業員も四〇〇〇人をこえ、業界は活況を呈していた。

こうした戦後上海の保険業界で権勢をふるったのは、国民党員で中央信託局人寿保険処経理・中国再保険公司董事長の羅北辰である。一九四五年八月、彼は重慶から上海にやって来ると、国民党上海市金融特別党部常務委員に着任し、まずは上海市保険業同業公会の理事長の座をねらって、上海保険業界の有力者を牽制した。例えば、太平保険公司総経理の丁雪農に対しては、戦時上海に残留していたために「日偽（日本の傀儡政権）と私通した嫌疑」があり、同業公会の責任者にはなれないと脅した。また、中国保険公司董事長の宋漢章に対しては、羅北辰よりも地位が高いので、宋漢章が羅に敗れて落選したら名声に傷がつくなどといって圧力をかけた。丁雪農や宋漢章をはじめとする上海保険業界の有力者たちは政争に巻きこまれるのを避けたので、羅北辰は上海市保険業同業公会の理事長の座を勝ちとり、続いて全国保険業同業公会聯合会の理事長にも就任した(145)。

すると、羅北辰は保聯の活動に着目し、当初はその指導者に配慮や支持を示していたが、その後しだいに統制を強めていった。まず彼は、保聯の秘書処で働く共産党地下党員の沈潤璋と趙偉民に働きかけ、社会局への登記をうながし、羅の支持があれば受理されると説得する。ただし同時に、羅北辰は社会局を通じて、沈・趙の勤める企業に彼らの「政治背景」を調べるように働きかけてもいた。一九四六年秋、保聯は登記申請を受理されたが、その際には従来の「上海市保険業業余聯誼会」の名称が「上海市保険界同仁進修会」（以下では「保進」）に改称された。羅北辰は保進の理事長に就任すると、会のいかなる出費にも彼の署名押印のある小切手を必要とさせて、重要な会務をすべて管理した。さらに彼は、一部の理事を攻撃して、理事会に出席できなくしたり辞職させたりした一方、国民党三民主義青年団の団員で元青年軍士官の穆道政を招き入れ、保進の幹事兼図書館管理員として日常業務を監視させた。

ほかにも、羅北辰は保進の各種活動を制限した。例えば、保聯は終戦直後から一九四六年四月にかけて、郭沫若・黄炎培・陶行知・沙千里らの左派系・民主党派系の著名人を招いて、時事・政治経済に関する講演会を開催し、毎回二〇〇―四〇〇人程度の聴衆を集めていたが、羅北辰が保進の理事長になってからは、講演会を禁止した。さらに彼は、最終的に保進を保険業同業公会と合併し、同業公会の附属組織にして管理を強化しようともしていた(146)。

こうして国民党による統制が強まるなか、保聯・保進の共産党地下党員は窮地に追いこまれていった。例えば、共産党華東聯絡部の施月珍は、保聯の活動状況を上司の張蓮航に逐一報告していたが、張蓮航は共産党を裏切り、国民党の特務機関である中央党部調査統計局（以下では「中統局」）の上海辦事所に、保聯の共産党地下党員の活動を密告する。その結果、一九四七年三月には施月珍が逮捕され、ほかの共産党地下党員も危険にさらされた。一九四八年八月の時点において、上海の保険業界で活動する共産党員は五二名を数えたが、同年末、羅北辰は保進の会所を閉鎖し、中統局が四名の共産党地下党員を逮捕した。共産党は、それ以上の損害を防ぐため、上海保険業界で活動していた党員のうち、六名をのぞいた残りの党員を保進以外の工作に移すか、上海から遠ざけて蘇北の共産党統治区に移した(147)。このように保進は、国民党員と共産党地下党員が活動の主導権をめぐって争い、国民党政権の社会統制と共産党地下組織の大衆動員が衝突する場になっていたのである。

華聯同楽会における抗争

保聯・保進とともに、国民党の介入を強く受けたのは、華聯であった。終戦後、華聯の主席と副主席には国民党員の趙懐仁と銭斉霊が就任し、ほかにも華聯の上層部には国民党員や三民主義青年団員が数多くいた。彼らは華聯を国民党寄りの団体にして、外資系企業職員の間に国民党の影響力を拡大させようとしたので、華聯内部では国民党員と非国民党系人士との間に軋轢が生じることがあった。例えば、華聯は戦時に賃貸ししていた講堂を終戦後に回収して会所に利用しようとしたが、借り手との間で折り合いがつかず、趙懐仁と銭斉霊が「敵産の徴用」という名目で返還を強行する。ところが、華聯の国民党員はそのことに便乗して、華聯の入口に「国民党上海市直属第一三区分部」という看板を掲げた。これに対して華聯の非国民党系人士は、「章程」の「本会はいかなる政治活動や一切の不良な娯楽を絶対に禁止する」という条文を根拠として、看板を撤去した。

ほかにも趙懐仁や銭斉霊らは、国民党上海市党部の呉開先や方治らを華聯に招いて講演を依頼しようとしたが、非国民党系の人士が反対した。それとは逆に、非国民党系の人士が沙千里を講演に招こうとすると、華聯の国民党員が沙千里の拉致計画を公言した。

一九四七年春、華聯主席の国民党員・趙懐仁は、国民党ＣＣ系の駱清華を会員徴集運動大会の名誉会長に就任させ、運動終了後に華聯の主席につかせようとした。ところが、非国民党系の華聯有力者が反対して実現せず、結局、華聯の主席・副主席には国民党員の趙懐仁・銭斉霊が再選される。さらに理事には駱清華、戦時に華聯主席を務めた盧馥、共産党地下党員の陳已生らが選ばれた。理事選挙の終了後には国民党系の会員が、誰は共産党で誰は民主同盟であるといった名指しの流言を飛ばして、一時的な混乱をひき起こしたという[148]。

上海市銀銭業同人聯誼会の拡大と国民党政権に対する配慮

銀聯は、戦前・戦時に名誉理事や理事を務めた有力者が戦後にも継続して会の運営にあたっていたので、国民党による直接的な統制を保聯や華聯の場合ほど強く受けなかった。とはいえ、戦後の銀聯は、国民党に対して以前よりも慎重な配慮を示しながら会を運営する。日本の降伏から間もない一九四五年九月、銀聯は国民党上海市党部に登記を申請し、翌年三月、「上海市銀銭業同人聯誼会」に改称して、市党部への登記が認められた。ただし国民党上海市党部は、二名の専門員を「指導」のために銀聯に派遣していた。

一九四六年六月に開催された銀聯の会員代表大会において、孫瑞璜・王志莘・陳滋堂といった以前に銀聯で名誉理事や理事を務めた有力者たちが常務理事に就任し、会の運営を担うことになった。戦後の銀聯は名誉理事の職位を廃止したので、有力金融業者が銀聯から去っており、さらに戦時期に理事長を務めた陳滋堂は地位が低くて理事長に再選されない恐れがあったので、孫瑞璜が海外から帰国したばかりの王志莘を推挙して、理事長への就任を要請した。王志莘は後に共産党政権下でも要職につく左派系の銀行家だったが[149]、銀聯の理事長に就任するにあたって次の三条件を提示した。すなわち、①銀聯の重要な活動は国民党上海市党部などの関係各方面に報告する、②中央銀行などの大企業の国民党員を銀聯に参加させる、③銀聯は労働組合と見なされないために各銀行・銭荘の内部行政に干渉しない、の三条件である。さらに王志莘は、国民党員を銀聯の委員会の主任に就任させた。こうした運営方針は、戦時期に一部の聯誼会が対日協力政権で要職についた有力人士を理事会に招き入れたのと同じ戦略であり、会の活動に政治的な正当性を付与することがねらいであった。

一九四七年一月、銀聯は上海市政府社会局にも登記を受理された。こうして銀聯は、国民政府の統制を慎重に受けいれ、合法的な社会団体となって規模を拡大していき、終戦前夜の一九四五年五月には一九三店の銀行・銭荘・信託公司・両替店から約五三〇〇人の会員を集めていたが、四八年一月までには二四一店から約一万三五六〇人を動員するまでになった[150]。聯誼会の持続的な成長は、戦後においても戦時と同様に、聯誼会の提供する物資や福利厚生業務および文化・娯楽活動が、俸給生活者たちにとって必要なものであったことを示している[151]。

（2）娯楽による社会批判と国共対立

合唱による国民党批判

前節で見たように、戦後の聯誼会は国民党員を招きいれ、国民政府に対して慎重に対応していた。しかし、文化・娯楽活動においては、国民党やその統治下の社会を痛烈に批判する内容を盛りこむことがあり、戦前・戦時期に「抗日」「救国」を目指した地下活動の経験が継承された。本節では、各聯誼会が戦後におこなった歌唱・舞踏・話劇・京劇について順に見ていきたい。

戦後の聯誼会では、第一に、国民党統治下の社会を風刺する歌曲が合唱された。例えば『茶館小調』（茶館俗曲）は、戦時に国民党統治下にあった西南地方のある茶館でいざこざを避けるために、「国事を語ることなかれ」という貼紙をしたところ、客がそれに憤慨するという話から、国民党統治下の言論の不自由を批判した。同じく言論統制を題材にした『古怪歌』（奇怪歌）は、「早朝城内に行くと犬が人を咬むのを見る！　彼らがワンワンと吠えるのだけを許して、どうして人が口を使って話すのを許さないのか」と歌った。また、経済状況を批判した歌曲として、『你這個壊東西』（おまえというこの悪いやつ）は、買いだめと売り惜しみをして利を図り、空売買・投機取引をして物価をつり上げる商人を恨んだものである。『五塊銭』は、「なぜ五元札を欲しがる人はいないのか？　なぜ五元札はあたり一面に捨てられるのか？　なぜだ？　なぜだ？」と歌い、インフレを風刺した。

第二に、「戦闘歌曲」といわれるものが歌われた。例えば『つまずき倒れることが何だ』、『入獄することが何だ』、『団結こそが力である』、『一人が倒れれば千万の人びとが立ちあがってくる』と題する歌曲や、「自らの刀と剣を持ちあげて敵の騒乱を制止し、我々の民族の自由・解放を争い取りもどそう」と歌う『自由神』などがあった。これらの歌曲の一部は、学生の間から伝わったもので、学生運動で逮捕者が出ると銀聯などでも合唱された。

第三に、地方の風光や民情を賛美する民謡が歌われた。例えば、「山のあそこはよいところ、貧乏人も金持ちもみな同じ、飯を食いたければ仕事をしなくてはならない、誰もあなたのために家畜を飼わない、一般庶民が村を管理して、民主を講じ地方を愛す」と歌う『好地方』が代表例である。ほかにも、陝北民謡の『蘭花花』『黄河大合唱』などが歌われたが、これらの歌曲には、共産党の統治区を賛美する政治的な意味あいがあった。くわえて、『畢業歌』や『義勇軍行進曲』などの抗日救国の歌曲や、ソ連の歌曲、ロシアの民謡なども合唱された(152)。

各聯誼会の合唱隊は戦後内戦期において、「愛国」「民主」を求める大衆運動に参加した。例えば、一九四五年一二月、昆明で内戦反対のデモをおこなった学生を国民党軍が鎮圧した「昆明惨案」が発生すると、益友社の合唱隊は、上海の玉仏寺で開催された追悼会と南京路でのデモ行進にくわわった。また一九四六年六月、南京国民政府に内戦停止などを要求しに行く上海各界赴京請願団の歓送会が上海で催されると、益友社の合唱隊も参加し、『十五日だよ、十五日』（内戦停止がわずか一五日間であったこと）を歌った。ほかにも一九四七年二月、上海の百貨店従業員による国産品愛用・アメリカ製品ボイコット運動委員会の成立大会が国民党特務機関に襲撃されると（「勧工大楼事件」）、「新音楽運動」を推進していた黎明合唱団の周一丁が、『国産品を愛用するのが罪になる』という歌曲を創作して益友社の合唱隊に提供した。さらに一九四七年夏、聶耳の一一回忌には、益友社・銀聯・華聯・立信会計学校などの合唱隊が、蘭心大戯院を借りて音楽演奏会を挙行して、『我が愛する大中華』や蔣介石を批判する「東方の暴君」を歌った(153)。

舞踏と小歌劇における攻防

続いて舞踏については、保聯では一九四七年六月、銀聯では同年九月に舞踏班が成立し、ほかに益友社でも戦後に舞踏が盛行した。戦後の聯誼会の舞踏班は、第一に、国民党統治下の社会を風刺した小歌劇の公演をおこなった。例えば『買売』は、飢えに苦しむ母娘三人が年長の娘を売ることに決めたが、いくつかの大餅を買うくらいの金銭しか手に入らないという話である。また『恩恵』は、屠殺夫に一匹の犬が殺されたが、同じ群れの他の犬たちは悲しまず、ただ殺された犬の妻だけが、夫の仇をとって屠殺夫を殺した。だが群れの犬たちは、その屠殺夫が仲間の犬の骨を餌にしてあたえてくれた恩恵に報いるために、屠殺夫の墓をつくった。妻の犬は群れの仲間に心を痛め、屠殺夫を恨みその墓碑を倒して、夫の遺体の傍らで泣き崩れる、という悲痛な筋書であった。

第二に、農村での労働を題材にした小歌劇もさかんに上演された。例えば、力を合わせて団結し荒れ地を開墾する『山上荒地』、つらい農業労働を象徴する『農作舞』、牛の群れを放牧する牧童が笛を吹くと、きれいな娘がやってきて牛といっしょに踊る『牧童短笛』、陝北地方を舞台にする『兄妹開荒』（兄妹の開墾）、解放を迎えることを象徴する『冬亡春来』などがあった。これらは「進歩」的な舞踏とされ、共産党の統治を賛美する政治的な意味あいがこめられていた。ほかにも第三として、少数民族の舞踏が「健康」的であるとして奨励され、例えば『瑶人鼓舞』(雲南・貴州の瑶族の祭礼)、『新疆舞』、『西蔵舞』などが上演された[154]。

これらの舞踏および小歌劇に対して、国民党政権は圧力をくわえることがあった。例えば、人民解放軍の上海進駐前夜、「大上海青年戡乱隊」のメンバーで「小広東」と名乗るレストラン店員がごろつきを集めて、益友社の舞踏班の活動を妨害しにきた。また一九四九年三月、益友社が「音楽と舞踏の夕べ」というイベントを開催して小歌劇『都市風光』を上演していたところ、上海市政府社会局の調査員が監視にやってきた。『都市風光』は、上海の下層社会に生きる乞食・娼婦・人力車夫・ごろつき・貧乏学生などの矛盾を描き出した作品である。益友社は、やむをえず臨時に演目を変更し、調査員が帰ると上演を再開するという方法で監視を切りぬけた[155]。

話劇の統制と京劇の隆盛

さらに話劇は、戦後にも俸給生活者たちによってさかんに上演される。例えば一九四五年一〇月、益友社の戦勝を祝う大会では、話劇サークルが抗戦喜劇『奨状』を上演した。また、翌年新春の益友社の親睦会では、結婚における拝金主義の問題を風刺した『装腔作勢』(みえをはる)が上演された。ほかにも益友社の話劇サークルは、曹禺『日の出』、チェーホフ『求婚』などの上演をおこなった[156]。

各聯誼会は国民党の統治を批判する演目も上演し、それらは国民党による妨害や弾圧の対象となった。例えば、銀聯は一九四六年五月、「文芸娯楽の夕べ」を主催し、金城銀行の話劇サークルが、「敵産」を接収する際の国民党高官の不正を描いた『接収大員』を上演した。ところが、上演中の舞台に「共匪、即刻この劇の上演を停止しろ、さもないとお前たちに不利なことがある」と書かれた紙が投げこまれ、さらに大声で国民党の歌曲を歌って上演を妨害する事件が起こった。また一九四八年五月には、銀聯が上海戯劇学校を借りて、国民党統治下の北平の暗部を描く『小人物狂想曲』を上演した。ところが上演終了後、「この劇は共産党が舞台裏で指揮しており、席徳基がその人物だ」として、銀聯の娯楽委員会秘書の席徳基（共産党地下党員）に対する個人攻撃がなされた[157]。ほかに保聯・保進でも、国民党員の羅北辰が理事長になってから話劇サークルの脚本を審査し始め、例えば夏衍編『芳草天涯』は上演を許されなかった[158]。

話劇に対する統制が厳しくなると、それに代わって活発に上演されたのが、政治色のうすい京劇（「平劇」）である。とくに保進では、戦後に重慶から上海に来た中興保険公司総経理の謝峻声が、戦時から羅北辰と付き合いがあり、さらに夫人が京劇好きであったことから平劇委員会の名誉主任に就任したので、京劇が盛行することになった。例えば一九四八年九月一八日、中国保険業界の最長老で中国保険公司総経理の過福雲の七八歳の誕生日と保険業継続六〇周年を祝う会が盛大におこなわれた。その会場で保進は、『武家坡』『坐宮』『春秋配』『穆柯寨』『水淹七軍』といった京劇を上演した[159]。

（3）俸給生活者たちの一九四九年

上海職業界協会と人民保安隊

一九四九年に入って、人民解放軍の上海への進軍が間近にせまると、俸給生活者たちの一つの組織が上海で活発な活動を展開した。第一に挙げるべきは、上海職業界協会（以下では「職協」）である。一九三六年二月に結成された上海職業界救国会が、三七年九月に上海職業界救亡協会に改組され、さらにそれが戦後に改称されて成立した団体であった[160]。一九四九年二月、職協は、共産党の地下党組織が組織した上海市人民団体聯合会の指導下に入った。

職協は具体的な仕事として、「①隊伍を拡大し、覚醒を高め、各階層の人民を団結して真の和平を勝ちとり、解放をむかえる、②戦犯を調査・監視し、その罪行の証拠を集める、③国営企業すなわち官僚資本主義の企業を調査し、破壊や移転を防ぎ、接収・管理を助ける、④工商企業を保護し、職員・労働者の生活を保障し、労働者と資本家を合作させ、共同で対処する、⑤生産技術を学習し、工商政策を研究し、新民主主義の経済を建設する人材を培養する」ことを挙げた[161]。そして職協が実際に力を発揮したのは、文書を配布して共産党の都市政策や商工業政策を宣伝したり、共産党統治区の人びとの「新生活」を紹介したり、さらに民衆を教化して企業組織を維持させたり闘争の情緒を芽生えさせたりすることであったという[162]。一九四九年の二―五月にかけて、銀聯・華聯・保聯・益友社などの聯誼会の会員の一部も職協にくわわって活動した[163]。

そして第二に、人民保安隊が、やはり共産党地下党員の活躍によって俸給生活者を組織した。人民保安隊は「職員の積極分子の武装組織」であり、その任務として「①商店・桟房〔運送業や宿屋の物置〕・倉庫を保護し、物資の移転に反対する、②職員・労働者の指導者を保護し、職工会〔労働組合〕を組織する際には協力する、③戦犯・特務人員、土地のならず者やごろつきを調査・監視し、解放の時に解放軍を助けてそれらを逮捕する、④反動の武力を瓦解させ、門衛警官・保安警官・義勇警官・警察士官を奪還し、人力・物力・火力を含む敵の反動武装勢力を人民に服務する力に変える、⑤解放軍に協力し、上海を解放し、地方の治安を維持し、群衆の利益を増やし、人民の損失を減らす」の五点を規定した。上海の人民保安隊は、一九四九年四―五月、人民解放軍が長江を渡って南京に入ってから上海の市街地に入って国民党軍と交戦し占領するまでの期間、治安維持活動を展開する[164]。人民保安隊には、保進の会員を含む四〇人あまりの保険業者がくわわり、華聯の会員と合流して人民保安隊「華聯中隊」を結成する[165]。銀聯の会員も、人民保安隊の一中隊を組織した[166]。益友社の社員は「益友区隊」として人民保安隊にもっとも積極的に参加し、四月二〇日までにその数は一〇〇〇人あまりに達していたという[167]。

このように、職協と人民保安隊にくわわった職員たちは、国民党から共産党への政権交代期において上海の秩序を維持し、混乱を最小限にとどめることに貢献した。そして、聯誼会で職員動員の経験を積んでいた共産党地下党員は、職協や人民保安隊の組織で中心的な役割を果たしていた。

ほかにも、保険業界で活動していた共産党地下党員は、人民解放軍の上海進駐に際して注目すべき特殊任務を請けおった。一九四九年一月、共産党は上海から逃避する国民党系・外資系企業の資産に関する資料を収集するように指令を発する。保険業界の地下党員は、営業上の必要から集めた企業の建物・倉庫・財産などに関する情報を記したカードや、火災保険業務用の上海市街地図を共産党に提供した。とりわけ、保険会社の市街地図は、建物や道路が詳細に記されているので軍事的な利用価値が高いばかりでなく、国民党や欧米企業の資産が記載されているので接収工作に役立ったのである。太平保険公司の市街地図は、共産党員による再測量と校正をへて共産党と人民解放軍の手にわたった[168]。

図4-4　上海市の財政・金融業従業員のダンス会
出典：上海市檔案館所蔵（H1-23-3-52）.

聯誼会の解散と活動の継承

一九四九年五月、国民党の施政に失望していた人びとの期待と不安が入りまじるなか、上海に人民解放軍が進駐した。同年七月、「解放」祝賀デモが挙行されると、益友社の社員の一部は、人民保安隊のなかに一〇〇人あまりの人民宣伝隊を組織した。彼らは白地に赤字の腕章をつけて、南京路・西蔵路などで、『解放区の天』『君は灯台だ』『東方紅』などの革命歌曲を歌い、田植え踊り（「秧歌舞」）を踊り、腰鼓（腰に結びつけて左右から打つ小太鼓）や蓮湘（湖南のはすの実でつくった鳴り物）を打ち鳴らして行進し、共産党の宣伝に一役買った。

その後、益友社の合唱隊・舞踏隊・話劇団のメンバーは、「労働者

図4-5　上海金融工会の成立（上海商業儲蓄銀行分会の銀行員たち）（1949年12月）
出典：上海市檔案館所蔵（H1-23-1-67）.

の学校と楽園」と称された上海市工人文化宮（一九五〇年九月創設）のアマチュア文工団に編入され、ほかの団体や企業のために合唱・器楽・舞踏・話劇を訓練する職務についた[169]。一九五〇年代には上海市内各地区に工人倶楽部が設置されて、労働者のアマチュア話劇の上演などがおこなわれたが[170]、旧聯誼会の活動員はそれらの普及に貢献したのである。［図4-4］

くわえて、すでに戦後内戦期から上海の各企業内で職員と労働者を統合した職工会（労働組合）が組織されていたが[171]、さらに一九四九年二月には職員動員を任務としてきた職員運動委員会が解散された[172]。すると、「職員は労働者の特殊な一部」という認識が広まり[173]、各聯誼会の職員は労働者と合同の工会に吸収されていった。例えば、一九四九年中頃には銀銭業工会・保険業工会、同年一二月には上海金融工会が成立し、銀聯や保進の会員が合流した。また、益友社の社員や華聯の会員も、各業種別の工会（「店員工会」「行業工会」など）の活動に合流していったのである[174]。［図4-5］

六　消費合作社と戦時・戦後の消費生活

両大戦間期の消費合作社

さて本節では続いて、戦時・戦後の聯誼会と深い関わりをもち、その動員力に大きな影響をあたえた消費合作社の略史を振り返っておきたい。中国では辛亥革命前後から協同組合思想が流入し、五・四運動前後から民間の合作社が組織され始め、例えば薛仙舟ら復旦大学グループが創設した平民週刊社の合作運動などが、上海を筆頭として省都・地方都市・商業港などに設立される。それらは消費合作社が大多数を占めたが、信用・生産各合作社も創設された。ただし、平民週刊社を中心とする初期の民間合作運動は、反資本主義、中間搾取批判、労働者・農民解放といった志向をもっていたので、軍閥政権の弾圧を受けて沈滞し、一九二四年までに多くが崩壊した[175]。

とはいえその後も上海においては、民間の消費合作社が工会などによって数多く設立されて活動した。消費合作社とは、日用品を生産者から直接大量に仕入れて、平等な共同運営者とされる社員に廉価な商品を提供し、社員の生活改善を図る組織である。例えば一九二六年夏、全国基督教青年協会工業部幹事の朱懋澄が王雲五らの協力をえて、上海消費合作社を試験的に創設する。上海消費合作社は、上海南市の卸売店から直接仕入れた米、潤豊号から卸した石炭をはじめとして数多くの品目を販売したが、北伐軍到着前夜の一九二七年三月、共産党指導下の労働者の武装蜂起が共同租界と華界の間の交通を遮断すると、営業を停止した。三ヶ月あまり後に業務を回復したものの、その後は社員が関心を失い衰退していった。一九二八年春の時点で二二五人の社員がいたが、そのうち九五人はまったく買物に来ず、七五人はたまに買物に来るだけだったという[176]。

また一九二四年六月には、廖仲愷が国民党初の合作社（中央執行委員会付属で党員が対象のもの）を広州で発起した[177]。その後、国民党は合作運動を訓政期の地方自治の任務として推進し、一九三五年九月には「合作社法」「合作社法施行細則」を施行する[178]。そして薛仙舟ら初期民間合作運動の関係者が、南京国民政府の合作運動に接近・合流し、江蘇合作事業の発展に寄与した。ただし国民党系の合作社は、都市型の消費合作社からしだいに農民協会運動と連動して、農民の信用合作社へと重点を移していった[179]。

上海市銀銭業消費合作社

しばしば反資本主義的な傾向のある消費合作社は、消費主義的な風潮の強かった両大戦間期の上海において隆盛であったとはいい難い。上海において消費合作社が再び著しく発展したのは、生活必需品の入手が困難になった戦時期からと考えられる。一九三六年八月頃には、上海職業界救国会（同年二月創設）が上海救国職員消費合作社を設立している。(180) さらに一九三八年からは、銀聯・保聯・華聯などの聯誼会も消費合作社を創設して、俸給生活者とその家族を支援しながら動員しようとした。ここでは銀聯の創設した消費合作社の活動を中心に跡づけながら、戦時・戦後の俸給生活者の消費生活を見ていこう。

一九三八年六月、銀聯は会所に消費合作カウンターを設置して、工場・商店と特約した割引商品（五分から三割五分引き程度）を会員に販売し始める。当初の販売品には、炭酸水・ミカンジュース・牛乳・タバコ・サングラス、および難民習芸所でつくられた各種工芸品などがあった。さらに八月からは各種書籍・雑誌を、九月から炭団（「煤球」）・白米・醤油などの特約大口商品を取り扱い、また、下着・タオル・ハンカチ・靴下・歯ブラシ・歯磨き粉・石鹼・砂糖菓子・ビスケット・パン・茶葉なども販売し始めた。(181)

そして銀聯は、一九三八年一〇月に消費合作社の準備委員会を立ちあげ、銀行・銭荘業の従業員の間で資金を徴収した。出資金の合計は暫定的に法幣一万元と定め、各株二元、各社員の株引き受けは一〇株までとされた。消費合作社の設立目的として、当時の中国内外で流行していたスローガンを掲げ、相互扶助・平和博愛の社会建設、国民経済の改造と安定化、詐欺や仲介人の利潤をなくすこと、俸給生活者層を経済的圧迫から抜けださせること、物価の引き下げと安定化などを宣伝した。ただし、このときの社員募集ではわずかに一九二人が参加し、六九八株が引き受けられたのみだった。上海市銀銭業消費合作社（以下では「銀合」）は、一九三九年五月二一日に社員代表大会をひらいて正式に成立を宣言し、二一人の理事を選出して、理事会が周徳孫（四行儲蓄会の重役）を社長に推挙する。銀合の運営資金は、縁故のある四行儲蓄銀行や金城銀行から借り入れることができた。ほかに同年一一月には、上海市保険業消費合作社（以下では「保合」）も設立された。

　銀合や保合は、活発に配給販売をおこなった。例えば一九四〇年、海運に障害が起こって民間用の炭団の供給が滞ると、銀合と保合は華聯が運営する消費合作社とも協力して「煤球聯合営業処」を開設し、特約した義泰興廠の良質な炭団を三社の社員に廉価で販売した。また銀合は一九四〇―四一年、食用油・砂糖・大豆などを各人一定量だけ市価よりも三割以上安い価格で計五回配給売りをし、その配給品を購入した社員は各回それぞれ一八〇〇―二六〇〇人あまりもいた(182)。銀合は、一九四〇年にはフリーマーケット（「物品交易市場」）を開催している(183)。さらに一九四一年七月には一〇日間の大特価セールを実施し、すでに急速な物価上昇が始まっていたにもかかわらず、前年の仕入れ価格に減価償却分・借入金利息・運営資金を上乗せしただけの廉価で販売した。ほかにも銀合は、電話販売の業務を拡大していた。電話番号は記憶しやすい「九一八八一」（一九三一年の満洲事変の日付と共産党の「八一」宣言にかけている）とし、電話番号と類似する音の宣伝文句が公募されて、「交易撥撥伊」（取引にはそれをちょっと押す）が採用された(184)。

　ちなみに、保合の運営に携わった女性共産党員の回顧によると、戦時の上海において対日協力政権の配給米は少なく、闇市の米も保険会社職員の給与では三斗あまりしか買えず、しかも市場で購入できるのはたいてい砂の混じった砕けたもろこしの穀実（「砕紅米」）だけだった。しかし保合は、輸入品のサイゴン米を買いつけて社員に販売したり、さらに日本軍が設置した針金網を乗りこえて上海近郊の農村に白米を買いつけに行き、日本軍の歩哨の目をすりぬけて市内に持ち帰ってきたりすることがあったという(185)。

　その後、悪性インフレが進行し、資金の借り入れと商品の調達がさらに困難となったが、銀合は一九四四―四五年にかけて、食用油・砂糖・大豆・練り歯磨き粉・粉ミルクなどを市価より三―五割程度の廉価で配給売りを続ける。一九四五年九月には、抗日戦争の勝利を祝賀する三日間の大特価セールもおこなった。しかし、原価を省みずに売り出すことがあったので、販売してえられた資金では物資の仕入れに足りなくなっていった。[186]

そして一九四六年一一月、銀合は社員から集めた出資金を清算して一度解散し、そのうえで翌月から新たに資金を徴収して消費合作社の再組織の準備を始め、翌年一月から配給売りの業務を再開した。[187] 上海市政府社会局は、その後しばらく銀聯の新しい消費合作社の登記申請を受理しなかったが、一九四八年四月頃に方針転換する。上海市政府は消費合作社の設立を推進し、政府による物資分配を補助させて、生活費の高騰を抑制しようとした。そのため社会局の指導下で、「有限責任上海市第一銀銭従業員工消費合作社」（以下では「新銀合」）の発足が認められた。新銀合は、上海に人民解放軍が進駐した直後の一九四九年六月七日には「上海解放」を祝賀する大特価セールを開催する。ところがその後、上海総工会籌備委員会が上海市工人消費合作社総社を成立させ、金融業界でも新しい消費合作社が設立された。それらにともなって一九五〇年二月、新銀合は解散された。[188]

人民共和国初期上海の消費合作社

人民共和国成立後、消費合作社はさらに増加した。人口が約五〇〇万人であった一九五一年の上海において、消費合作社は二八一社、その社員が三五万八八二五人いた。このうち、①工場、機関・企業、学校ごとに設立された消費合作社が計二四一社、その社員が二一万五六〇一人、②全市規模の産業工会と大企業・機関の消費合作社が計二一社、その社員が一一万九七二五人、③地区ごとの住民の合作社が五社、その社員が二万四四九九人いた。当時は従業員が職場から離れた所に分散して住んでいることが多かったので、各消費合作社は社員が比較的多く住む地域に販売部を開設し、引換券を買った社員の家に商品を配送した。[189]［図4-6］

上海の多くの俸給生活者にしてみれば、戦時・戦後期の聯誼会は、人民共和国初期において工会に組織化される以前の類似体験といえた。くわえて、聯誼会などが推進した消費合作社は、戦時期に勃興し人民共和国初期にさらに発展したが、それは一九五〇年代半ばに本格的な配給制度が実施される以前のそれに近い経験であった。

なお、中国の消費合作社は現存し、日本の生協組合とも交流を続けている。

聯誼会の診療・防疫・理髪

消費合作社のほかにも、聯誼会の福利厚生事業として特記すべきものに、診療所と理髪室がある。例えば益友社は、一九三八年八月に診療室を設立して健康診断を始め、四〇年七月からは外科・内科・小児科の診療も始め、四二年五月に益友医院臨時診療所と改称した。益友医院臨時診療所の診療・薬剤費は、公立病院よりも安く、貧窮者（全体の二%程度）には無料で治療を施した。診療所に来た患者数（益友社の会員以外を含める）は、一九四二年にはのべ五八二八人、四八年までには二万一八九〇人に増加した。さらに益友医院臨時診療所は、戦時・戦後に防疫（服務）隊を組織した。一九四八年八月には、従業員の多い企業や商店の集中している通りを訪れて、天然痘・コレラ・チフスなどの伝染病の防疫注射を実行した。こうした防疫注射隊の活動は、益友社を宣伝し、会員を募集する動員運動を兼ねていた(190)。銀聯も、一九三九年から医薬品の提供や検診、四〇年から予防接種などをおこない、戦後の四七年九月から銀銭診療所を開設した。

図 4-6　上海市店員工人消費合作社（南京東路の上海老九綸綢緞局に開設された．左隣は三友実業社）
出典：上海市檔案館所蔵（H1-14-7-216）．

また、銀聯は一九三九年九月から、益友社は四一年頃から、それぞれ理髪室を開設した。租界が汪精衛政権に直接統治されていた時期においては、聯誼会の文化活動が停滞したので、福利事業が会員間の連絡手段となり、理髪室が営業していること自体が、聯誼会存続の象徴となっていたのである。(191)

七　聯誼会の後世における評価の変転

人民共和国初期における評価

ところで、人民共和国成立前夜の一九四九年六月、銀聯の機関誌『銀銭報』は、次のように上海の俸給生活者の業績を評価した。すなわち、「上海の銀行・銭荘業の職員・労働者は、過去における中国人民の解放事業に対して、何ら特別な貢献をしていないが、もともと栄誉ある伝統が存在する」という。そして銀行・銭荘の従業員が、「孤島」期においては救国公債を推進し、その後の日本の傀儡政権下では職場を守りぬき、戦後の蔣介石政権期には悪性インフレのなかで生活を維持するために経済闘争をしたことを、それぞれ賞賛した。一方、銀行・銭荘業の業務が、戦時期以降には投機中心になって人民の利益を害したことだけを問題視していた。(192)

ところが人民共和国成立後には、聯誼会に関わった俸給生活者たちに対する評価がしだいに悪化していく。例えば重慶においては、聯誼会と秘密結社・哥老会との関わりが密接であったために、両者はともに「反動組織」として解体されたという。(193)ちなみに上海でも杜月笙は、アヘン・賭博・売春でえた資金を正規の商業ルートにのせるために、一九二九年に中匯銀行を開設していたので、銀聯の創建に賛意を示していた。(194)聯誼会と秘密結社はともに、相互扶助、社会的紐帯、信条・文化の共有など、類似した機能をもつ民間組織であった。とはいえ、非熟練労働者を中心とした青幇と、ホワイトカラーを中心とした聯誼会が、実際にどの程度まで深い関わりをもったのかは定かでない。

一九五〇年代には各企業で共産党組織を創建するために、幹部やその候補者の履歴が審査され始めた。当時の職員・労働者の中核人物には、以前に聯誼会に関わっていた者も多く、そこで聯誼会の「性質問題」が浮上した。序論で述べたように、各聯誼会の名誉理事に、各政権に協力した資本家が数多くいたことが、すでに戦時には共産党内で問題となり路線対立を生んでいた。そのうえ、人民共和国成立後の党組織の拡大過程において、かつての聯誼会組織と汪精衛政権・蔣介石政権・秘密結社との関わりが、改めて問題視されるようになった。例えば一九五四年五月には、上海総工会の共産党組織が、益友社を指導していたのは共産党の職員運動委員会の張承宗らであったと報告して、中国共産党上海市委員会組織部に指示を求めている(195)。

さらに、文化大革命が発動されると、一九六七年に張春橋らが建国以前の地下党員を国民党のスパイとして証告し、多数の幹部を審査・処分した(「上海地下党事件」)。それにともなって、地下党員が指導したとされる聯誼会との関わりも、政治的な迫害の口実になった。例えば、益友社の功労者の一人であった張菊生(工部局総務処の職員)は、迫害されて冤罪を被ったまま一九七二年に亡くなったという(196)。

一九八〇年代以降の評価変転と本章史料の性格

こうした共産党地下組織や聯誼会の活動に対する評価が反転したのは、一九八〇年代以降のことである。一九八〇年代後半から、かつての共産党地下党員などが中国共産党上海市委員会の党史史料徴集委員会に集結して、各聯誼会の史料集を編纂し始めた。一九八六年に出版された銀聯の史料集では、往年の活動家が、貧しい左傾青年として銀聯の活動に携わった時代を「革命の青春」として懐かしんでいる(197)。この言葉からもわかるように、聯誼会に関する史料集編纂の目的は、共産党地下党員をはじめとする聯誼会会員が、対日協力政権や国民党政権に抵抗し、共産党だけに忠誠を尽くしたことを力説することにあった。そしてそれによって、文化大革命などで貶められた人びとの名誉を回復しようとしていたのである。

本章の描き出した戦時・戦後上海の俸給生活者の娯楽・消費生活は、そのような目的で編纂された史料集に依拠しているので、どうしてもある種の偏向を免れず、いくらか補正を試みる必要がある。例えば史料集では、聯誼会内部の主導権争いが、しばしば国民党の非国民党員・共産党員に対する弾圧という構図で語られる。しかし実際には多くの場合、聯誼会に関わった経営者・上級職員と中・下級職員との間の利害対立が、戦時には民族主義・愛国主義の感情を共有して隠されていたが、戦後になって露呈したのだろう。国民党・共産党の両党は聯誼会内部の抗争に乗じて、それぞれに俸給生活者たちを統制・動員しようとしていたのだと考えられる。

また、史料集で取りあげられた歌曲や演劇は、農村や少数民族およびロシアの民謡や踊りをのぞけば、国民党の統治を批判し、共産党統治を賛美したものばかりである。しかし実際には、聯誼会の俸給生活者たちが流行歌を楽しみ、社交・娯楽を目的にダンスを踊り、通俗的な演劇を鑑賞することは、もっと多かったと思われる。とくに倫陥期（日本軍の租界進駐から日中戦争終結まで）には、人びとは政治性のない大衆娯楽を楽しむしかなかったのである。

そして、史料集に登場する聯誼会の俸給生活者たちは、戦後の国民党政権に対して「愛国」「民主」を求めるデモや会合に積極的に参加し、共産党地下党員が組織した協会や保安隊にくわわり、人民解放軍の上海進駐を援護する。しかし実際には、ただ変化を期待して、新政権の誕生を受動的に歓喜するだけの者も多かったのだろう。さらに、共産党の上海統治に不安をもち、香港に避難したくても、香港の住居費が高いためにに移住をあきらめ[198]、共産党の支配を消極的に受けいれた中間層の人びとも多かったはずである。

八　一体化する娯楽・消費と動員

戦時上海の各聯誼会は、工場・商店と特約した割引商品の販売を始め、さらに消費合作社を創設して、市価よりも安い穀物・燃料・日常品などの配給販売をおこなった。インフレが悪性化し、資金の借り入れと商品の調達は困難を極めたが、配給販売は極力継続された。また、診療・防疫・理髪などの福利厚生事業もおこなわれ、俸給生活者たちの連帯感を維持した。聯誼会などが推進した消費合作社が戦時期に勃興し、人民共和国初期にさらに発展したが、それは上海の俸給生活者たちにとって、一九五〇年代半ばに本格的な配給制度が実施される以前のそれに近い経験になった。

一方、戦時の聯誼会は「正当な娯楽」を大衆化して普及させながら、抗日・愛国を宣伝した。例えば話劇や京劇については、「新演劇運動」「平劇平民化」などの方針にもとづいて大衆化が進められ、社会批判や抗日のメッセージを含んだ「活報劇」「改良平劇」などが上演された。また、合唱は「有閑階級の奢侈品」ではなく「集団の力の表れ」とされ、流行歌に対抗して抗日救国の歌曲が歌われた。スポーツ大会は国民の健康維持だけでなく、難民救済の募金や軍隊の慰問のためにも開催された。

聯誼会の活動家は、共産党の地下組織だけでなく、租界当局や日本の傀儡政権に協力した業界有力者の支援を受け、さらに国民党や青幇勢力にも接触した。対日協力政権・国民党・秘密結社・共産党・租界当局に連なる人間関係網が、聯誼会を結節点として利用しながら複雑に張りめぐらされた。そのことが聯誼会の活動を「グレー・ゾーン」に追いやり、後になって歴史的評価を何度も変転させる原因となったのである。

終戦後、いくつかの聯誼会においては、重慶からやって来た国民党系のブルジョワジーが中心的な役割を果たした。一方、左派系の活動家のなかには、合唱・舞踏・演劇などで国民党政権を批判しようとした者がいた。国民党員と左派系の活動家が衝突するなか、多くの企業主や職員たちは、政争に直接巻きこまれないように注意していた。

戦時・戦後の聯誼会の活動は、娯楽や消費を動員と密接に関わらせながら大衆化していたといえる。そして聯誼会の人材と経験は、人民共和国成立後に上海市工人文化宮や工人倶楽部で活動する職員・労働者たちに継承されていったのである。

第Ⅱ部　戦後から人民共和国初期へ

第五章　「漢奸」の告発と戦後上海の大衆
――李沢事件を例として

一　李沢事件から読みとく戦後上海

日中戦争終結後のマスメディアにおいては、戦勝に功績のあった英雄をたたえる声とともに、「漢奸」と呼ばれた対日協力者を非難する声が巻きおこった。そうした嫉妬や憎悪の入りまじった大衆感情は、終戦後に国民党政権とともに重慶周辺から上海に帰還した人びとと、戦時中も上海に残留して日本軍と何らかの関わりをもった人びととの間に摩擦や緊張を生んでいく。さらに企業内においては、それが企業主と従業員の間の労使紛争に発展することもあった。それゆえ、対日協力政府に勤務した公務員に限られず、民間企業の従業員たちも「漢奸」告発運動の渦中に巻きこまれていったのである。

とりわけ、戦後上海の人びとが注目していたのは、汪精衛政権の要職を歴任した陳公博（一九四六年刑死）・周仏海（四八年獄死）・褚民誼（四六年刑死）や汪精衛の妻・陳璧君（五九年獄死）といった大物政治家ばかりではなく地元経済界の有力者たちの処遇であった。一九四五年一一月二三日、国民政府は「漢奸の訴訟事件を処理する条例」を公布し、「漢奸」として摘発すべきものに、傀儡の金融・実業機関の指導者・重役、および日本軍・傀儡政権管轄下の団体人員などで他人の権利を侵害して告発された者を含めた[1]。対日協力政権下の経済界で要職を引き受けて戦後に対日協力の罪を問われた上海の著名な商工業者には、上海の「三老」といわれた聞蘭亭・袁履登・林康侯（前章参照）のほかに、新新公司（百貨店）の李沢、康元印刷製罐廠の項康元、良友図書印刷公司の伍聯徳、交通銀行などで董事（理事）を務めた唐寿民らがいた。

ところで「漢奸」裁判に関する先行研究を見ると、主要な裁判の経緯については、劉傑やD・ホワンの研究が詳細に明らかにしている[2]。ほかにも張世瑛は、絶対的な基準のない「漢奸」の認定をめぐって国民党と共産党が対立したことを論じた[3]。また羅久蓉は、共産党が公開の人民裁判大会を開催し、大衆を発動して「漢奸」に報復させながら、同時に大衆を教化することによって、政権の強化を図ったことを論じている[4]。さらに羅久蓉は、国民党の特務機関である軍事委員会調査統計局（以下では「軍統局」）が、「漢奸」の処遇をめぐって、各地の党・政・軍機関および法院（裁判所）に強い影響力をおよぼしたことを明らかにしている[5]。

しかし、「漢奸」裁判が戦後の社会をどのように変えたのかについては、先行研究が十分に明らかにしていない。「漢奸」告発運動に都市のマスメディアや大衆はどのように関わったのか、そして都市で形成された大衆感情は、国民党政権の各機関による「漢奸」の処分にどのような影響をおよぼしていたのか。これらの問題を考察するために、本章は、上海の新新公司の職員であった舒月橋たちが一九四五年一〇月から総経理（総支配人）の李沢を告発した事件を取りあげる。なぜならばそれは、終戦後において国民党政権下の一般市民が「漢奸」を告発した最初の事例であった[6]。さらに李沢事件は当時しばしば「新聞界がつくり出したもの」といわれたように[7]、各新聞紙上で頻繁に取りあげられて大衆の注目を集め、戦後上海においてもっとも大きなメディア・イベントの一つにもなったからである。

李沢事件に関しては、すでにいくつかの先行研究が論及している。例えば古厩忠夫は、戦時の行政・経済機構の末端にあって日本の支配と関わらざるをえなかった在地有力者たちの戦後における処遇に着目し、李沢裁判の分析もおこなって、国民党と共産党の上海社会再編に関わる思惑の相違を見た(8)。また王春英は、国民党政権内における軍統局局長の戴笠とそれに対抗する宣鉄吾らとの間の権力闘争が、李沢の逮捕と裁判の展開を決定づけたと論証している(9)。王春英論文によって、李沢事件の真相はかなりの程度まで突きとめられた。

そこで本章は、新新公司などの職員たちの動向とマスメディアの役割に着目しながら、李沢事件の経過を改めて跡づけたい。それによって、過熱化する大衆感情に各政治勢力がどのように応じたのか、すなわち、対日協力者とされた人びとに対する大衆感情や大衆運動を国民党政権各機関や共産党地下組織がどのように奪権闘争に利用したのか、さらにそうした過程にマスメディアがどのように関わったのかを検証する。つまり本章が考察したいのは、第一に、戦後上海において対日協力者がどのように排除されたのか、第二に、「漢奸」の告発方法が制度化されていないなかで、告発者は大衆をどのように告発運動に動員したのか、そして第三に、各統治機関・政治勢力が「漢奸」告発に駆りたてられる大衆感情をどのように秩序づけたのかについてである。これらを明らかにすることによって、両大戦間期の上海に誕生した大衆が、日中戦争によってどのような影響を受け、戦後にはどのような変貌をとげて一九五〇年代の政治運動の時代に突入していったのかを見通したい。

二　大衆感情による制裁

(1)「法治」の不足と「輿論」の力量

上海の接収を担当した国民政府第三方面軍総司令官・湯恩伯や銭大鈞新市長らがやってきてから一ヶ月あまり後、一九四五年一〇月、上海市警察局局長の宣鉄吾は、汚職警官・「漢奸」・盗人・匪賊・アヘン・賭博などを密告するための心得を市民に向けて公表し、治安の引き締めを図っている[10]。また、一二月に国民政府が公布した「漢奸を処罰する条例」は、「漢奸」をそれと知りながら通報せずに匿ったものに対して、一年以上七年以下の懲役を科すことを定めていた[11]。

こうして人びとは、ある人物の対日協力の証拠を集めれば、警察・軍隊の各機関ないしは高等法院検察署に告発することができるようになった。しかし告発者のなかには、私恨をはらすためや揺すりたかりをするために、罪状を捏造した者がいた。そのため「漢奸」の告発者は、つねに誣告の嫌疑をかけられた[12]。さらに、「漢奸」を取り調べる権限をもつ検察官を正式な起訴に踏み切らせるのは容易なことではなかった。

それゆえ「漢奸」を制裁しようとする者は、警察局や検察署などに告発するだけではなく、マスメディアを積極的に活用する必要があった。「輿論の力量」によって「漢奸」を制裁し、「法治」「法令」の不足を補うべきだとする「輿論制裁」論は、終戦直後において広く受け入れられていた[13]。ちなみに、ここでの「輿論」とは実際には大衆感情という意味に近く、「輿論」をリードしたのはしばしば知識水準の高い新中間層（俸給生活者層、「薪水階級」）であった[14]。ただし、「輿論制裁」の風潮は、法院（裁判所）が事実認定をした後に、新聞が「漢奸」の容疑者を発表すべきであるとする、銭大鈞市長が公表した基本方針とは対立していたのである[15]。

（2）タブロイド紙の「漢奸」報道

また、当時の新聞記者たちは、「もし〔『漢奸』に関する〕報道が冷淡ならば、人は見るべきものがないと感じるだろうし、もし報道が生き生きしていれば、誇張や過失を免れないときがあるだろう」というジレンマを、一様に抱えていた[16]。こうしたなかで、とくにタブロイド紙（「小報」）は、「漢奸」の醜聞を面白おかしく書き立てて、刺激を求める読者の好奇心を満足させようとした[17]。各紙には、大衆感情に迎合して「漢奸」への憎悪をむき出しにした記

事が目立った。〔図5‒1〕

例えば、一九四六年八月二三日に蘇州の江蘇第三監獄で執行された褚民誼の銃殺刑に関する『鉄報』（一九二七年五月創刊）の報道は、大衆感情に迎合した扇情的な記事の典型例といえる。『鉄報』は、褚民誼の刑場に向かう姿、刑執行後の死面、妻が屍を収容する姿などの写真を一面に大きく掲載しながら、死刑執行の瞬間をきわめて感情的に報じている。すなわち、「司法警長の周九成が、モーゼル拳銃を用いて褚の後頭部に向かって一発撃った。すると、褚逆〔裏切り者の褚〕は、ふだん太極拳の練習が好きだったので、銃弾が命中した後、一度拳を打って両手を広げて勢いよく前方に跳びだし、その後で地に倒れて絶命した。死に臨んでもまだ太極拳を実演するとは、人を失笑させるのに十分である。その弾丸は、後頭部から突入して口腔から突き出たので、褚逆の門歯を二本抜き落とした。褚逆の死体は、顔を天に向け、両手を堅く握りしめ、口をわずかに開き、目をわずかに開けており、褚逆の一生はこうして終わった。」と克明に描写している。さらに、屍を解剖して医学の研究に役立ててもらいたいという褚民誼の生前の要望を、「国賊の叛逆者の腐った死骸など、どこに解剖する価値があるだろうか」と切り捨てた(18)。

図5‒1　露店新聞・雑誌売り場（1947年）
出典：劉香成（Liu Heung Shing），凱倫・史密斯（Karen Smith）『上海――1842‒2010，一座偉大的城市的肖像』北京，世界図書出版公司，2010年，187頁．

　このように、「輿論制裁」は、暴力的で危険な一面を有していた。終戦後から一九四六年にかけては、国民政府の言論統制がまだ強化されていなかったこともあって、慎みのな

図 5–2　李沢
出典：『新生中国』第1巻第9・10号合刊，1946年10月，12頁.

図 5–3　舒月橋
出典：『新新公司総経理李沢漢奸的醜史』（編者不明）上海，熱血出版社，1946年.

図 5–4　李沢の経歴を風刺する漫画（「多くの人の汗と血が，彼の生きていく道の元手である」）
出典：江棟良作，『快活林』創刊号，1946年2月2日，10頁.

い「漢奸」報道が過激化の一途をたどっていたのである。こうしたメディア環境と大衆感情のなかで、李沢事件が展開したということを、まずは念頭においておく必要がある。

三　告発運動から逮捕まで

（1）新新公司職員の告発運動

告発者と被告者のプロフィール

終戦後の新新公司では、ほかの百貨店と同様に、従業員たちが同人聯誼会を結成して、待遇改善を求める運動を起こしていた。そうしたなか、新新公司（百貨店）付設の新都飯店（レストラン）の職員であった舒月橋は、一九四五年一〇月五日に新新公司の入口で、同公司の総経理（総支配人）・李沢の戦時における不当解雇と対日協力を訴え、群衆の注目を集め、警察に通報されて、老閘警察分局の取り調べを受ける。[19]［図5−2］［図5−3］

ここで、李沢と舒月橋の略歴を見ておこう。告発された李沢は、当時五〇歳前、広東省香山県（現在の中山市）の人であった。彼は故郷の米屋で二年足らず働いたのち、銀楼（地金銀の売買などをする店）で商売を学び、まもなく香港で散髪屋をひらいた。その後、上海に移ると、新新公司の創業者であった伯父の李敏周に重用される。一九三六年二月に李敏周が殺されると、その子・李承基がまだ若すぎたため、李敏周の跡を継いで総経理に就任した[20]。〔図5-4〕

一方、告発した舒月橋は、当時三八歳、浙江慈谿県の人であった。彼は北平で育ち、一九歳で北平育英中学を卒業後、東北講武堂で半年の訓練を受けて軍隊に入ったが、二三歳で軍隊生活をやめ、上海の虹口大旅社や漢弥登大楼でエレベーターの操縦士をした。一九三四年夏から、李沢が経営する新新公司付設の新新旅館でエレベーターを操縦し、その後、新新公司六階の新都飯店に配属されたが、四五年春、従業員を代表して「恩賞」（ボーナス）を求めて解雇されてから一年あまり失業しており、妻と娘の三人で生活に困っていた[21]。

舒月橋が李沢を激しく告発した動機には、たしかに元従業員の企業主に対する怨恨というべき感情もあった。舒月橋は、生活が困窮した戦争末期に、李沢に何度も借金を断られたという[22]。さらに舒月橋は、職員の所得となるはずのチップの計算書の開示を求め、李沢の要請を受けた特別高等警察の日本人によって威嚇されたあげくに解雇されていたのである[23]。

告発運動の始まり

さて、舒月橋の李沢告発に呼応して、新新公司の共産党地下党支部の書記（責任者）の万其汀は、一〇月二七日発刊の左派系『週報』誌上に投稿し、「新新公司職工（従業員）」の名義で李沢を「公開控訴（告発）」する[24]。ところが老閘警察分局は、舒月橋の取り調べを繰り返し[25]、告発書を掲載した『週報』の記者に注意をあたえた一方、李沢に対しては何の行動もとらなかった[26]。

舒月橋は一〇月一一日朝、第三方面軍司令部に告発を試みたが、門前払いされる。一一月六日・七日午後に、再び新新公司の入口で李沢の罪状を群衆に演説すると、八日には警察総局政治処調査科に呼びつけられた。一二月二

図5-5　李沢を告発した新新公司の従業員代表の10人
出典：『新新公司総経理　李澤漢奸的醜史』（編者不明）上海，熱血出版社，1946年.

日、舒月橋は、李沢の罪状を書いた布を胸にかけて、南京路・静安寺路（今の南京西路）一帯をデモ行進し、市民に対してともに告発することを呼びかけたが、午後には老閘警察分局に連行された(27)。ほかにもこのころ舒月橋は、新新公司の入り口に告発文を書いた「字攤」（占い師の露店）を置いたり、街頭にスローガンを書いたビラを貼りつけたりして、李沢の罪状を訴えていた。しかし彼は、人びとから気ちがい扱いされたり、新新公司の経営陣によって営業妨害の罪で告発されたりした(28)。

さらに舒月橋は、一二月二二日、国民政府主席の蒋介石が南京に設置した告発箱（「陳訴箱」）に、李沢の対日協力を告発する書状を発送した(29)。二八日には、淞滬警備司令部総部が設置した告発箱（「告密箱」）にも投函している(30)。このように、告発箱が上海民衆の間で一般的に利用されるようになったのは、戦後の「漢奸」告発の頃からと考えられる。

舒月橋の活動と呼応しながら、新新公司の同人聯誼会は韓武成ら一〇人を代表団とし、まずは三六四名の職員（全職員数は八〇〇人あまり）の署名を集めて、李沢告発運動を発動した(31)。同人聯誼会の代表者一〇人には、共産党地下党員が二名、国民党員が一名含まれ(32)、さらに国民党中央党部調査統計局（「中統局」）と関係のある者が四名いた可能性がある(33)（[図5-5]）。後述のように李沢の庇護を図った軍統局をのぞく国民党内の諸勢力と共産党地下組織が、主導権争いをしながらも結集して告発運動を担っていたのである。ちなみに、上海のおもな百貨店には、戦時の一九三九年までに共産党の党支部が創建されており(34)、戦後においても百貨業は共産党の労働運動の一大拠点になっていたが、舒月橋は共産党の地下党員ではなかった。しかし、彼は派手なパフォーマンスをして目立ったために、国民党・共産党の双方およびマスメディアや新新公司の従業員に注目されていた。

一九四六年一月二日、新新公司の職員たちは、連名で淞滬警備司令部総部に李沢を告発する[35]。そして同日から、店内やショーウインドーに、スローガン・宣言・漫画などを貼りたくった。それらは、ほかの大百貨店や李沢の自宅にまで貼られたという[36]。一月六日までには、新新公司の入口に新聞が貼りだされ、各紙に掲載された職員たちの告発文が赤く囲まれていた[37]。同時に一九四六年一月初旬、新新公司の同人聯誼会は、李沢の罪状を告発する文書を左派系メディアを中心に投書していた。告発された罪状には、戦前に訪日して日本商品を仕入れて金儲けをしたこと、日本の傀儡政権下において全国商統会や十六種商品評価委員会の委員、敵産委員会の主任、第一区第一聯保の責任者などを務めたこと、日本人顧問を雇って便宜を図ってもらい投機や買いだめをしたこと、新新公司のスチームの鉄をすべて日本軍に献上したこと、満洲国一〇周年記念の祝賀会に職員を派遣したことなどがあった[38]。

（2）李沢事件と国民党政権内の対立

以上のような舒月橋の執拗な告発、同人聯誼会を中心とする新新公司職員の運動、さらに李沢に対する厳しい大衆感情のなかでも、李沢は約三ヶ月間にわたって逮捕されなかった。逆に一九四六年一月六日には、淞滬警備司令部督察長の畢高奎が舒月橋の家を訪ね、事態をあまり拡大させないようにいいきかせている[39]。そしてそれが公になると、李沢が畢高奎や上海憲兵隊長の姜公美に、巨額の金銭や自動車を贈賄したという流言が繰り返し報じられるに至った[40]。

しかし実際には、李沢が逮捕されなかったのは、軍統局局長の戴笠の庇護があったからだった。軍統局に所属した程一鳴（淞滬警備司令部稽査処処長・軍統局上海辦事処行動組組長）や鄧葆光（軍統局上海辦事処経済組組長）によれば、戴笠は一九四五年一一月初旬までに、李沢や永安公司総経理の郭順らをアメリカに亡命させることを決定していた[41]。

さらに舒月橋が李沢を告発した上海の各機関は、戴笠の軍統局の影響下にあった。例えば第三方面軍は、戴笠がCC系（国民党中央組織部系の派閥）の策動に対抗するために、湯恩伯を蒋介石に推薦して上海の接収にあたらせた部隊であった。淞滬警備司令部でも、軍統局が直轄する稽査処が「漢奸」の逮捕にあたっていた(42)。また老閘警察分局は、軍統局に属する張達が一九四五年に一時局長を務めており(43)、その後の局長も軍統局の息のかかった人物であった可能性がある。

市警察局は一九四六年一月五日に予審を開いたが、李沢は出頭せず、舒月橋や韓武成らから事情を聴取した(44)。同日、韓武成や舒月橋らは新新公司の職員を代表して、市社会局に李沢を告発する文書を提出している(45)。そして一月七日午後二時から、新新公司同人聯誼会の代表団は四〇人あまりの新聞記者を集めて、李沢の罪状を告発する記者会見を開いた。ところがそのさなかに突然、李沢が老閘警察分局によって逮捕されたという知らせがとどいた(46)。当日夕方、市警察局局長の宣鉄吾は記者の取材に応じて、告発者たちの気持ちを鎮めるためと、警察局に対する嫌疑を晴らすために、逮捕命令を出したと答えている(47)。しかし宣鉄吾は、戴笠が李沢をアメリカに亡命させようとしていることを察知して、逮捕にふみきっていた。李沢は出国が数日遅れたために、逮捕されてしまったことになる(48)。

蒋介石は毛沢東と同じように、「多元競軌」（多くの派閥勢力を競わせる）という人事策略を統治術としていた(49)。終戦後の蒋介石は、戴笠の権勢を抑えることに腐心しており、戴笠の上海における権限集中を牽制するために、ライバルの宣鉄吾を警察局局長として派遣していた(50)。そして李沢の逮捕は、上海における「漢奸」の処理を一手に牛耳ろうとする軍統局の戴笠に対して、その政敵であった宣鉄吾が入れた横やりであった(51)。当時の報道では、警察局が世論の力に押されて逮捕にふみきらざるをえなかったと認識されていた(52)。しかし李沢逮捕の真相は、宣鉄吾が告発運動と世論の高揚に便乗して、戴笠に一撃をくわえたものだった。

四　逮捕の余波

（1）商工業者の危機感

李沢逮捕の翌八日、銭大鈞市長が談話を発表した。銭大鈞は、舒月橋が南京路でビラを貼り歩いたことを、交通の妨げになるとして警告した。また、李沢告発は誣告であるのかどうか、警察局と社会局に徹底的に調査させるとしたうえで、「漢奸」を告発するには正当な手続きをふむ必要があることを強調した。市長の談話は、李沢逮捕によって「漢奸」告発運動が勢いづき、治安と秩序が動揺するのを回避しようとしたものであった。[53]

李沢の逮捕後、新新公司の董事会（理事会）は李沢を擁護する声明文を『中報』などの国民党系の各新聞に投書し、それが一月八日に掲載される。董事会は、職員による李沢の告発が労資間の誤解に起因するものだと主張した。[54]実際に終戦直後の当時は、労使紛争が上海史上もっとも頻発した時期の一つであり、[55]「漢奸」告発と労使紛争が結びつくのは自然な成りゆきといえた。他方、新新公司の同人聯誼会は、董事会の主張を真っ向から否定する声明を発表する。さらにそのころまでには、同業の先施・中国国貨・大新公司などの職員たちも、「同人（聯誼会）」の名義で李沢告発運動への支持を表明し、[56]各百貨店の周囲にも李沢を告発するスローガンを貼っていた。[57]

李沢逮捕の知らせを受けて、商工業者の間では動揺が広がった。李沢逮捕の直後、科学的管理法の導入で名をはせた康元印刷製罐廠の項康元も、[58]従業員たちに「漢奸」の罪を問われ告発された。項康元の逮捕は、商工業者をさらに動揺させる。[59]彼らは、もし李沢や項康元らが罪を問われるようなことがあれば、すべての商工業者が誣告の危険にさらされて、商店や工場が閉鎖に追いこまれるかもしれないと恐れた。一月一二日には、李沢と同郷の広東籍の商工業者たちが、李沢の容疑を晴らすように同郷会を促している。[60]［図5-6］

図 **5-6**　対日協力の実業家に告発の手がのびる様子を描いた漫画
「李沢が告発・逮捕されたのち，項康元もまた告発され，奸偽商人〔傀儡政権に協力した裏切り者の実業家〕は必ず時がくれば告発されたと聞くようになってきており，正義の告発の手がのびて，彼らがどこに逃げていくのか見てみよう」
出典：『新上海』第5期，1946年1月20日，7頁．

そして、李沢らの逮捕後まっさきに告発の矛先が向かったのは、永安公司（百貨店）の支配人・郭順である。彼は、戦時期に市政諮詢（諮問）委員会や南京経済委員会等の委員を務め、対日協力政権に飛行機を寄付したり、日本側と合弁で製鉄工場を開いたりしたという[61]。だが李沢逮捕時、郭順はすでに鼻孔のできものの治療のために渡米していて、息子の郭琳爽が経営を代理していた。当時、一般人は飛行機で渡航する資格をもたなかったが、当局が「上校」（軍の位階）の官位をあたえて出国させたという[62]。こうして永安公司の郭順は、同じように軍統局が出国させようとしたが一足遅れて逮捕されてしまった新新公司の李沢と明暗を分けていた。永安公司の経営陣は、新新公司と同様の事態になることを恐れ、一〇〇％の昇給を実施して従業員の協力をえようとする一方[63]、聯誼会の設立に尽力していた職員を異動させて反感をかった[64]。

ここでの対立の構図を整理すると、多くの商工業者たちは、李沢事件を、怨恨感情と労資間の誤解が少数者の扇動によって拡大したものだと認識していた。それに対して、従業員たちは、愛国主義を主張して大衆の共感を獲得しながら、商工業者たちの主張を封じこめようとしていた[65]。「漢奸」告発運動は、商工業者にとって「誣告」の危険にさらされるものであり、従業員にとっては左遷や解雇のリスクをともなう危険な行為であった[66]。

（2）各機関の対応の温度差

こうして事態が緊迫するなか、市政府社会局、市政府警察局（宣鉄吾局長）、軍統局の影響下にある市政府調査処と淞滬警備司令部稽査処が、それぞれ事態の把握と収拾に動いていた。国民党政権内の各機関は、告発運動の高揚には一様に警戒感を示して抑圧に努めたが、李沢の処遇をめぐっては見解に温度差があった。

まず社会局は、新新公司の「従業員を戒め導いて秩序を厳守させ、司法機関による法に依拠した処理を静かに待たせる」ことを目指して、動揺する秩序の回復を図る。一月八日、老閘警察分局の孫家良局長の立ち会いのもとで、社会局は、新新公司の代理総経理に就任した蕭宗俊と[67]、従業員代表の韓武成に意見交換させる。調停の結果、双方とも宣伝活動の停止などを一応了承した[68]。とはいえ翌九日には、新新公司の職員たちが、董事長の金宗誠を詰問した全会話の記録を新聞に投書して、李沢告発が誣告ではないことを再主張しており[69]、社会局の調停には限界があった。

次に警察局は、新新公司同人聯誼会の総経理告発に共鳴する先施公司と国貨公司の職員たちが、経営者側に対する「示威」の意図をもっていると警戒していた[70]。新新公司の職員たちの李沢告発運動を政争に利用した宣鉄吾であったが、同時に共産党地下組織の関与する運動への警戒も怠っていない。宣鉄吾警察局局長は、一月一〇日付けの銭大鈞市長への報告文書のなかで、李沢逮捕後の新新公司にも「引き続き人員を派遣して、情勢の変化に注意を払う」としている[71]。一方、宣鉄吾の報告書のなかでは、李沢や新新公司の経営陣および上海の商工業者に対する措置については何の言及もされていない。

それに対して、軍統局に属する市政府調査処の王新衡らは、一月一三日、上海の商工業者たちが誣告を恐れて対策を練っていることを報告したうえで、「このことは社会秩序との関係が甚大なので、政府に周到かつ慎重に処理してもらえるように要請すべきである」と、銭大鈞市長に穏便に上申している[72]。また、淞滬警備司令部稽査処の督察長・畢高奎は、李沢逮捕の翌八日、新聞記者を引きつれて、当時「漢奸公寓」[73]（漢奸アパート）と俗称されていた提籃橋の監獄を訪ね、そこに収監された李沢に面会した。そしてその場で、李沢に有利、舒月橋らに不利な証言を引きだしている。同時に畢高奎は、新新公司の同人聯誼会に対する取り調べを進める。彼は一一日、稽査処処長の程一鳴も同席させ、『文匯報』『大公報』および中央社の新聞記者に傍聴させて、告発運動の代表者一一人を公開訊問した[74]。

このように、宣鉄吾によって李沢の逮捕が断行された後も、軍統局は継続して李沢の庇護を画策していた。李沢の家族や腹心も、逮捕前後の一月六日から九日にかけて、政官界・軍人の賓客を招いて宴会を繰り返していた[75]。しかし蔣介石は、宣鉄吾による李沢逮捕を支持し、戴笠の軍統局による李沢救済活動を中止させる判断を下したと考えられる。一月一〇日、国民政府主席行轅秘書処から舒月橋に、密告を受理した旨が返信される[76]。そして一四日には、淞滬警備司令部稽査処の督察長・畢高奎が突然更迭された。畢高奎更迭と李沢事件との関連性は、公式には否定されたが、その後もたびたび疑われる[77]。同日には、淞滬警備司令部の副司令・李及蘭が、李沢事件をこれ以上捜査することはなく、事件は法院に委ね、これまでに収集した資料も法院に提供すると表明した[78]。また、各級機関・官吏の汚職等を監督する監察院の第一巡察団も、事件の内情を捜査していたが、一九日までに李沢逮捕に不適切な点はないと発表した[79]。

こうした事態の経過から推察すると、王春英が看破したように、蔣介石は、宣鉄吾が李沢を利用して戴笠を牽制するのを黙認した[80]。それによって、軍統局が戦後上海において「漢奸」やその財産を処理する権限を独占するのを阻止したと考えられる。

五　弁護人へのまなざし

（1）「漢奸」は弁護されるべきか

逮捕前に李沢は、金銭で告発をとり下げられると考えて[81]、舒月橋のところに重役職員を遣わし、和解金を提示していたが、舒は数度にわたって和解を拒絶したという[82]。李沢は逮捕後、市警察局から上海高等法院に身柄を移され、一月一〇日には非公開の予備審問が開かれた。すると李沢は、今度は法律によって解決を図るべく、まずは陳霆鋭に弁護を依頼した[83]。李沢弁護団には、一月三〇日の第一回公判までに、さらに章士釗らがくわわる[84]。陳霆鋭と章士釗は、前者が「名家」、後者が「老虎」（虎）などとも称され、当時の法曹界でもっとも高い地位を確立していた超一流の弁護士だった。しかし、彼らは弁護料が高いことでも知られ、李沢が一千万元にもおよぶ高額な報酬を支払ったと目されていた[85]。このことは、同じく「漢奸」の罪を問われて公判中であった対日協力政権の元上海市長　陳公博の耳にも入り、彼でさえ法廷で「私は李沢のように弁護士に差し上げる多くの家財がなく、上告は準備していない」と発言していた[86]。

一方、新新公司の職員たちの法律顧問には、沙千里が名乗りでて、無償で弁護を請けおった[87]。彼自身が述べたところによると、当局（詳細不明）の命を受けたことが動機になったという[88]。こうして、上海大衆の関心は、提籃橋の高等法院における裁判の行方に集まっていった。

ところで当時の法曹界においては、「漢奸」を弁護すべきか否かをめぐって、激しい論争が起こっていた。「漢奸」をも弁護すべきとする弁護士には、陳霆鋭（ミシガン大学の法学博士、共同租界工部局華人納税会董事・国民大会代表等を歴任）・章士釗（北京政府の教育総長・司法総長、上海政法学院院長等を歴任）・江一平（共同租界工部局華人納税董事・国民大会代表等を歴任）・瑞木愷（復旦大学法学院院長等を歴任）らがいた。それに対して、「漢奸」を弁護すべきではないとする弁護士の代表格が、沙千里（上海職業界救国会の発起人、共産党員・民主同盟会員）であった。「漢奸」問題に関して、前者は「自由主義」的、後者は「愛国主義」的な立場に立っていたといえよう。

例えば一月一八日、『文匯報』が開催した座談会において、瑞木愷は「現在は民情が激昂して、漢奸に対する恨みが骨髄にまで達している」、「こうした状態において、弁護士が自らの名誉を保ち、攻撃を避けるためには、漢奸の訴訟事件〔の被告弁護〕を引き受けないことがいちばん望ましい。しかし、そうして法律精神を犠牲にすることは、実際にはまったく妥当ではない」と論じた。それに対して沙千里は、フランスの弁護士たちが対独協力者の弁護の拒絶を宣言したことを例示して、「社会の正しい気風」を「法律精神」よりも優先して培養すべきであると反論していた。(89)

（2）法廷での罵声

一九四六年一月三〇日の第一回公判において、李沢側は、日本の傀儡政権下では経済団体の要職につくことを余儀なくされたが、実際には何の権限もなかったことなどを主張する。また、舒月橋の告発は復職がねらいであり、同人聯誼会の職員たちの活動は労働争議であるとも訴えた。そして弁護人の陳霆鋭は、「李沢は漢奸ではないばかりか、愛国行為さえしているのだ」と主張した。すると、傍聴人からは不平を表す声が漏れ出る。さらに審問終了後には、陳霆鋭と章士釗に対して、傍聴人から「漢奸弁護士」、「漢奸を弁護する弁護士を打倒しろ」(90)という叫び声があびせられた。法廷の外でも、両弁護士を取り囲んだ群衆の罵声は鳴り止まず、警官が制止した。(91)両弁護士は顔を赤らめて、頭を下げたまま、無言で法廷からたち去ったという。(92)

しかし、四月三〇日の第四回公判において、陳霆鋭は、被告の弁明や弁護士による弁護は法律に定められており、嫌疑の段階で「漢奸」と決めつけて、その弁護士を侮辱するのは、「民主国家の法律」の許すところではなく、「ファシズムの法律」であると訴えた[93]。一方、章士釗はときおり咳をして汗をぬぐいながら、湖南訛りで「漢奸」の字義の由来を説明した後、裁判長に「犯意、行為、環境」に目を向けるように促した[94]。

上海大衆のなかには、「漢奸」裁判の被告弁護人に対して冷ややかなまなざしを向けた人びとと、理解を示した人びとの両方がいたと考えられる。例えば『文匯報』を見ると、「章士釗大弁護士が業務を発展させ、金運に恵まれていることをお祝いします」と皮肉る記事があった[95]。一方、大弁護士の陳霆鋭が李沢の弁護をしているのは、おそらく「人権を保障する」という義務を果たそうとしているのだろうとか、あるいは陳霆鋭は「自由保障会」の準備会の主席を務めているのだから、「自由を保障する」ために李沢の弁護をしているのだろう、といった好意的な憶測もあった[96]。

六 「高級職員」の役割

ところで一九四六年一月一〇日の予備審問では、新新公司の「高級職員」たちの動向が鍵になっていた。彼らの提供する証言や証拠が、李沢の対日協力の事実を判定するうえで不可欠と考えられたからである。新新公司の各職員の李沢裁判に対する態度には、当然ながら個人差があった。新新公司の「高級職員」たちは、多くの場合、表面上は慎重に中立を装って、証拠の提出などに応じていた。例えば新新公司の四人の「高級職員」たちは、対日協力政権期の帳簿を早々に証拠として提出した[97]。しかし背後では、会計部長が徹夜で帳簿を取り繕い、資産を国外に逃避させようとしているとも報じられた[98]。

また当初から原告側は、新新公司のスチームの鉄が日本軍に献上されたと告発していた。それに対して被告側は、スチームの鉄が日本軍に徴用されることを防ぐために、森大鉄廠に正規に売却して、工業製品の製造に利用されたと主張していた。主張が対立したために、二月一一日の第二回公判においては、森大鉄廠の責任者が召喚され、新新公司の副会計部長・人事科長が出廷して、帳簿の照合が法廷でおこなわれた[99]。しかし告発者の舒月橋は、新新公司の職員には李沢の親戚が多くいるので、「高級職員」たちが提出した証拠は信頼できないと主張した[100]。たしかに新新公司の内部では、李沢の一族の「高級職員」たちが、「反告発活動」を展開したと考えられる。彼らは金銭を使い、デマを広めて、職員たちの分断を図ったという[101]。

特筆すべきことに、「高級職員」の提供する材料や彼らの展開する根回し工作は、告発の成否を決定する重要な契機となった。さらに「漢奸」告発運動に限らず、一般の労使紛争においても、従業員側は「高級職員」たちが企業主側に取りこまれないように、彼らの利益に十分に配慮していた[102]。こうして戦後期までには、「高級職員」たちが労資のどちらにどの程度協力するのかが、告発や労働争議の動向を大きく左右するようになっていた。そのことは、およそ六年後の「五反」運動において見られる構図と同じであった。

七　裁判の展開

(1) 五回の公判と大衆運動

第一回の公判では、聴衆によって法廷内の秩序が乱されたので、二月一一日の第二回公判からは、司法警察によって傍聴証が配られ、入廷が制限されるようになった[103]。第二回公判において李沢側は、日本の傀儡政権下における「愛国」行為の証明に力を入れ、軍事委員会委員長駐滬代表公署の書状、忠義救国軍淞滬軍（戴笠の指揮した武装遊撃隊）からの感謝状を証拠として提出し、さらに第二次上海事変後に難民収容所の副組長として活動したことを主張した。[104]

一方、一九四六年二月一三日、上海にやってきていた蔣介石夫妻は、市政府で記者会見を開いたあと、東平路の邸宅に向かった。その近辺で舒月橋は、身分証明書と名刺を手に持ち、蔣介石の到着を待ちかまえて、李沢の罪状を直訴しようとする。直訴は成功に至らなかったが、[105]警官の制止にもかかわらず、邸宅付近に絶え間なく押しよせてきた群衆にパフォーマンスをしてみせ、さらに新聞報道を通して大衆の興味をひくことには成功した。

ほかにも、第二回公判後の二月一五日、新新・永安・中国国貨・大新公司の職員団体と、レストラン業・旅館業など一一業種の工会（労働組合）が、漢奸李沢告発後援会（「検挙漢奸李沢後援会」）を発足させて、証拠収集や宣伝などの業務を強化し、司法機関に圧力をかけた。[106]その余波で、告発の範囲を李沢だけでなくあらゆる「漢奸」に広げる「人民検挙奸汚委員会」を組織しようとする意見も公表された。[107]

二月一八日、第三回公判が開かれると、新聞記者、新新公司の職員、李沢の身内のほかに、漢奸李沢告発後援会の代表者も傍聴に訪れた。およそ三〇〇人の傍聴人が見守るなか、原告側は李沢の主張に反論し、多くの犯罪行為の事実を証明したうえで、ほとんどの「漢奸」たちが「地下工作」の事実を主張して「漢奸」の行為を帳消しにしようとしていると批判する。そして李沢の「地下工作」は、戦勝後に忠義救国軍に献金して保身を企てただけの、いわば「戦勝後の『地下工作』」であったと主張した。[108]

その後、被告弁護人の陳霆鋭と章士釗が、重慶で開催された国民参政会に参加したことなどによって、[109]裁判がなかなか開かれなくなった。裁判の長期化は、失業中の舒月橋のように、新新公司に復職して生活の糧をえようとする職員にとっては不利であった。

第四回公判は、一九四六年四月三〇日になってやっと開かれた。このときまでには、李沢の最大の庇護者であった軍統局の戴笠が、飛行機事故で亡くなっていた。当日の上海高等法院には傍聴希望者が長蛇の列をつくり、入廷できた者は四分の一程度であったという。検察官の起訴要旨の陳述を受けて答弁するなかで、李沢は、全国商統会の委員などへの就任を当時の状況では断れなかったが、会議では一度も発言せずに消極的な態度を貫いたこと、日本人顧問の招聘は必要に迫られてのことで他意はなかったこと、鉄は森大鉄廠に売却したたしかな証拠があることなどを再主張する。[110]しかし、舒月橋が単刀直入に反駁し、さらに裁判長に早期の判決を求めて、聴衆の共鳴をえると、李沢は顔を赤らめて狼狽を隠せなかったという。この公判で李沢は、「私が漢奸であると蔣〔介石〕主席が考えさえすれば、私は漢奸である」とも述べており、[111]自身の判決が政治判断によって左右されるという見通しを公言していた。

判決は五月七日に下される予定であったが、一説には南京の「最高当局」の指令を受けて、[112]上海高等法院は結審を延期する。[113]そのため、李沢告発後援会は記者会見を開き、高等法院に迅速に判決を下すように催促した。[114]また舒月橋は、新新公司付近の南京路上の壁にチョークで宣伝文を書きつけるなどして、李沢裁判の判決がなかなか下されない状況を群衆に訴えかけた。[115]

その後、六月三日、最終審問が開かれた。被告の最終弁論に立った陳霆鋭は、刑法において犯罪は行為があって初めて犯罪になると定められており、日本の傀儡政権下で官職についたことを一括して犯罪と認定することはできないと主張した。さらに章士釗が、当時の被告人はすでに自由意志を失っており、発言・提案しなかったことも消極的な抵抗であったと再度強調した。[116]

（2）一度目の判決と再審の開始

一九四六年六月八日、上海高等法院は李沢に対して、「敵国に通謀し、本国に反抗をはかった」として、有期徒刑三年、公民権剝奪三年、家族の生活費をのぞいた全財産の没収の刑を言いわたした。しかし、判決内容には原告側・被告側ともに不服であった。[117] 舒月橋らは李沢の刑が軽すぎるとし、検察官に犯罪の証拠を提供して判決のやり直しを願いでた。[118] 他方、李沢は免罪を求めて最高法院に上訴した。

さらに八月一〇日、杜月笙を筆頭に八五名の上海の有力商工業者たちの連名で、李沢の上訴を求める請願書が蔣介石に上奏された。[119] 杜月笙は李沢の救済に尽力することで、従業員の告発や労働争議を恐れる商工業者たちの立場を擁護しただけではなく、宣鉄吾に圧力をかけてもいたと考えられる。[120] というのも杜月笙は、戦時に戴笠の下で忠義救国軍の蘇浙行動委員会主任委員を務めるなどして、[121] このときすでに他界していた戴笠と友誼が深かった。一方、七月から淞滬警備司令を兼任した宣鉄吾は、杜月笙の事業の大番頭であった萬墨林を、米価を高騰させた「奸商」として逮捕するなど、蔣経国の後ろ盾に頼りながら杜月笙と暗闘していた。[122]

一九四六年一〇月一八日、南京の最高法院は上訴の申し立てを受理し、上海の高等法院に判決の取消と再審を命じる。最高法院は、いくつかの点について被告側に弁明の機会がなかったと認定していたので、この時点では減刑の可能性が高まった。[123] 一九四六年一二月四日、李沢の公判が、まずは上海監獄の刑事法廷で再開されることになった。その直前の一一月三〇日には、韓武成・舒月橋らを代表とする新新公司の職員たちが、上海市参議会の潘公展議長と各参議員に対して公開書簡を提出し、李沢に公正な判決が下されて厳しい懲罰が科せられることを請願していた。[124] 市参議会は、地方の民意を代表する諮問機関であり、そこへの請願はパフォーマンスとしての性格が強いが、李沢に対して厳しい世論を形成して、法院の判決に影響を与えることを目指したものである。さらに公判前日には、李沢告発後援会が記者会見を開いて、蔣介石と担当判事の楊鼎に意見書を提出することを表明した。[125] 李沢の公判は、一九四六年の一二月と四七年の三月と五月に計三回開かれた。[126]

八　裁判の紆余曲折と大衆感情の動向

(1) 事件の収束

李沢再審の最終判決が下される一九四七年九月末、三区百貨業工会は連日、李沢事件に関するスローガンを貼りつけるなどして気勢をあげていた。当時の上海では新新公司のほかにも、上海農業公司（戦時期の社名は「生生牧場」である牛乳会社）や世界書局などのように、従業員が企業主やその一族を対日協力の罪状で告発する事件が多発していた(127)。

李沢裁判の判決前日、市社会局局長の呉開先は、労使紛争の拡大を防ぐために、上海高等法院の責任者と談判して判決理由を徹底的に公表するように要請したことを明かしている(128)。呉開先の法院に対する働きかけは、少なくとも表向きは、「漢奸」告発運動の名目で展開される労働運動の沈静化を図るものであった。ただし呉開先は、CC系に属しながらも杜月笙との関係が良好であったので、その言動に杜月笙らの意向が反映されていたのかもしれない。

第一回目の判決から一年三ヶ月あまり経過した一九四七年九月三〇日、李沢に二度目の判決が下された。結局、判決内容は罪状と刑罰が前回とまったく同じだった。李沢は無言で退廷し(129)、三区百貨業工会の職員たちは判決の翌日に失意を表明した(130)。しかし、被告・原告双方のうち、より深い絶望感を味わったのは、おそらく被告の李沢の側であっただろう。一度は検討された減刑や免罪が、この時点で回避されたのである。ちなみに、同じ高等法院で約二〇分後に再判決が言いわたされた袁履登は、慈善事業に対する長年の功績などが認められ、無期徒刑から有期徒刑七年に減刑されて、家族とともに大喜びしたが、それと李沢の判決は対照的であった(131)。

このように、再審が認められたが結局は元来の判決が覆されなかったという、李沢裁判の曲折した経過を見ても、国民党政権の「漢奸」への対応は、大衆感情とそれを利用する勢力の奪権闘争の動向に大きく左右される流動的なものであったことがわかる。[132] そのことは、当時の大衆にも広く認識されていた。[133] だから告発者たちは、公判において愛国心に訴えかけながら、被告への憎悪をかりたてる情動的な言説を駆使したばかりでなく、頻繁に記者会見を開き、さらに蔣介石への直訴、市参議会への請願、デモ行進などのパフォーマンスをおこなうなど、法廷外での宣伝活動に力を入れたのである。

しかし、「漢奸」の処遇に対する上海の大衆の熱狂的な好奇心は、おそらく先述した一九四六年八月の褚民誼の処刑のころに頂点に達し、[134]「漢奸」告発の期限とされた四六年末を過ぎたころからは下火になった。それと反比例して、延安の共産党の内幕に、大衆の旺盛な好奇のまなざしが振りむけられるようになった。当時のタブロイド紙においては、共産党の「秘密」を暴く記事が目立ち始めたのにともなって、[135]「漢奸」の醜聞の暴露記事は減っていった。この点に関しては、穏便に事態の収束を図りたい国民党政権の思惑に合った展開になったのかもしれない。

（2）事件の後日談

さらに李沢事件には、新聞などではほとんど報じられなかった後日談があったようだ。一九四七年九月三〇日の第二回目の判決後にも上告した李沢は、ほどなくして秘密裏に釈放され、その後の四八年一一月二三日になって正式に拘留停止の手続きがとられた。こうした措置の背後で、蔣介石が何らかの判断を下していたことは間違いないだろう。[136]

いずれにせよ国民党政権は、世論の動向を慎重に見極めながら、李沢に対する救済措置をまずは非公開で実施し、「漢奸」の制裁に対する大衆の熱狂が冷めた頃になって、その寛大な措置を表沙汰にしたといえる。釈放後の李沢は、自身が開設した奇美服装公司に身を隠し、家族や腹心を介して経営を続け、上海に人民解放軍が進駐する前夜、新新公司などの流動資金とともに香港に逃避したという[137]。

その後の一九四九年七月五日、一時離れていた上海にもどってきた舒月橋は、再び新新公司のショーウインドーにスローガンを貼りつけ始めた。そして李沢を「大漢奸」として批判し、新新公司の財産を没収して中華人民共和国の人民に引き渡すべきだと訴えた。だが、共産党の新新公司地下党支部の書記で上海の百貨業工会の主席に就任した万其汀[138]は、舒月橋の突然の行動について把握していなかったと表明している[139]。

九　「漢奸」告発から「五反」運動へ――一九五〇年代への連続

本章では、戦後上海の代表的なメディア・イベントといえるほど大騒ぎになった李沢事件を取りあげて、一九四六年当時の大衆感情を読み解いた。人びとがときには愛国主義を主張しながら、地域や企業の有力者を「敵」として公然と攻撃したことは、たしかに戦前期の政治運動や労使紛争においても見られ、戦後の「漢奸」告発運動が最初というわけではない。しかし、憤激した大衆の告発がマスメディアによって宣伝され、それによって権威ある指導者が続々と逮捕・収監されて、公民権や全財産を奪われるさまを目の当たりにしたのは、多くの人びとにとって「漢奸」告発運動が初めての体験だっただろう。それは、厳しさを増す雇用環境への不満や、戦後の新たな秩序づくりに対する不安が、反対のきわめて難しい「漢奸」を制裁する運動として爆発したという面があるので、日中戦争が中国都市の大衆に残した傷痕ともいえる。

大衆の告発と運動によって身近な有力者が打倒されるという鮮烈な経験は、人民共和国成立後に具体的に受け継がれていった。例えば李沢事件において、告発者の舒月橋は、告発箱への投書、デモ行進、スローガン・宣伝文句・漫画等の書かれたビラの貼りつけ、壁新聞などの動員手段を用いた。これらは、一九五一年春の「五反」運動などでしばしば見られた方法を先取りしていたといえる。またより抽象的には、大衆による告発とメディアを用いたキャンペーン、攻撃対象への憎悪をかりたてる情動的な言説、攻撃対象を擁護する者まで攻撃しようとする大衆心理、法治の不備を大衆感情（「輿論」）の制裁によって補完しようとする趨勢、さらには大衆運動が政権内において奪権闘争に利用される構造など、一九四九年前後における大衆運動の構造的な連続性を指摘できる。

そして国民党と共産党の両党はともに、大衆感情の動きに敏感に反応していた。ただし、国民党政権は基本的に、告発の受理、捜査・摘発、裁判の進度や判決、判決後の特別措置などを操作して、「漢奸」に対する大衆の報復感情を抑制していた。それに対して共産党は、旧来の権威に対する憎悪と反感の大衆感情をかきたてながら支配力を拡大させた。

企業主が「漢奸」として告発されたなか、多くのエリート職員は労資双方と政権に協力し、利用され続けた。こうした境遇は、一九五〇年代の「五反」運動や公私合営化の時に再現される。一方、弁護士の間では、「漢奸」の弁護をめぐって意見が分かれた。なかでも陳霆鋭や章士釗といった有名弁護士は、たとえ高額報酬をえたにせよ、群衆の罵声を浴びながらも、法の精神や「自由」「人権」を掲げて「漢奸」を擁護し続けた。彼らの言動は、激化する大衆感情に抗する活動として評価すべき面がある。

第六章　市参議員選挙と「漢奸」告発運動

一　選挙が映しだす時代相

戦後上海の地域社会において、民意はどの程度まで政治に反映されたのか。逆にいえば、戦後上海の大衆感情を市政府はどの程度まで掌握できたのか。本章では、市参議会選挙とその後の参議員告発騒動を事例として考察していきたい。

一九四六年四月二八日の日曜日、上海で市参議会（市政府に対する監督権をもち、市政に関する立法権も有するが、議決内容は中央政府の法令に抵触すると無効になることから実質的には諮問機関）の議員の選挙が実施された。それは、上海の多くの人びとにとって初体験の普通選挙であり、「民主時代」[1]のさきがけとなるはずの一大イベントであった。しかし、この選挙は当初から選挙方法の不備がマスメディアによって批判されていた。さらに選挙後に成立した市参議会が「漢奸」告発の期限設定を議決した矢先に、多くの議員が「漢奸」として告発されたと報道されて、上海社会に波紋を広げた。

本章では、上海初の普通選挙に大衆がどのように関わったのか、立候補者は選挙民をどのように動員したのかを明らかにする。さらに、住民に選挙の経験がなく、選挙制度も整備されていなかったことから生じた混乱を具体的に見ていこう。これらの考察によって、終戦直後の対日協力者に対する厳しい大衆感情が、選挙中および選挙後の混乱を深めた時代相を浮き彫りにしたい。一方、市参議会の議員選挙をめぐる混乱は、どのように秩序づけられたのか。選挙戦が過熱化し、混乱と不正がはびこり、青幇などの在地勢力も暗躍するなか、国民党政権は議員選出過程および議会運営を管理・操作して「漢奸」に対する大衆感情の高揚を抑制しつつ、秩序の安定化を図っていた。こうした戦後における地域秩序の再生過程に、上海の大衆が投票やメディアを通してどのように関わったのかを見てみよう。

二　選挙戦と大衆

(1) 市参議員選挙が実施されるまでの経緯

戦時下の一九三八年九月、国民政府が省臨時参議会の組織条例を公布した後、国民党統治下の各省と重慶市に臨時参議会が設置された。ただし省臨時参議会の議員は、民間から選挙によって選ばれたのではなく、省ないしは省内各県の党・政府が推薦した候補者のなかから中央政府が任命した。民選による正式な県参議会は、一九四三年五月にその設置が認可されて組織され始め、正式な省参議会の組織条例・選挙条例は四四年一二月になって公布される。省参議員は積み上げ方式による間接選挙で選び出され、省内の各県参議会からそれぞれ一名の代表者が投票によって選出された。ただし、市参議会だけは市民による直接普通選挙が採用される。そして戦後には、臨時参議会から正式な省参議会への再編が進み、一九四六年末までには全国二一の省・市で参議会が開設された(2)。

上海では、一九四五年九月に「市参議員選挙条例」が修正・公布されて(3)、正式な参議員が選挙で選出されることになった。さらに一九四六年三月二一日、市政府が選挙日程と選挙方法を公表する。市参議員選挙には、地区代表の直接選挙と職業団体代表の間接選挙の二種類が並存した[4]。投票者は、一九四六年三月一八日から四月一三日までの期間に選挙方法を選択し、各区公所に登録されることによって、四月二八日に投票できた[5]。一方、立候補者は二五歳以上で、公職の候補者（「公職候補人」）となるための試験ないしは審査を受けて合格する必要があった[6]。

これに対して、馬叙倫・周建人らが戦後上海で発起した中国民主促進会は、市参議会の設立と参議員選挙の実施に反対する宣言を公表する。中国民主促進会は「市参議員選挙条例」において、被選挙権が試験・審査によって大きく制限されているために候補者がみな区長によって決められてしまうかもしれないこと、さらに「市参議会組織条例」において参議会の議決を政府に執行させる強制力がないことなどを問題にしていた[7]。

しかし結局、上海市の参議員選挙には、各地区から一〇四五名、各職業団体から一五〇名、合計一一九五名が立候補した[8]。このなかから、選挙民数と参議員数の比率に関する規定にもとづいて、上海市では一八一名が当選者となり、そのうちの五四名が職業団体から選出されることになった[9]。

（2）過熱化する選挙活動

参議員選挙の投票日前、「選挙宣伝週」が設定され、地区選挙において「熱烈緊張」といわれる激しい選挙戦が展開された[10]。様々な優れた選挙スローガンが考案され、例えば、「民を子のように愛する呉紹澍さん！」、「あえて官僚資本に反対だという呉紹澍さんを選んでください」、「虞舜に一票を入れてください！　彼は歴史が公認する聖賢の人物です！」、「王志莘を選べば、天下太平です」などと叫ばれた[11]。選挙広告が街のいたるところを覆いつくし、例えば、競馬場の脇にも標識広告（「樹路牌」）が建てられることになり[12]、野菜市場でもビラが配られ[13]、住宅（「弄堂」）裏の小便所における梅毒薬の広告の隣にまで選挙スローガンが貼られたという[14]。一方、ネガティブキャンペ

図 6-1　選挙宣伝のパレード（候補者の顔を四方にあしらったおみこしと旗が描かれている）
出典：孫珊「上海市参議員　競選趣聞」『是非』第 6 期，1946 年 5 月 10 日，1 頁．

ーンも展開され、候補者に反対するスローガンも貼られ、それらは候補者に立候補の資格がないことを訴え、なかには候補者を「漢奸」とののしるものもあった[16]。

各候補者は、市内の公園や学校などで公開演説をおこなった[17]。さらに、トラックを借りて、候補者の名前を書いた大きな白布を周囲にたらして往来したり、みこしに候補者の写真をあしらい、何人かを雇って楽器を鳴らして沿道をねり歩き、出棺の行列と見まちがわれたりすることもあったという[18]。後者は、中国の選挙に独特な宣伝方法といえる〔図6-1〕。また当然、マスメディアも利用され、候補者はラジオ各局で演説を放送し[19]、タブロイド紙を含めた新聞各紙でプロフィールと政見を発表した[20]。これらは、英米式の選挙方法を模倣していると評された[21]。

ただし、公開演説のレポートからは、演説者の熱い思いとは裏腹に、多くの聴衆が必ずしも熱心に演説を聞いていたわけではなかった様子がうかがえる。例えば、ある日の膠州公園では、無料開放されたので散歩を楽しむ者、同時に開催されたサッカーの試合を見に来た者、さらに歌や即興劇の見せ物に集まる者などが多く、選挙演説の前に立ちどまって聞いている者は少なく、演説者に同行した官員が熱烈な拍手をおくるのが目立っていたという。そして、演説を遠まきに聞いていた五〇歳すぎの男性も、「どうせ彼は大旦那様に遣わされてやってきて気どっているだけで、選挙のときには保甲長[22]〔末端の住民組織の長〕たちが私たちを代表して彼を選ぶことはまずないだろう」と冷めていっていた。するとそこに一人の若者がやってきて、「こいつ〔演説者〕はまだ何か保甲制度を強化するなどといっているが、保甲制度はすでに上海人を埋め殺している。それに、また何か市政府の収入を増加させて市民の福利を図るから、市民は少し多く負担すべきだなどと、ばかな話をしている」といい放ち、演説者を銃で狙った手ぶりをして「バン！」と叫び、周囲の笑いを誘ったという[23]。大衆はけっして受動的に選挙戦に動員されていたわけではなく、冷静かつ批判的に立候補者を見ていた者も多かったのである。

また、森に囲まれた墓地のなかにある礼拝堂でも選挙演説がおこなわれた。礼拝堂内には宣言やスローガンが貼りたくられていたが、アメリカのニュース映画も同時に上映して集客した。演説のあと上映が始まったが、まもなく映画は突然中断される。会場内で候補者に不利なビラが配られていたためで、演説者が再び登場し、顔を赤くしてそれを破り捨てるように要請したという[24]。こうしたネガティブキャンペーンも横行するなかで、大衆を投票に動員するのは容易ではなかった。

図 6-2　票を金に換える機械に選挙を喩える風刺
出典：孔平「新『換算機』」『消息』第 8 期，1946 年 5 月 2 日，115 頁．

そして、この選挙活動でもっとも一般的な動員手段は「買票」であった。票をカネで買うとは、すなわち、候補者が選挙民にタオル、石鹸、靴下、劇のチケット、あるいは商品券（「代価票」）や現金などを配って投票をうながすことである[25]。現金を配った最高額は虹口区の一票一万五〇〇〇元、最低額は徐家匯区の二〇〇〇元であったという[26]。また、人力車夫たちに一人二升の米を配って投票に行かせた候補者もいた[27]。さらに、宴席をもうけた接待が頻繁におこなわれた。極端な例では、楊某という立候補者が大中国飯店で、選挙区民ならば誰でも参加できる宴会を連続一五日間、毎日一五卓の規模でおこない、計約四〇〇〇万元を出費したという[28]。こうした宴会でもっとも重要な接待対象は、むろん多くの住民の投票に影響をあたえる地元有力者や保甲長たちであった。接待宴がさかんにおこなわれた結果、南京路一帯のレストランは参議員候補者が使っていて連日満席であるとか、[29]六〇〇万元あれば当選できる、[30]といった流言が飛びかった。すでに投票日前から、動員方法に対する批判や不信感が充満していたのである。［図6-2］

三　選挙における不正と操作

(1) 投票日の混乱

一九四六年四月二八日の日曜日、上海市内の建物や家々に国旗が掲揚され、三二区の一〇〇ヶ所で市参議員選挙の投票が実施された。事前に登録をすませた選挙民は、戸籍証明書を持参すれば投票用紙を受けとれた。投票所には、字を書けない投票者のために代筆人が待機していたので、[31]非識字の女性の投票者も多かった。[32]市政府の民政処と保民の代表（保甲組織の幹部）および市党部が、投票所に人員を派遣して監視していた。[33]選挙民のなかには、投票所の外で守衛にあたった軍警（軍事警察）の黄・黒の制服を見て、役所か何かであると思って立ち去る者や、行列を嫌って投票しないで帰ってしまう者などもいた。[34]また逆に、誰かに頼まれて投票用紙を三〇〇枚も隠し持っていたところを見つかった人力車夫もいた。[35]

市参議員選挙は、上海の人びとにとって初めての普通選挙であったので、多くの不正と混乱が生じた。とくに頻発したのは、選挙区の保甲長が選挙民をあざむいて、不正に投票させる行為であった。各区の保甲長たちは、人びとを投票に参加させるために、選挙を登記と偽って、もし行かないと戸籍を失うとか、身分証を取得できないとかいって脅かしていた。戦時の対日協力政権下においては、身分証がないと逮捕されたり、物資を公定価格で購入できなかったりしたので、そうした経験が記憶に新しい人びとは、選挙とは知らずに、印章と身分証の領収証を手にもって投票所におしよせた。[36]

さらに、投票所の代筆人の不正も多かった。彼らは、女性や非識字者を見かけると、投票用紙を受け取って、意中の候補者の名前を勝手に書きこんだ後に返して、投票箱に入れさせることがあった。あるいは、投票所の入口で候補者の名前を書いたカードを渡し、何も知らない選挙民が、そのカードの名前を代筆人に書かせるように仕向けることもあった。各地区の有力者は、投票所に多くの人員を派遣して選挙民を誘導し、保甲長が代筆人を務める場合すらあったという(37)。こうした保甲長や代筆人のほかに、投票所の選挙監督人（「監選人」）や事務員の不正もあった。泰山区の投票所となった中法学堂ではとても混みあうなかで、選挙監督人や事務員が投票用紙を投票箱に入れなかったり、破り捨てたりする不正が発覚していた(38)。

ほかにも、投票所において選挙活動をおこない、会場を混乱させる者がいた。例えば顧竹淇という候補者は、何台ものトラックに選挙民を満載して投票にやってきて、彼らに白い旗をもたせ投票所の内外で自らへの投票を勧誘した(39)。また、泰山路の青年中学の投票所では、身なりのモダンな中年女性が「生きた広告」（「活広告」）を務め、宣伝品を配りながら甘えた声で「周経為さんを選んでください」と話しかけていたという(40)。さらに、虹橋区の投票場となった虹渓小学校では、地元の男が銃をもちこみ発砲する事件が起こり、一時騒然となった(41)。

非公式の統計によると、全市の約二〇〇万人の選挙民の投票率は、六割以上であったという(42)。全三二区のなかの二区（長寧・楡林区）においては、投票用紙が奪われるなど大規模な選挙妨害がおこなわれたために、再選挙が実施されることになった(43)。長寧区の選挙妨害は、蘇北出身の候補者を擁立する同郷者たちの勢力とその対抗勢力との間の抗争が、選挙を契機に激化して発生していた(44)。

以上のような市参議員選挙の不正行為が、選挙終了直後から各新聞・雑誌上で続々と明るみにでた。さらに五月には、五人の弁護士が上海市政府と各区公所に対して行政訴訟を起こし、保甲長の職権乱用などを訴えて選挙の無効を求めていた(45)。

図 6-3　選挙後にいろいろと注文をつきつけられる当選した参議員
「市参議員は選挙のとき，すこぶるにぎやかで，当選したあとには，うんともすんともいわず参加しても論議しなくなった．何やら『改善』『人民福利』などといったのはみな彼らであり，選挙戦で発表した演説の資料は今どこに？」
出典：『海涛』第 26 期，1946 年 8 月 29 日，2 頁．

（2）市参議会の成立と議長選挙

しかし、一九四六年七月一五日、呉国楨市長は当選した参議員たちを招集する。参議員に当選したのは、国民党各派閥の人士、杜月笙を領袖とする青幇勢力、および商工業者や専門家（「自由職業者」）などで、当時の上海社会における各勢力の力量をおよそ反映していた[46]。そして、八月一三日の第二次上海事変（一九三七年）の記念日に市参議会の成立式典を挙行し、九月九日（一九四五年）の上海における日本軍投降の記念日に第一回大会を開催することを決定した[47]。

一九四六年八月一三日の成立式典において、市参議会の議長・副議長が選出された。一八一人の市参議員のうち、おおよそ三〇人あまりは恒社（杜月笙の後援組織）の関係者であり[48]、過熱した選挙戦の背後で杜月笙と青幇勢力が暗躍したことをうかがわせた。それゆえ杜月笙が最多の得票数を獲得したが、彼は高齢と体の衰えを理由に議長就任を辞退する。実際には、杜月笙は蔣介石によって辞退を迫られていた[49]。再投票の結果、上海市政府社会局局長等を歴任した国民党CC系重鎮の潘公展が議長の座についた[50]。

その後、九月二五日までの第一期の会期間中には、市の財源確保に関連する各種徴税や、旧共同租界内の競馬場の再開・買収などの問題が論議された[51]。上海市参議会の議会運営では、蔣介石直系の潘公展議長が多大な影

響力を発揮して、「ほとんど会場の空気を支配していたといってよい」と評されるほどであった[52]。［図6-3］

四　「漢奸」告発の期限をめぐる論戦

ところで終戦直後においては、「漢奸」に対する憎悪の大衆感情が強かった。一方、前章の李沢事件において典型的に見られたように、商工業者を中心として、「漢奸」告発運動が社会秩序を不安定にするという危機意識が高まっていた。

一九四六年春の国民参政会において、弁護士の江一平らは、「漢奸」の告発ないしは自首の期限を一年ないしは半年とする案を提議した。江一平は一九四六年五月、『鉄報』の取材に応じて、提案理由を説明している。すなわち、イギリス政府は東南アジアの対日協力者を、残虐行為や殺戮行為があった者をのぞいて一律に赦免・釈放しており、その措置を参考にすべきであること。また最近では、「漢奸」として告発すると恐喝して金銭をゆすり取る者が現れていて、商工業に従事するすべての人びとが危険にさらされていることなどを挙げていた[53]。

こうしたなかで、一九四六年九月一八―一九日の二日間、上海市参議会は「漢奸」告発に期限を定める提案をめぐって激論を交わした。その様子は、上海の新聞各紙が克明に報道・論評している。論議の前提として、潘公展議長が述べたように、参議会は「執行機関」ではないので、議案に何ら強制力はなかった。とはいえ、「民意機関」として位置づけられていたので[54]、議決を上海の「民意」として示し、中央の政策決定に影響をおよぼすことはできたのである。実際に市参議会では激しい討論が展開され、ときには市長の提案でさえ否決されることがあり、それらは詳細に報道されて、市民に市政を公開していた[55]。ただし、参議会の議員選出や議事進行を国民党政権がしばしば操作したので、参議会は、国民党政権が世論を受け入れて善政をおこなっていることを宣伝し、政権の正当性を

担保する役割を果たすこともあった。［図6－4］

国民党関係者や有力商工業者の議員が多い上海市参議会では、「漢奸」告発に期限を定めることに賛成意見が多かった。その理由として挙げられたのは、もし告発期間が長びけば、揺すり・たかりの機会をあたえて、やむをえず対日協力政権に関わった商工業者・公務員・農民たちに不安を与えること。二〇年後に中国が富強になったり、あるいは敵国に侵略されたりしたときに、もし裁判が長びいていて「漢奸」の処遇がまだ決まっていなければ、問題があること。告発期限を設けるのと同時に、期間内における「漢奸」の摘発を強化すれば、「漢奸」が法の網を逃れることはなく、フランスの場合のように処罰の迅速化を図れることなどであった。ちなみに潘公展議長も一議員という立場から、「政治漢奸」や「特務」をのぞく「経済漢奸」などの告発には期限を設けるべきだという意見を表明していた。

図 6–4　上海市参議会において「漢奸」告発の期限設定を討論している様子
出典：上海市檔案館所蔵（H1-1-22-509）.

これらに対して、「漢奸」告発の期限設定に反対する理由として挙げられたのは、おもに次の諸点であった。例えば、期限を規定することは、公平に考えれば「漢奸」に有利といえること。「漢奸」に関する法律を厳守すべきであること。刑事訴訟法において、一〇年以上の懲役となる者の時効は二〇年と規定されているので、「漢奸」にも一般の刑事犯と同等以上の追訴期間を設けるべきであること。「漢奸」となるのはごく一部であるから、一般の人心とは関係ないこと。告発に期限を設ければ、息をひそめていた「漢奸」たちが期限後に表舞台に現れて、かえって人心を不安にさせるかもしれないこと。「漢奸」は永遠に精神上・生活上の苦痛を受けるべきであることなどが主張されていた。ほかにも、日本の傀儡政権下では秦檜（異民族の敵国・金との和議を成立させた南宋の宰相、「漢奸」の代表者とされる）の銅像を撤去してよいと主張した者がいたが、告発期限の規定はそれと同様であると断じる者までいた(56)。

九月一九日、潘公展議長は、白熱化する討論を打ち切って採決をとった。その結果、出席した一二八人の参議員のうち八〇人が賛成して、「漢奸を摘発する期限を適当に定めるように中央に要請する」ことを盛りこんだ提案を議決した(57)。そして一二月、国防最高委員会の決議をへて、国民政府は「人民ないしは団体が、抗戦時期の漢奸の事件に対して告発するのは、〔民国〕三五〔一九四六〕年一二月三一日以前を期限とし、期限をすぎた告発は検察官が取り調べをしない。ただし、国家の追訴権および被害者の告発権は、これに影響を受けない」という訓令を発する。こうして「漢奸」告発運動は、一九四六年末までに一応の幕引きが図られることになった(58)。

五　市参議員告発のデマと世論

（1）デマの拡大

ところで、市参議員となった在地の有力者たちのなかには、当然、対日協力政権下でも要職を担っていた者がいた。そのため、いわゆる「漢奸参議員」の問題については、参議員選挙のときから批判の声があがっていた(59)。そして、上海の市参議会が「漢奸」告発に時効を設ける議決をしてまもなく、市参議員のなかに一〇名あまりの「漢奸」容疑者がおり、すでに法院に告発されているという噂が飛びかったのである(60)。たしかに、対日協力政権下で何らかの役職にあった市参議員を「漢奸」として告発した者がいたのかもしれないが、実際に高等法院の検察署が受理していた案件はなかった(61)。

ところが一九四六年一〇月五日、宣鉄吾の主管する『大衆夜報』は、次のような衝撃的な報道をする。すなわち、各区の補欠の参議員候補が、一一名の参議員を「漢奸」として上海高等法院検察処に告発しており、四ヶ月あまりが経過しても司法行政部と内政部が協議を進めず指示を出さないので、同月八日に参議員候補たちが公開の討論会を開催すると報じた。さらに、『大衆夜報』の記者が「候補参議員方面」に聞いたとして、告発した一一名の参議員の実名と対日協力政権下での役職が公表された(62)。翌六日の上海の新聞各紙は、同様の内容を伝え、被疑者の実名を公表する。『鉄報』のようなタブロイド紙が情報を転用したり、『文匯報』のような左派系紙が不確かな情報源からの取材を重ねたりして、世論の反響が大きくなり大騒動に発展していった(63)。

告発されているとして実名を挙げられた市参議員は、対日協力政権下で市民協会の理事、各同業公会の理事、保甲委員・保長などを務めた人物である。とくに、一一名のなかの七名が同業公会の理事であったことから、「市参議会は傀儡の同業公会に等しい」と批判された(64)。しかしこれらの記事の情報源は、「参議員候補の某弁護士」としか公表されていない。宣鉄吾主管のタブロイド紙の報道に端を発するこの事件も、背後で国民党内の派閥間闘争が関係し、意図的なリークがあったとも推察されるが、内幕は定かでない。

（2）二つの世論

ともあれ、一一名の市参議員が参議員候補によって「漢奸」として告発されるという情報は、新聞各紙を通して上海の大衆に広まり、地域社会を一時騒然とさせた。その結果、二つの対照的な世論が生み出された。一つは、市参議員に対する批判である。すなわち、彼らが「漢奸」の告発に期限を定める議決を急いだのは、自分たちが告発されるのを恐れたからである。市参議会の議論は「ねずみ取りの方法を、ねずみと相談したようなもの」である、と批判された(65)。こうした意見に対して、市参議会の徐寄廎副議長は、市参議会が「漢奸」の告発に関して「絶対的に公正」な立場にたっていることを強調した[66]。

そして、もう一つの世論は、告発の動機に対する疑念である。すなわち、告発者がすべて参議員の欠員を待つ補欠の参議員候補だと報じられたことから、「漢奸」告発を政争の具に用いているのではないかと疑われた[67]。こうした意見に対応して、「候補参議員聯誼会」は、「漢奸」容疑者の告発と市参議員の欠員補充とは関係なく、市参議員をねらって捜査しているわけではないことを強調した[68]。

（3）騒動鎮静化までの曲折

誤報が氾濫し、情報と議論が錯綜するなかで、一〇月六日、大新聞各紙は、高等法院の検察官および候補参議員聯誼会に属する参議員候補にインタビューをおこなって、彼らが一一名の参議員を告発した事実はないと述べていることを報じた[69]。さらに同日には、候補参議員聯誼会が記者会見を開く。候補参議員聯誼会によると、当会は上海の大衆から複数の告発文書を受け取り、それらには計四〇名の市参議員の名が挙げられていた。候補参議員聯誼会は、市参議員を含めた「漢奸」容疑者の犯罪行為の証拠収集を進めているが、現段階で法院に告訴を決めたのは一一名のリストには入っていない田怡庭参議員のみである、と公表した。

他方、同日には『文匯報』が、市参議会議長の潘公展を取材した。潘によると、かつて各同業公会を整理する際に国民政府社会部の指示を仰いだが、同業公会の理事は利敵行為がなければ「漢奸」の罪にならないと解釈されたという。さらに参議員は選挙の際に、試験・審査に受かり市政府の審査・決定をへて初めて公職の候補者となることができ、審査結果は内政部にも報告されている。それゆえ、もし司法機関が傀儡の同業公会の理事就任を罪状として認定すれば、同一の国家内に二つの解釈が生まれることになる。したがって、法院はこの案件を慎重に取り扱うべきであり、今後とも法的な解決を静かに見守りたい、という旨を表明した[70]。

候補参議員聯誼会の記者会見と潘公展のインタビューの内容は、翌七日の新聞各紙で報道された。その結果、一〇月五―六両日にタブロイド紙を中心に飛びかった市参議員が大量に告発されたという情報は、二日間で誤報と判明する。しかし、対日協力した経済団体等の要職につきながらも戦後に市参議員となった商工業者たちに対する反発の大衆感情は根強かったので、潘公展の見解が多くの反論を呼びおこした。とりわけ参議員候補の曹亜俠らは、潘公展議長の発言が『文匯報』に掲載された七日の定例記者会見において、潘公展に反論した。その際には、国民政府の内政部や考試委員会が対日協力団体に厳しい解釈を示した例があることや、立法院や考試院が対日協力組織の元人員の任用を制限していることなどを挙げている。[71] ほかにも、「漢奸を処罰する条例」の解釈権は社会局でなく立法院にあるのではないかという意見や、[72]「漢奸」容疑者も中央政府が無罪と認めれば参議員になれるというのは市参議会の軽視である、といった意見が新聞各紙で主張された。[73]

結局、「漢奸」として告発されたと報じられた一一名の市参議員のなかで実際に告発されたのは、対日協力政権下で百貨業公会理事長・漁業公会副理事長等を務めた黄振世だけだった。[74] したがって、多数の市参議員が「漢奸」として告発されるというデマは、終戦直後のきわめて流動的な政治社会情勢のなかで、大衆感情に便乗したマスメディアが広め、地域の有力者に動揺をあたえ、政権が鎮静化に動いたといえる。この騒動の背後では、李沢事件とまったく同じように、日本の支配に関わらざるをえなかったことに対する大衆の感情的な批判をかわしながら旧来の勢力を保ちたい業界有力者たちと、「漢奸」に対する大衆感情に乗じて台頭したい新興勢力との対立があった。さらに市参議員告発のデマは、衝撃的なスクープによって大衆の好奇心をあおって売上をのばしたいタブロイド紙の企図や、大きな社会変革を期待する抗日戦争勝利後の大衆心理にもかなっていたのである。

六　選挙・告発・大衆

上海初の普通選挙であった一九四六年四月の市参議会議員選挙は、混沌とした情勢のなかで始まる。選挙前には、立候補者が政府の審査を受けること、さらに参議会が政府の諮問機関にすぎないことなどから、選挙実施に反対する運動が起こっていた。ところが選挙戦が始まると白熱化し、街頭・公園・学校やラジオ・新聞では、商品広告にも勝るほどのにぎやかな宣伝がおこなわれた。候補者は、日用品や各種券から食糧や現金まで配ったり、接待宴を開いたりした。ネガティブキャンペーンも多く、立候補者を「漢奸」としてののしるスローガンが貼られることもあった。

投票日にとくに目立ったのは、選挙区の保甲長（末端の行政者）や代筆人が無知な選挙民をだます不正行為であった。頻発した不正・混乱・妨害の背景にはしばしば、政権の選挙過程への干渉や在地社会における勢力争いがあった。結局、多くの国民党関係者と業界有力者が参議員に選出された。

上海市参議会は一九四六年八月に成立し、議長には、蔣介石の意向が反映されて、国民党CC系の重鎮・潘公展が就任した。上海市参議会は九月、「漢奸」告発の期限設定を中央政府に要請する提案を議決する。そんな矢先に、市参議員に当選した一一名の業界有力者が「漢奸」として告発されるという情報が、タブロイド紙の報道をきっかけに広まった。市参議会議長の潘公展らは、情報の根拠を否定して事態の鎮静化に努めた。結局、情報はデマだと判明し、新聞に名前の挙がった市参議員も一名をのぞいて告発されることはなかった。こうした経緯を見ると、一九四六年の時点において国民党政権は、上海市参議会の選挙過程と議事運営を操作しつつ、不正や「漢奸」を非難する大衆の圧力をかわして、地域秩序の安定化を図っていたとわかるのである。

第七章　ミス上海コンテストに見る戦後大衆社会

一　なぜミスコンテストはおこなわれたのか

日本の美人コンテスト

ミスコンテストのルーツは、欧米都市でおこなわれたマリア祭などの祝祭にあるという。アメリカでは遅くとも一九二〇年代には、一般女性が一堂に会して競い合う美人コンテストが開催され、水着審査もおこなわれていた。日本においては、一八九一年、浅草の凌雲閣が芸者の写真を展示して、美人コンテストを開催したことを確認できる。さらに一九〇七年には『時事新報』が、日本全国の「良家淑女」の写真を公募して美人コンテストをおこなっていた。この頃から、メディアが美人認定に介在する度合いを強めていき、美人とは各地元にいる「小町」ではなく、メディアにとりあげられた「ミス」を指すようになっていった。また、一九三一年に『週刊朝日』がおこなった写真による「ミス・ニッポン」のコンテストでは、賞品授与式に入選者が集められて舞台に立ったが、それは前代未聞のことであった。

こうした戦前日本の美人コンテストは、カフェの女給、キャバレーのホステスやダンサーなどの大会をのぞけば、写真審査だけであった。しかし戦後においては、美人たちがコンテスト会場に集合して審査されるようになる。以前の写真によるコンテストでは、おもに顔立ちが審査されたが、舞台上でのコンテストでは身体や立ち居振る舞いも審査対象となった。一九五二年に始まった「ミス・ユニバース」では、審査過程も観客の視線にさらされ、一般の女性たちが水着姿で舞台に上がったのである。(1)

中国における美人コンテストの略史

中国都市において、古くは元代から士大夫が机上で妓女の品定め（「品花」）をおこなった記録がある。妓女の品定めは、しばしば自然の花にたとえてなされ、科挙にみたてておこなわれた。さらに一六五八年秋、蘇州で妓女の公開美人コンテスト（「花榜」）が催され、その後広くさかんになった。(2) 明末清初の戯曲・小説には「花榜」だけではなく、選ばれた名妓が馬に乗って市内をパレードする「遊街」や、郊外で催される盛大な酒宴（「張宴」）の様子も描かれている。

清代の康熙・雍正時代にかけて花街は衰退したが、乾隆時代に入ると昔日の繁栄をとりもどし、清末民国初期には「品花」や「花榜」も盛んになった。(3) それゆえ、近代中国においても美人コンテストといえば、たいていは妓女が出場するものであった。上海では租界の妓楼において一八六八年から「花榜」がおこなわれ始め、それは高級妓楼の広告に利用された。(4) 妓楼以外では、一八九七年、李伯元が『遊戯報』を創刊して、「花選」（容色だけではなく芸・歌・侍女などを総合して競う妓女のコンテスト）を主催する。これ以降、妓女のコンテストは定期的かつ大々的に催されるようになり、一部の好事家だけではなく広く社会に認知されるイベントになった。それは、民国期には「花国総統選挙」などと呼ばれるようになる。(5) ほかに一九二八年六月には、上海初のダンサーのコンテスト（「舞后選挙」）も開催されている。(6)

そして、一般女性が出場した最初の美人コンテストは、一九二九年八月から上海の新世界中西遊戯会において開催された「名媛大会」（令嬢コンテスト）であろう。上海の各業界が中華麻瘋救済会（ハンセン病患者救済団体）のために寄付を募り、ハンセン病の専門病院の開設を目指して催した大会であった。新世界遊楽場の入場券が販売され、入場券一枚で女性に一票を投じることができた。新世界中西遊戯会は『申報』の「本埠増刊」（上海版）に、得票の多い順に数人の女性の名前と票数を掲載し続けている(7)。この「名媛大会」には、未婚女性（「小姐」「女士」）のほかに、既婚女性（「夫人」）も参加していた。結果は、永安公司（上海随一の百貨店）の社長・郭標の娘・郭安慈が優勝し、当時の上海実業界を代表する有力者・虞洽卿の娘・虞澹涵が準優勝した(8)。

この大会後にも、美人コンテストはたびたび開催される。一九四一年九月には、上海難民救済協会が外国人難民を救済するために、「ミス中国」（「中国小姐」 Miss Chira）コンテストをアルゼンチンクラブ夜花園で開催した。とはいえ、これに参加した数十名のうち多くはロシア人のダンサーやホステスであり、中国人の参加者はわずか五―六名にすぎなかった。しかし、有名な中国人ダンサーの王美梅が優勝し、優勝賞金の一五〇〇元のうち一〇〇〇元を外国人難民救済のために寄付した(9)。上海で全市規模の美人コンテストが開催されるのは、日中戦争後のことになる。［図7―1］

図7-1　1941年の「ミス中国」で優勝した王美梅（左），第2位のアリス・リー（李小姐）（中央），第3位のジュヌビェーヴ・グラスマ（Genevieve Grassma）（右）
出典：「1949年中国小姐」『良友』第170期，1941年9月15日，32頁．

日中戦争末期の一九四五年には、重慶クイーン（「重慶皇后」）コンテストが開催された。キリスト教系の慈善団体が児童福祉の基金を集めるために開催し、劉王立明（滬江大学学長などを務めた劉湛恩の夫人、中国民主同盟の中央委員）が主催した。結果は、貴州省教育庁長・楊公達の娘でフランス人とのハーフである楊安妮が前評判通り優勝し、二位には注目されていなかった職業婦人が入賞した[10]。重慶クイーンコンテストは、都市名を冠して挙行された一般女性の美人コンテストとしては中国初のものだろう。ただし、戦時重慶の雰囲気は厳かであり、後のミス上海コンテストのように盛り上がることはなかったという[11]。

さらに終戦後、一九四六年六月三日に挙行されたミス香港（「香港小姐」）コンテストは、当時の中国においてきわめて先鋭的なものであった。イギリス空軍クラブと香港遊泳団が難民への寄付を目的に開催し、国籍を問わず一六―六〇歳（当時の年齢は数え年、以下同様）の女性ならば誰もが出場できた。結局、応募者は一七名、出場者は七名にすぎず、出場者は水泳・水球のほかに美貌・スタイル・姿態を審査された。水着審査もおこなわれたと考えられる。優勝者は、香港総督夫人によって表彰された。ミス香港コンテスト当日の会場は群衆が押しかけて混乱をきわめ、さらに大会後にはコンテストや優勝・準優勝者に対してさまざまな議論が噴出し、流言が飛び交った[12]。

そして、重慶クイーンコンテストとミス香港コンテストの後塵を拝したものの、一九四六年八月、ミス上海（「上海小姐」）コンテストが盛大に開催された。それは基本的にメディアにおいて各女性の宣伝がおこなわれ、表彰式になって初めて出場者が舞台に上がるという方式だった。それにもかかわらず多くの関心と資金を集めて、上海全市および中国各都市に大反響を呼んだ大規模な大会となったのである[13]。

一九四六年夏、国共両軍が蘇北地方において激闘を繰りひろげ、運河・河川の堤防を破壊し洪水を発生させる。それによって生じた難民を救うために、八月二〇日、蘇北難民救済協会がミス上海コンテストを挙行し、投票券と入場券を販売する方法で救済資金を集めた。事業推進の中心となったのは、青幇の領袖で当時は市参議会議員等を務めていた杜月笙や、上海市政府社会局局長の呉開先らであった。一九四六年夏のミス上海コンテストが二九年の令嬢コンテストと同じように慈善救済のための募金活動として挙行されたのは、公共性を強調しなければ一般女性に参加を呼びかける大会を開催するのが難しかったからである。しかも一九四六年夏はちょうど、新たに市長に就任した呉国楨が蔣介石の意向を受けて、上海における奢侈の取り締まりと節約の提唱に乗り出していたところであり[14]、ミス上海コンテストも慎重に催される必要があった。

ミス上海コンテストへの視点

さて、本章がミス上海コンテストに着目するのは、終戦直後から再び中国における経済・文化の中心の地位に返り咲きつつあった上海において、もっとも衆目を集めるメディア・イベントの一つになったからである[15]。それはかつてない規模で宣伝されたので、しばしば中国史上初のミスコンテストと誤認された。ラジオでは、蘇北難民救済協会が准劇・滬劇・滑稽（漫才）・弾詞（語り物）などを放送しながらコンテストを宣伝し、タブロイド紙（「小報」）が連日、ミス候補の女性たちのプロフィールを紹介した。さらにコンテストに準優勝した復旦大学の女子学生・謝家驊は、国民党の将校に求婚されたり、大富豪と盛大な結婚式を挙げたり、香港の映画に主演したり、あるいは父親が「漢奸」の罪で有罪の判決を受けたりして、世間をおおいに騒がせる。ミス上海コンテストやその後の謝家驊の活動は、新聞報道などを通して大衆の視線にさらされることを明確に意識しながら展開されていた。

くわえて確認すべきことに、ミス上海コンテストに出願したのは、上海に住むおもに中・上流階層の女性たちであった。そのなかには、職場で要請を受けて出場した、市政府民政処および各区公所の女性公務員たちもいた。社会的地位の高い良家の女性たちがミスコンテストに出場したので、彼女たちの美貌を使って巨額の資金を集める慈善救済の方法をめぐって、有識者が各新聞紙上で活発な論議を展開することになったのである。

本章は、当時の都市中間層を中心とする人びとが、ミス上海コンテストにどのように関わり、また、ミス上海コンテストとそれを推進する政府について、どのような論議を展開していたのかを見ていこう。それによって、都市中間層の女性たちや「漢奸」とされた人たちが、戦後上海のメディアおよび大衆にどのように関わったのかを明らかにする。さらに、ミス上海コンテストの開催とその波紋を跡づけながら、戦後の時代相を探っていきたい。すなわち、一九二〇年代に出現し三〇年代に成長した中国都市の大衆社会が、日中戦争によってどのような影響を受け、戦後にはどのような変貌をとげて、一九五〇年代の大衆運動の時代に連続していったのかを考察する。

主要史料としては、上海において漢奸問題をもっとも豊富に報道した左派系の民間大新聞である『文匯報』（一九三六年一月創刊）、当時の上海における代表的なタブロイド紙である『新民報晩刊』（一九四六年五月創刊）や『鉄報』（一九三七年五月創刊）などを用いる。さらに必要に応じて、『大公報』（一九〇二年六月創刊）や『申報』（一八七二年四月創刊）などの大新聞、そのほかの各種タブロイド紙（「小報」）にも目を通す。

二　ミス上海コンテストの開催

（1）蘇北難民救済協会の成立

江蘇省の長江をはさんで北側の蘇北（江北）地方は、河川・運河・水路が縦横に流れ、大小の湖が点在するため、歴史的に洪水が頻発した貧しい農業地帯であった。蘇北地方の農民は、食糧不足などから難民となって江南地方に押しよせ、上海などの大都市において過酷な肉体労働や雑業につき、下層民として差別されていた[16]。蘇北地方では、日中戦争期に破壊された堤防が修復されず[17]、さらに一九四六年七月半ばから八月にかけて国民党軍と共産党の野戦軍が激戦を繰りひろげたので、堤防決壊と洪水被害はさらに拡大して、大規模な難民が発生した[18]。難民のなかには、共産党に土地改革の闘争を仕掛けられた一部の地主＝商人層も含まれた[19]。一九四六年初夏には、一〇〇万人をこえる難民が蘇北地方に発生し、その多くが飢えに苦しんでいた[20]。

そして、国民政府社会部部長の谷正綱や江蘇省政府主席の王懋功、江蘇省党部主任委員の汪寶瑄らの要請を受け、杜月笙が上海で蘇北難民救済のための募金事業を発動した。一九四六年六月一日、蘇北難民救済協会が成立し、鎮江・南京・上海および蘇北地方の揚州・徐州・南通・東海・泰県に事務所が開設される。杜月笙が協会の主任委員に推挙され、銭新之（上海銀行公会会長などを歴任）と徐寄廎（浙江興業銀行董事長など）が副主任委員、汪寶瑄が総幹事、上海市政府社会局で科長を務めたことのある王先青（国民党上海市委員会委員）が上海地区の幹事となった[21]。

蘇北難民救済協会は救済基金を集めるために、上海において積極的に各種のイベントを開催し、それらを新聞やラジオを通して宣伝・放送した。例えば一九四六年七月八―一〇日の三日間、蘇北難民救済協会の上海市籌募委員会（杜月笙主任委員、呉開先副主任委員）は、中央広播事業管理処の下に設置された上海広播電台、および上海の大ラジオ局を終日無料で借りきって、「故事」（語り物）・「弾詞」（弾き語り）「滑稽」（漫才）・「四明講巻」「四明南詞」（寧波方言の語り物）、「明星歌星大会」（スターたちのトーク番組）、「平劇」（京劇）・「江淮劇」（蘇北の地方劇）・「滬劇」（上海の地方劇）などを放送し、上海の人びとに募金を呼びかけた[22]。ラジオでは演劇俳優・女優の人気コンテストも実施され、女優では杜月笙の娘が優勝している[23]。ほかにも一九四六年七月一五―一九日にかけては、代表的な京劇俳優の梅蘭芳と周信芳が、天蟾舞台で慈善公演をおこなった[24]。このように、蘇北難民救済協会は当初からメディアを利用して大衆娯楽を提供することによって、大衆に寄付を促そうとしていた。そしてもっとも盛大な事業が、ミス上海コンテストだったのである。

（2）コンテスト開催

蘇北難民救済協会の上海市籌募委員会は、ミス上海コンテスト（「上海小姐競選」）の開催を決定し、七月二七日か

図 7–2　「ミス上海」のコンテストが 20 日におこなわれるが，誰が「ミス上海」になるのか？出典：「新聞漫画」『星光』新第 17 期，1946 年 8 月，2 頁.

ら参加者の登録を受け付け始めた。(25) コンテストは、「上海小姐」（一般の令嬢）・「電影皇后」（映画女優）・「平劇皇后」（京劇女優）・「話劇皇后」（新劇女優）・「越劇皇后」（越劇女優）・「歌星皇后」（歌手）・「舞国皇后」（ダンサー）の七部門に分かれておこなわれることになった。主催者の杜月笙と呉開先のほかに、梅蘭芳も各賞の授与者に加わることが公表された。(26) 蘇北難民救済協会は、投票券を一万元（一〇票分）、五万元（五〇票分）、一〇万元（一〇〇票分）で販売し、さらにコンテスト会場への入場券を一万元（限定三〇〇〇枚）で販売して、「二〇万万元」を目標額に救済資金を集めると発表した。(27)［図7–2］

そして、映画女優の周璇(28)や、京劇（「平劇」）俳優の言慧珠（梅蘭芳の弟子）らが出場を公表する。また、舞庁（ダンスホール）業公会の理事長・孫洪元の尽力があって、(29)「舞国皇后」の部門に出場するダンサーが多かった。(30) 一方、後述のように、ミスコンテストは女性を弄ぶものだと批判・反対する意見も多かったので、歌手の欧陽飛鶯、京劇女優の白玉薇、(31) 越劇女優の袁雪芬らは出場を拒否した。袁雪芬は「人言可畏」（人のうわさの恐ろしさ）を理由として、たとえ「義演」（慈善公演）を挙行したとしても、ミスコンテストには出場できないと公言した。(32) さらに、映画および話劇（新劇）の女優は全員参加せず、合同で無報酬の劇・歌唱会を開く計画を立てる。(33) このように女性芸能人たちは、ミス上海コンテストに出場すべきかどうか、大衆感情にどのように向き合うべきか判断を迫られていた。

コンテスト開催日は八月二〇日であると発表され、各新聞紙上でコンテストへの参加者が募集された。「上海小姐」（一般の令嬢）の部門に参加できるとされたのは、上海に居住する「家庭の令嬢（「閨閣名媛」）、女性公務員・教員、女性自由職業者（医師や弁護士など）、女性文学・芸術活動家、女性運動家、工商業の女性従業員」といった、都市の上・中流階層に属する女性たちであった。[34] 最初に一般令嬢の部門への出場を表明したのは民立女子中学校の学生の高清漪（一七歳）であり、彼女はミス上海コンテストの総幹事を務めていた国民党員の王先青の親戚だった。[35]

さらに、上海市政府民政処処長の張暁崧と第十一区区長の王剣鍔弁護士の働きかけによって、女性公務員たちがコンテストに出場することになった。八月一一日、王先青・張暁崧らが同席して、一六名の女性公務員たちが記者会見を開き、ミス上海コンテストへの参加を表明した。[36] さらに同日には、一般令嬢の部門に参加する二五人の女性が連名で「上海小姐應選人聯合宣言」（ミス上海候補者連合宣言）を発表する。すなわち、「私たちの目的は災難を救うことであり、社会人士が少しでも多く寄付金を出して、蘇北の難民を救済することを希望します。誰が〔ミス上海に〕当選するかは、私たちの切望するところではありません」などと宣言し、その原文が新聞各紙に掲載された。[37] こうした宣言は、ミス上海コンテストとその出場者に対する批判をかわし、広く共感と寄付金を集めようとしたものだといえる。

三　ミス上海コンテストとマスメディア

（1）コンテストの前夜

その後、上海の各新聞、なかでもタブロイド紙（「小報」）は連日、ミス上海コンテストに関する情報や宣伝を掲載して、多くの読者の好奇心をさまざまにかきたてた。[38] 例えば、八月一五日から一九日までにかけての『鉄報』は、「上海小姐競選人物誌」（ミス上海コンテストプロフィール）として、五名のミス上海候補の写真とプロフィールを連載する。さらにラジオも、ミス上海コンテストの歌を流すなどしながら投票を呼びかけていた。[39]

コンテスト当日の八月二〇日には、『申報』も「上海小姐競選特刊」（ミス上海コンテスト特刊）を発刊している。

図 7-3（右）　ミス上海コンテストで優勝した王韻梅
出典：本刊特約記者（李景虹・李仲楼撮影）「上海小姐救災」『芸文』第 1 巻第 3 期，1946 年 9 月.

図 7-4（左）　ミス上海コンテストで第 3 位になった劉徳明
出典：本刊特約記者（李景虹・李仲楼撮影）「上海小姐救災」『芸文』第 1 巻第 3 期，1946 年 9 月.

それらによると、王韻梅は、一度身を投じたダンスホールから脱して家にもどった優勝候補の女性であり(40)（「図7−3」）、謝家驊は、広東省梅県籍で上海育ちの一九歳の復旦大学商科の学生で『永安月刊』の表紙を飾ったこともあり(41)、林建秀は、バスケットボールなどの各種スポーツを好む健康で美しい二一歳の看護師であり(42)、劉徳明は、ピアノを習って将来は音楽家になることを夢見て第十一区公所で働く公務員であり(43)（「図7−4」）、張娜は、高等教育を受けた楚々とした才女である(44)、などということであった。ただし、コンテストの出場者やその家族のなかには、新聞社による取材や写真撮影を拒否する者もいた。『申報』は、そうした態度を「保守的」であると論じている(45)。

マスメディアに登場した彼女たちは、一躍話題の有名人（「新聞人物」）となり、一挙一動が注目された。さらに、第十一区区長に推されてコンテストへの出場を決めた劉徳明は、まるで市参議会参議員の選挙のように、区内の保甲を動員して遊説しながら投票券を売って回ったという(46)。募金活動には、マスメディアにくわえて、基層の政治組織までもが利用された。また、ミス上海コンテストに便乗して新聞広告を出す絹織物・下着・鞄・革靴・化粧品・歯磨き粉の業者やレストランなどがあった(47)。こうして大衆のミス上海コンテストに対する興味はたしかに高まったが、はたしてそれが寄付行為につながるかどうかはわからなかったのである。

（2）コンテストの当日

八月二〇日の夕刻六時、新仙林花園舞庁（ダンスホール）において、ミス上海コンテストの「園遊大会」が開催された。この日の午後から夜にかけて、上海全市の三分の一以上のタクシーが会場周辺に向かったといわれたほど集客した[48]。会場には一〇〇〇席あまりしかなく、入場券は二〇〇〇枚だけ販売することになっていたが、四〇〇〇人近い来客があり、八時の開会前には混乱があった[49]。会場には、中央電影製片廠やアメリカのメトロ・ゴールドウィン・メイヤー（Metro-Goldwyn-Mayer MGM 米高梅）などが、ニュース映像の撮影にやってきていた[50]。

そして、一般女性（「上海小姐」）の部門は最多の三六人の出場者があり、そのなかには民政処および区公所の女性公務員が一八人、女子学生が七人含まれていた。出場者の年齢は一七歳から二八歳まで、身長は一五二―一六五センチ程度（五―五・四フィート）、体重は平均で約四五キロ（一〇〇ポンド前後）と報道された[51]［図7-5］。

図 7-5　ミス上海コンテストの入賞者たち
出典：本刊特約記者（李景虹・李仲楼撮影）「上海小姐救災」『芸文』第 1 巻第 3 期，1946 年 9 月．

結局、コンテストの結果は前評判通り、優勝が六万五五〇〇票（六五五〇万元）を獲得した王韵梅、準優勝が二万五四三〇票（二五四三万元）を獲得した謝家驊、第三位が八五〇〇票（八五〇万元）を獲得した劉徳明となった。また、京劇女優（「平劇皇后」）の部門では言慧珠、歌手（「歌星皇后」）の部門では韓菁清（後に文学者の梁実秋と結婚して台湾に移住）、ダンサー（「舞国皇后」）の部門では管敏莉が優勝した[52]。ちなみ

図 7-6「平劇皇后」（京劇クイーン）となった言慧珠
出典：本刊特約記者（李景虹・李仲楼撮影）「上海小姐救災」『芸文』第1巻第3期，1946年9月．

図 7-7「歌唱皇后」（歌唱クイーン）となった韓菁清
出典：本刊特約記者（李景虹・李仲楼撮影）「上海小姐救災」『芸文』第1巻第3期，1946年9月．

図 7-8「舞国皇后」（ダンスクイーン）となった管敏莉
出典：本刊特約記者（李景虹・李仲楼撮影）「上海小姐救災」『芸文』第1巻第3期，1946年9月．

に、上司の命令に従って出場した女性公務員たちの得票は、劉徳明をのぞけば少なかった(53)。コンテストの当日、彼女たちはあまり化粧をせず、大衆の注目を集めすぎないようににぎわいを避けていたという(54)。〔図7-6〕〔図7-7〕〔図7-8〕

（3）コンテストの後日談

そしてコンテストの後、好成績をおさめた女性たちの背後に有力な後援者のいたことが、マスメディアでたびたび暴露された。とりわけ、王韵梅がミス上海の栄冠に輝いたのは、四川省の軍長であった范紹増将軍および彼と旧交のある杜月笙が資金集めに奔走したからであった(55)。そのため、王韵梅が仙楽斯舞庁（Ciro's Nightclub & Ballroom）で「王国花」と名乗るダンサーであった過去が暴かれ、さらにそのときダンスホールの店主の息子らと男女の関係をもち(56)、范紹増とも関係したという流言が広まった(57)。ほかにも、紡績業の大実業家である汪桂章が謝家驊(58)に、虎標永安堂の胡桂庚が管敏莉に、国民党の軍人・楊虎が言慧珠に(59)、それぞれ多額を投じて投票をしたのではないかと噂された。慈善救済活動はたいてい地元と縁の深い政財界の有力者によって担われたが、戦後上海ではミスコンテストという大衆娯楽を取り入れて大々的に挙行されたことから、このような大衆の好むスキャンダルや暴露記事などの副産物が生み出されたのである。［図7-9］

また後日、ミス上海の戴冠式が催されることになっていたのだが、集まった寄付金を使って典礼をおこなうことに「輿論」の「反対」や「攻撃」が大きかったことから、蘇北難民救済協会の上海市籌募委員会はその中止を決定した(60)。一九四六年一〇月三一日、上海市籌募委員会は総決算大会を開き、杜月笙主任委員と呉開先副主任委員が出席し、救済金の調達と分配の経過について報告をおこなった。寄付金は総計で二〇億元あまり集まり、そのうちの約一九億元は鎮江の協会によって難民の救済に使われ、さらに諸経費を引いた残額は蘇北から上海にやってきた苦学生への学費援助にあてられることになった(61)。

図7-9　「ミス上海」を選びに行こう！
出典：月泉作「選挙上海小姐去！」『中外春秋』第1期，1946年8月23日，5頁.

ミス上海コンテストは、戦後上海の人びとにメディアを通して大衆娯楽を提供し、さらにそれを利用して広範な人びとを慈善救済事業に動員することで、大きな成果をおさめたといえる。ただし、貧富の格差を反映して、一部の富裕層からの多額の寄付金が高い割合を占め、新中間層を中心とする幅広い人びとから集められた金額の割合は限定的であったと考えられる。また、当時の新聞紙上においては、ミスコンテストに対して好奇心をかり立てる記事とともに、ミスコンテストによる募金方法を激しく非難する訓戒的な論説が数多く掲載された。とりわけ、マスメディアに登場する女性の社会的役割をめぐって活発な論議が展開されたので、次に見ておこう。

四　ミス上海コンテストをめぐる世論

（1）ミスコンテストの反対論

ミス上海コンテストはしばしば、慈善救済にかこつけて女性を弄ぶ娯楽だと考えられた。すでに、大会が開かれる約三週間前の一九四六年七月三一日、『文匯報』は、ミスコンテストによる被災民の救済が「〔上海〕全市の女性の反対を引きおこしており、〔ミスコンテストによって〕女性の尊厳が傷つけられるので、『女英雄』の選挙に改めるべきだと〔上海全市の女性が〕考えている」と報道している。[62] さらに、コンテストから約二週間経過した九月五日には、女流作家の蘇青が『文匯報』に寄稿して、ミス上海コンテストを次のように非難した。

近ごろ上海では色情を提唱し、公事にかこつけて私腹をこやし、ダンサーや女優や漢奸の娘を選出して、「ミス上海」というたぐいを偽称した……〔後略〕。思うにこの内戦が蔓延し、人民の苦痛が甚だしいときに、上海には依然として色情の行楽を目指す堕落者がおり、慈善救済の美名をかりて、女性で遊ぶ享楽的な計画を達成しようとしているので、およそ市民に属するものはみな一致して憤慨している！[63]

はたして、どれくらいの割合の上海市民がミスコンテストに反対していたのかは定かでない。しかし、大衆の面前で女性が美貌を競い合い、それを見世物にして募金することに対する抵抗感や罪悪感は、一般の人びとの間でたしかに存在していた。そのことは、すでに見た一部の出場者たちの言動にも見られたし、また、『文匯報』のような左派系の政論新聞からだけではなくタブロイド紙の論調からもうかがい知れる。

当時の多くの人びとがもっとも問題視したのは、ミスコンテストによる募金が女性の美貌を使ってカネを集める側面のあることだった。そのためミスコンテストはしばしば、女性を愚弄し侮辱する下品なイベントだと考えられたのである。例えば、選ばれるのは女性、選ぶのは男性だから、「『ミス上海』の選挙は、女性を弄ぶ機会だ」(64)、あるいは「『公益』の看板をかかげて、自重する女性に強制して、あっぱれな人物たちに娯楽を提供するとはいったい何事か？」(65)、さらに「女子の生存とはただ花瓶となり、飾り物となることができるだけかのようだ」(66)などと批判された。ほかにも、コンテストに出場して得票できなかった女性たちは、「ダンサーや歌手たちよりも身分が低く、値打ちのないことを人びとに知らしめた」のであるから、彼女たちこそが救済されるべき「真の難民」であるという意見や(67)、男女平等ならば、ミスター上海（「上海先生」「上海少爺」(68)）や、もっとも貧しくもっとも子供の多い父親（「上海窮爺」(69)）を選出するコンテストを開催すべきだという意見が公表された。極端な意見になると、ミスコンテストは、「女性の色情に頼った〔難民救済の〕呼びかけ」(70)、「奉仕の売春」(71)であると非難された。

また、国民政府の施政方針とミス上海コンテストの矛盾を指摘する声もあった。すなわち国民政府は、女性のパーマを禁止したり、外国の化粧品の輸入を制限したりしたことがあり、さらに新生活運動を推進して新聞各紙で「節約」を提唱していた。それにもかかわらず、化粧や衣装に金をかけた女性たちが艶やかさを競い合うミスコンテストを開催するのはおかしい、と批判された(72)。大会開催に「五万万元」もの寄付金を使ったことが、浪費として非難されたのである(73)。

そして、ミスコンテストに反対する論客たちの多くは、女性が職業を通して募金活動に協力すべきだと考えていた。例えば劇作家の劉友瑾は、「話劇の俳優は劇中の役柄の身分で社会に相まみえる」のであり、「職業以外の身分において、人びとに器量をあげつらわれて賞玩される」という「低級」なことはすべきでないと主張した(74)。また、『女子月刊』『婦女文化』などの女性誌の編者であった女流作家の趙清閣は、ミス上海コンテストへの不参加を表明した越劇女優の袁雪芬を賞賛し、京劇女優の部門（「平劇皇后」）での優勝が見込まれていた言慧珠に忠告を発していた(75)。

図7-10　「ミス上海」の慈悲
出典：鶴予作「大慈大悲」『週播』第22期，1946年9月1日，5頁．

（2）ミスコンテストの擁護論

一方、コンテストの推進者は、ミス上海コンテストの参加者を擁護する発言をしていた。例えば、市政府社会局局長で上海市籌募委員会副主任委員の呉開先は記者会見において、袁雪芬が「人言可畏」（人のうわさの恐ろしさ）を理由として不参加を発表したことに言及し、「人言可畏」を「人言可愛」（人のうわさの愛おしさ）に変えるべきだと述べた(76)。呉開先の発言を受けて、国民党CC系の潘公展が社長に就任していた『申報』の評論は、無責任な大衆を批判し、それに立ち向かう勇気をもつべきだと出場者を激励した。すなわち、「今日の社会では、いかなることもくだらない噂話を免れるのは難しい。人びとの心は無信仰の段階に陥ったので、一切の現象に対して悪いところから考えたり、否定的な文書を見たり、でたらめを聞いたり、秘密や内緒事を知ったりすることが愛される。もしこの大逆流に面と向かう勇気がなければ、波に浮き流されて逗留する以外にどの道を行くことができるだろうか」という(77)。また、『申報』の「ミス上海コンテスト特刊」も、コンテストに参加する女性は「純粋に国民の責任を果たしている」のであって、「一時代を画する観世音」であると称揚している(78)。［図7-10］

その後も、現実主義的な立場からミスコンテストによる募金方法を支持し、批判に反論する意見が、各新聞紙上で相次いで発表される。例えば、ある者は救済方法の多様性を認め、たとえ「跳舞〔ダンス〕救災」「遊泳〔水泳〕救災」「競美救災」であっても、困窮する難民は感謝するだろうと論じた(79)。また、レストランやカフェのウエイトレスが参加すれば、店の広告になるからよいのではないかと推す声もあった(80)。さらにミス上海コンテストは、女性が中心の救済事業として積極的に評価されることもあった。例えば「蘇北の難民は救済しなければならないものであり、賢明な人がよい方法を思いついたのが『ミス上海』の選挙である」、「『ミス上海』を選んで『ミスター上海〔上海少爺〕』を選ばないということから、女性の社会的地位が男性よりもはるかに高いことがわかる(81)」、あるいは、ミスコンテストはコンテストに出場したい女性の願望をかなえると同時に、難民の救済もできるので「一挙両得」だ(82)、などといった主張が見られたのである。〔図7-11〕〔図7-12〕〔図7-13〕〔図7-14〕

（3）議論と実際

このように、ミス上海コンテストをめぐっては賛否両論があり、論争が展開された。そして当時の中国国内のマスメディアにおいて、反対論のほうが擁護論よりも相対的に優勢であった。ミスコンテストに対する批判は、興味深いことに次のような中国社会批判にまでつながった。すなわちある論評は、「色情の娯楽と厳粛な救済は、ひどく調和しない二つの事柄である。ただ中国のような演劇的な性格〔「戯劇性」〕に富んだ社会においてのみ、娯楽に救済の意味を含ませることができる(83)」と断じている。第四章三節で見た一九一〇年代の状況と同様に、戦後期においても「娯楽救国」への批判が根強かったことがわかる。

さらに、共産党地下党員の黎澍が編集主幹を務めていた政論誌『文萃』（一九四五年一〇月創刊）は、海外のメディアでもミス上海コンテストが批判されていることを論じた。すなわち、外国のジャーナリストが「中国飢餓、上海跳舞」（中国は飢えているが、上海は踊っている）と諷刺する矛盾を、ミス上海コンテストは「ダンスも踊り、女性とも遊び、災害も救済する」として解決した。ところが、多くの外国人ジャーナリストは「内戦が拡大するさなかで、上海では皇后や小姐〔ミス〕が選出される」という見方を捨てきれずにいたという(84)。

ただし、ある出来事を不特定多数の大衆がマスメディアを通じて興味本位に見つめる状況や、さらには大衆娯楽

図 **7-11**　「ミス上海」は蘇北難民の推戴をえて，出入りではすべて武装保護がある．
出典：洛克画・饑民文「選挙『上海小姐』！」『海星』第 25 期，1946 年 10 月 8 日，12 頁．

図 **7-12**　戦災は終わらず，救済事業もやまず，将来かならず「難民銀行」が生まれれば，テープカットはもちろん「ミス上海」が担当する．
出典：洛克画・饑民文「選挙『上海小姐』！」『海星』第 25 期，1946 年 10 月 8 日，12 頁．

図 **7-13**　服装会社（蘇北女子服装公司）が「ミス上海」にファッションモデルを依頼し，国産品を提唱して，利権を挽回する．
出典：洛克画・饑民文「選挙『上海小姐』！」『海星』第 25 期，1946 年 10 月 8 日，12 頁．

図 **7-14**　将来もし「ミス会社」の組織ができれば，保険投資者が喜び勇んでやってきて，客が入口にいっぱいになる．
出典：洛克画・饑民文「選挙『上海小姐』！」『海星』第 25 期，1946 年 10 月 8 日，12 頁．

を利用しながら救済事業を展開することは、同時代の世界各地で広く見られた社会現象であったと考えられる。ミス上海コンテストに見られた「社会生活の演劇化」は、なにも中国に限ったことではなかった。そして、ミス上海コンテストは倫理的な批判を受けながらも、結局、その斬新で現実的な救済方法が消費主義的傾向の強い当時の大衆社会に受け入れられて成果をあげたことから、中国全土の人々に注目されてほかの地域でも模倣されていく。

ミスコンテストを採用した慈善救済は、一九四六年末以降に上海から中国各地へと普及していった。例えば、浙江省の蕭山県でもっともにぎやかな繁華街のあった臨浦鎮では、ミス臨浦（「臨浦小姐」）コンテストが計画された(85)。また、西安市の第一託児所も不足する運営資金を補う寄付を集めるために、ミス西安（「西安小姐」）コンテストの開催を計画した(86)。上海においてはふたたび大規模なミスコンテストが開催されることはなかったが、二年後の一九四八年頃までには、ミスコンテストによる募金方法を現実的で有効なものとして再評価し、再度の開催を促すような意見が、新聞紙上で見られるようになった(87)。

一九四六年のミス上海に選出された女性たちの多くはその後も脚光を浴び続けたが、とりわけ謝家驊は世間をおおいに騒がせた。次節では、ミス上海に選ばれた謝家驊がどのようにマスメディアに関わったのかを見ながら、戦後上海の大衆社会の演劇的な性格（「戯劇性」）を具体的に明らかにしていこう。

五　「漢奸の娘」と「ミス上海の父」

（1）「漢奸の娘」への批判

謝家驊が準優勝した一九四六年八月二〇日のミス上海コンテストの直後から、タブロイド紙は、彼女に関するようなことしやかなゴシップを報じた。ある女学生の話によれば、謝家驊は復旦大学に在学中、毎日自動車で送迎され、奇抜な服を好み、毎週日曜日には家でパーティー（「派対」）をおこなって「美男子」と遊んでいたという。[88]

しかし、こうした「穢れた経歴」（「汚穢的歴史」）[89]の暴露よりも注目すべきは、マスメディアが、謝家驊の父・謝筱初が対日協力者であったことを取りあげ、「漢奸の娘がミス上海に選ばれた」[90]という批判を展開していたことである。大実業家の謝筱初は、対日協力政権下の上海において、中華公司の経理（支配人）、化学原料行業公会の理事長、上海市商会の常務理事、中央政治委員会経済専門委員会の委員などの要職についていたことから、日本の敗戦後に摘発されて、監獄で公判を待つ身となっていた。[91]

「漢奸」の問題は、戦後上海の大衆社会に暗い影を落としていた。戦後のジャーナリズムは、戦時期に「淪陥区」（日本の支配地区）に留まった女性たちに対して、「大後方」（国民党支配地区）にいた女性たちよりも厳格な倫理基準を求める風潮があり、著名人やその家族ともなれば容易に道義的な批判の矢面に立たされる可能性があったのである。[92]

謝家驊は、コンテスト終了直後のインタビューに答えて、「聞くところによると、王韻梅はダンサーをしていたことがあるそうで、私たちとは出身がちがう」などと、無邪気に発言していた。[93]たしかに、元ダンサーの王韻梅が一般女性（「上海小姐」）の部門に出場して優勝したことに対する批判は、当時において広く受け入れられていた。しかし、謝家驊の発言に対して、『新民報晩刊』の論評は反論し、「もし『舞女』（ダンサー）が『下賤なもの』であると思われるならば、漢奸の家の『名媛』（令嬢）も、どれくらい卓越しているのかわかったものではない」と論じた。[94]また、前節で見た女流作家・蘇青の論評も、ダンサーと女優と「漢奸の娘」を並列して、ミス上海を批評していた。[95]

（2）謝家驊の結婚

図 7-15　青天白日旗（中華民国国旗）をあしらったドレス姿を披露する謝家驊（「漢奸の娘」という批判に対して愛国主義を主張しているかのようにも見える）
出典：「交際名花　上海小姐亜軍　謝家驊落花有主」『滬星』第 8 期，1946 年 12 月 22 日，1 頁.

図 7-16　「ミス上海」はしばしば献花・撮影・賞賛をうけ，新聞記者にとり囲まれ，市民にサインを求められる.
出典：洛克画・饑民文「選挙『上海小姐』！」『海星』第 25 期，1946 年 10 月 8 日，12 頁.

当時の新聞記事・論評は、謝家驊に対してしばしば「漢奸の娘」というラベルを貼って報じ、終戦直後の人びとがそうした報道のあり方を問題視することはなかった。一方、謝家驊自身は、「漢奸の娘」と称されることに対して、なんら不快感や反論を示そうとはしていない。ミスコンテスト後の謝家驊は、たとえ「漢奸の娘」といわれていても、写真屋が彼女の写真をショーウインドーに飾れば、男女の学生がその前に集まるほどの人気者であったという[96]。そして彼女の活躍は、「漢奸の娘」という負い目をまったく感じさせないとても華々しいものであった。［図 7-15］

まず謝家驊は、コンテスト前に各新聞紙上に掲載された写真やプロフィールを見た杭州の空軍の退役将校から、蘇北難民救済協会を通して、息子の嫁にと結婚を求められる。コンテスト直後の八月二三日、謝家驊は喫茶店で一五分ほどの短い記者会見を開いて、この求婚に応じてはいない旨を公表した[97]。その後も謝家驊は、国民政府主導の難

図 7-17（右）「ミス上海」の名声はあちこちに広がり，求婚者は列に並んで登録し，審査資格を待たなければならない．
出典：洛克画・饑民文「選挙『上海小姐』！」『海星』第 25 期，1946 年 10 月 8 日，12 頁．
図 7-18（左） ある「ミス上海」は，各業界がテープカット・食事・執筆・ダンスに招くので，煩わしさにたえず，今はすでに「きまり」を定めて，キスも料金表に入れ，えたものはすべて慈善行為にあてている．
出典：金剣儿作「新聞卡通」『新上海』第 32 期，1946 年 9 月 8 日，2 頁．

民救済活動に協力して、一二月には王韻梅・韓菁清・管敏莉とともに募金を呼びかけるラジオ番組に出演し歌唱を披露していた[98]。［図7-16］［図7-17］［図7-18］

そして世間を驚かせたのは、「漢奸」の罪で摘発された父の謝筱初が監獄で公判を待っていた頃、謝家驊が大実業家の栄梅莘（無錫の人、栄孚顔料号の店主）と結婚したことである。一九四六年のクリスマスの晩、親しい友人が国際飯店に集まって婚約の儀式を取り交わした後[99]、翌年一月一一日、二人は華懋公寓（現在の錦江飯店北楼）で盛大な結婚式を挙げた[100]。空軍将校からの求婚以来、謝家驊の結婚は大衆の注目する話題になっていたので、栄梅莘との電撃結婚もさまざまな風評を呼ぶ。たしかに、謝家驊は上海実業界の有力者である謝筱初の娘であり、栄梅莘も「海上三老」の筆頭であった聞蘭亭の義理の息子（「義子」）であったので、両名の結婚は家柄のつり合う縁組み（「門当対戸」）といえた[101]。とはいえ、謝筱初や聞蘭亭は「漢奸」の罪を問われて財産を取り押さえられていたし[102]、また、大富豪の栄梅莘は戦時期に数回の裁判をへて離婚していた[103]。そのため、栄梅莘が財力で謝家驊を娶ったとか、「新型の売買結婚」などといわれたのである[104]。

（3）「ミス上海の父」の裁判

謝筱初は裁判において、陳霆鋭（第五章参照）らの弁護のもと、次のような主張を展開していた。すなわち、①化学原料行業公会の理事長は、同業者らの推薦によって就任したのであり、日本の傀儡政権によって委任されたわけではなく、②日本の憲兵隊に五―六回も逮捕されたので、自身を守るために上海市商会の常務理事や中央政治委員会経済専門委員会委員といった有名無実な役職についたのであり、さらに③戦時期には秘密裏に忠義救国軍の秘書や蘇魯戦区の処長などに就任して、抗日の地下工作に従事していたという。(105)

これらの謝筱初の弁解は多くの「漢奸」裁判で主張されていたものであり、とくに「地下工作」という抗弁にはしばしば厳しいまなざしが向けられたので(106)、裁判と世論の動向はともに予断を許さない展開となった。そして一九四七年二月二八日、上海の高等法院で謝筱初に対する判決が下り、「謝筱初は敵国と通謀し、軍用物資を（敵国に）供給したので、懲役二年六ヶ月、公権剝奪二年に処し、財産は家族の生活費をのぞいて没収とする」とされた。(107)

ここで注目すべきは、謝筱初裁判の各報道記事の見出しには、つねに「ミス上海の父」の語が付されていたことである。人びとの裁判への最大の関心は、「ミス上海」とその家族の命運にあったといえよう。ちなみに謝家驊は、マスメディアの注目を避けるためであろうか、判決当日の法廷には現れなかったという。

その後まもなく、謝筱初は出獄を認められたが、マスメディアにおいては、次のような憶測がまことしやかに語られた。すなわち、「当時の栄大王（梅幸）は、謝家驊に求愛するために、自分の経済力を用いて、謝家驊の父親に代わって『斡旋』（根回し）をおこない、その結果、彼女の父親はやはり出獄して、家で子女を養っている。だが謝家驊はこのときから、『父を救ってもらった恩』に報いるために、栄大王のところに行って妻となった」という。(108)この内容がどこまで真実であったのかは確認できないが、謝家驊の事例からは、戦後上海における慈善救済事業と「漢奸」裁判が、メディアを通して大衆の注目を集め、いわば演劇のような性格をもつにいたった過程を見ることができるのである。

六　ミス上海の香港映画出演

（1）映画出演をめぐる騒動

ミス上海の謝家驊は、この後さらにもう一度衆目を集めることになる。彼女はミス上海コンテストの後、栄梅莘と結婚する以前から、すでに香港の大中華影片公司と映画『小姐、小姐』（お嬢さん、お嬢さん）に主演する契約を結んでいた。一九四七年一一月三〇日、謝家驊は映画出演に反対する栄梅莘には黙って、生後三ヶ月の子供を生母に預け、単身で上海から飛行機に乗って香港にやって来る。そのときにはすでに撮影が進んでおり、あとは謝家驊の出演シーンを残すだけになっていた。彼女は、社交界の花であり恋に落ちる役所であった[109]。

ところが一九四七年一二月三日、栄梅莘が弁護士をひき連れて香港まで謝家驊を追いかけてやって来た。彼は映画会社に賠償金を支払い、撮影を中止させようと考えていた。当日の夕方、栄梅莘と謝家驊は、浅水湾（Repulse Bay）のホテルの一室でつかみ合いの大げんかとなる。そして首を絞められ服を裂かれた謝家驊は、泣きながらホテルから退去し、スターフェリーに乗って香港島の大中華影片公司の宿舎に移動した。栄梅莘は大中華影片公司と折衝した末、謝家驊の映画出演を認めたが、その交渉の際にも「私は本当に彼女を愛しすぎてしまったので、彼女に芝居をやらせたくない。女が映画スターになったら、もうおしまいだ、おしまいだ」と漏らしていたという[110]。

香港において、栄梅莘と謝家驊は相互に三つの約束をする。栄梅莘から謝家驊には、①キスシーンを撮らないこと、②撮影終了後、遅くともクリスマスまでには上海にもどること、③香港での謝の一切の行動は、遅れて香港にやって来ていた謝の母親が責任をもつこと、を約束させた。それに対して謝家驊から栄梅莘には、①映画の撮影を許し、それに干渉しないこと、②栄が同棲しているダンサーと直ちに別れること、③今後謝を虐待しないこと、を

約束させたという[111]。［図7-19］

（2）二種類の世論

こうした騒動の様子は、謝家驊が記者の取材に応じて明らかにしていたので、タブロイド紙や映画雑誌などで詳細に報道され、大衆の知るところとなった。さらに栄梅莘が謝家驊に発していた「天大官司、地大銀子」という言葉が新聞紙上で明らかにされると、思わぬ議論を喚起する。栄梅莘のその言葉は、「私にはカネがあるのだから、訴えを起こしてもいかんせん私をどうすることもできはせず、謝家驊、きみは私の手の内から逃れられはしない」というような意味であった[112]。

図7-19　映画『小姐，小姐』（お嬢さん，お嬢さん）の謝家驊
出典：「上海小姐受難記」『電影界』創刊号，1948年1月10日.

これに対して、世論の反響は二種類あった。一つは女性解放論者の反発であり、「これは彼女〔謝家驊〕個人を侮辱するだけではなく、上海の女性同胞と全国の女性を軽視しているのと同じである」、「私は『ミス上海』のために義憤を感じ、そして全上海、全国、および数千年にわたって男性中心の封建・半封建社会のなかで圧迫を受けてきたすべての女性のために義憤を感じる」と訴えていた[113]。

そしてもう一つは、謝家驊がミス上海の栄冠に輝き、映画スターの座にまで昇りつめようとしているにもかかわらず、私生活では離婚の危機にあり、それでもカネ持ちの夫から離れられないでいる苦況を論じるものであり、ミス上海になっても何もよいことはなかったと結論づけられていた[114]。こうした論評は、知識人の禁欲的な説諭という面もあったが、それ以上に、輝かしいスターの悲劇を好んで消費する大衆心理に応えた面が大きかったと考えられる。

(3) 謝家驊とマスメディア

謝家驊と栄梅莘は、上海と香港の二都を舞台に愛憎劇を披露して、ミス上海と大富豪の派手な夫婦喧嘩の物語が、好奇のまなざしを向ける大衆によって消費された。メディアと大衆に対する謝家驊の対応は、一貫して大胆なものであった。ミス上海コンテスト、将校からの求婚、父の「漢奸」裁判、大富豪との電撃結婚、映画出演に至るまで、謝家驊はメディアをうまく利用したので、一見するとしたたかな戦略があったかのように見える。例えば、謝家驊の主演映画は内容に乏しく、演技が稚拙で、謝家驊の標準語や演技もぎこちなく、不出来な作品であったが、興行成績は悪くなかった(115)。それは、作品の出来映えよりも、制作に至るまでの経緯に注目の集まった話題作だからであった。大衆の投票をきっかけに映画デビューにまで至った女子大生は、多くの人びとにとってほかの映画スターよりも親近感のわく身近なアイドル的存在であり、かつてない方法で映画のプロモーションができたのである。

しかし実際には、どうやら謝家驊は天真爛漫にメディアに露出していただけだったことが、その後に栄梅莘・謝家驊夫婦がひき起こした騒動から明らかになっていく。映画の撮影を終えて香港から上海にもどって半年あまり後、謝家驊は服毒自殺を図り、救出された後にも栄梅莘に離婚を要求する。栄梅莘が約束を守らずに、愛人たちとの同棲をやめないにもかかわらず、謝家驊をますます厳しく束縛して、社交すら許さないことが原因であった(116)。一方、自殺未遂騒動と同じ年、栄梅莘・謝家驊夫婦は、蘭心大戯院で京劇『遊龍戯鳳』を演じてみせて、実は夫婦仲がよいのではないかと憶測されることもあった(117)。謝家驊の奔放なメディアへの露出は、人民共和国になっても続いた。一九五〇年三月一八日、謝家驊は『新聞日報』に広告を掲載し、同月三日に家を出てから音信不通になっている夫の栄梅莘に、支払いができず生活に困っているので、新聞を見たら三日以内にもどってきて欲しいと求めたのである[118]。謝家驊は、それまでメディアを味方につけ、大衆に憧憬や同情のまなざしを向けられることが多かったが、このときばかりは厳しく批判された[119]。

七　ミスコンテストとマスメディア

一九四六年夏、蘇北難民救済のために、国民党政権は杜月笙や民間実業家の力を借り、ミス上海コンテストを開催した。ミス上海コンテストには、おもに新中間層の女性（職業婦人や女学生など）が出場したが、彼女たちはそれぞれの立場から、メディアおよび大衆にどのように向き合うべきなのか判断を迫られた。当時の新聞紙上においては、ミスコンテストへの好奇心を煽り立てて大衆消費を促す扇情的な記事とともに、ミスコンテストによる募金方法を激しく非難する訓戒的な論説も掲載されていた。皮肉なことに、メディアにおいてはミスコンテストに対する反対論が優勢であったにもかかわらず、実際にはミスコンテストによる救済資金調達の方法が中国各地に普及していった。

コンテストの後、準優勝の謝家驊が世間を騒がせた。当時のジャーナリズムは、謝家驊に対して、しばしば「漢奸の娘」というラベルを貼って報じた。彼女は「漢奸」の父の出獄に尽力してもらった恩に報いるために大富豪の栄梅莘と結婚し、夫に映画出演に反対されて大げんかになっても離婚できずにいる、と報じられた。謝家驊の私生活は演劇化し、上海・香港の人びとに大衆娯楽を提供した。終戦後に一時活力をとりもどした大衆消費社会においては、たとえ対日協力者とされた資本家の娘であっても、メディアと大衆の攻撃をかわしながら華々しく活躍できたのである。こうした消費主義的な大衆の状況が大きく変わるのは、共産党政権が次々と政治運動を発動しながら大衆を動員するようになってからのことである。

第八章　演技と宣伝のなかで
——共産党支配の確立と大衆行動の秩序

一　変わりゆく大衆

上海モダンのエピローグ——一九五〇年代という時代

両大戦間期の上海では、精神・頭脳労働に従事する俸給生活者たちが、新たな中間層として広く認知された。商工業の発達した上海の新中間層は、民間企業の職員を中心に構成されていた[1]。同時に当時の上海では、本書で見たように、彼らやその家族などによって大衆消費社会が生み出されていた。それは成熟化の兆しを見せながらも、なかなか容易には秩序づけられず、ときに個人に深刻な脅威をあたえる荒々しさを残したまま、中華民国時代が過ぎた。そして一九五〇年代は、二〇―三〇年代に発展した経済・社会が現存し、民国期を生きた人びとが暮らしていて、そこに文化大革命の前奏曲というべき大小の政治運動が次から次へと連鎖的にひき起こされる転換期となった。古い秩序が批判され破壊されたが、新しい秩序の確立はいまだに暗中模索、試行錯誤のなかにあった。各個人の判断によって命運の大きく変わる流動的な社会状況が、人びとに緊張を強いて、ときに激しい言動にかりたてた。

こうした時代の転換期において、上海の新中間層はどうなったのか。さらに彼らが生きた民国期の大衆行動の秩序は、人民共和国初期の政治運動の時代にどのように引き継がれ、どのように変化させられたのだろうか。本章は、一九五〇年代上海の民間企業における職員の境遇の変化を観察し、当時の中国都市における新中間層の再編過程を明らかにする。(2) それと同時に、民間企業職員とりわけエリート職員（「高級職員」）や重役職員（「資本家代理人」、雇われ経営者）をめぐって展開された政治運動を党・政府幹部がどのように秩序づけたのかを見ながら、大衆行動の秩序のあり方が民国期から連続ないしは変化した具体相を明らかにしていきたい。

近年では上海市などの檔案館（文書館）において、一九五〇年代の文献資料の公開が進められており、当時の政治運動の実態を歴史学的に解明しようとする学術研究の成果も続々と発表されている。(3) 本章もその一つであり、上海市檔案館に所蔵されている党・政府機関の報告書を、新聞・雑誌記事や回想録などと照らし合わせながら、政治運動が都市大衆の日常生活をどのように変えたのかを論じていく。幸いなことに、人民共和国初期の各職場（「単位」）の職員・労働者に関しては、党・政府の基層組織が作成した報告書が大量に存在する。その記述が詳細かつ鋭敏なのはけっして偶然でなく、党・政府組織が各企業の労働現場に踏みこんで職員・労働者を掌握し、職場での日常生活に密接に関わって政治運動に動員していった史実を端的に物語っているのである。

本章の視点と方法

そして本章は、政治運動とそれにともなう社会変容＝階層再編を分析する際に、「演技」という観点を重視したい。すなわち、例えば一九五〇年代にアメリカのE・ゴッフマンらの人類学的調査が明らかにしたように、ありふれた日常生活においても、意識的であるかどうか、大げさであるかどうかは別にして、様々なパフォーマンスが絶え間なくおこなわれ、他人が自己について抱く印象は常に操作されている。(4) こうした日常生活のなかの演技が、一九五〇年代以降の中国では、党・政府やそれらに忠実な組織の宣伝によって強く方向づけられ、さらに大衆運動によって厳しく統御され、高いリスクや緊張をともなうようになった。党・政府が望むように演技した人びとの言動が、メディアや集会において宣伝され、さらにそれに倣ってより多くの人びとが演技をする……、という繰り返しのなかで、大衆は政治運動に動員されていったのである[5]。

本章は、職場において次々に政治運動が展開されたのにともなって、上海の民間企業（後には公私合営企業）の職員たちの境遇が刻々と変化していった様相を描くが、筆者はすでに同様の観点からブックレットを出版している[6]。それにもかかわらず、本章で改めて論じるのは、次の二つの理由からである。第一に、既刊書では「三反」「五反」運動と公私合営化における上海の民間企業職員の境遇について詳しく見たが、彼らが同様に大きな影響を受けた「民主改革補課」運動と反右派闘争についてはまったく論じられなかった[7]。本章は、「三反」「五反」運動や公私合営化については既刊書にもとづきながら概観するにとどめ、「民主改革補課」運動と反右派闘争において共産党政権が企業職員に対する支配を確立していった様相を詳しく見たい。くわえて、既刊書には掲載できなかった「思想改造」においてエリート職員が書いた「自伝」を収録する。

第二に、本書は民国期の上海に「大衆」「大衆行動」「大衆社会」が出現した様相を、新中間層の消費・動員やメディアイベントに即しながら見てきたが、民国期大衆の粗放な活力とその秩序づけられ方が人民共和国初期に連続ないしは変化する様相を明らかにするには、どうしてもこの最終章が必要になるのである。本章では、一九五〇年代上海の民間企業職員たちが、職場という日常生活の場でどのように「大衆」となり、またどのように「大衆」の脅威を体験したのかを中心に見ていこう。

二　「三反」「五反」運動のなかのエリート職員

（1）批判と自己批判——新たな動員手段

抗日戦争期までの中国共産党の地下党組織は、労働運動や政治運動を推進するために、職員と労働者が分離・対立しがちな傾向を抑えて、両者の団結・協力関係を促していた[8]。その方針は、一九四五年八月から共産党が東北部の各都市を接収・管理し始めた後も継承される。だが、政権の掌握にともなって、新たな動員手法も重視されていった。企業職員に対する明確な方針は、まもなく東北全域を支配下におさめようとしていた中共中央東北局が一九四八年八月一日に決定し、同月六日の『東北日報』（ハルビンで発行）のトップ記事で大々的に宣伝している[9]。そこで注目すべきは、都市を接収・管理し始めた中国共産党が企業職員に対して、労働者との団結だけではなく、考え方（「思想」）とやり方（「作風」）の「改造」を強く求めるようになったことである。そのために共産党は、討論会・座談会・研究班・訓練班などの方式を採用して、「労働者と職員の相互批判と自己批判」をおこなわせるようになった。同時に、生産業務を停滞させることなく大衆運動を推進するという課題が、この時点においてすでに明らかになっていた。

中国共産党は東北から華北に支配地域を拡大し、人民解放軍は一九四九年一月一五日に天津、三〇日に北京を制圧する。一九四九年四月一〇日、天津に劉少奇が到着し、各主要工場を視察し、多くの会議や座談会を開催して報告・講話を発表した。劉少奇は五月七日までの約一ヶ月間の天津滞在中、官営企業の「職員問題」を民間企業の「自由資産階級」の問題の次に重視して解決を図った[10]。劉少奇は、四月二八日から始まった天津市第一届職工代表会議の報告において、「職員と労働者は同じように労働階級に属し、一つは頭脳労働者、一つは肉体労働者であり、両者の利益は一致する」と強調していた[11]。

しかし、天津総工会籌備委員会（労働組合の設立準備委員会）は、劉少奇訪問直後の一九四九年六月二七日に『天津日報』紙上で「公営企業における職員・労働者の団結強化と管理の民主化に関する討論の人綱」を発表していた。そこでは、職員と労働者の関係改善のために、職員に自己批判をさせてから、労働者に職員との合作の必要性を宣伝し、その後で小規模な集会を開くなどして労働者に職員を批判させる、という手順が示されている[12]。革命根拠地および解放区からやってきた共産党員たちは、本来おもに軍隊で採用されていた批判・自己批判（「批評」「自我批評」）という動員手段を、都市の商工業者や職員・労働者たちにも導入していった。そして、労働者に職員との合作を宣伝したばかりではなく、労働者たちを使って職員を脅しつける方法をも併用して、職員たちを政権の方針に服従させようとしたのである。

ただし、こうした新たな職員動員の方法の問題点として、天津総工会籌備委員会はすでに一九四九年六月の時点で、いくつかの事態に警戒を促している。例えば、批判と自己批判が必要以上に続けられたり、それらが派閥闘争に転化したり、結果として労働者が管理人員の指示に従わなくなって労働規律が乱れたり、さらに、職員が労働者に指弾されることを恐れて管理責任を放棄したりすることがあった。これらは、一年あまり後に「三反」「五反」運動が発動された際に目立った問題となる。

（2）「三反」運動のなかの「高級技術人員」

「三反」運動の発動

一九五〇年六月、朝鮮戦争が勃発し、一〇月に中国が人民義勇軍を派兵すると、抗米援朝運動が開始された。反米集会・反米教育が実施され、人びとは輸送・補給などの支援活動や軍への参加を求められた。さらに同時に、増産節約運動や献納運動も進められる。そして、アメリカとの長期戦が見込まれるようになった翌一九五一年の二月、中央人民政府は「中華人民共和国反革命懲治条例」を公布した[13]。その後、「特務」などの「反革命分子」の摘発が本格化する。

上海においても「反革命分子」を摘発するために、上海総工会が各工場・企業に幹部を派遣し、各職場の工会が告発大会を開催したり、密告の手紙を受けつけたりした[14]。また、旧国民党政権の関係者は、一九五〇年末頃から公安局への登記を求められた[15]。その登記が完了した後、一九五一年四月二七日の深夜、全国各地で「反革命分子」の一斉検挙が実施される。上海ではその晩だけで、八三五九人が逮捕され、そのうちの二七四八人が企業で働いていたという[16]。国民党関係者に重点をおいた逮捕と裁判は、一九五一年末まで継続された。こうした反革命鎮圧運動は、都市における治安状況の改善をもたらしたと評価されたが、同時に人びとが国家権力の脅威を実感する契機ともなったのである。

一九五一年九月、中国共産党東北局の高嵩が、増産節約運動の一環として、党員幹部の汚職・浪費・官僚主義を批判する「三反」運動を提起した。そして一一月には、中共中央が「三反」運動を展開する指示を出して全国に拡大させた。「三反」運動は、朝鮮戦争による財政悪化の解消と戦時体制の引き締めを図ったものであった[17]。それは一二月から、国家機関や官営企業において本格的に発動された。

上海においても、一二月二七日、潘漢年（市常委・副市長）を主任とする上海市増産節約委員会が組織されて、全市の「三反」運動の指揮権が統一された。一九五二年二月八日、中共華東局が上海の「打虎」（摘発）のノルマを決定すると、同月一一日に中共上海市委は、潘漢年と劉長勝（上海総工会主席）を総指揮者として「打虎隊」を組織した。二月から三月上旬にかけて、国営・公営・公私合営工場で工場長などに汚職・浪費・官僚主義を白状させる大衆運動が最高潮に達する。その後、三月下旬から六月にかけて事後処理がおこなわれ、事実を照合して整理し、隠匿された不正を追及して取り立てをし、人民法廷が判決を下したのである[18]。「三反」運動の結果、例えば上海の国営紡織工場では、①幹部総数が激減し、②とくに留用人員の幹部数が激減して、労働者から新たに抜擢された幹部が八割近くを占めるようになり、③重要ポストは共産党員が占めて、わずかに残る国民党や反動団体に参加経験のある幹部には技術人員が多くなった[19]。

「高級技術人員」に対する「保護政策」

着目すべきことに、中共上海市委工業生産委員会は、「高級技術職員」を集会に参加させ、高揚する労働者の批判の前にさらし恐怖を体験させた後で保護することによって党に屈服させ、低姿勢で従順に働くようにしつけることを明文化して教示していた[20]。そして、大部分の高級技術人員は党委員会を見下げているので、場合によっては少し懲らしめる必要があると認識していた。例えば、中共上海市委は浦東区党委の実例を挙げて、各区・各工場の党委に次のように教示した。「彼ら〔高級技術人員〕にはある程度、大衆の圧力をあたえるが、その場を取り繕えないほどには闘わない」、「彼らが低姿勢になるように攻撃した後で保護してやってこそ、彼らは初めて従順に仕事し、労働者階級に奉仕できるようになる」という[21]。つまり一九五二年二月の時点において、「高級技術人員」に対する党の「保護政策」とは、彼らを攻撃しないことでなく、少しだけ懲らしめるのにとどめて脅しつけ、党のために従順に働くように手なずけることであった。

なお、党の報告書は「対内文件」と規定されたので、「三反」運動を推進する一部の党員以外は目を通すことができなかった。こうした秘密主義は、党員が技術人員や管理人員に対して優位な立場を確立するのに役立っていた。内部文書を見られない技術人員や職員たちは、党幹部の意向を慎重に推察しながら、党が望むようにたちふるまった。もしそれに失敗すれば、さらに厳しい批判や尋問にさらされる危険が生じたのである。

中共上海市委工業生産委員会の報告書には、「三反」運動に対する国営企業職員たちの反応が生々しく記録されている。それによれば、運動の高潮に直面すると、批判集会の恐怖に茫然自失とする職員や、立場を失ったり処分を受けたりすることを恐れて不正の告白を拒む職員がいた。一方、軽度の不正だけ告白して尋問を逃れようとしたり、自殺の意志を表明して党・政府を挑発したりする職員もいた。そして「大部分の職員の学習（政治学習）は、文字の上面ばかりにこだわって、考えと関連づけようとしていない」という状況だったという[22]。すなわち、多くの職員が「三反」運動をなんとか乗り切るべく、望ましい態度を党幹部に見せようと努力していた。

しかし、こうした職員たちの努力は、しばしば党によって、表面的な演技にすぎないのではないかと疑われた。例えば、国営絹紡工場の工場長・陶一鳴が逮捕されると、「高級職員」は大きな衝撃を受け、彼らは「表面上は賛成したが、明日は我が身の感が大いにあって、話そうともしないくらい驚いた」と、党によって分析されていた[23]。国営企業の職員たちは、個々に党の意向を探りながらも、演じるべき最良の政治的態度を見つけ出せずにいた。その結果として、「職員のなかですでに分化が始まり、その内部の矛盾はしだいに増している[24]」という、混乱状態に陥っていたのである。

（3）「五反」運動のなかの「高級職員」

「五反」運動の発動

上海の商工業者は、一九四九年八月五日に「上海市工商業聯合会籌備会」を、一九五一年二月二二日に上海市工商業聯合会を成立させた[25]（以下では両者を「市工商聯」と略す）。市工商聯は、中国の朝鮮戦争参戦後、抗米援朝運動や増産節約運動などを推進した。さらに一九五二年一月一七日、上海市工商界代表拡大会議の総括会議において、上海市工商界「四反」運動委員会が正式に発足する[26]。そこで、市工商聯常務委員の栄毅仁は、既存の「三反」運動を、新たな「四反」運動（贈賄・脱税・詐欺・暴利に反対する運動）に結合させる必要があると報告し[27]、翌一八日から上海市において「四反」運動を発動した[28]。ただし「四反」運動は、商工業者が自ら主導して自らを批判する「自反自」の方式で進められたので、緊張感に欠ける形式的なものであった。例えば、工商聯の委員たちは自己批判をする会議を開いたが、新聞記者の傍聴を許さなかった。また、工商聯と同業公会は告発箱（「検挙箱」）を設置し、新聞紙上で宣伝して労働者に告発を呼びかけたが、告発箱の鍵は工商聯・同業公会の主任委員ないしはその秘書が管理していた[29]。それゆえ、この時点での告発書には深刻な批判が少なく、形式的なものが多かったと考えられる。

一九五二年一月二六日、中共中央は毛沢東が起草した「中共中央の初めに大・中都市で『五反』闘争を展開することに関する指示[30]」を発布する。その指令は、贈賄、脱税、国家資材の横領、手抜き仕事と材料のごまかし、国家経済情報の窃取からなるブルジョワ階級の「五毒」に反対し、すでに国営企業などで進展中の「三反」運動と歩調を合わせて、民間企業の「五反」運動を進めることを求めていた。それを受けた中共上海市委は、二月三日、「五反」工作籌備委員会を成立させる[31]。同月五日、市工商聯は市増産節約委員会の指導を受け、「四反」運動を改めて「五反」運動を開始しなければならなくなった[32]。「五反」運動は「三反」運動と同じ上海市増産節約委員会の指導下に入り、運動の指揮権が市工商聯から党・政府に移された。それにともなって、工商聯と同業公会が設置していた「検挙箱」は撤去され、集められていた告発書は政府に押収された[33]。

一九五二年の二月下旬から三月上旬までは、上海の民間企業において「五反」運動を本格的に発動するための準備期間となった。「五反」運動を展開する材料を収集するために、市政府は各区に自白・告発受付室（「坦白検挙接待室」）を設置し、労働者・店員たちに告発書（「検挙信」）を出すように宣伝した。また各企業では、従業員に苦難を訴えさせ（「訴苦」）、商工業者に白状と釈明（「坦白交代」）をさせた[34]。

さらにこの時期から、中共上海市委宣伝部が全市の宣伝工作を統一的に指導し始めた。例えば、スローガンや講話の材料を制定・公表して、宣伝の口調を統一した。また市・区委宣伝部による事前審査を強化して、「黒板報」「大字報」（壁新聞、一九五七年春の「鳴放」の頃から頻繁に使用された）に至るまで、すべての宣伝材料を厳格に管理した。ほかにも市委宣伝部は宣伝隊を編制・指揮して、民間の工場や商店に派遣している[35]。「五反」宣伝隊は街頭で「五反」の意義を宣伝するために、新聞記事を読み聞かせるだけでなく、各種の曲芸・話劇・即興劇・講談・漫画・連続絵物語（「連環画」）・スライドなどを用いて、大衆の心をつかもうとしていた[36]。

新聞を用いた宣伝活動については、主要各紙が宣伝対象を分担していた点が注目される。上海では、『解放日報』が党の機関紙であり、『大公報』は「大知識分子（一部の資本家・高級職員、とくに技術人員）」を、『新聞日報』は「店員および高級職員（とくに会計員・外回り員の類）」を、『文匯報』は「青年知識分子（とくに資本家の子女）と闘争のなかで出現した新たな青年積極分子」を、『新民報』は「里弄住民（とりわけ主婦や資本家の家族）」を、『青年報』は若者を、そして『労働報』は労働者を、それぞれ主要読者に設定して宣伝を展開した[37]。新聞のほかにも、三月一〇日からは市内の主要区域において有線放送網が整備され、各区の街頭にスピーカーが設置されて、「五反」運動と関連する番組が放送されていた[38]。

一九五二年三月五日、上海市政府は「五反」工作検査隊を組織し、一一日に隊員大会、一七日に幹部大会を開催する。二一日、重点目標に選んだ三六業界・七四戸の民間工場・商店に検査隊を派遣して、運動を発動した。検査隊は工場・商店に踏みこむと、集会や小グループで労働者・店員に企業主を批判させ、企業主に自己批判を迫ったのである[39]。［図8–1］

「高級職員」のふるまい

三月二五日、陳毅市長が市・区増産節約委員会拡大会議で、上海における「五反」運動の開始を正式に宣言する。

図 8-1　上海市静安区の店員を「五反」運動に動員する大会
出典：上海市檔案館所蔵（H1-14-6-23）.

宣言はラジオで全市に放送された。宣言のなかで陳毅は、「高級職員」と「老年店員」に対して、もし「五反」運動で手柄を立てれば、人民政府は過去を追及せずに褒賞する、と呼びかけていた[40]。政府や総工会は、「高級職員」「技術人員」「会計員」「老（年）店員」などが労働者と団結して企業主を摘発するようさかんに宣伝したが、それには切実な理由があった。党・政府は労働者・店員などから告発を募ったが、重点企業においてさえも摘発に十分な材料を集めきれず、「高級職員」によるさらなる告発を不可欠とする内情があったのだ[41]。党・政府は「高級職員」に対して、そうした弱みを隠匿し、一方で威嚇し他方で寛容さを示しながら、彼らを政治運動の従順な追従者に「改造」しなければならなかった。それゆえ、「五反」運動期の政治宣伝においては、「高級職員」に対する寛容な方針が表明されていた。

上海市増産節約委員会は、七四戸の重点企業における第一期の運動（「第一戦役」）を総括して、「高級職員の帰隊・参戦を勝ち取る」ことが「勝利の鍵の所在」であると位置づけた[42]。ちなみに、上海には財政部長の薄一波が一九五二年二月二五日に派遣されて四月中旬まで滞在し、この期間においては薄一波の逐一の報告を受けて、毛沢東が直接的な指示を随時出していた[43]。毛沢東は、「高級職員」を積極的に利用して「五反」の摘発に成果をあげた中共上海市党委の経験を高く評価していた[44]。

「五反」運動の展開にともなって、多くの「高級職員」たちは、労働者・店員に協力して企業主を告発し、党・政府の代表者や労働者たちに「階級的自覚の向上」の様子を示していった。例えば『労働報』は、検察隊の教育によって、「資方」と「攻守同盟」を結んでいた「高級職員」が「主人の不法行為」を告発するに至った実例を宣伝している[45]。このように、「高級職員」たちの模範的な言動＝告発をマスメディアが宣伝し、その宣伝を参照して「高級職員」たちが模範的な言動をとり、さらにその模範的な言動をマスメディアが宣伝する。こうした繰り返しのなかで、「高級職員」の企業主に対する告発が広まっていったのである。四月二一日の『新聞日報』の報道によると、上海の民間企業において、三〇〇〇人あまりの「高級職員」が、一万件あまりの告発材料を提供したという[46]。

たしかに一部の「高級職員」は、青年労働者たちの急進的な気質に違和感を覚えたり、あるいは多くの告発材料を占有していることから、青年労働者に対して優越感をもったりすることがあった。とはいえ一般的な「高級職員」たちは、労働者たちに仲間であることを示すのに腐心していた。彼らは「青年労働者に『わざと姿態をつくり、進歩を偽装している』と見られることを恐れていた」と、市工商局に報告されている[47]。

上海の「五反」運動は、第一期の運動が一九五二年三月二一日から三〇日まで続けられて、三一日に総括を終えた後[48]、四月一日から一二日まで第二期、四月二〇日から二八日まで第三期、五月五日から第四期として進められた[49]。注目すべきことに、前期の運動で自白させられた商工業者は、次期の運動では告発する側（「打虎隊」）にくわわっていった。第一・二期の運動で不正を白状して、第三期の運動に参加した商工業者は、約一六〇〇人にものぼった[50]。彼らは、自白を強制すべき人物とその事業を熟知していたので、不正を案出することにかけて有能であり、さらに自らが経験した恐怖のために、一般の検査隊員よりもはるかに残忍になったという[51]。

こうして展開された「五反」運動の結果として、「高級職員」「資本家代理人」と企業主の人間関係は完全に破壊される。市工商局の四月三〇日の報告によると、「資本家」は、「五反」運動の最中には「政府は寛大で、労働者が偏向している」と感じ、運動が一段落すると「政府・労働者はみな寛大で、高級職員こそがよくない」と感じたという。[52]「高級職員」たちが一貫して企業主に対して協力的な態度を示そうとしなかったのは、「資本家側」として労働者の攻撃を受けることがないように警戒し続けていたからであろう。一方、党・政府は多くの場合、企業の従業員を動員して企業主を攻撃させつつ、党・政府自体は随所で寛大にふるまっていた。企業主と「高級職員」の対立を煽ることによって、企業主の精神的な孤立を深まらせ、企業主の党・政府に対する依存心を生み出すことに成功していたのである。

そして、「五反」運動の際にもっとも深刻な問題となったのは、「資本家代理人」をはじめとする「高級職員」たちが辞職や職務放棄をして、企業の経営・管理が立ちゆかなくなる場合があったことである。[53]実際に「資本家代理人」は、「資本家側」の一員として不正を告発されることがあったので、[54]闘争の対象となることを恐れていた。だから、多くの「資本家代理人」たちは職務遂行に消極的で、責任を避けて回り、[55]会議でも発言しようとしなくなった。[56]さらに、企業内の労資協商会議における「資本家側」の代表の辞職を要求し、経営・管理の職務も辞して、工会の呼びかけに応じ、経営者たちを困惑させることもあった。[57]こうした動きは、とくに株式をあまり所有していない「資本家代理人」に著しかった。[58]多くの重役職員たちは「五反」運動の後、頭脳労働者や技術人員であると自認して、「資本家代理人」という範疇から逃れようとしていたが、結局は依然として「資産階級」に区分されて、管理業務などを担当させられ続けることが多かった。そのために多くの「資本家代理人」たちが、劣等感（「自卑心理」）を抱くようになったのである。[59]

くわえてもうひとつ着目すべきは、「五反」運動が「高級職員」や「資本家代理人」たちの生活態度を一変させ、とくに服装を一変させたことである。それまで職員たちは、商人や知識人たちとともに、「長衫」と呼ばれる絹の長いガウンを身につけるか、あるいは洋服を着て勤務することが多かった。ところが「五反」運動が展開されると、「高級職員」「資本家代理人」たちも藍色や灰色の人民服ないしは作業服を身につけて、労働者の一員であることを示すようになった[60]。人びとが党・政府の望む役割や風貌を演じ、それが宣伝され、さらにそれに倣って多くの人びとが演技をする。こうした繰り返しのなかで、自らを資本家と労働者の中間に位置づけて行動する人びとが、日常生活の風景からしだいに姿を消していった。

三　「民主改革補課」運動と職員層

（1）「民主改革補課」運動の発動

一九五二年五月二〇日、中共中央は「『五反』闘争勝利の結末を勝ち取ったなかでのいくつかの問題に関する中共中央の指示」[61]を発して、運動の収束を求めた。七月一〇日、上海総工会主席の劉長勝が、上海市「五反」工作隊員代表会議を主催し、その場で上海総工会副主席の鍾民が「五反」工作隊の総括報告をおこなった。会議は七月一二日に『解放日報』のトップ記事で宣伝され、「上海市の『五反』運動は、すでに円満な勝利を獲得した」と宣言されるに至った[62]。

「五反」運動によって、企業主と「高級職員」たちの威光は大きく損なわれた。民間企業には、既存の労資協商会議にくわえて増産節約委員会が常設され、そこに党員や党青年団員および労働者の代表者が参加して、企業管理を共同で監督するようになった。そのため企業主たちは、人事配置権・経営管理権・利潤分配権の「三権」の行使に大きな制約を受けた[63]。「五反」運動中、従業員によって攻撃された企業主や、企業主との信頼関係を失った「資本家代理人」「高級職員」たちは威信を失い、その代わりに党員や労働者の権威が増したのである。

しかし、党・政府が民間企業内で完全に威信を確立するためには、ひき続いて権限のある労働者を攻撃し、排除するか従属させせなければならない。とりわけ、民国期から労働者の雇用や管理を請け負ってきた「工頭」ないしは

「拿摩温」（ナンバーワンの音訳）といわれる職工頭が、主要な攻撃目標にされる必要があった。さらに、頭脳・精神労働に従事する一般職員たちは、民国期には階層認識と経済的実態を乖離させ、労働者を差別することが多かった[64]。「五反」運動をへた後でも、彼らは依然として肉体労働者よりも一段上の社会的地位にあると考えることがあったのだ[65]。それゆえ、権威の独占を図る党・政府にとっては、すべての職員の威光を徹底的にとり去っておかねばならなかった。

上海の「民主改革」運動は、すでに一九五一年九月から中共上海市工業委員会が直接指揮して進めていたが、前述のように一二月からは「三反」運動に政治工作の重点が移される。それゆえ多くの民間企業においては、「五反」運動が収束に向かった後に「民主改革補課」運動（以下では「民改」運動と略す）が発動された[66]。一九五二年七月初旬、共産党上海市委は、市・区の機関と工会から二〇〇〇名あまりを選び出して「民主改革工作隊」を組織し、同月末には「私営工廠民主改革運動辦公室」を設立する。八月初旬から「民改」運動を本格的に開始し、翌年春までに三〇人以上の従業員のいる民間企業における「民改」運動を基本的にやり遂げた[67]。

「民改」運動が目指したのは、①党・団の確立、②職員と労働者（および職員同士、労働者同士、幹部と大衆）の「団結」、③「拿摩温」を廃除して党に忠実な「生産小組長」をおくことなどである[68]。こうした「民改」運動は民間企業においてあまり歓迎されなかった。例えば、労働者は「賃金を改革するものだ」、職員や職工頭は「職員を改め、拿摩温と闘うものだ」、企業主は「『五反』がもう一度やって来た」、ほかにもある者は「『鎮反』（反革命鎮圧運動）がもう一度やって来た」などと考えることがあった[69]。

（2）職員・労働者の状況

上海の「民改」運動は、市街地の八つの工場を重点試験工場に選んで始められた[70]。ここでは、そのなかで資料の残存する華豊紡織印染第一廠（以下では「華豊廠」）、永安紡織第二廠（以下では「永安廠」）、恒大紡織廠（以下では「恒大廠」）の三工場の事例を取りあげて、「民改」運動の具体相と職員たちの動態を見てみたい。

各区政府の「民改」を司る部門や各工場の党支部などは、「民改」運動を始めるにあたって、各工場の従業員の状況を分析している。それらの状況認識はどれも似通っていた。まず、労働者に関しては、「封建勢力」というべき「拿摩温」が、労働者を「不合理」に管理していることを問題視していた[71]。

次に、職員に関しては、「不団結」と「覚悟不高」が問題視され、職員と労働者の「不団結」にくわえ、職員同士の「不団結」が指摘された。例えば恒大廠では、一〇一九人の従業員のうち、職員はわずかに五三人だけであったが、「上海事務所派」「廠内事務派」「車間里的工務派」（作業場の生産事務派）の派別に分かれ、さらに「上海事務所派」は「老板親信派」（支配人腹心派）「一般低級職員派」「高級職員派」という小派別に分かれていたという[72]。職員と労働者の間、および職員間の「不団結」は、職員の「高人一等」（一段高い人）「軽視労働」という意識の現れだと分析された[73]。

そのうえ、職員たちはしばしば「雇用観点」「任務観点」が強く、政治的な自覚が足りないと認識されていた[74]。例えば、「自分と関係のないことには関わらずに、生活を充実させる」といった「単に技術だけで生計を立てようとする見解」を示す者がいたという[75]。また、労働者のなかには、「民改」運動とは「職員と闘争する」ことであると誤解する者もいた[76]。だから、闘争の対象となる恐れのあった職員は、工作組辦公室に行って神経質に情勢をうかがったり、あるいは「仮病を使って休暇をとる」「慇懃なふりをする」といった演技をしたりして、難を逃れようとした[77]。

（3）運動の展開

一九五二年八月二日から、華豊廠ではいち早く「民改」運動が正式に発動される。華豊廠における「民改」運動の段取りは、七月三一日に次のように定められていた。まず、幹部が自己批判を終えると、従業員に対して「啓発動員報告」をおこなう。そのとき、旧来の社会制度と「三大敵人」（地主・資産階級・国民党反動派）を批判する。次に、大会を召集して、典型的な告発（「典型控訴」）をおこなう。そこではおもに、労働者が「三大敵人」を告発して、苦しみを訴える（「訴苦」）。続いて、小組に分かれて、対比しながらの告発（「対比控訴」）がおこなわれる。そこでは、新社会と旧社会、革命と反革命、主人と奴隷などをはっきりと対比し、前者を批判することが求められる。最後に、「思想動員報告」や総括報告がおこなわれる、とされた(78)。そして「拿摩温」と職員については、永安廠の計画書を見ると、まず「政策を明らかにし、懸念を消し去り、情緒を落ち着かせる」ことが重視され、その後で釈明や自己批判を促すとされた(79)。

こうした運動の過程で、第一に着目すべきは、告発材料の収集方法である。例えば、永安廠では、まず人事記録・労働保険登記、「反動党団登記」および反革命鎮圧の際の材料、これまでの事故の記録などを収集・整理・照合して編集番号をつけ、問題発見の糸口として活用していた(80)。このような告発方法は、職員や労働者たちの職務態度に影響した。なぜならば、「五反」運動のときには、事故はたいてい企業主の責任とされるか、「技術問題」として処理されたが、「民改」運動が始まると、攻撃目標に定められた職員・労働者の責任とされた。そのため、例えば恒大廠の職員は、事故の多発する「清花」（混打綿）の作業場に入るのを恐れるようになったという(81)。ほかにも永安廠では、作業場の監視員、治安保衛小組の指導者、あるいは各種の小型座談会における発言、政治運動における告発や自白、さらには公安局、当事者の原籍、前職の職場などから、告発材料を収集しようとしていた(82)。

また第二に着目すべきは、「反封建不反資本」という方針であり、すなわち、企業主や重役職員（「資本家代理人」）たちが協力を求められた点である。とりわけ、「反革命分子」や「封建残余勢力」を取り締まる治安保衛委員会・小組を組織したり、「拿摩温」が統括していた作業場に生産小組を成立させたりする際に、工場の民主改革委員会が「資本家側」との協商を重視した[83]。党・政府は、「民改」運動で攻撃対象とした職工頭や、威光のある職員たちを孤立させるために、企業主や重役職員を味方につける必要があった。

くわえて第三に、運動が一段落した後も、「民主建設工作」と称して共産主義教育が続けられ、工場内における党の権威高揚が図られた。例えば華豊廠では、ソ連製ないしは中国産の革命宣伝映画が八編上映され、合計で約四八〇〇人が見た。ほかにも「ソ連社会主義の幸福な生活」「偉大な共産主義の建設」という二回の絵画・写真展が開催されて、合計で約四〇〇〇人が参観していた。また、約三〇〇〇人が計四五〇冊の共産主義に関する書籍を購入したという[84]。

（4）職員・労働者の変化

以上のような「民改」運動の過程をへて、民間企業の従業員たちは、どのような変化を体験したのだろうか。第一に、共産党政権発足以前から労働者を統括していた職工頭や職員の多くが、職場において威光と実権を失う。例えば、楊思区恒大廠民改工作隊の報告を見ると、多くの労働者が秘密結社ないしは国民党と交渉をもったことを口実として、摘発されたことがわかる[85]。とりわけ、民国期からの工会の幹部たちは共産党政権にも協力的で、「五反」運動の「打虎隊」にくわわった者も多かったが、「民改」運動では一転して攻撃目標とされた[86]。数多くの幹部が摘発されたので、工会は「改造」ないしは新設され、労資協商会議の代表も選び直されたのである[87]。

第二に、共産党員・青年団員の人数が増え、工場の生産現場における党の実質的な影響力が大幅に増大する。「民改」運動では、「幹群」（幹部と大衆）関係の改善、および党員・青年団員の増加が常に目標に掲げられていた。すなわち、以前からの職工頭たちを廃する代わりに、共産党に忠実な人員を発掘・育成して、彼らを新たな幹部に抜擢することが目指されていた。例えば華豊廠では、労働者のなかから「積極分子」を見つけ出し、工場が新設した「職工業余党校」で「政治教育」をおこない、そのなかで優秀な者を「工人政治学校」に送って入党させた(88)。一九五二年内に「民革」運動が進められた上海の企業では、四二一四人が新たに党員となり、一九七の党支部が新設されたという(89)。

第三に、「民改」運動において虐げられた職工頭や一般職員たちが、職務の遂行に消極的になったのと同時に、党の方針やそれに忠実な労働者に対して服従の意志を表す演技に腐心するようになる。例えば、「民改」運動が発動されると、恒大廠では「大衆は拿摩温に対して左派の心情をもって、彼女に地面を掃いたり、おしめを洗ったり、痰壺を交換したりするように求める」ことさえあった(90)。そしてある工場では、「いくらかの職員は、面倒やいざこざを避けるために、労働者との間にたいへん和やかな雰囲気をつくる現象がある。とはいえ、考え方が暴露されないように意見があっても出さないので、雰囲気は比較的重苦しい」という状況になったという(91)。

このように、父親温情主義的な旧来の職工頭に代わって労働者を管理するようになったのは、近代的な商・工業教育を受けた管理職員ではなく、共産党員・青年団員であるか彼らに忠実な労働者の「生産小組長」であった。例えば、上海の一一九の紡績工場では、「民改」運動の期間中に二一五八人の「生産小組長」が新たに選出された(92)。

中国共産党の党史研究は近年においても、「民改」運動が「五反」運動後に激増した労使紛争を沈静化するなどして工業生産に建設的な功績があったと、肯定的に評価している(93)。しかし、ロバート・羅の回想によれば、「民改」運動が進展すると、労働者たちは計画的欠勤や怠業などの消極的な抵抗を示し始め、「表面は当局から要求された通りに熱意をもって働いているように見えたが、生産は量的にも質的にも目に見えて低下した」という(94)。確認すべきことに、「五反」「民改」の両運動を経験した一九五二年の上海において、全企業の営業額に民間企業が占めた割合は、年初の七二・四七%から年末には六二・三五%にまで下落した(95)。こうした「公盛私衰」の状況は、民間企業の公私合営化＝「社会主義改造」に道を開くものであった。

四　公私合営化と「高級職員」「資本家代理人」の立場

（1）公私合営化の展開

一九五三年春、中共中央統戦部部長の李維漢は、上海・武漢・南京の各企業において公私関係や労資関係などの調査を実施し、五月に調査結果を報告した。その報告を受けて、毛沢東は、一九五二年後半から主張していた「社会主義改造」の方針を、五三年六月一五日に中共中央政治局拡大会議で正式に提起する[96]。毛沢東の主張は「過渡期の総路線」として定式化され、一九五三年九月には公布された[97]。そして公益事業や主要企業から順に、公私合営化（以下では「合営化」）が本格的に進められていった。公私合営とは本来、複数の国営・民間企業が合併して、元々の経営者たちが集団で経営にあたることだったが、実際には党・政府の代表者が民間企業の経営権を掌握していった。

一九五三年一二月、中国紡織工会上海市委員会は、合営化に対する職員の反応に関する報告書を提出している。それによると、技術の劣る職員は合営後の降格・異動・減給を懸念し、事務職員は仕事の増大を恐れていた。一方、永安第五廠の「資本家代理人」の一人は、合営後には副工場長となり、今まで通りの俸給をもらえて、そのうえ人事の紛糾もなくなると、楽観的に期待していたという[98]。

「過渡期の総路線」が公布される以前に、上海には八二社の合営企業があったが、一九五三年一二月一五日、中共中央は、上海市が新たに一四の工場を公私合営の試験工場にすることを認めた[99]。一九五四年三月一日、中共上海市委の李広仁は、その一四の試験工場に関する状況と意見を報告する。李広仁は、「多数の職員はやはり合営化を歓迎している」と認識していたが、降格や減給を懸念する職員がいたことから、人事配置を合営化における「もっとも重要な問題」と報告した。そして、「資本家側」の人員の生活待遇をしばらく維持して、彼らが安心して生産に従事できるようにし、さらにその方針を党外に公表しないことを提案していた[100]。

一九五四年九月二日、「公私合営工業計画会議」と「私営工業企業暫行条例」が政務院で採択される[101]。さらに一九五五年三月一七日、「全国拡展公私合営工業計画会議」と「私営工商業問題座談会」の報告が、中共中央によって決裁された。これらを受けて、中共上海市委は、上海における民間企業の合営化を加速させる方針を打ち出す[102]。そして、軽工業・紡績工業の八業種と重工業の一三業種から、全面的な合営化に着手した。これ以来、合営化の方針は、従来の大企業や優良企業を合営化する「リンゴを食べる」方式から、同業界・同系列の中小企業をすべて合併しながら合営化していく「ブドウを食べる」方式へと転換されたのである[103]。

ところで、一九五五年の合営化における「高級職員」や「資本家代理人」に対する党・政府の方針は、五二年の「五反」運動における方針とある程度の連続性が見られた。第一に、合営化においても「五反」運動のときと同じように、「資本家」「資本家代理人」「高級職員」たちが団結して党・政府幹部と対立することがないように留意されていた。例えば、一九五四年末までに合営化された先施公司（百貨店）の人事においては、「資本家」が親しい「高級職員」を少しでも多く要職に留任させようとしたが、区党委は工商聯と工会による検査を通して留任人員を決めていった[104]。また第二に、民間企業を合営化する際、企業の資産を査定・整理し（「清産核資」）、その総額にもとづいて政府が「資本家」に定額配当（「定息」）を供出したが、こうした業務には、「資本家」の不正利益を摘発した「五反」運動のときと同じように、会計人員の協力が不可欠であった[105]。このように党・政府は、合営化においても「五反」運動のときと同様、労働者だけではなく「資本家代理人」や「高級職員」をも味方につけながら企業内の党員の権限を増そうとした。

しかし、「五反」運動と合営化では、党・政府の方針に大きな変化も見られた。というのは、合営化がおこなわれた頃、すでに多くの「資本家」が「国家幹部」への転身に期待をかけるようになっていた。その結果、党・政府にとって、「資本家代理人」「高級職員」の政治的な利用価値が低下した。「政府と資本家の間の連絡者」[106]に位置づけられた「資本家代理人」「高級職員」たちは、「五反」運動においては「勝利の鍵」であったが、合営化以降には過渡的な「橋渡し」「調整」役にすぎなくなっていたのである。そして重役職員たちの多くは、合営企業においては一段格下の管理・事務職員や技術人員などに降格されて、微々たる職務を割り当てられた。ただしそれにもかかわらず、多くの者が「資本家代理人」の名義を解かれることはなかったのである[107]。

（2）「党群」のはざま――公私合営後の権力関係

中共中央政治局は、一九五五年一一月の時点では、五七年末までにすべての主要な業種の業界全体で合営化を実行することを提起していた。ところが一九五六年一月一〇日、北京市が全業種において「資本主義工商業」の合営化を達成する。その知らせが届くと、一月一四日、中共上海市委は北京市の方法を採用して、一〇日以内に「社会主義改造」を完成させることを決定した[108]。そして早くも一月二一日には、上海の人民広場において「社会主義改造」の完成を祝賀する五〇万人の集会が挙行されるに至った[109]。

とはいえ、一九五六年一月の各都市における急激な合営化は、「先に帽子をかぶせ、後で衣装を着させる」という方法でおこなわれた。そのため実際には党・政府は、各企業に合営化の事実を認定した後で、実際的な資産整理や人事配置をおこなわせたのである[110]。さらに一九五六年九月の中国共産党第八次全国代表大会においては、「資本主義工商業の社会主義改造」の完成が宣言される[111]。ただしこの時点では、党・政府がすべての民間企業を完全に統制するには至っていなかった。

合営化が達成された企業の人員は、①「公方幹部」といわれる党・政府幹部、②「私（資）方人員」といわれる

「資本家」と「資本家代理人」、③「群衆」（大衆）といわれる従業員（職員・労働者）の三者に大別され、この三者間で緊張関係が生じた。とくに合営化されたばかりの企業内においては、党組織が従業員を十分に掌握できず、そのために生じた人間関係・権力関係上の問題が報告されていた。「合営後に国家が任命した幹部に対する労働者の要求はとても高く」、それにもかかわらず「各工場に任命されていった領導幹部は、生産の上ではおおかた素人である」という事情があった[112]。それゆえ合営企業においては、党・政府幹部と労働者の関係がもっとも緊迫する危険を孕んでいた。そしてそれを回避するために、「資本家」「資本家代理人」が利用されることがあった。

すなわち、労働者の高まる期待に応える能力や威厳に欠ける党・政府幹部たちは、「資本家」「資本家代理人」を陣頭に立たせ、憎まれ役を演じさせ続けた。逆に自分たちは、背後で労働者に寛大さを示すことによって、威信を確立しようとした[113]。合営企業の党・政府幹部は工場内のいざこざを、労働者の「資本家」「資本家代理人」に対する「闘争」を演出することによって解決しようとしたのである[114]。その結果、「資本家」「資本家代理人」たちは、党・政府幹部に代わって労働者の批判・不満の矢面に立たされることがあった。

ロバート・羅の回想によれば、合営後の「資本家」「資本家代理人」は、党・政府幹部から指示がない場合には、労働者の要求に対して機械的に譲歩していた。そして党・政府幹部の暗黙の指示を受けると、「資本家」は労働者の要求をはねつけ、争議を市労働局に持ちこんだ。その場合、労働局の調停者は労働者に「資本家」を責め立てさせ、「資本家」は党ではなく自らに責任があることを演じきった。こうした一連の演技をへた後、たいていは労働局によって、労働者と工会の要求が却下されたという[115]。

ちなみに共産党は、合営企業の党・政府幹部と「資本家」「資本家代理人」の間の協力関係をさかんに宣伝していた。だが、合営企業の「資本家」「資本家代理人」は、人事や内部告発、あるいは「資産階級に対する闘争の策略」、および党・政府内の矛盾などに関わる文書の閲覧を厳禁されていた[116]。党・政府は、秘密主義にもとづく情報独占によっても、合営企業内における支配・被支配の関係を確立していたのである。

共産党は合営後も、「団結もして闘争もする」という政策を貫徹しようとした[117]。すなわち、一般の職員・労働者に対して、「資本家」「資本家代理人」との「団結」の必要性を宣伝することによって、「闘争」の過激さを調節しながら、党・政府の企業組織に対する支配力を強めていった。しかし合営化の後には、「資本家」やその代理人とされた重役職員たちは、党・政府にとってすでに脅威ではなかった。むしろ、「群衆」（大衆）と称された一般の職員・労働者たちのほうが厄介な存在になっており、「党群」関係の維持・改善こそが重要課題であった。だから、党・政府が指導する労働者の「資本家」「資本家代理人」に対する「闘争」は、労働者の不満をそらすためのパフォーマンスとしての側面を一層強めていたのである。

（3）「自伝」を書くこと――「資本家代理人」の「思想改造」

一九五四年九月に「公私合営工業企業暫行条例」が政務院で採択された後、民間企業の本格的な合営化の開始に先駆けて、市工商聯の秘書長・胡子嬰は、「資本家」「資本家代理人」の「思想改造」が合営化後もしばらく継続されることを宣言する[118]。「資本家代理人」と称された重役職員たちは、合営化後もしばらくは「労働者階級」に入れないことが公式に宣伝されたのである。

それでは、合営化後の「資本家代理人」たちにとって、「思想改造」とはどのような経験だったのか。ここでは、公私合営太平保険公司の職員である王某（仮名）が、一九五五年五月二五日に書いた「自伝」と「学習小結」を見ておきたい。これらは、太平保険公司の人事記録のなかに紛れこんでいたのを、筆者が偶然に発見した三枚綴りの手書き文書である[119]。合営化後の「資本家側」の人員が、自身の「歴史問題」を党・政府側の代表に書面で弁明するために提出した文書の一つと考えられる。文面からは、エリート職員が大衆と同化するために必死でおこなった政治的パフォーマンスを見ることができる。

「自伝」において王某はまず、五〇年間の人生を四期に分けて回顧しながら自己批判する。第一に、一九〇五年に生まれ、江蘇省立第二師範附属小学校・(南京)民立中学校に学んだ少年期を、次のように振り返った。当時、家庭の経済情況が好転したので、父親(すでに故人)が永新行(卸問屋)を開設した。家庭は自分をわりと寵愛したし、学校の教育も資本主義に偏向していた。そのため、少年期で自分の考えや認識がまだ幼稚なときに、資産階級の考えの侵食を受け、肉体労働を軽視する個人主義の享楽的な見方などに染まった。資産階級の考えはおもに、肉体労働に参加することがとても少なく、いっしょうけんめい勉強する目的は将来大事をなして大金を稼ぎよい日々を過ごすためであり、そしてよい食物や着物を好むというところに現れている。

第二に、王某は恵羅公司(一九二三年―)、三和新弾花廠(二四年―)、竟成造紙公司(二五年―)、雅達烟公司・義昌商行(二七年―)、麵粉交易所・ベルギー商業公司(三一年―)といった職場を転々とした後、三四年に太平保険公司の職員となるまでの時期を振り返った。

この時期の自分の考えや姿勢は、ほとんどの職場が外国商人の所在地でしかも帝国主義に比較的大きな影響を受けた上海にあることによるものだった。自分は仕事をしていたが、世帯の支出はまだ父が負担していたので、当時の経済情況はわりとよかった。そのため当時、資産階級の考えにわりと深い影響を受け、盲目的に外国の物質文明を崇拝したり、享楽をむさぼったり、出世しようとしたり、資産階級の生活方式を羨んだりした。

第三に、太平保険公司の生命保険(「人寿」)部が改組されて太平人寿命保険公司となり、一九三六年に当社で会計副科長となり、四三年に系列会社の安平保険公司の会計副科長に異動するまでの時期を回顧した。

この時期の考えや姿勢は、父親が亡くなったので自分が家族生活の負担を担うようになったり、また傀儡国民党の統治時代で物価が不安定だったので生活するための条件が高くなりすぎたり、ほかにも家庭の負担が比較的重いのでできるだけ出世してわりと高い俸給をえて家庭生活を改善しようと望んだりし、さらに考えのうえでもやはり資産階級の生活方式を羨んでいた。

第四に、勤務していた安平保険公司が一九五一年一一月に公私合営太平保険公司に合併され、王某は当社の財務処で事務員（「辦事員」）となって、五五年四月に海外業務室に異動するまでの時期を振り返り、さらに自己の現状を批判した。

この時期には、解放後であるため不断に党の教育を受け、考えや認識の向上を助けられることがあり、さらに解放後には物価が安定し、子女が相前後してみな仕事を始めて共産党青年団に加入し、娘婿の張某（仮名で表記する）は志願して軍隊にくわわり、今は復員して帰ってきて、仕事には積極的で戦闘では勇敢でいくつもの功をたてて表彰された。家族の政治的な雰囲気は濃厚で、自己の認識をさらに向上させ、党の指導が英明・正確であるから安心して仕事ができると認識し、努力して学んで全身全霊で人民に奉仕する考えを打ち立てた。しかし、過去に受けた資産階級の考えの影響がかなり深いため、思想改造の方ではまだよくないところがある。理論のうえでは向上したが、実際にはまだ見つけていない様々な食い違いがあるので、今後努力してこの欠点の克服にあたる。

そして、王某は自身の「階級学習」を、次のようにまとめた。

労働者階級と資産階級の考えの境界線をはっきりさせ、敵と我の境界線を区分する。この二つの階級学習のなかで、私は繰り返し考えを吐露し、過去の過ちを点検し、私の歴史的な情況が旧社会の資産階級の考えの影響を受けたものであることを明らかにした。こうした誤った考えを根絶するには、主観的に努力して学習し、自己を改造して階級思想の境界を明確に区切り、同時に対比の方式を用いて新・旧社会の相違点や区別を認識しなければならない。敵と我の境界線を明確にし、考え・感情・行動・組織のうえで敵とのつながりを断絶させれば、ほんとうに組織を信じて組織に歩みより、忠実でまじめに全身全霊をつくして、国家のため人民のために奉仕できる。

王某は自身の個人史を再構築しながら、「資産階級」になっていった過程を説明し、過去の仕事や私生活における上昇志向を自己批判した。同時に彼は、「人民」およびそれを代表する「国家」への奉仕を表明し、さらに現状では「思想改造」にまだよくないところがあると反省の弁を述べつつ、今後の努力を宣言する。すなわち王某は、すでに「資産階級」の欠点が完全に「改造」されたとか、あるいは近く完全に「改造」されるとは宣言せず、あくまでも依然として「改造」の途中にあることを主張していた。ところが、具体的に何をいつまでにどのように克服するのかについては言明しなかったのである。

このことから、王某が党・政府の方針を神経質に察しながら「自伝」や「学習小結」を書いていた様子がうかがえる。すなわち、王某のようなエリート職員は、自分がいまだに「改造」の途中であることを謙虚に主張し続けることによって、党・政府幹部への忠誠を示していたのである。同様のことは、上海の製粉工場で「思想改造」を体験したロバート・羅の回想からも確認できる。羅によれば、「私が自伝に何と書いても仲間ははねつけた。しかも、はねつける度に、彼らが私にどしどしくわえる侮辱と無礼とおどしはますます悪化した。〔中略〕私は無限に書き、また書き直さなければならない書類のことしか頭になかった。自分が何を告白しているのかとても頓着しておれたものではなかった。私はただ共産党が私に何を期待しているのか、必死になって知りたいと思うだけだった」という[120]。

一九五六年九月、一人の「資本家代理人」が市工商聯の機関誌『上海工商』の編集部に書簡を出して、合営後の「資本家代理人」の処遇をめぐる議論が始まった。一九五六年一一月に公表された書簡によると、「資本家」の定額配当の一定割合を「資本家代理人」への報酬として分与することや、「資本家代理人」の階級区分については、明文化された規定がなかった。そのため「資本家代理人」たちは、定額配当を受け取れないで生活水準を落したにもかかわらず、政治的な地位は依然として「資本家側の人員」のままであったという。こうした「資本家代理人」の困難な情況を、公開書簡は「もう羊肉を食べていないが、まだ羊臭い」とたくみに表現していた[121]。

しかし、この一句に代表される見解は、「資産階級」の思想として批判される。例えば、上海市公私合営古籍書店の経理・劉小丹の意見論文が、公開書簡の次頁に掲載された。それにおいて、「資本家代理人」はすでに「企業の成員、国家の幹部」であるから、「資本家」の定額配当を受け取るべきではないが、過去に「資産階級の思想の悪い影響を受けた」のだから、「資産階級」として「思想改造」を続ける必要があると主張されていた[122]。こうした劉小丹のような見解こそが、当時の工商聯および党・政府が望ましいと考えた内容だった。党・政府幹部は基本的に「資本家代理人」に対して、「資産階級」の考えや習慣が残っていることを謙虚に反省しながら、労働者と同じように生活することを求めていたのである。

五　「資本家代理人」にとっての反右派闘争

(1)「鳴放」の出現

一九五六年秋から五七年春にかけて、中国都市では民間経済に活力がよみがえる。人びとの所得と購買力が上がり、一部の商品の供給が逼迫して、自由市場が一部活発化した。例えば一九五七年三月初頭においても、「自発戸」といわれる自営の手工業・工場が約五〇〇〇近くもあり、そこに約一万六〇〇〇人が働いていた[123]。同時に、一九五六年六月に起こったポーランドの労働者の暴動と同年一〇月のハンガリーの反ソ暴動の知らせが、中国の人びとに大きな衝撃をもたらし、共産党政権や「社会主義社会」に対する疑念を深まらせ、党・政府への批判を噴出させる。一九五六年九月から翌年三月までに、中国全土で約一万人の学生が授業をボイコットして請願運動をおこない、約一万人の労働者がストライキをした[124]。工場では党・政府幹部が労働者に対して、困惑やおびえの態度を見せるようになっていたという[125]。

毛沢東は、一九五六年九月一五日に始まった中国共産党第八次全国代表大会の「開幕詞」として、党員幹部には「主観主義」「官僚主義」「セクト主義」が依然存在し、大衆や実情から乖離することがあると演説した[126]。一九五六年一一月、党中央は八届二中全会を召集し、そこで毛沢東が翌年に全党で整風運動を展開することを提起する[127]。一九五七年二月一七日、毛沢東は最高国務会議第十一回拡大会議において「人民内部の矛盾を正しく処理する問題について」と題する非公表の講話をおこない[128]、そして四月二七日、中共中央委員会が「整風運動に関する指示」を公布した[129]。

毛沢東の講話と整風指示が伝達・学習されていった時期、工場ではストライキが活発になる。上海では一九五七年三月からしばらくの間に、五八七の工場でストライキが起こり、約二万八〇〇〇人がストライキに参加し、さらに七〇〇あまりの工場の内部で騒動が起きそうになった。とりわけ、新たに合営化された中小の工場においてストライキが多く、おもに福利・待遇や幹部の仕事ぶりの改善が求められていた[130]。また、一九五七年四月一〇日には『人民日報』の社説が、継続して「百花斉放・百家争鳴」の方針を貫徹するように呼びかけた[131]。さらに四月二一日には、上海市党委の機関紙『解放日報』も「『放』する一方で『収』してはならない」と訴える[132]。それ以後、自由な意見表明（「鳴放」）が新聞・雑誌上で公表されるようになった。

（2）反右派闘争への転回

中共中央統戦部部長の李維漢の回想によれば、民主党派・無党派人士の座談会を召集した一九五七年五月八日の時点では、毛沢東はまだ反右派闘争を提起しておらず、李維漢も反右派闘争の準備をするために会議を開催したわけではなかった。しかし、商工業者の座談会を召集した五月一五日の時点までに、李維漢は、すでに毛沢東が反右派闘争を発動する方針であることをはっきりと念頭においていたという(133)。

一九五七年五月一四日、党中央の最上層部においては「右傾分子の言論〔＝党・政府への批判〕に対しては、目下のところ反駁してはならず」、「右傾分子・反共分子の言論は、必ず元通りに粉飾をくわえず報道して、彼らの面目を大衆に明らかにしなければならない」という指示が出されていた(134)。そして翌一五日、毛沢東は「事態はまさに変化している」と題する論文を発表する。そこでは、「右派先生」たちを大いに懲らしめるべきかどうかは、「今後のおこないを見て決めなければならない」と述べていた(135)。それにもかかわらず、その後も『人民日報』の論評員、中共中央統戦部部長の李維漢、さらに上海では党市委第一書記の柯慶施などが、党の問題を積極的に暴き出すように呼びかけ続けた(136)。そのため、自由論争（「争鳴」「斉放」）は、大規模な発言運動（「大鳴」「大放」）にまで発展したのである。

ところが、五月下旬以降、新聞紙上では、政権に対する批判とともに、おそらくは指示を受けた党員の書いたと思われる記事が現れて、政権批判者を批判したり、党や党員を擁護したりし始めた。そうした記事の数は、しだいに増えていった(137)。政権批判者たちは常に報復を恐れていたが(138)、五月末までには、批判者が反撃を恐れるあまりに批判を一層強めたり、批判する仲間を増やそうとしたりするようになった(139)。

一九五七年六月八日、反右派闘争が正式に発動される。この日、中共中央は、毛沢東が起草した「力量を組織し右派分子の進攻に反撃する」という指示を党内に出した(140)。同時に『人民日報』が、毛沢東の書いた「これはなぜか?」という社説を掲載した(141)。これらによって、当面の整風のおもな対象が、特権化した党員幹部から党外の右派分子へと転換されたことが示された。さらに六月一九日、全国の新聞各紙が一斉に第一面から、毛沢東の「人民内部の矛盾を正しく処理する問題について」を掲載する[142]。そして、六月二六日の周恩来の「政治工作報告」を契機として、反右派闘争の口火が切られたのである[143]。

上海では、八月一五日、第二届市人民代表大会第一次会議の予備会議において、中共上海市委第一書記の柯慶施が政治報告をおこない、反右派闘争のさらなる進展を求めた[144]。九月に入ると、中共上海市委の指導下で民主建国会上海市委員会と市工商聯が、「上海市工商界整風工作委員会」を成立させる。さらに、合営企業の「資本家」「資本家代理人」および党外の中核幹部を市・区の工商界政治学校で再教育し[145]、小組・大会・大字報などにおいて批判と自己批判を展開させた[146]。［図8-2］

図8-2　上海の工商界政治学校の大字報を見る黄炎培（1957年10月18日）
出典：上海市檔案館所蔵（H1-21-11-9）.

一〇月二二日、上海市工商界整風運動報告大会では、全国工商聯主任委員の胡子昂が講話を発表する。胡子昂は、兄弟・夫婦・友人の間でも、贈物（「送礼」）などと称された相互批判がおこなわれたことを賞揚していた。この頃には大量の大字報が、漫画・歌謡（「快板」）・コラム（「専欄」）といった多様な形式を用いて、各所に貼り出されるようになっていた[147]。政治学校における教育のほかに、各企業においても定期報告会・座談会などの集会が開催され、さらに居住区においても大字報が作成された[148]。こうした整風運動は、上海の商工業者たちに「五反」運動の記憶をよみがえらせた[149]。

（3）党・政府幹部に対する批判の封殺

中共上海市第一商業局委員会は、すでに一九五七年六月二四日の時点で、「右派の論点に関する初歩的な一覧資料」を党内で極秘に完成させていた。内部資料は、合営企業内において従業員たちが広めた党員幹部に対する批判的な流言を数多く集録している。例えば、「党員は高いビルや庭園のある洋館に住み、大衆は冬寒く夏暑い狭苦しい家に住む」、「およそ党総支部委員のご機嫌とりをして、甘言を並べる者はみな、辦事員から股長、そして科長になれる」、「『党員』は『特務』、『〔共産党青年〕団員』は『小開〔若旦那〕』、『積極分子』は『走狗』だ」。これらの雑言を内部資料は、「党群の矛盾を拡大した」「党の幹部政策を歪曲した」、「積極分子をけがして攻撃した」などと認識していた[150]。

さらに一九五七年末までに上海工商界整風工作委員会は、「右派」というべき商工業者の誤った言論と、それとは対照的な模範的な宣伝言説を収集して、商工業者たちの自己批判・相互批判を指導するための資料集を作成していた。資料集を見ると、当時の合営企業において、従業員は党・政府幹部に不満を鬱積させており、一方、党・政府幹部は従業員の流言をよく掌握し、それを封殺する準備を整えていたことがわかる。

例えば、章乃器らが批判していた共産党の「官僚主義」「主観主義」「セクト主義」について[151]、「共産党には『セクト主義』があり、彼らは一二〇〇万人の党員だけを信じ、そのほかの五億八〇〇〇万人は眼中にない」などといわれた[152]。とりわけ、党・政府幹部の「真主意假商量」（物事を決定してから形式上少しだけ相談すること）が頻繁に指摘されていた[153]。そして、試みに合営企業から「公方」を引き揚げさせて「私方」に権限を返すという提案や、「私方」の呼称を取り消して「公方」との区別をなくして欲しいという要望などがあったという[154]。

また、急な出世を遂げた党・政府幹部に対して、企業従業員や商工業者は怨みや妬みの感情をもっていた。それゆえ党・政府幹部の経歴は、「五反起家」（五反運動で出世した）などと批判されることがあった[155]。さらに労働者から抜擢された党員幹部は、「ただ党支部書記のところにしばしば駆けていって、ご機嫌をとりさえすれば、入党できる。ある労働者は、もともと消毒室で一日に八時間もつらい労働をしていたが、入党するとすぐに作業場の主任に抜擢され、小さい部屋のなかで座って新聞を読んでいられるようになった」などと批判された[156]。

日常業務に関しても、権力を笠に着ていた党・政府幹部に対して、痛烈な非難が浴びせられた。例えば、党・政府幹部は「自らを指導者と考え、服従しないとすぐに思想や歴史に問題があり、党や政府に反対しているという[157]」。そして、「古くは『女子は才能のないことが徳である』といったが、現在では『大衆は才能のないことが徳である』ということだ。党は大衆が意見を出すことには見慣れず、おもねり従うとかえって重用される[158]」という。そのため、「公私関係は強制結婚であり、公方〔党・政府側〕はしゅうとめ、私方〔資本家側〕は嫁、職員・労働者は夫の姉妹である[159]」などと、企業内の権力関係が家族関係にたとえられた。

こうした党・政府幹部と職員・労働者の関係に板挟みにされて、「資本家」や「資本家代理人」たちは、業務の遂行に困難を感じていた。彼らの建議が採用されるまでには、「公方代表、党支部、工会、職員・労働者、上級の公司〔親会社〕」の「五つの関門」を通過する必要があった[160]。そして、「多く仕事をすると、指導権を奪おうとしているのではないかといわれるのを恐れ、少なく仕事をすると、責任を負わないと批判されるのをまた恐れ、進んでも退いても難があると感じる[161]」。そのため、「人がいってから自分もいい、少しも逆らわずに相手のいいなりとなり」、「意見があっても出そうとせず、出す勇気もない[162]」という状況に陥っていたのである。

（4）支配の理論

これらの党・政府幹部に対する批判は、現実を鋭敏に反映したものであった。それに対して、党・政府側の理論家は、「社会主義」の理論を建前としながら、どのように説き伏せようとしたのだろうか。

一九五七年一〇月に上海工商界整風工作委員会が編纂した資料集は、例えば、一九五六年九月の中共第八次全国代表大会における柯慶施の発言を引用している。そこでは、「資本主義経済に対する利用・制限・改造と、資本家に対する各種形式の教育は、実際にはみな階級闘争のもう一つの表現形式である」と主張されていた[163]。そのうえで「資産階級」の「思想改造」について、「階級地位」（階級的立場）と「階級本性」「階級本能」とを区別し、前者を改造した後でもより本質的な後者を改造し続ける必要があることを強調した[164]。

さらに、党・政府幹部、「資本家」「資本家代理人」、および職員・労働者の三者関係について、上海工商界整風工作委員会は、おもに「資本家」「資本家代理人」と職員・労働者の関係を調整しようとし、「鳴放」において批判の集中した「党群」関係、すなわち党・政府幹部と職員・労働者の関係には目をそむけた。例えば前述の資料集は、資本家側の人員（「私方人員」）と大衆（「群衆」）の関係を改善するために、「職員・労働者大衆を企業の民主管理に参加させて」、「資本家側の人員に対しては教育を進める」ことが必要であるとした。だが、その一方で、党・政府側の人員（「公方代表」）と資本家側の人員（「私方人員」）の関係は、「総じて日々よい方向に向かって発展している」と結論づけている[165]。

つまり、共産党の意向に忠実な理論家たちは、「資本家」「資本家代理人」と職員・労働者が団結して、党・政府に対抗することがないような論理を構成していた。それゆえ、「資本家」とその「代理人」が依然存在し、職員・労働者との間に階級的矛盾が残存するが、そうした大衆と党・政府幹部との関係は改善しつつある、というフィクションを堅持したのである。

（5）その後の「資産階級」と「小資産階級」

一九五七年六月一九日、毛沢東は、全国の新聞各紙で公表した論説「人民内部の矛盾を正しく処理する問題について」のなかで、中国の「資産階級」は「定額配当を受けず、資産階級の帽子を脱ぎ捨てても、まだ相当の期間引き続き思想改造をおこなわなければならない」と明言していた[166]。さらに、一九五八年三月の成都工作会議において毛沢東は、「資本家」が定額配当を取り消すように要求してきても受け入れてはならないと明確に指示した。[167]「資本家」に対する年率五分の定額配当は、全業種の公私合営化が完成した一九五六年から七年間支払われる予定であったが、後に三年間延長されて、六六年九月まで続く。[168] ただし、企業の資産価値は、実質価格の平均約五分の一程度で査定されたという。[169] さらに「例えば天津の規定では、二〇〇〇元以上の資本家は、獲得した定額配当の五〇%を出して公債を買い、一〇%を出して互助金としなければならない」[170] などといった規定があり、そのうえ債券が満期になると、元利と合わせて増額された債券に再投資させられた。こうして、民間企業を買収した政府は、「資本家」に定額配当を支払い続け、そしてそれを宣伝した。そのことは、合営企業において党・政府幹部が威信を保ち、従業員を十分に掌握するために必要であったと考えられる。

また一九五八年六月、中共中央統一戦線部の李維漢は、「資産階級分子を改造する業務の綱要」の草案を作成する。その際に、公私合営企業の「上層小資産階級」は、「一九五九年から、条件を備えた者から、何回かに時期を分けて帽子を脱ぎすてさせ、工会に加入させてよい」とする提案をおこなった。しかし結局、中共中央書記処の指示を受けて削除し、「資産階級」の帽子は現状のまま維持されることになった。[171]

このように、毛沢東らが「資本家代理人」の工会への加入に消極的であり続けたのは、「党群」関係（党・政府幹部と一般職員・労働者の関係）の調整役としての利用価値を考慮したのが一因ではなかろうか。「資本家」「資本家代理人」が、結局は一九七〇年代まで「（小）資産階級」として労働者と区別され、「思想改造」にとり組んでいる姿を示し続けなければならなかったのは、おそらく、その方が彼らを政治運動において利用しやすいと、毛沢東らが判断していたからであろう。

六　多様化・尖鋭化する動員手段と高まる「大衆の圧力」

本章が論じたのは、共産党政権下で次々に政治運動が発動され、党・政府幹部たちが上海の民間企業の従業員たちを動員していく過程において、職員たちが労働者を前衛とする大衆（「群衆」）に同化しようとして、しだいに都市中間層としての身分や意識を失っていく様相である。

共産党政権の樹立後、各都市の企業職員は、考え方（「思想」）ややり方（「作風」）の「改造」を強要され、批判や自己批判を求められるようになった。「五反」運動においては、エリート職員たちが党・政府によって「勝利の鍵」として動員されたので、経営者との信頼関係を完全に破壊された。続く「民主改革補課」運動では、共産党員・青年団員とそれに忠実な労働者の生産小組長が管理者になって台頭し、旧来の職工頭は廃され、一般職員も権限と勤労意欲をそがれた。こうして、民間企業の公私合営化（実質的な国営化）の道が開かれる。公私合営後、エリート職員は降格されて微々たる職務を割り当てられたが、それにもかかわらず「資本家代理人」の名義を解かれることは少なかった。民間企業の重役職員たちは元経営者たちとともに、「資産階級」であり続けることによって、党・政府幹部と一般職員・労働者との関係の調整役を担わされ続けた。反右派闘争でも、党・政府幹部と職員・労働者の関係（「党群」関係）は改善しつつあるが、「資本家」とその「代理人」が依然存在して職員・労働者との間に階級矛盾が存在する、というフィクションが維持され、「資本家」「資本家代理人」が大衆の八つ当たりの標的となり続けたのである。

人民共和国初期、標的に「大衆の圧力」を感じさせる動員手段として、大小の集会（報告会・討論会・座談会など）やグループ（「班」「組」など）における相互批判・自己批判が常用された。「三反」「五反」運動では、摘発隊

（「打虎隊」）や検査隊が職場に踏みこんで集会を取り仕切り、従業員を煽りたてて経営者やその支持者の不正を告発・批判させていた。何段階かに分けて進められた告発・批判においては、以前に告発されて自白した者が次の機会ではより残忍な告発者になった。続いて本格化した民間企業の「民主改革補課」運動においては、職場の人事記録・事故記録・労働保険登記、作業場の監視員や治安保衛小組の指導者の証言、これまでの政治集会における発言記録、以前の職場や公安局の記録など、あらゆる個人情報が告発材料として収集される。さらに公私合営化にともなって、民間企業のエリート職員は、これまでの経歴を自省して自己批判する「自伝」を執筆させられ、しかも党・政府幹部の意向にそって何度も書き直させられた。「反右派」闘争までには、相互の告発と批判が贈物（「送礼」）と称されて、兄弟・夫婦・友人の間でまでおこなわれるようになった。

職場（「単位」）はこうした大衆動員の現場であり、そこでの日常生活や人間関係においては「演技と宣伝」の連鎖が見られた。すなわち、マスメディアの宣伝から、人びとは党・政府の望む言動を探りあてて演じ、さらに人びとの演じた模範的な言動がマスメディアで宣伝されて、大衆の定型的な行動パターンを確立していた。だから「思想改造」とは、日常的な言動や態度の統制であり、政治的な演技の強要という面があった。民間（および公私合営）企業の経営者や重役職員たちは、企業経営の実権を奪われた後も、「（小）資産階級」などとして差別され続けながら、「思想改造」に取り組む真摯な姿を示し続けなければならなかった。「資本家」とその「代理人」の「思想改造」は、けっして完了することのない、あるいは完了させてはならないパフォーマンスであったのだ。

このように人民共和国初期においては、個人に対して意図的に「大衆の圧力」を感じさせて屈服させる手段が洗練されていったのにともなって、人びとはそれを日常生活のなかでより身近に感じる機会が増えた。しかし、「大衆の圧力」は暴走することもある諸刃の剣であり、それはときに職場の秩序を乱して生産活動を停滞させたり、あるいはひるがえって加圧者（党・政府幹部）を攻撃したりしたので、常に微妙な舵取りとさじ加減が求められていたのである。

結論　大衆の誕生と変貌のダイナミズム

一　大衆の誕生

大衆とは、みなと同じでありたいと願い、多くの人びとと同じように行動する人びとのことである。とすればそれは、機械制工業やマスメディアなどが発達し、大量生産・大量流通・大量消費が可能になった近代都市において誕生したといえる。さらに、大衆は大衆によって模倣されながら、繰り返し生み出され増大していった。大衆となるためにはある程度の経済力と素養を必要としたので、大衆の中核になりえたのは都市の新中間層であった。両大戦間期の上海は、中国最大の貿易港・金融センター・消費市場・軽工業地帯に成長し、俸給生活者と賃金労働者の数も突出して多かった[1]。それゆえ、新文化運動（一九一五―二二年）の頃の上海において、中国でもっとも早期の大衆消費社会が成立したのである。

近代上海における大衆消費社会の成立は、『申報』『新聞報』などの商業新聞の増加と紙面の変化から読み取れる。近代中国を代表する二大商業新聞といえる両紙の発行部数は、一九一〇年代後半からの一〇年あまりで急増した。それにともなって、紙面には大衆の楽しめる図版広告が増え、そこに新中間層の消費場面や群衆の姿が描きこまれるようになった。図版広告は、消費者大衆を抽象化した群衆像を頻繁に登場させて、新聞閲覧者の共感や同調を誘い、商品への関心を生み出そうとしていた。つまり、この頃から上海でも大衆化した新聞に、大衆が登場するようになった。こうした商業と消費の高度化のなかで、近代上海に大衆が誕生したのである。

一九三五年、映画女優・阮玲玉の自殺・葬儀とそれに対する反響は、両大戦間期上海における大衆消費社会のダイナミズムを象徴するイベントになった。阮玲玉は、自身の三角関係を非難する大衆感情を恐れて自殺したが、阮玲玉が自殺すると、大衆は一転して彼女の悲劇に熱狂的な同情を寄せた。大小の新聞・雑誌から女学生の読書会に至るまで、上海のあらゆる人びとが様々な場所で阮玲玉の自殺を語りあい、「談阮」という社会現象になる。阮玲玉の葬儀場には一〇万人以上がやってきて、霊柩車の通った沿道には約三〇万人が押し寄せた。それは、当時の中国都市において史上最大規模の自発的な大衆行動となった。

近代上海における大衆の誕生と拡大を象徴するもう一つの社会現象は、同じく一九三五年に始まった集団結婚の流行である。当時において、政府主催の集団結婚式は国家の「社会統制」の一手段であると認識されたが、それは無意識のうちに集団行動の習慣を養成するものとして推奨されていた。集団結婚式の参加者たちは、規律に従って同一の衣装を着て統一的に行動し、しかも国威発揚に利用されることに対して抵抗が少なかった。彼らは集団結婚式を荘厳な婚礼の大衆消費として上手に利用しつつ、その後で親密な人たちと私的な宴会を開いて個性や主体性を取りもどしていたのである。さらに、集団結婚式の流行は民間のブライダル産業を発達させ、大衆消費社会を拡大させていった。

二　大衆の変貌

こうして近代上海に誕生した大衆は、マーケティングの対象となっただけでなく、政治動員の対象として注目を集めるようになっていく。大衆消費は大衆動員と結びつき、消費・娯楽の場は動員の場ともなり、大衆は消費されるだけでなく、動員され動員するようにもなった。民国期都市の新中間層にとって、おもな大衆行動は消費であったが、対外的な危機の高まりにともなって、しだいに大衆動員もまた日常的になっていった。

例えば、一九三〇―四〇年代に国民政府が主催した集団結婚式は、荘厳で盛大な婚礼の大衆消費の場として流行したが、集団結婚式はもともと、国民党政権がイタリア・ドイツでのやり方をまね、政治シンボルを駆使して大衆を国民化するために始めたものだった。また、戦時・戦後の聯誼会は俸給生活者のために、市価よりも安い生活必需品の配給販売、福利厚生、文化・娯楽事業を展開したが、聯誼会の活動には中国共産党の地下党員など様々な政治勢力が積極的に関わって、上海の俸給生活者の動員を図っていた。戦時の聯誼会は、大衆化した話劇や京劇を上演したが、その収益が秘密裏に新四軍（共産党軍を主力とする国民軍）に寄付されることもあった。

ほかにも、一九四六年のミス上海コンテストでは、富裕層だけでなく中間層を巻きこんだ広範な人びとが、ミスコンテストの投票券や入場券を買い、ミス上海のゴシップ記事を掲載したタブロイド紙誌を購入し、イベントを楽しんだ。一方、主催者の国民党政権は、大衆娯楽を創出することによって、多くの人びとを慈善救済事業に動員することに成功した。それゆえ、集団結婚式・聯誼会・ミス上海コンテストに参加することは、なかなか手のとどかない商品・娯楽・式典・美人などの大衆消費であると同時に、ときには明確に意識しないまま、ゆるやかな大衆動員を受け入れてそれに加担する行動にもなっていた。

消費から動員への日常的な大衆行動の転換は、国民党および対日協力政権の下ではじんわりと、そして共産党政権下においては急激に進展した。例えば、民国期上海の新聞広告においては、「長衫」（中国式男性用ガウン）や洋服を身につけて消費する俸給生活者たちが主役であったが、人民共和国初期の宣伝記事における主役は、人民服を着て生産し運動する労働者に代わった。民国期には消費者が広告に出て証言をし、新たな消費者を増やしたように、人民共和国初期には運動者の政治的ふるまいが宣伝されて、新たな運動者を増やした。新聞には両大戦間期から見せるための群衆が登場していたが、人民共和国初期にはそれが商品の価値ではなく、政治運動の意義を引き立てるようになった。民国期には娯楽や消費の場で活躍するスターがしばしば大きな注目を集めたが、人民共和国初期には政治運動で力を発揮する指導者の一挙一動が注目された。こうしたなかで、民国期に異なる読者層をターゲットにしてきた各商業紙は、人民共和国初期にはそれぞれの読者層に対する政治宣伝工作を分担するようになった。

また、民国期の大衆消費において、人びとはしばしば「演技と宣伝」をおこなっていた。例えば、一九三五年に粉ミルクの新聞広告に登場した沈という姓の職業婦人（第一章一一一頁）、同年に新聞投書用の遺書を準備して自殺した映画女優の阮玲玉（第二章）、一九四六年にミス上海コンテストに出場して準優勝した後、メディアに対して無邪気に私生活をさらけ出しながら華やかな活動を続けた謝家驊（第七章）らも、日常生活のなかで演技をし、メディアを利用してそれを大衆に宣伝していた。しかし、人民共和国初期の大衆動員においては、「演技と宣伝」がしばしば党・政府によって枠づけられ、その結果、多くの人びとが日常的に以前よりも激しい緊張を強いられるようになった。「演技と宣伝」の繰り返しのなかで型にはまった行動パターンが広められる「大衆社会」の構造は、人民共和国初期の政治運動においてかつてないほど強化されたのである。

人民共和国初期の上海における大衆動員の手段は、たいてい民国期にも見られたものだったが、多くはより尖鋭化され、さらに新たな手段も追加されて、動員力が以前よりも格段に増したといえる。民国期において大衆の脅威を実感したのは、映画女優の阮玲玉やミス上海の謝家驊、「漢奸」として告発された李沢など、一部の著名人や有力者が中心であった。しかし、人民共和国初期にはそうした体験もまた大衆化し、多くの人びとが日常生活のなかでより身近に大衆の脅威を感じる機会が増えたのである。

例えば、民国期には上海の街頭に新聞やポスターが貼り出され、そこに掲げられた商品広告や官庁布告などを読むために人だかりができた。さらに、日中戦争後の「漢奸」告発運動について見たように、壁新聞やビラが貼りつけられて政治的な主張が展開されることもあった。人民共和国初期には、政治的な主張やスローガンを掲げるために書く「黒板報」「大字報」（壁新聞）がかつてないほど普及し、とくに一九五七年春の「鳴放」の頃からは頻繁に使用された。また、日中戦争後の「漢奸」告発運動においては、政府機関の設置した告発箱（「陳訴箱」「告密箱」）の存在がよく知られるようになった。人民共和国初期には、告発箱（「検挙箱」）や自白・告発受付室（「坦白検挙接待室」）が大衆にとってさらに身近なものとなり、多くの人びとが告発書（「検挙信」）の投函を奨励された。

そして大衆文化（曲芸・話劇・即興劇・講談・漫画・連続絵物語〈「連環画」〉・スライドなど）は、民国期にはおもに商品広告に使われていたが、戦時期には政治宣伝にも頻繁に利用されるようになり、同時に反政府的な内容が取り締まられるようになった。人民共和国初期、それらは官製運動に利用されて発達し、さらに全市における政治的なスローガンや宣伝の口調までもが統一されていった。ほかにも、行列を組んで市街を練り歩くパレードや行進は、民国期までに商品広告や政治宣伝、さらには大規模な式典で常用されており、一九三五年の阮玲玉の出棺のように三〇万人もの大衆を動員することさえあった。こうした行進に集まる大衆心理は、人民共和国初期の官製デモでも利用された。

三　大衆の秩序

それでは、一九五〇年代の上海においてはなぜ、大衆消費から大衆動員への転換が急激に進展し、都市中間層の大衆行動がこれほど劇的に変貌したのだろうか。

その原因としては、まず、民国期の社会的格差を平準化しようとした共産党政権の基本方針が挙げられよう。そもそも上海は、中国における都市生活の近代化の最先端地域として突出していた。近代中国においては、上海とそのほかの都市、さらに都市部と農村部で、メディア環境や富裕層・中間層の規模に大きな格差があり、その消費生活はまったく異なっていた。例えば、日中戦争の終戦直後に上海でミスコンテストが開催されたときの「中国は飢え、上海は踊る」という皮肉が、こうした状況を端的に物語っている。上海の新中間層を中心に広がった大衆消費は、中国全体で見ればごく一部の人びとの間の現象にすぎなかったのである。先端的であった上海の中間層の大衆行動は、人民共和国初期には中国全体の水準に合わせて平準化されていった。すなわち、新政権を樹立した共産党が、上海の中間層に対しても中国のほかの地方都市や農村部の人びとと同様の大衆行動を求めた結果として、彼らの日常的な行動様式が大きく様変わりしたといえる。

確認すべきことに、一九二〇—五〇年代の上海における大きな社会変動は、南京国民政府の成立、日本軍の侵入および傀儡政権の樹立と崩壊、そして共産党政権による統治の始まりなど、しばしば上海社会の外部における政権交代をきっかけに起こったといえる。しかしさらに注視すべきは、上海社会に内在した「大衆的公共性」（大衆感情にもとづく秩序形成のあり方）というべき構造が、政権の大衆動員と呼応しながら変化の趨勢を枠づけていたことである。近代上海においては、「大衆」の秩序が「市民社会」への成熟化を妨げ、「大衆」を「大衆」として秩序づける手段を洗練させていき、「大衆社会」というべき状況が維持・発展された。このことが、人民共和国初期における大衆行動の転換と過激化を容易にしていたのである。

ちなみに本書は、一九三〇—四〇年代の上海における「市民社会」への成熟化の兆しというべきいくつかの現象にも着目した。例えば、一九三五年の阮玲玉の自殺が、映画・演劇、新聞・雑誌・書籍などに商業利用された状況を目の当たりにした魯迅らは、スキャンダルを好む大衆を痛烈に批判していた。また、一九四六年の「漢奸」裁判においては、タブロイド紙などがいっせいに「漢奸」に対する非難の声をあげるなか、何人かの有名弁護士が、法の精神や「自由」「人権」を掲げて「漢奸」を弁護していた。同年のミス上海コンテストにおいては、大衆の面前で美しい女性を見世物にして募金すること、いうならば女性の美貌を大衆消費の対象とすることが批判され、女性は職業を通して募金活動に協力すべきだという主張が有力であった。さらに同年には、医薬品の効用の不適切な広告に疑念を抱いた消費者が新聞に投書し、新聞がそれに応えて専門家の意見を掲載し、さらにそれに行政機関が迅速に対処することもあった。

しかしながら、大衆消費社会の秩序づけは、日中戦争によって中断され、民国期には十分に制度化されず未成熟なまま、人民共和国初期へと持ちこされていった。本書で見たように、阮玲玉の母らは、阮玲玉を題材にする事実にそぐわない演劇の制止を市教育局に要請したが、案件は政府各機関をたらい回しにされたあげく、結局、訴訟の可能性が示されただけだった。また、「漢奸」の弁護を引き受けた弁護士は、タブロイド紙に高額報酬を非難されていた。ミスコンテストによる救済資金調達の方法は、国内外の知識人たちの批判にもかかわらず、中国各地に広まっていった。そして国民党は、新聞紙上の不正広告の摘発を始めて間もなく、共産党に上海の統治権を譲った。このように、近代中国においては、大衆のダイナミズムが明確に意識されていたが、それを秩序づける制度も経験もきわめて乏しかったといえる。上海の大衆消費社会は、未成熟なまま短期間で大規模に発展したので、共産党政権樹立をきっかけとする大衆動員社会への本格的な移行がそれだけ過激になったのである。

さらに、日中戦争後からは、大衆感情が戦前期よりも大きく社会秩序を揺るがすようになった。なぜならば、戦争によって生まれた憎悪の感情や敵排除の論理が、社会再編を迫ったからである。その典型例が、「漢奸」（対日協力者）に関して、「法治」「法令」の不足を大衆感情の制裁によって補おうとする「輿論制裁」論であった。戦後のタブロイド紙は大衆感情に迎合し、「漢奸」への憎悪をむき出しにしたり、「漢奸」の醜聞を面白おかしく書き立てたりして、販路を拡大しようとした。さらに国民党政権の内外では、「漢奸」告発運動を利用して台頭しようとする政治勢力が現れる。一九四六年の上海市参議会議員選挙では、候補者や当選者に「漢奸」の容疑をかけて足を引っぱろうとする動きが見られた。また、共産党は憎悪や敵対心を醸成して階級闘争を煽る手法を得意として推進した。国民党政権の多くの機関はしばしば、「漢奸」に対する大衆の報復感情を抑制するのに苦慮していた。

両大戦間期の中国都市に誕生した大衆は、十分に秩序づけられることなく未成熟なまま、日中戦争後には憎悪や敵対心を煽る政治運動のなかで荒々しさを増し、人民共和国初期にその威力を発揮した。人民共和国初期において大衆の中核になったのは、消費リーダーの新中間層ではなく、政権に忠実な労働者たちであった。政治運動が緊迫化した時期には日常生活におけるあらゆる言動や態度が、大小様々なメディア・集会・グループにおいて「批判」「自己批判」の対象となった。人びとは日常的に政治的なパフォーマンスを強要され、個人として気を許して私的にふるまえる場を失っていった。

このように、近代上海で起こった大衆の誕生と変貌は、一九世紀末から二〇世紀初に始まり第二次世界大戦期（一九四五年まで）に至る時期のドイツ・イタリア・日本などにおける展開と似ていたが、大衆の変貌の時機はずれていた。中国都市の大衆は、日本などと時差のほぼない一九一〇年代から二〇年代に登場し、日中戦争の影が忍びよる三〇年代から変化の兆しを見せ、戦時・戦後期には変化が始まってはいたものの、共産党政権樹立後の五〇年代初頭の短期間にきわめて劇的な変貌をとげたのである。

そして、この中国独特の歴史過程を振り返るとき、党・国家権力の社会への浸透が急激な社会変革を招いた、と考えるだけでは十分に正確でない。むしろ逆に、中国都市においては、党・国家機関にせよ社会団体にせよ個々人にせよ、大衆感情や大衆行動を批判的に秩序づける作法や仕組を成熟させなかったことが、一方では社会に活力をあたえていたものの、他方では動揺の揺れ幅を拡大して社会変化を過激化させる原因になったと考えられる。端的にいうならば、何でも商業化し、商品広告に利用することを許容していた中国都市の大衆は、何でも政治問題化し、政治的批判の材料にすることも容認しがちだったのである。

本書の各章が新中間層の日常生活を検証しながら浮き彫りにした上海社会史の展開とは、結論的にいえば次のようになる。すなわち、一九二〇年代までに形成された新中間層が中心となって、上海に近代的な「大衆」を誕生させた。民国期の上海においては、形成途上の不安定な新中間層と黎明期の荒々しい「大衆」が、否応なく戦争と革命の渦中に巻きこまれる。それゆえ、「大衆社会」の「市民社会」への成熟化の兆しは阻まれ、「大衆的公共性」というべき大衆行動の秩序が継承された。こうしたなかで消費リーダーとして台頭した新中間層は、しばしば政治運動に動員されるようになっていった。彼らにとって身近な大衆行動を見ていけば、大まかな趨勢として、一九二〇年代に大衆消費が勃興し、三〇―四〇年代に大衆消費と大衆動員が結びつきを強め、そして五〇年代に大衆消費から大衆動員への転換が起こったことがわかるのである。

注

序論　上海における大衆の時代

（1）オルテガ、イ・ガセット、ホセ（桑名一博訳）『大衆の反逆』東京、白水社、一九九一年、五四頁。

（2）「階級」に関する言説は、五・四運動（一九一九年）と中国共産党発起人会の成立（一九二〇年）の後に急速に広まった。ただし、無政府主義者は階級闘争よりも社会改革を説き、国民党は階級間の協調を促したので、階級闘争を重視したのは共産党だけであった。Stephen Anthony Smith. *Like Cattle and Horses: Nationalism and Labor in Shanghai, 1895-1927*. Durham, Duke University Press, 2002, pp. 116-132.

（3）曼若「群衆心理」『生活』第四巻第四二号、一九二九年九月一五日、四八〇—四八一頁、「読者信箱」への投稿。

（4）近代上海の新中間層について、筆者はすでに『上海近代のホワイトカラー——揺れる新中間層の形成』（東京、研文出版、二〇一一年）を発表しており、本書はその続編でもある。ちなみに、一九三〇年代後半の上海において、三七〇万人程度（一九三五年）の総人口のうち、職員は多くても約一七万人（五%足らず）であったが、そのほかに小商店で働く店主・店員が一二—四万人、およびそれ以上の数の熟練・半熟練労働者がいた（顧准〈立達〉「上海職員与職員運動（一）」『職業生活』第一巻第[illegible]期、一九三九年四月一五日、六—七頁。鄒依仁『旧上海人口変遷的研究』上海人民出版社、一九八〇年、九〇—九一頁）。そして、店主・店員や熟練・半熟練労働者たちも、職員たちと同じかそれに近い都市中間層的な生活を過ごせ、それゆえに当時の「大衆」は大きく増大したものと考えられる。

（5）Alexis de Tocqueville, *De la démocratie en Amérique*, Paris: Michel Lévy, 1835／ド・トックヴィル（井伊玄太郎訳）『米国の民主政治』東京、研進社、一九四八年（本節では邦訳は管見の限り最初期のものを挙げる、以下同じ）。

（6）John Stuart Mill. *On Liberty*. London: John W. Parker, 1859／ジョン・スチュアト・ミル（近江谷晋作訳）『自由論』東京、人文会出版部、一九二五年。

（7）Gustave Le Bon, *Psychologie des foules*, Paris, Félix Alcan, 1896; Gustave Le Bon. *The Crowd: A Study of the Popular Mind*, London: T. Fisher Unwin, 1896／ギュスターヴ・ル・ボン（葛西又次郎訳）『群衆心理』東京、赤城正蔵、一九一四年／黎朋（呉旭初・杜師業訳）『群衆心理』上海、商務印書館、一九二〇年／魯滂（鍾健閎・介民重訳）『群衆』上海、泰東図書局、一九三五年（第三版）。

（8）Gabriel de Tarde, *L'opinion et la foule*, Paris, Félix Alcan, 1901／ガブリエル・タルド（赤坂静也訳）『輿論と群集』東京、刀

江書院、一九二八年。

（9）José Ortega y Gasset, *La Rebelión de las Masas*, Madrid, Revista de Occidente, 1930／オルテガ（佐野利勝訳）『大衆の叛逆』東京、筑摩書房、一九五三年／オルテガ、イ・ガセット、ホセ（桑名一博訳）『大衆の反逆』東京、白水社、一九九一年／加塞特・奥尔特加（劉訓練・佟徳志訳）『大衆的反叛』長春、吉林人民出版社、二〇〇四年。

（10）Erich Fromm, *Escape from Freedom*, New York, Holt, Rinehart and Winston, 1941／エーリッヒ・フロム（日高六郎訳）『自由からの逃走』東京、創元社、一九五一年／弗羅姆（陳学明訳）『逃避自由』北京、工人出版社、一九八七年。

（11）Theodor Ludwig Wiesengrund-Adorno, et al., *The Authoritarian Personality*, New York, Harper & Brothers, 1950／T・W・アドルノ（田中義久ほか訳）『権威主義的パーソナリティ』東京、青木書店、一九八〇年。

（12）David Riesman, *The Lonely Croud: A Study of the Changing American Character*, New Haven: Yale University Press, 1950／リースマン（加藤秀俊訳）『孤独な群衆』東京、みすず書房、一九六四年。

（13）Charles Wright Mills, *White Collar: The American Middle Class*, London, Oxford University Press, 1951／C・ライト・ミルス（杉政孝訳）『ホワイト・カラー――中流階級の生活探求』東京創元社、一九五七年。

（14）William Kornhauser, *The Politics of Mass Society*, Glencoe. Ill.: Free Press, 1959／W・コーンハウザー（辻村明訳）『大衆社会の政治』東京創元社、一九六一年。

（15）近代中国についていえば、一九三〇年頃から中国企業に本格的に導入され始めた科学的管理が、肉体労働だけではなく精神・頭脳労働をもマニュアル化して、あらゆる従業員を、ほかの人と同じで代替可能な大衆的人間に変えていく一面があった。岩間一弘『上海近代のホワイトカラー――揺れる新中間層の形成』東京、研文出版、二〇一一年、第四章。

（16）例えば、民国期上海の女性誌は、女性の結婚・就職や、家庭・職場での生活に関して、有識者や読者の意見を掲載し、新たな女性像を提唱した。しかしそれらは、しばしば理想主義的な議論やステレオタイプのイメージを示しながら、女性の人生設計や日常生活を類型化していた（同前書、第五章）。

（17）同前書第三章で論及したように、一九二〇年代後半の上海では、学校を「工場」や「商店」、学生を「商品」に喩える大量生産方式の教育観が出現し、同一ないしは類似したカリキュラムのもとで多くの学生が学んだ。

（18）穆勒（厳復訳述）『群己権界論』上海、商務印書館、厳復名著叢刊、一九三〇年版、八二頁。

（19）黄克武『自由的所以然――厳復対約翰彌爾自由思想的認識与批判』台北、允晨文化実業股份有限公司、一九九八年、二六〇―二六四頁。

（20）注7を参照されたい。

（21）Gustave Le Bon, *The Croud*, p. 36.

(22) Ibid., p. 64.

(23) くわえて、「G・ルボンがこの本を書いたとき、フランス革命の群衆をCrowdの代表として念頭においていた」と考察している。高覚敷『群衆心理学』上海、中華書局、一九三四年、二—三頁。

(24) 同前、五六—五八頁。

(25) 張九如『群衆心理与群衆領導』上海、商務印書館、一九三四年、自序四—五頁。

(26) 戦後日本における大衆社会論の成果としては、福武直ほか編『講座社会学　第七巻　大衆社会』東京大学出版会、一九五七年など。また、「大衆デモクラシー」「大衆ナショナリズム」などを指摘した松下圭一とマルクス主義者との間で一九五〇年代に展開された「大衆社会論争」については、山田竜作『大衆社会とデモクラシー——大衆・階級・市民』東京、風行社、二〇〇四年、九五—一七六頁を参照されたい。

(27) 岸本美緒『明清交替と江南社会——一七世紀中国の秩序問題』東京大学出版会、一九九九年、二一頁。なお、「近世」と「近代」の両時代相の連続性については、岸本美緒「中国史における『近世』の概念」『歴史学研究』第八二一号、二〇〇六年一一月、二五—三六頁が示唆に富む。

(28) 斯波義信『宋代商業史研究』東京、風間書房、一九六八年、四六七—四八二頁。

(29) 巫仁恕『品味豪華——晩明的消費社会与士大夫』台北、中央研究院聯経出版公司、二〇〇七年。明末の江南都市における娯楽事情、とくに民間旅行の発達については、唐権『海を越えた艶ごと——日中文化交流秘史』東京、新曜社、二〇〇五年、六〇—七四頁、清代中期の消費社会については、則松彰文「清代中期社会における奢侈・流行・消費——江南地方を中心にして」『東洋学報』第八〇巻、一九九八年九月、一七三—二〇〇頁なども参照されたい。

(30) 唐振常「市民意識与上海社会」『二一世紀』第一一期、一九九二年六月、一一—二三頁。

(31) Wen-hsin Yeh, *Shanghai Splendor: Economic Sentiments and the Making of Modern China, 1843-1949*, Cambridge [Massachusetts]: Harvard University Press 2007, pp. 80-81; Frank Dikötter, *Exotic Commodities: Modern Objects and Everyday Life in China*, New York: Columbia University Press, 2006, pp. 30-32.

(32) 謝黎『チャイナドレスをまとう女性たち——旗袍にみる中国の近・現代』東京、青弓社、二〇〇四年、六六頁。

(33) The Modern Girl Around the World Research Group, *The Modern Girl Around the World: Consumption, Modernity, and Globalization*, Durham: Duke University Press, 2008.

(34) 立斎「『摩登』的内容和形式」『申報』一九三五年一一月五日「本埠増刊」第三版。

(35) Frank Dikötter, *Exotic Commodities*, pp. 44-47.

(36) 菊池敏夫『民国期上海の百貨店と都市文化』東京、研文出版、二〇一二年、八八、九九頁。

(37) 同前、一二四―一三一頁。ほかにも先施公司や中国国貨公司は、子供用品の専用売場（「児童世界」「児童遊楽市」）を開設して、顧客の幅を広げていた。連玲玲「従零售革命到消費革命――以近代上海百貨公司為中心」『歴史研究』二〇〇八年第五期（総第三一五期）、二〇〇八年一〇月、七六―九三頁。

(38) 菊池敏夫（前掲）『民国期上海の百貨店と都市文化』、一三三頁。

(39) 連玲玲の未公刊稿「城市娯楽的普羅化――民国上海遊戯場的興衰」（二〇〇九年七月に武漢・華中師範大学にて発表）のなかの用語。

(40) 岸本美緒（前掲）『明清交替と江南社会』、第五章。巫仁恕「前現代的抵制運動――明清城市群衆的集体抗議」、黄賢強編『文明抗争――近代中国與海外華人論集』香港教育図書公司、二〇〇五年、三―五七頁。

(41) 熊月之主編（周武・呉桂龍著）『上海通史　第五巻　晩清社会』上海人民出版社、一九九九年、四九三―四九四頁。Catherine Vance Yeh, *Shanghai Love: Courtesans, Intellectuals, and Entertainment Culture, 1850-1910*, Seattle: University of Washington Press, 2006, pp. 21-95.

(42) Francesca Dal Lago, "Crossed Legs in 1930s Shanghai: How 'Modern' the Modern Woman?" *East Asian History*, No. 19, June, 2000, pp. 103-144; Weipin Tsai, *Reading Shenbao: Nationalism, Consumerism and Individualism in China, 1919-37*, New York: Palgrave Macmillan, 2010, pp. 18-44.

(43) 連玲玲「女性消費与消費女性――以近代上海百貨公司為中心」、巫仁恕・康豹（Paul Katz）・林美莉主編『従城市看中国的現代性』台北、中央研究院近代史研究所、二〇一〇年、五三―八三頁。

(44) 岩間一弘（前掲）『上海近代のホワイトカラー』、第二章。

(45) 許傑「論小資産階級与文芸」『文芸新輯』第一輯、一九四八年一〇月、九―一七、五三頁。

(46) 孫安石ほか「特集　『良友』画報とその時代」『アジア遊学』第一〇三号、二〇〇七年九月、四―一四五頁。なお、『良友』は、一九四一年に一度休刊するが、その後も上海と香港において何度か復刊された。

(47) Leo Ou-fan Lee, *Shanghai Modern: The Flowering of a New Urban Culture in China, 1930-1945*, Cambridge, Cambridge [Massachusetts]: Harvard University Press, 1999, p. 67.

(48) 呉果中『『良友』画報与上海都市文化』長沙、湖南師範大学出版社、二〇〇七年、三五五―三六一頁。

(49) Wen-hsin Yeh, *Shanghai Splendor*, pp. 134-140.

(50) Ibid, pp. 35-40. 趙文『『生活』週刊（一九二五―一九三三）与城市平民文化』上海三聯出版、二〇一〇年、一五八―二〇一、二九五―三〇一頁。

(51) Carrie Waara, "Invention, Industry, Art: The Commercialization of Culture in Republican Art Magazines," in Sherman Co-

chran (ed.), *Inventing Nanjing Road: Commercial Culture in Shanghai, 1900–1945*, Ithaca, N. Y.: East Asia Program, Cornell University, 1999, pp. 61–89.

(52) 坂元ひろ子「漫画表象に見る上海モダンガール」、伊藤るり、坂元ひろ子、タニ・E・バーロウ編『モダンガールと植民地的近代――東アジアにおける帝国・資本・ジェンダー』東京、岩波書店、二〇一〇年、一一七―一五〇頁。

(53) Wen-hsin Yeh, *Shanghai Splendor*, pp. 181–184.

(54) Carlton Benson, "Consumers Are Also Soldiers: Subversive Songs from Nanjing Road during the New Life Movement," in Sherman Cochran (ed.), *Inventing Nanjing Road*, pp. 91–132.

(55) Wen-hsin Yeh, *Shanghai Splendor*, pp. 72–73.

(56) Frank Dikötter, *Exotic Commodities*, pp. 36–48.

(57) Karl Gerth, *China Made: Consumer Culture and the Creation of the Nation*, Cambridge [Massachusetts] : Harvard University Press, 2003.

(58) Frank Dikötter, *Exotic Commodities*, pp. 42–44.

(59) 岩間一弘（前掲）『上海近代のホワイトカラー』、二三一頁。

(60) 同前、四三―四五頁。

(61) 一九二三年八月に上海商業儲蓄銀行総行に旅行部が設立され、二七年六月に中国旅行社と改称された。中国旅行社およびそれが発行した『旅行雑誌』については、王淑良ほか『中国現代旅遊史』南京、東南大学出版社、二〇〇五年、一〇七―一四一頁において網羅的に論じられている。

(62) Madeleine Yue Dong, "Shanghai's China Traveler," in Madeleine Yue Dong and Joshua L. Goldstein (eds.), *Everyday Modernity in China*, Seattle: University of Washington Press, 2006, pp. 195–226.

(63) Marie-Claire Bergère, *Histoire de Shanghai*, Paris: Fayard, 2002, p. 320.

(64) 原著は、Jürgen Habermas, *Strukturwandel der Öffentlichkeit: Untersuchungen zu einer Kategorie der Bugerlichen Gesellschaft*, Berlin: Neuwied (Hermann Luchterhand Verlag), 1962; Frankfurt: Suhrkamp Verlag Frankfurt am Main, 1990. 日本語訳は、細谷貞雄・山田正行訳『公共性の構造転換――市民社会の一カテゴリーについての探求』東京、未来社、一九七三年初版。英訳は、Translated by Thomas Burger with the assistance of Frederick Lawrence, *The Structural Transformation of the Public Sphere: an Inquiry into a Category of Bourgeois Society*, Cambridge [Massachusetts] : MIT Press, 1989. 中国語訳は、哈貝馬斯（曹衛東など訳）『公共領域的結構転型』上海、学林出版社、一九九九年。

(65) もっとも代表的なものに、"Symposium: 'Public Sphere'/'Civil Society' in China?," *Modern China*, Vol. 19 No. 2, April 1993,

pp. 107–240.

(66) 民国期の上海社会における公共性に関しては、Marie-Claire Bergère, "Civil Society and Urban Change in Republican China," *The China Quarterly*, No. 155, June 1997, pp. 309–328. 歴史研究と現状分析の双方の議論を広く視野に入れて考察したものとしては、高橋伸夫「中国『市民社会』の歴史的展望を求めて」、竹中千春・高橋伸夫・山本信人『現代アジア研究　2　市民社会』東京、慶應義塾大学出版会、二〇〇八年、三五—五六頁などが示唆に富む。

(67) こうしたハーバーマスの理解は、斎藤純一『公共性』東京、岩波書店、二〇〇〇年、二三—二七頁にもとづく。また、村井寛志（「両大戦間期の中国におけるメディア論のポリティクス——公共圏概念をめぐる両義性を手がかりに」『思想』第九五四号、二〇〇四年一月、五五—七二頁）は、①と②を「公共圏概念をめぐる両義性」として着眼して、両大戦間期中国の新聞学（ジャーナリズム論）を検証した。

(68) 代表的なものに、Mary Backus Rankin, "The Origins of a Chinese Public Sphere: Local Elites and Community Affairs in the Late-imperial Period," *Études Chinoises*, Vol. 9 No. 2, Fall 1990, pp. 13–60. 上海史研究では、小浜正子『近代上海の公共性と国家』東京、研文出版、二〇〇〇年。

(69) 民国期の上海については、Bryna Goodman, *Native Place, City, and Nation*; Bryna Goodman, "Being Public: The Politics of Republican Representation in 1998 Shanghai," *Harvard Journal of Asiatic Studies*, Vol. 60 No. 1, June 2000, pp. 45–88.; 岩間一弘「民国期上海の女性誘拐と救済——近代慈善事業の公共性をめぐって」『社会経済史学』第六六巻第五号、二〇〇一年一月、四九—六八頁など。なお、医師・弁護士・ジャーナリストを論じた Xiaoqun Xu, *Chinese Professionals and the Republican State: The Rise of Professional Associations in Shanghai, 1912–1937*, Cambridge [England]: Cambridge University Press, 2001. も、彼らが結成した職業団体について同様のことを指摘している。

(70) 小浜正子（前掲）『近代上海の公共性と国家』、二九六—三二九頁。

(71) 張済順（加島潤訳）「映像文化における転換と継続、一九五〇—一九六〇年代初期——文化消費と上海基層社会の西洋に対する反応」、久保亨編『一九四九年前後の中国』東京、汲古書院、二〇〇六年、三二五—三五五頁。

(72) Max Weber, *Gesammelte Aufsätze zur Religionssoziologie I* (Vierte, Photomechanisch gedruckte Auflage), Tübingen: Verlag von J. C. B. Mohr, 1947, S. 290–298, 373–381／マックス・ウェーバー（木全徳雄訳）『儒教と道教』東京、創文社、一九七一年、一七—二五、一五一—一六〇頁。

(73) 陳丹燕『上海的金枝玉葉』北京、作家出版社、一九九九年、一〇九—一一三頁／大場雅子訳『上海プリンセス——上海のデパート王の娘が体験した日中戦争・中国革命・文革』東京、光文社、二〇〇三年、一四一頁。

(74) フィリップ・A・キューン（深町英夫訳）「市民社会と国制発展」『近きに在りて』第四三号、二〇〇三年八月、三一—三九頁。

Philip A. Kuhn, "Civil Society and Constitutional Development" の全訳。一九九一年五月二九—三一日にパリで開かれた、"American European Symposium on State and Society in East Asian Tradition" において発表されたものである。

（75）岩間一弘「中国救済婦孺会の活動と論理——民国期上海における民間実業家の社会倫理」『史学雑誌』第一〇九編第一〇号、二〇〇〇年一〇月、六五—九〇頁。

（76）戦時上海の銀行員は、次のようなストーリーの現代劇を余暇に上演することがあった。すなわち、李維紳という富商は、慈善家として名を馳せるために、水害の際、一家で一日絶食して寄付金を捻出すると新聞紙上で宣言した。一方、使用人の親戚が水害を逃れてやってきて、自動車置場に一時住まわせて欲しいと願っても、即座に拒絶した。だが、新聞記者が李家に取材にやって来たとき、使用人が改めて親戚の寄宿を求めると、李維紳はやむなく承諾した。さらにそのとき、子供たちのために注文したアヒルの丸焼きが時機悪く届くと、それも使用人の親戚に食べさせた（「一杯牛奶」『銀銭界』第二巻第一期、一九三八年六月、三一頁）。

（77）村井寛志「民国時期上海の広告とメディア」『史学雑誌』第一一四編第一号、二〇〇五年一月、一—三三頁。

（78）夫馬進『中国善会善堂史研究』京都、同朋舎出版、一九九七年、五九〇—六〇一頁。

（79）小浜正子（葛涛訳）『近代上海的公共性与国家』上海古籍出版社、二〇〇三年、三頁。

（80）許紀霖「近代中国的公共領域：形態、功能与自我理解——以上海為例」『史林』第七一期、二〇〇三年四月、七七—八九頁。許紀霖『近代中国知識分子的公共交往——一八九五—一九四九年』上海人民出版社、二〇〇八年、一—三〇頁。

（81）山田辰雄「序論——現代中国における代行主義の伝統について」、同編『歴史のなかの現代中国』東京、勁草書房、一九九六年、一—九頁。

（82）横山宏章『中華民国——賢人支配の善政主義』東京、中公新書、一九九七年。

（83）Elizabeth J. Perry, "Studying Chinese Politics: Farewell to Revolution," *The China Journal*, No. 57, Jan. 2007, pp. 1-22.

（84）例えば、寺田浩明によると、明清時代の郷民が村の規約を取り決めたり、あるいは郷紳や地方官が倫理的規範・互助義務を定めたりして、郷村の秩序をつくり上げた際には、特定主体の「首唱」とそれに対する人々の「唱和」の相互作用のなかで、「行動基準の共有状態」がもたらされた。その際には、まず少数精鋭の前衛党的な規約をつくり、それを中心として、やがては郷村の気風全体を変えてゆこうとする「感化志向」があったという（寺田浩明「明清法秩序における『約』の性格」、溝口雄三ほか編『アジアから考える　四　社会と国家』東京大学出版会、一九九四年、六九—一三〇頁）。こうした共感的な秩序の形成は、本書の第五・六・八章などで明らかにするように、近代の政治的指導者が、宣伝・教育工作を展開しながら、人びとを政治的に動員していく過程においても見られた。また、岸本美緒によると、明末清初において「民衆世論の激発は、『公』を体現する全民衆が、善を体現する個人を支持崇拝し、あるいは悪を体現する個人を排撃するというスタイルをもって行われ」、そうした

「個人崇拝あるいは個人排撃のかたちをとってなだれをうって展開する流動的な世論の構造」が、明末には民変を起こし、清代には王朝支配を支えたという（岸本美緒〈前掲〉『明清交替と江南社会』、第一章）。岸本の論じる明清交替期の民衆世論の動勢からは、二〇世紀の大衆運動のさなかに、人びとがメディアや集会において、民族の英雄に対する熱狂的な支持や、国家への反逆者に対する痛烈な非難を展開する様相を容易に連想できるだろう。

(85) 村田雄二郎「王朝・国家・社会――近代中国の場合」、溝口雄三ほか編『アジアから考える　四　社会と国家』東京大学出版会、一九九四年、三七―六八頁。

(86) 吉澤誠一郎『天津の近代――清末都市における政治文化と社会統合』名古屋大学出版会、二〇〇二年、第九章。

(87) 吉澤誠一郎「五四運動における暴力と秩序」『歴史評論』第六八一号、二〇〇七年一月、一六―二九頁。

(88) 王笛（小野寺史郎訳）「茶館・茶房・茶客――清末民国期の中国内陸都市における公共空間と公共生活のミクロ的研究」『中国――社会と文化』第一九号、二〇〇四年六月、一一六―一三五頁。Di Wang, *Teahouse: Small Business, Everyday Culture, and Public Politics in Chengdu, 1900-1950*, Stanford: Stanford University Press, 2008, pp. 224-263.

(89) 王笛（前掲）「茶館・茶房・茶客」『中国――社会と文化』。Di Wang, *Teahouse*, pp. 175-178.

(90) 村井寛志（前掲）「両大戦間期の中国におけるメディア論のポリティクス」『思想』。

(91) 下出鉄男「自由の隘路――一九二〇年代中国知識人の自由の観念をめぐって」『東洋文化』第七七号、一九九七年三月、五三―九一頁。

(92) 水羽信男「王贛愚の民主主義思想――『自由』論を中心として」『中国――社会と文化』第二二号、二〇〇七年六月、二〇三―二一六頁。

(93) 高覚敷（前掲）『群衆心理学』、第四章。

(94) 許紀霖「現代中国的自由民族主義思潮」『社会科学』（上海社会科学院）二〇〇五年第一期（総第二九三期）、二〇〇五年一月、九五―一〇三頁。

(95) 水羽信男「リベラリズムとナショナリズム」、飯島渉・久保亨・村田雄二郎編『シリーズ中国二〇世紀史　第三巻　グローバル化と中国』東京大学出版会、二〇〇九年、一〇三―一二二頁。

(96) 水羽信男（前掲）「王贛愚の民主主義思想」『中国――社会と文化』。

(97) 柳亮輔「『自由主義』と『自由』をめぐる言説――一九四五―四九年を中心に」『近きに在りて』第五四号、二〇〇八年一一月、五八―七二頁。

(98) 溝口雄三『中国の公と私』東京、研文出版、一九九五年、七一―八六頁。溝口雄三『公私』東京、三省堂、一九九六年、七九―八〇頁。

(99) 服部民夫ほか編『アジア中間層の生成と特質』東京、アジア経済研究所、二〇〇二年、を参照されたい。

(100) ちなみに、民国期の「市民」という用語は、都市住民（urban dweller）のことを指した。「小市民」（petty urbanite）という呼称は、都市の中・下層を中心とする一般的な人びとというほどの意味であった。そして、彼らが社会的ないしは法的な要件を満たす場合に限って、「公民」（citizen）といわれることが多かった。

(101) 方平『晩清上海的公共領域（一八九五―一九一一）』上海人民出版社、二〇〇七年、二八三―三一一頁。

(102) 大澤肇「南京国民政府の教育政策と『国民』形成――『公民』概念・公民教育の変容を手がかりとして」、慶應義塾大学大学院法学研究科政治学専攻修士論文、二〇〇二年三月。

(103) David Strand, "A High Place Is No Better than a Low Place: The City in the Making of Modern China," in Wen-hsin Yeh (ed.), *Becoming Chinese: Passage to Modernity and Beyond*, Berkeley: University of California Press, 2000, pp. 98-136.

(104) 岩間一弘（前掲）「中国救済婦孺会の活動と論理」『史学雑誌』。Bryna Goodman, "Democratic Calisthenics: The Culture of Urban Associations in the New Republic," in Merle Goodman, Elizabeth J. Perry (eds.), *Changing Meanings of Citizenship in Modern China*, Cambridge [Massachusetts]: Harvard University Press, 2002, pp. 70-109. など。

(105) Bryna Goodman, *Native Place, City, and Nation*, pp. 260-277.

(106) Stephen Anthony Smith, *Like Cattle and Horses*, pp. 92-132.

(107) Ibid., pp. 110, 233, 266.

(108) 孫江『近代中国の革命と秘密結社――中国革命の社会史的研究（一八九五―一九五五）』東京、汲古書院、二〇〇七年、一九五―二三三頁。

(109) Brian G. Martin, *The Shanghai Green Gang*, pp. 82-85.

(110) Brian G. Martin, *The Shanghai Green Gang*, pp. 85-86. 孫江（前掲）『近代中国の革命と秘密結社』、一九五―二三三頁。

(111) Brian G. Martin, *The Shanghai Green Gang*, pp. 86-90.

(112) Ibid.

(113) Elizabeth J. Perry, *Shanghai on Strike: The Politics of Chinese Labor*, Stanford: Stanford University Press, 1993, pp. 88-89.

(114) Brian G. Martin, *The Shanghai Green Gang*, pp. 104-112, 141-144. 孫江（前掲）『近代中国の革命と秘密結社』、二一四―二二五頁。

(115) 高橋伸夫「李立三路線と地方党組織――湖北省を例に」、小島朋之・家近亮子編『歴史の中の中国政治――近代と現代』東京、勁草書房、一九九九年、一三一―一六〇頁。江田憲治「中国共産党史における都市と農村」、森時彦編『中国近代の都市と農村』京都大学人文科学研究所、二〇〇一年、三〇九―三三四頁など参照。

（116）Patricia Stranahan, *Underground: The Shanghai Communist Party and the Politics of Survival, 1927-1937*, Lanham, Rowman & Littlefield Publishers, Inc., 1998, pp. 17-59, 90-94, 169-179.

（117）Elizabeth J. Perry, *Shanghai on Strike*, pp. 103-106.

（118）田中仁『一九三〇年代中国政治史研究——中国共産党の危機と再生』東京、勁草書房、二〇〇二年、一〇一—一〇四頁。

（119）小浜正子（前掲）『近代上海の公共性と国家』、二四一—三一五頁。

（120）Elizabeth J. Perry, *Shanghai on Strike*, pp. 92-95.

（121）小浜正子（前掲）『近代上海の公共性と国家』、二七九—二九四頁。古厩忠夫『日中戦争と上海、そして私——古厩忠夫中国近現代史論集』東京、研文出版、二〇〇四年、一四五頁。

（122）古厩忠夫（前掲）『日中戦争と上海、そして私』、一五五—一六一頁。

（123）同前。

（124）Brian G. Martin, *The Shanghai Green Gang*, pp. 141-144.

（125）Ibid., pp. 149-157.

（126）Ibid., pp. 182-189.

（127）Ibid., pp. 163-168.

（128）Ibid., pp. 168-172.

（129）Elizabeth J. Perry, *Shanghai on Strike*, p. 100.

（130）実業部統計長辦公処『職業分類綱目』同処発行、一九三五年三月、一四—一六頁。

（131）岩間一弘（前掲）『上海近代のホワイトカラー』、第一章。

（132）中共上海市委党史史料徴集委員会ほか編『上海店員和職員運動史（一九一九—一九四九）』上海社会科学院出版社、一九九九年、二五九—二六七頁。

（133）Elizabeth J. Perry, *Shanghai on Strike*, pp. 85, 95, 113, 117.

（134）清末民国期の政治シンボルに関する研究状況は、小野寺史郎『国旗・国歌・国慶——ナショナリズムとシンボルの中国近代史』東京大学出版会、二〇一一年、七—一一頁を参照されたい。

（135）新生活運動は、民衆全般を動員対象としていたが、職業ごとに運動への参加を促す宣伝もおこなわれた。正中書局から出版された『新生活叢書』のうち約半分は、公務員・軍人・教員・農民・労働者・店員・銀行員など特定の職業集団を対象に書かれていた。深町英夫「近代中国の職業観——新生活運動の中の店員と農民」『中央大学経済研究所年報』第三四号、二〇〇四年三月、三五一—三六五頁。

(136) Marie-Claire Bergère, *Histoire de Shanghai*, pp. 219-224.
(137) 李済安「野火焼不尽、春風吹又生――回憶上海職業界救国会書業界分会」、中国人民救国会紀念文集編輯編『愛国主義的豊碑――中国人民救国会紀念文集』北京、群言出版社、二〇〇二年、一六七―一七一頁。
(138) 田中仁（前掲）『一九三〇年代中国政治史研究』、一一一―一一四頁。
(139) 鄭慶声「論一九三六年上海工人運動的転変」『史林』（上海社会科学院）総第二八期、一九九二年一一月、五一―五九頁。
(140) 同前。
(141) Wen-hsin Yeh, *Shanghai Splendor*, pp. 133, 148.
(142) 田中仁（前掲）『一九三〇年代中国政治史研究』、一〇二―一一〇頁。
(143) Patricia Stranahan, *Underground*, pp. 202-206.
(144) 田中仁（前掲）『一九三〇年代中国政治史研究』、一〇八―一一〇頁。
(145) 同前、一一四―一一七頁。鄭慶声（前掲）「論一九三六年上海工人運動的転変」『史林』。
(146) 古厩忠夫（前掲）『日中戦争と上海、そして私』、一四七―一五四頁。
(147) 馬福龍「一九三六、沸騰的上海――紀念救国会運動六〇周年」『上海党史与党建』総一三九期、一九九六年第六期、一九九六年一二月、二七―三一頁。この史実を裏付ける史料は示されていないので、さらなる検証を要する。
(148) 鄭慶声（前掲）「論一九三六年上海工人運動的転変」『史林』。
(149) 古厩忠夫（前掲）『日中戦争と上海、そして私』、一四七―一五四頁。蕭小紅「抗戦前後中共路線的転変与上海城市的社会団体」『史林』（上海社会科学院）総第八三期、二〇〇五年二月、九七―一〇八頁。
(150) 中共上海市委党史資料征集委員会編『「一二・九」以後上海救国会史料選輯』上海社会科学院出版社、一九八七年、九十―一〇四、四一〇―四一九頁。
(151) 『上海工運志』編纂委員会編『上海工運志』上海社会科学院出版社、一九九七年、二四九―二五六頁。Alain Roux, "From Revenge to Treason: Political Ambivalence among Wang Jingwei's Labor Union Supporters," in Christian Henriot and Wen-hsin Yeh (eds.), *In the Shadow of the Rising Sun: Shanghai under Japanese Occupation* Cambridge [England] : Cambridge University Press, 2004, pp. 209-228.
(152) 同前。
(153) 顧准「一九三四―一九四〇年的上海地下工作」（一九六九年一〇月二六日）、陳敏之・丁東編『顧准自述』北京、中国青年出版社、二〇〇二年、三九七―四六〇頁。
(154) Brian G. Martin, "Resistance and Cooperation: Du Yuesheng and the Politics of the Shanghai United Committee, 1940-1945,"

in Christian Henriot and Wen-hsin Yeh (eds.), *In the Shadow of the Rising Sun: Shanghai under Japanese Occupation*, Cambridge [England]: Cambridge University Press, 2004, pp. 187–208.

(155) Ibid.

(156) 『上海工運志』編纂委員会編（前掲）『上海工運志』、二四九―二五六頁。Alain Roux, "From Revenge to Treason," in Christian Henriot and Wen-hsin Yeh (eds.), *In the Shadow of the Rising Sun*.

(157) Patricia Stranahan, *Underground*, pp. 209–214.

(158) 古厩忠夫（前掲）『日中戦争と上海、そして私』、一七〇頁。

(159) 中共上海市委組織部ほか編『中国共産党上海市組織史資料』上海人民出版社、一九九一年、二〇四―二〇八頁。

(160) 中共上海市委組織部ほか編（前掲）『中国共産党上海市組織史資料』、二二一―二二八頁。

(161) 文清「職業界的統一戦線」『救亡週刊』第一期、一九三七年一〇月一〇日、二頁。

(162) 許徳良「抗戦前期的上海職業界救亡協会」『党史資料叢刊』総第一一輯、一九八二年第二期、五九―七一頁。

(163) 蕭小紅（前掲）「抗戦前後中共路線的転変与上海城市的社会団体」『史林』。

(164) 許徳良（前掲）「抗戦前期的上海職業界救亡協会」『党史資料叢刊』。

(165) Elizabeth J. Perry, *Shanghai on Strike*, p. 119.

(166) 同前。

(167) 顧准（前掲）「一九三四―一九四〇年的上海地下工作」、陳敏之・丁東編『顧准自述』。

(168) 同前。鄭慶声（前掲）「論一九三六年上海工人運動的転変」『史林』。

(169) 中共上海市委党史史料徴集委員会主編『華聯同楽会与上海外商企業職工運動簡史（一九三八―一九四九）』同委員会発行、一九九一年、三六―三七頁。

(170) Frederic Wakeman, Jr., *The Shanghai Badlands: Wartime Terrorism and Urban Crime, 1937–1941*, Cambridge [England]: Cambridge University Press, 1996, pp. 80–92. 顧准（前掲）「一九三四―一九四〇年的上海地下工作」、陳敏之・丁東編『顧准自述』。

(171) Marie-Claire Bergère, *Histoire de Shanghai*, p. 310; Brian G. Martin, "Resistance and Cooperation," in Christian Henriot and Wen-hsin Yeh (eds.), *In the Shadow of the Rising Sun*.

(172) 前掲『華聯同楽会与上海外商企業職工運動簡史』、三三、三九頁。

(173) 許徳良（前掲）「抗戦前期的上海職業界救亡協会」『党史資料叢刊』。

(174) 顧准（前掲）「一九三四―一九四〇年的上海地下工作」、陳敏之・丁東編『顧准自述』。

(175) Elizabeth J. Perry, *Shanghai on Strike*, p. 117.

(176) 中共上海市委組織部ほか編（前掲）『中国共産党上海市組織史資料』、二八七頁。

(177) 「盼国軍如望歳　湯将軍天外飛来」『文匯報』一九四五年九月八日第一版。

(178) 「五百万市民歓迎中　銭大鈞市長昨抵滬」『文匯報』一九四五年九月一〇日第一版。

(179) Elizabeth J. Perry, *Shanghai on Strike*, pp. 120–123.

(180) 例えば、かつて杜月笙の門弟であった上海市政府社会局長の呉紹澍が、CC系の掌握する三民主義青年団を権力基盤として、杜に反旗をひるがえした。すると、陸京士は、不満のある労働者を煽動して市社会局と市党部にデモをしかけて、一九四五年末までに呉紹澍を失脚させた。後任の社会局長には、CC系であるが杜月笙の門弟で陸京士とも親密な呉開先が就任する。それ以降、呉紹澍の指揮する市三民主義青年団と、呉開先の市社会局および陸京士とが、上海の労働運動の主導権をめぐって熾烈な争いを展開した。結局、治安の悪化を危惧した呉国楨市長が、一九四六年七月、中央の指示に従って調停をおこない、三民主義青年団は労働運動に関与せず、学生運動に専念することになって決着を見た（Ibid.）。

(181) 李培徳（泉谷陽子訳）「統一戦線と反統一戦線――一九四〇年代末から五〇年代初めの香港における上海銀行家」、日本上海史研究会編『建国前後の上海』東京、研文出版、二〇〇九年、二五五―二八五頁。

(182) Elizabeth J. Perry, *Shanghai on Strike*, pp. 119, 124.

(183) 李培徳（前掲）「統一戦線と反統一戦線」、日本上海史研究会編（前掲）『建国前後の上海』。

(184) 馬軍『一九四八年　上海舞潮案――対一起民国女性集体暴力抗議事件的研究』上海古籍出版社、二〇〇五年を参照されたい。

(185) Elizabeth J. Perry, *Shanghai on Strike*, pp. 124–125.

(186) Marie-Claire Bergère, *Histoire de Shanghai*, pp. 346–348.

(187) Elizabeth J. Perry, *Shanghai on Strike*, pp. 125–126.

(188) Ibid., pp. 126–128.

(189) Brian G. Martin, *The Shanghai Green Gang*, pp. 36–37, 86, 151, 182–183.

(190) 『上海工運志』編纂委員会編（前掲）『上海工運志』、二五三―二五四頁。

(191) Elizabeth J. Perry, *Shanghai on Strike*, p. 126.

(192) 顧准（立達）「上海職員与職員運動（一）―（四）」『職業生活』第一巻第一―四期、一九三九年四月一五日―五月六日。

(193) Elizabeth J. Perry, "Masters of the Country? Shanghai Workers in the Early People's Republic," in Jeremy Brown and Paul Pickowicz (eds.), *Dilemmas of Victory. the Early Years of the People's Republic of China*, Cambridge [Massachusetts]: Harvard University Press, 2007, pp. 59–79.

(194) 中共上海市委党史史料徴集委員会主編『上海市保険業職工運動史料（一九三八―一九四九）』同委員会発行、一九八七年一二月、五四―六七頁。
(195) 中共上海市委組織部ほか編（前掲）『中国共産党上海市組織史資料』、三五〇、三六一頁。
(196) 周炳堃「解放後上海工人是怎様組織起来的（上）」『労働報』一九五〇年一月二四日第三版。
(197) 「三十万店職員　七十多種行業　従分散到統一組織　在店職員工作委員会領導下団結起来」『労働報』一九四九年一一月二六日第二版。
(198) 「本市職工人数」（一九四九年一一月中旬）、上海市人民政府秘書処編『一九四九年　上海市総合統計』同処発行、一九五〇年、「群衆組織類」三〇頁。
(199) 「工程師・管理員　可以参加工会嗎」『労働報』一九四九年九月二四日第四版。
(200) 「上海市工人代表大会勝利閉幕　上海総工会正式成立」『労働報』一九五〇年二月二八日第一版。
(201) 岩間一弘（前掲）『上海近代のホワイトカラー』、七五―七六頁。
(202) 人民共和国初期に完成される「単位」制度とその研究史について詳しくは、金野純『中国社会と大衆動員――毛沢東時代の政治権力と民衆』東京、御茶の水書房、二〇〇八年、四二―五一頁に譲りたい。
(203) 石島紀之「保甲制度から居民委員会へ――上海基層社会の転換」、日本上海史研究会編『建国前後の上海』東京、研文出版、二〇〇九年、八七―一一三頁。
(204) Marie-Claire Bergère, *Histoire de Shanghai*, pp.181-187.
(205) 水羽信男「共和国成立前後の民主建国会、一九四五―一九五三年」、久保亨編『一九四九年前後の中国』東京、汲古書院、二〇〇六年、七五―一〇一頁。
(206) 川原勝彦「中共政権の成立と中国同郷団体の改造・解体――上海の公所・会館の事例を中心に」『アジア経済』第四六巻第三号、二〇〇五年三月、二―二二頁。
(207) Elizabeth J. Perry, "Masters of the Country?" in Jeremy Brown and Paul Pickowicz (eds.), *Dilemmas of Victory*.
(208) 人民共和国初期上海の労働争議とその調停に関しては、『上海労働志』編纂委員会編（前掲）『上海労働志』上海社会科学院出版社、一九九八年、四七九―四八六頁。
(209) Elizabeth J. Perry, "Masters of the Country?" in Jeremy Brown and Paul Pickowicz (eds.), *Dilemmas of Victory*.
(210) 金野純（前掲）『中国社会と大衆動員』、七八―八三頁。
(211) 浅野亮「中国共産党の『剿匪』と『反革命の鎮圧』活動（一九四九―一九五一）」『アジア研究』第三九巻第四号、一九九三年八月、一―二七頁。

(212) 小嶋華津子「中国共産党と労働組合――建国初期の『工会』をめぐる論争」『アジア研究』第四二巻第三号、一九九六年三月、八三―一一四頁。泉谷陽子『中国建国初期の政治と経済――大衆運動と社会主義体制』東京、御茶の水書房、二〇〇七年、一〇五―一四二頁。石井知章『中国社会主義国家と労働組合――中国型協商体制の形成過程』東京、御茶の水書房、二〇〇七年、四七―六三頁。

(213) 泉谷陽子（前掲）『中国建国初期の政治と経済』、一五―四〇頁。

(214) 同前、八八―九三頁。

(215) 劉思慕「堅決打退上海資産階級最悪毒最猖狂的進攻！」『新聞日報』一九五二年三月二一日第一版。金仲華「『三反』闘争反出了上海資産階級猖狂進攻的『底』」『新聞日報』一九五二年三月二二日第一版。

(216) 『上海労働志』編纂委員会編（前掲）『上海労働志』、四七九―四八六頁。

(217) 当時の上海における商工業税制の改革と顧准の立場については、林美莉「従自報実繳到民主評議――上海工商業税的税収転折、一九四九―一九五〇」、巫仁恕・康豹（Paul Katz）・林美莉編『従城市看中国的現代性』台北、中央研究院近代史研究所、二〇一〇年、一三三―一六五頁に詳しい。

(218) 顧准の経歴や思想については、羅銀勝「顧准的生平及其学術思想」、同編『顧准――民主与「終極目的」』北京、中国青年出版社、一九九九年。陳敏之・顧南九編（前掲）『顧准自述』。

(219) 陳敏之・顧南九編『顧准日記』北京、中国青年出版社、二〇〇二年、二〇頁。

(220) 尹騏「『潘漢年』始末」、中共上海市委党史研究室編『潘漢年在上海』上海人民出版社、一九九五年、三六九―三八六頁。

(221) Christopher Howe, *Wage Patterns and Wage Policy in Modern China, 1919-1972*, Cambridge [England]: Cambridge University Press, 1973, pp. 38-42, 55-58, 152-154.

(222) 上海市工商行政管理局「加工訂貨在上海資本主義工商業社会主義改造中的地位与作業」、中共上海市委統戦部ほか編『中国資本主義工商業的社会主義改造』上海巻（下）、北京、中共党史出版社、一九九三年、八三九―八五七頁。

(223) 熊月之主編（陳祖恩・葉斌・李天綱著）『上海通史　第一一巻　当代政治』上海人民出版社、一九九九年、一二二頁。

(224) 岩間一弘『演技と宣伝のなかで――上海の大衆運動と消えゆく都市中間層』東京、風響社、二〇〇八年、三〇、五〇頁。

(225) Joel Andreas, *Rise of the Red Engineers: The Cultural Revolution and the Origins of China's New Class*, Stanford: Stanford University Press, 2009.

(226) 金野純（前掲）『中国社会と大衆動員』、二三八頁。

(227) 上海市工商行政管理局（前掲）「加工訂貨在上海資本主義工商業社会主義改造中的地位与作業」、中共上海市委統戦部ほか編『中国資本主義工商業的社会主義改造』。

(228) 都市の戸籍管理は、一九五一年七月に公安部が「都市戸籍管理暫行条例」を公布して始まり、五六年からは農村部の戸籍管理も公安部の各級機関が統一的に管理した。内田知行「戸籍管理・配給制度からみた中国社会――建国―一九八〇年代初頭」、毛里和子編『毛沢東時代の中国』東京、日本国際問題研究所、一九九〇年、二五八―二九〇頁。

(229) 同前。

(230) 石島紀之（前掲「保甲制度から居民委員会へ」、日本上海史研究会編『建国前後の上海』）によると、国民政府が編成した保甲は、実際に近隣住民の集まる「里弄」を意識していない表面的・形式的な組織であった。それに対して、共産党政権の編成した居民委員会は、里弄に深く入りこんで積極分子を掘りおこしリーダーとして育てながら組織したものであったという。

(231) Christopher Howe, *Employment and Economic Growth in Urban China*, Cambridge [England]: Cambridge University Press, 1971, p. 27.

(232) 「酒楼座無虚席　貴重商品暢銷　晩会講究排場　上海社会生活中最近出現奢侈浪費傾向」『解放日報』一九五六年九月八日第一版。「上海入秋以来市場空前活躍　一部分商品供求緊張状態正在改善中」『解放日報』一九五六年一〇月二二日第一版など。

(233) Elizabeth J. Perry, "Shanghai's Strike Wave of 1957," in Timothy Cheek and Tony Saich (et al.), *New Perspective on State Socialism in China*, Armonk, New York: M. E. Sharpe, 1997, pp. 234-261.

(234) 金野純（前掲）『中国社会と大衆動員』、二三九頁。

(235) 小嶋華津子「中国共産党と労働組合――一九五七年から五八年にかけての『工会』論争」『法学政治学論究』第三四号、一九九七年九月、一一三―一四三頁。石井知章（前掲）『中国社会主義国家と労働組合』、六三―八四頁。

(236) 山本恒人『現代中国の労働経済　一九四九―二〇〇〇――「合理的低賃金制」から現代労働市場へ』所沢、創土社、二〇〇〇年、六二―六四頁。

(237) 古厩忠夫「二〇世紀中国における人民・国民・公民」、西村成雄編『現代中国の構造変動　3　ナショナリズム――歴史からの接近』東京大学出版会、二〇〇〇年、二二七―二五二頁。

(238) 吉澤誠一郎（前掲）『天津の近代』、二八一―三二四、三八五―三八六頁。

(239) 小野寺史郎（前掲）『国旗・国歌・国慶』、三一三―三一五、三一八頁など。

(240) 村井寛志（前掲）「民国時期上海の広告とメディア」『史学雑誌』。

(241) 牧陽一ほか『中国のプロパガンダ芸術』東京、岩波書店、二〇〇〇年、一五―二一頁。

(242) 同前書、四一七頁。

(243) 森平崇文「上海における淮劇――一九五〇年代の労働者アマチュア演劇との関係を中心に」『演劇博物館グローバルＣＯＥ紀要　演劇映像学二〇〇七』第一集、二〇〇八年三月、一九七―二一四頁。

(244) 鈴木将久『上海モダニズム』東京、中国文庫、二〇一二年、一〇―一六頁。

(245) Frederick Wakeman, Jr., "Hanjian (Traitor)! Collaboration and Retribution in Wartime Shanghai," in Wen-hsin Yeh (ed.), *Becoming Chinese: Passage to Modernity and Beyond*, Berkeley: University of California Press, 2000, pp. 298-341.

(246) Frank Dikötter, *Exotic Commodities*, pp. 3-14.

(247) 森平崇文「ラジオ時代の『滑稽』――筱快楽と『社会怪現象』」『中国――社会と文化』第二二号、二〇〇七年六月、一八三―二〇二頁。

(248) T・K・W「上海通信」『旅』一九四一年九月号、一八―一九頁、同「新しい上海の表情」『旅』一九四二年三月号、五二―五三頁。

(249) 菊池敏夫（前掲）『民国期上海の百貨店と都市文化』、二五一―二五五頁。

(250) 同前、二六一―二六五頁。

(251) 張寧「従跑馬庁到人民広場――上海跑馬庁収回運動、一九四六―一九五一」『中央研究院近代史研究所集刊』第四八期、二〇〇五年六月、九七―一三六頁。熊月之（渡辺千尋訳）「競馬場から人民公園・人民広場へ――歴史の変遷と象徴的意義」、日本上海史研究会編（前掲）『建国前後の上海』、三一―五三頁。

(252) 「把消費城市変成生産城市」『人民日報』一九四九年三月一七日第一版。「如何変消費城市為生産城市？」『人民日報』一九四九年四月三日第四版。

(253) 森平崇文「『大世界』から『上海人民遊楽場』へ――遊楽場の社会主義改造」『現代中国』第八一号、二〇〇七年九月、九五―一〇五頁。

(254) 森平崇文（前掲）「上海における淮劇」『演劇博物館グローバルCOE紀要　演劇映像学二〇〇七』。

(255) 金野純（前掲）『中国社会と大衆動員』、八八―九二頁。

(256) 懋孫「『五反』為工商界帯来了困難嗎？」『上海工商』第三巻第五期、一九五二年二月二五日、九―一〇頁。

(257) Robert Loh and Humphrey Evans, *Escape from Red China*, New York, Coward-McCann, Inc., 1962 pp. 97-98／ロバート・羅、ハンフリー・エヴァンス著（大谷正義訳）『中共からの脱出――政治学者ロバート・羅の中共脱出記』自由アジア社、一九六三年、一〇一―一〇二頁。

(258) 金野純（前掲）『中国社会と大衆動員』、一六五―一九二頁。

(259) 清末民国期の雑誌・新聞記事については、複数のデータベースが利用可能になり、研究環境が格段によくなりつつある。本書の研究でも、「大成老旧刊全文数据庫」および「全国報刊索引」（上海図情信息有限公司）を用いて資料を補足した。ほかにも、「晩清期刊全文数据庫　一八三三―一九一〇」（同前）、「民国時期期刊全文数据庫　一九一一―一九四九」（同前）、「申報数据庫」（北京愛如生数字化技術研究中心）、「中国近代報刊庫」（同前）などが有用であろう。

第一章　見せる群衆の誕生

（1）汪仲韋「我与『新聞報』的関係」『新聞研究資料』総第一二輯、一九八二年六月、一二七―一五七頁。

（2）Lin, Yutang, *A History of the Press and Public Opinion in China*, Shanghai: Kelly and Walsh, 1936, p. 131／林語堂（安藤次郎・河合徹訳）『支那に於ける言論の発達』東京、生活社、一九四一年、一七一頁。

（3）汪仲韋（徐耻痕整理）「又競争又聯合的『新』、『申』両報」『新聞研究資料』総第一五輯、一九八二年八月、七七―九〇頁。陶菊隠「我所了解的新聞報」『新聞研究資料』総第六輯、一九八一年七月、九七―一一二頁、陶菊隠『記者生活三十年』北京、中華書局、一九八四年、二一七頁。陶菊隠（一八九八―一九八九年）は、一九一二年から『女権日報』などで新聞記者を務め、一九二〇年から一九四一年までは『新聞報』のために働いた。

（4）王儒年『欲望的想像――一九二〇―一九三〇年代『申報』広告的文化史研究』上海人民出版社、二〇〇七年、九〇―九七頁。

（5）村井寛志「民国時期上海の広告とメディア」『史学雑誌』第一一四編第一号、二〇〇五年一月、一―三三頁。なお、概説書や図版集を含めた民国期の広告に関する著作リストは、同論文の注七を参照されたい。

（6）Ellen Johnston Laing, *Selling Happiness: Calendar Posters and Visual Culture in Early-Twentieth-Century Shanghai*, Honolulu: University of Hawaii Press, 2004.

（7）Francesca Dal Lago, "Crossed Legs in 1930s Shanghai: How 'Modern' the Modern Woman?" *East Asian History*, No. 19, June. 2000, pp. 103-144. ほかに呉咏梅も、ポスター式カレンダー（および雑誌広告）の主婦生活像を考察している（呉咏梅「モダニティを売る――一九二〇―三〇年代上海における『月份牌』と雑誌広告に見る主婦の表象」『国際シンポジウム』三六、二〇〇九年、四三―六三頁）。

（8）王儒年（前掲）『欲望的想像』。

（9）龐菊愛『跨文化広告与市民文化的変遷――一九一〇―一九三〇年『申報』跨文化広告研究』上海交通大学出版社、二〇一一年、一一〇―一二二頁。

（10）桐原貴夫「中華民国期における煙草の新聞広告と販売活動」『近きにありて』第三一号、一九九七年五月、三―二〇頁。林昇棟『中国近現代経典広告創意評析――『申報』七十七年』南京、東南大学出版社、二〇〇五年、一一八―一二二頁、「『申報』香烟広告研究」。また、ブリティッシュ・アメリカン・タバコ社が中国の人びとに受け入れられやすい広告方法を開発していった経緯は、Sherman Cochran, "Transnational Origins of Advertising in Early Twentieth-Century China," in Sherman Cochran (ed.), *Inventing Nanjing Road: Commercial Culture in Shanghai, 1900-1945*, New York: East Asia Program, Cornell University, 1999, pp. 37-58.

（11） Ellen Johnston Laing, *Selling Happiness*, p. 148.

（12） Weipin Tsai, *Reading Shenbao: Nationalism, Consumerism and Individualism in China, 1919-37*, New York: Palgrave Macmillan, 2010, pp. 18-44. ほかにも蔡は、銀行の個人預金の広告から理性的に貯蓄する個人の人格を読み取ったり、新聞広告の主婦像から彼女たちの新たな社会的役割に対してかけられた期待を明らかにしたり、国産品の広告が外国製品を使うことに恥や罪の感情を芽生えさせようとしていたことを考察したりした。また、『申報』の読者は、エリートや中間層（elites and middle classes）をこえて広がり、その広告はあまり字を読めない人びとや完全な非識字者にまで訴求するものだったと結論づけている。

（13） 楊朕宇『『新聞報』広告与近代上海休閑生活』上海、復旦大学出版社、二〇一一年、二一四―二一九頁。

（14） タニ・E・バーロウ「買うということ――一九二〇年代及び三〇年代上海における広告とセクシー・モダンガールのイコン」、伊藤るり、坂元ひろ子、タニ・E・バーロウ編『モダンガールと植民地的近代――東アジアにおける帝国・資本・ジェンダー』東京、岩波書店、二〇一〇年、六〇―八七頁。

（15） 『申報』の新聞広告に登場する各種有名人の比率については、林昇棟（前掲）『中国近現代経典広告創意評析』、一二三―一二六頁、「『申報』名人広告研究」。

（16） 黄克武「従申報医薬広告看民初上海的医療文化与社会生活、一九一二―一九二六年」『中央研究院近代史研究所集刊』第一七期、一九八八年一二月、一四一―一九四頁。

（17） 呉咏梅「衛生・美のモダニティを売りましょう――近代中国における日本の医薬・化粧品新聞広告」、School of Modern Languages and Cultures Workshop, "Inventing Commercial Culture in East Asia: A Historical Study on Advertising," in University of Hong Kong, December 11-12, 2010. における口頭発表（論集近刊予定）。

（18） 呉咏梅「アジア・モダニティー――一九二〇―三〇年代の中国と日本のポスターに見る『新女性』のイメージ」、谷川建司・王向華・呉咏梅編『サブカルで読むセクシュアリティ――欲望を加速させる装置と流通』東京、青弓社、二〇一〇年、六一―九五頁。

（19） 上海近代の消費市場の概況については、程恩富主編『上海消費市場発展史略』上海財経大学出版社、一九九六年。朱婷「近代上海城市消費功能与総合競争力」、張忠民主編『近代上海城市発展与城市総合競争力』上海社会科学院出版社、二〇〇五年、二四二―二八〇頁などを参照されたい。

（20） ここでは、河世鳳「解読『申報』広告――一九〇五―一九一九年」『史林』（上海）総第六七期、二〇〇二年六月増刊、八九―九二頁（『中国史研究』（大邱）一九号、二〇〇二年に掲載された韓国語論文の中国語要旨）を参照した。

(21) ほかにも、おもに「改革」「開放」期の広告事情を論じた林恵玉『中国の広告とインターネットの実態』東京、中央大学出版部、二〇一〇年も、第一章で『申報』の広告の社会的影響を論じている。最近では、『新聞報』『大公報』といった大新聞の広告に関する研究書も出版された。例えば、P・ブルデュー（Pierre Bourdieu）の有名な「ハビトゥス」（"habitus"「品位」）の分析概念を援用した楊朕宇（前掲）『『新聞報』広告与近代上海休閑生活』や、『大公報』と『申報』の広告の比較、日常的な消費生活の変化などに関して丹念な数量分析を試みた孫会『『大公報』広告与近代社会（一九〇二—一九三六）』北京、中国伝媒大学出版社、二〇一一年がある。

(22) Sherman Cochran, *Chinese Medicine Men: Consumer Culture in China and Southeast Asia*, Cambridge [Massachusetts]: Harvard University Press, 2006.

(23) Ibid., pp. 114-115, 161, 167.

(24) Frank Dikötter, *Exotic Commodities: Modern Objects and Everyday Life in China*, New York: Columbia University Press, 2006, pp. 3-14. さらにディケターは、「近代性の経験」を捉えようとする近年の文化研究がしばしば、広告の想定と消費者の体験のギャップを考慮していないと批判している。しかし、ディケターの著書にも、広告（宣伝）と実体験のギャップの具体例はあまり示されておらず、難しい研究課題であるとわかる。

(25) 蘇上達『広告学綱要』上海、商務印書館、一九三〇年、三六三、三八一—三八二頁。

(26) 卓南生『中国近代新聞成立史』東京、ぺりかん社、一九九〇年、五一頁。当該書は、近代中国における初期の中国語月刊紙について詳しい。

(27) 蔡武「談談『察世俗毎月統記伝』——現代中文期刊第一種」『国立中央図書館館刊』第一巻第四期、一九六八年四月、二七—四〇頁。

(28) 愛漢者・黄時鑑『東西洋考毎月統記伝』北京、中華書局、一九九七年（ハーバード大学燕京図書館所蔵の原本の影印本）。

(29) 李谷城『香港報業百年滄桑』香港、明報出版社、二〇〇〇年、五六—六〇頁。

(30) 『万国公報』台北、華文書局、一九六八年（影印本）。ほかにも、劉家林『新編中外広告通史』広州、暨南大学出版社、二〇〇〇年、一一二頁。薛理勇主編『上海掌故』上海辞書出版社、一九九九年。熊月之主編『上海大観——名人名事名物』上海人民出版社、二〇〇五年。上海市地方志辦公室のホームページ（http://www.shtong.go.cn/ 最終閲覧日は二〇一一年三月一〇日）などを照合した。

(31) 劉家林（前掲）『新編中外広告通史』、一一一—一一二頁など。

(32) 『上海新報』台北、文海出版社、一九九〇年（影印本）。

(33) 『申報』の栄枯盛衰については、宋軍『申報的興衰』上海社会科学院出版社、一九九六年。

(34) 新聞報館編『新聞報三十周年紀念増刊冊　一八九三―一九二三』上海、同館、一九二三年、「歴史　新聞報三十年之事実」、一―三頁など。
(35) 林昇棟（前掲）『中国近現代経典広告創意評析』、一頁。
(36) Lin Yutang. *A History of the Press and Public Opinion in China*, p. 146／林語堂（安藤次郎・河合徹訳）（前掲）『支那に於ける言論の発達』、一九四―一九五頁。
(37) 陶菊隠（前掲）『記者生活三十年』、八二頁。顧執中『報人生涯――一个新聞工作者的自述』南京、江蘇古籍出版社、一九九一年、八二頁。筆者の顧執中（一八九八年―？）は、一九二七―四〇年に新聞報館で勤務した新聞記者。
(38) 徐鋳成『報海旧聞』上海人民出版社、一九八一年、三六―四〇頁／李克世訳『中国報道界のうらばなし』東京、第一書房、一九八四年、七七―八四頁。徐鋳成（一九〇七―九一年）は、『大公報』や『文匯報』などのために働いた新聞記者。
(39) 陶菊隠（前掲）『記者生活三十年』、八二頁。顧執中（前掲）『報人生涯』、八二頁。
(40) 申報年鑑社『申報年鑑』（民国二十一年）上海、申報館特殊発行部、一九三三年、R二一―三。さらにそれ以下は、『午報』（天津）が二万五〇〇〇部、『民国日報』（上海）と『公評報』（広州）が二万部、『国華報』（広州）が一万八〇〇〇部、『中央日報』（南京）・『広州民国日報』・『庸報』（天津）が一万五〇〇〇部、『大中華報』（広州）が一万二〇〇〇部、『広州七十二行商報』が一万部と続いていた。
(41) *Newspaper Directory of China*, Carl Crow Inc. Shanghai, 1935. Lin Yutang. *A History of the Press and Public Opinion in China*, p. 148／林語堂（安藤次郎・河合徹訳）（前掲）『支那に於ける言論の発達』、一九七―一九九頁より重引。
(42) Lin Yutang. *A History of the Press and Public Opinion in China*, pp. 131, 148-149／林語堂（安藤次郎・河合徹訳）（前掲）『支那に於ける言論の発達』、一七一、一九九頁。
(43) 蔣国珍『中国新聞発達史』上海、世界書局、一九二七年、六〇頁。
(44) 蔣国珍の示す一九二〇年の日本の人口は、現在一般に知られている統計データと誤差がある。
(45) 黄天鵬『中国新聞事業』上海聯合書店、一九三〇年、一六三頁。
(46) *Newspaper Directory of China*. Lin Yutang. *A History of the Press and Public Opinion in China*, p. 148／林語堂（安藤次郎・河合徹訳）（前掲）『支那に於ける言論の発達』、一九七―一九九頁より重引。
(47) 蔣国珍（前掲）『中国新聞発達史』、六一頁。
(48) 黄天鵬（前掲）『中国新聞事業』、一六三頁。
(49) 黄天鵬（前掲）『中国新聞事業』、一六二頁。
(50) 朱邦興・胡林閣・徐声編（劉長勝・劉寧一・馬純古の仮名）『上海産業与上海職工』香港遠東出版社、一九三九年、九―一〇二頁。
(51) 汪仲韋（前掲）「又競争又聯合的『新』、『申』両報」『新聞研究資料』。
(52) 戈公振『中国報学史』上海、商務印書館、一九二八年、二二三―二三〇頁のデータにもとづいて、誤りを修正しながら筆者が算出した。
(53) 同前。
(54) 朱邦興・胡林閣・徐声編（前掲）『上海産業与上海職工』、九四―九七頁。
(55) 同前。
(56) 前掲『新聞報三十周年紀念増刊冊』「歴史　新聞報三十年之事実」。
(57) 同前。
(58) 薛理勇主編（前掲）『上海掌故』、三三三頁を参照したが、典拠は不明である。
(59) 前掲『新聞報三十周年紀念増刊冊』「歴史　新聞報三十年之事実」。胡道静「新聞報四十年史（一八九三―一九三三）」『報学雑誌』第一巻第二期、一九四八年九月、九―一一頁。
(60) 顧執中（前掲）『報人生涯』、二四三頁。
(61) 徐鋳成（前掲）『報海旧聞』、三六―四〇頁／李克世訳『中国報道界のうらばなし』、七七―八四頁。
(62) 汪仲韋（前掲）「我与『新聞報』的関係」。
(63) 陶菊隠（前掲）「我所了解的新聞報」『新聞研究資料』。また、『申報』の販売価格は、李嵩生「本報之沿革」、申報館編『最近之五十年――申報館五十周年紀念』上海、申報館、一九二三年、二九―三二頁を参照した。
(64) 胡道静（前掲）「新聞報四十年史」『報学雑誌』。
(65) 汪仲韋（前掲）「又競争又聯合的『新』、『申』両報」『新聞研究資料』。
(66) 陶菊隠（前掲）「我所了解的新聞報」『新聞研究資料』。陶菊隠（前掲）『記者生活三十年』、二一六―二一七頁。
(67) 徐百益「老上海広告的発展軌跡」、益斌主編『老上海広告』上海画報出版社、一九九五年、三―一〇頁。徐百益は、一九二八年から上海の広告業界で活躍し、一九九七年には中国広告協会に表彰された。なお、聯合広告公司については、村井寛志（前掲）「民国時期上海の広告とメディア」『史学雑誌』が詳しい。
(68) 汪漢渓「新聞事業困難之原因」『新聞報三十周年紀念増刊冊　一八九三―一九二三』上海、新聞報館、一九二三年（汪伯奇編『汪漢渓先生哀輓録』台北、文海出版社、一九七五年、一九九―二〇五頁所収）。
(69) 胡道静（前掲）「新聞報四十年史」『報学雑誌』。
(70) 顧執中（前掲）『報人生涯』、二四三―二四六頁。

(71) 顧執中（前掲）『報人生涯』、二四七―二四九頁。
(72) 汪仲韋（前掲）「又競争又聯合的『新』、『申』両報」『新聞研究資料』。
(73) 顧執中（前掲）『報人生涯』、二四五頁。
(74) 陶菊隠（前掲）『記者生活三十年』、一二七頁。
(75) 汪仲韋（前掲）「又競争又聯合的『新』、『申』両報」『新聞研究資料』。
(76) 汪仲韋（前掲）「我与『新聞報』的関係」『新聞研究資料』。
(77) 陶菊隠（前掲）『記者生活三十年』、八三頁。
(78) 顧執中（前掲）『報人生涯』、二四六頁。
(79) 参考までに、一九二〇年八月当時における『申報』の国内販売価格は、月に一元一角であった。李嵩生（前掲）「本報之沿革」、申報館編『最近之五十年――申報館五十周年紀念』、参照。それに比べると、『新聞報』「杭州附刊」は廉価であったといえる。
(80) 汪仲韋（前掲）「又競争又聯合的『新』、『申』両報」『新聞研究資料』。
(81) 新聞報館の株式売却の際に国民党政権がおこなった干渉については、馬光仁主編『上海新聞史（一八五〇―一九四九）』上海、復旦大学出版社、一九九六年、六八三―六九四頁に詳しい。
(82) 陶菊隠（前掲）『記者生活三十年』、一五〇―一五二頁。
(83) 汪仲韋（前掲「我与『新聞報』的関係」『新聞研究資料』）は、一九三七年一一月三〇日から、『新聞報』が日本軍の検閲を受け始めたとしている。一方、陶菊隠（前掲『記者生活三十年』、二四六頁）は、一九三八年初頭に日本軍が新聞検査所を接収したとしている。
(84) 陶菊隠（前掲）『記者生活三十年』、二四五―二五二頁。汪仲韋（前掲）「我与『新聞報』的関係」『新聞研究資料』。
(85) 汪仲韋（前掲）「我与『新聞報』的関係」『新聞研究資料』。
(86) 馬光仁主編（前掲）『上海新聞史』、九三四―九四四頁。
(87) 汪仲韋（前掲）「我与『新聞報』的関係」『新聞研究資料』。
(88) 陶菊隠（前掲）『記者生活三十年』、二八二頁。
(89) 馬光仁主編（前掲）『上海新聞史』、九三四―九三五頁。
(90) 同前、九三六―九四四頁。
(91) 同前、九九九―一〇〇〇頁。
(92) 同前、一〇〇一―一〇〇二頁。
(93) 二〇〇七年三月一二―一四日において、大量のマイクロフィルムの閲覧と複写に便宜をはかっていただいた関西大学図書館に感謝します。

(94) 王儒年（前掲）『欲望的想像』、二一二―二一三頁において指摘されている。

(95) 朱邦興・胡林閣・徐声（前掲）『上海産業与上海職工』、九六頁。岩間一弘『上海近代のホワイトカラー――揺れる新中間層の形成』東京、研文出版、二〇一一年、第二章。

(96) 『申報』一九三九年一月一四日第三版、二月一四日第九版など。

(97) 上海新亜薬廠広告部編印敬贈『健康百詠図釈』同廠発行、発行年不明（一九三九―四〇年頃）、三、二〇頁。

(98) 同前書、七五―七六頁。『申報』一九三九年三月八―九日などに掲載。

(99) 『新聞報』一九一八年一月八日第一四版に掲載された「兜安氏秘製保腎丸」の広告など。

(100) 黄楚九の中法大薬房と「艾羅補脳汁」およびその広告については、上海市医薬公司・上海市工商行政管理局・上海社会科学院経済研究所編『上海近代西薬行業史』上海社会科学院出版社、一九八八年、四一頁。卓聖格「中国現代広告初期最具争議性的名人証言式広告――呉趼人与『艾羅補脳汁』広告」『台中商専学報』第二九期、一九九七年六月、一七五―一八六頁。Sherman Cochran, *Chinese Medicine Men*, pp. 41-42.

(101) 許俊基主編『中国広告史』北京、中国伝媒大学出版社、二〇〇六年、一二五―一三八頁。

(102) 蒯世勲『広告学ABC』上海、世界書局、一九二八年、六五―八七頁。なお、広告を学術的に論じた最初の中国語書籍は、E・L・シューマン（一八六三―一九四一年、アメリカの新聞記者、中国名は休曼）著、史青訳『実用新聞学』上海広学会（Christian Literature Society）出版、一九一三年／Edwin L. Shuman, *Practical Journalism: A Complete Manual of the Best Newspaper Methods*, New York: D. Appleton and Company, 1903. であったと考えられる。また、中国語による最初の広告学の専門書は、甘永龍編訳『広告須知』上海、商務印書館、一九一八年初版（原本は不明）。中国人が執筆した広告学の専著としては、孫科「広告心理学概論」『建設』第一巻第二号、一九一九年九月、一―一〇頁が最初であった。続いて、徐宝璜『新聞学』国立北京大学新聞学研究会出版、一九一九年の第一二章「新聞紙之広告」、六八―七一頁。さらには、蔣裕泉『実用広告学』上海、商務印書館、一九二六年などが公刊された。以上は、劉家林（前掲）『新編中外広告通史』、一三二―一三七頁を参照して調べた。なお、広告媒体の種類については、蘇上達（前掲）『広告学綱要』、三八四―三九三頁。米田祐太郎『支那広告宣伝の技術』東京、教材社、一九四一年、三頁などを参照した。

(103) 米田祐太郎（前掲）『支那広告宣伝の技術』、二〇―二一頁。

(104) 米田祐太郎（前掲）『支那広告宣伝の技術』、一〇八頁。

(105) とはいえそれでも、ポスターの前を通り過ぎた人びとは、広告を警戒したり見飽きたりする間もなく、瞬時の新鮮な好奇心を振り向け、その一瞬を繰り返し体験しているうちに、広告に対する印象が深められることがあった。戦前期の新宿駅構内において乱立するポスターとそこを通り過ぎる人びとの視線については、北田暁大『広告の誕生——近代メディア文化の歴史社会学』東京、岩波書店、二〇〇五年、一一三—一二六頁の考察が興味深い。

(106) 孫作民「中国日報広告以外之広告事業」『近十年中国之広告事業』上海、華商広告公司、一九三六年、xviii-xxii頁。

(107) 蒯世勲（前掲）『広告学ABC』、十五頁。

(108) 孫作民（前掲）「中国日報広告以外之広告事業」『近十年中国之広告事業』。

(109) 徐百益（前掲）「老上海広告的発展軌跡」、益斌主編『老上海広告』。

(110) 蘇上達（前掲）『広告学綱要』、三八九頁。

(111) 平襟亜・陳子謙「上海広告史話」、上海市文史館・上海市人民政府参事室文史資料工作委員会編『上海地方史資料』三、上海社会科学院出版社、一九八四年、一三二—一四一頁。なお、C・クロウは中国広告業界で果たした革新的試み、とりわけセクシー・モダンガールの創出については、タニ・E・バーロウ（前掲）「買うということ」『モダンガールと植民地的近代——東アジアにおける帝国・資本・ジェンダー』を参照されたい。

(112) 徐百益（前掲）「老上海広告的発展軌跡」、益斌主編『老上海広告』。

(113) 同前。

(114) 劉家林（前掲）『新編中外広告通史』、一二二頁。

(115) 徐百益（前掲）「老上海広告的発展軌跡」、益斌主編『老上海広告』。『上海日用工業品商業志』編纂委員会編『上海日用工業品商業志』上海社会科学院出版社、一九九九年、四二〇—四二一頁。

(116) 永泰和烟草股份有限公司（Wing Tai Wo Tobacco Co. 前身の永泰和烟行が一九一九年に創設）の製品である。当社は、ブリティッシュ・アメリカン・タバコ社の子会社で、広東人の買辦商人・鄭伯昭が経営した。「紅錫包牌」は、一九二五年の五・三〇事件後に「大英牌」から改称されてできたブランドである。同前資料のほかに、百度百科「紅錫包」(http://baike.baidu.com/view/1824052.htm　最終閲覧日は二〇一一年三月一三日）などを参照。

(117) 徐百益（前掲）「老上海広告的発展軌跡」、益斌主編『老上海広告』。『上海日用工業品商業志』編纂委員会編（前掲）『上海日用工業品商業志』、四二〇—四二一頁。

(118) 以上の記述は、平襟亜・陳子謙（前掲）「上海広告史話」『上海地方史資料』。劉家林（前掲）『新編中外広告通史』、一二一—一二三頁。

(119) 孫順華主編『中国広告史』済南、山東大学出版社、二〇〇七年、四八—四九頁。菊池敏夫『民国期上海の百貨店と都市文化』東京、研文出版、二〇一二年、二四二—二四三頁。

(120) 蘇上達（前掲）『広告学綱要』、三九一—三九三頁。

(121) 孫順華主編（前掲）『中国広告史』、四九頁。菊池敏夫（前掲）『民国期上海の百貨店と都市文化』、二四三―二四四頁。

(122) 劉家林（前掲）『新編中外広告通史』、一二三頁。

(123) 蘇上達（前掲）『広告学綱要』、三九三頁。

(124) 徐百益（前掲）「老上海広告的発展軌跡」、益斌主編『老上海広告』。

(125) 孫作民（前掲）「中国日報広告以外之広告事業」『近十年中国之広告事業』。

(126) 徐百益（前掲）「老上海広告的発展軌跡」、益斌主編『老上海広告』。

(127) 米田祐太郎（前掲）『支那広告宣伝の技術』、三頁。

(128) 蒯世勲（前掲）『広告学ＡＢＣ』、七八頁。

(129) 蘇上達（前掲）『広告学綱要』、三八八―三八九頁。

(130) 平襟亜・陳子謙（前掲）「上海広告史話」『上海地方史資料』。

(131) 米田祐太郎（前掲）『支那広告宣伝の技術』、一一〇頁。

(132) 蘇上達（前掲）『広告学綱要』、三九一―三九二頁。

(133) 熊月之主編（許敏著）『上海通史　第一〇巻　民国文化』上海人民出版社、一九九九年、一五六―一七七頁。

(134) 孫作民（前掲）「中国日報広告以外之広告事業」『近十年中国之広告事業』。

(135) 五洲薬房とそれを大企業に発展させた項松茂（一八八〇―一九三二年）については、Sherman Cochran, *Chinese Medicine Men.* pp. 64-88. が興味深い。

(136) 上海市医薬公司・上海市工商行政管理局・上海社会科学院経済研究所編（前掲）『上海近代西薬行業史』、一一五頁。

(137) 蘇上達（前掲）『広告学綱要』、三九一―三九二頁。

(138) 平襟亜・陳子謙（前掲）「上海広告史話」『上海地方史資料』。

(139) 孫作民（前掲）「中国日報広告以外之広告事業」『近十年中国之広告事業』。

(140) 胡道静「上海与広播事業」、上海通社編『上海研究資料続集』上海、中華書局、一九三九年、五六三―五六九頁。同「上海広播無線電台的発展」、同前書、七一三―七一九頁。胡道静は、放送開始を一九二七年の夏としているが、同年三月一八日（陰暦二月一五日）とする説もある。例えば、上海市檔案館・北京広播学院・上海市広播電視局編『旧中国的上海広播事業』檔案出版社・中国広播電視出版社、一九八五年、三七―三八頁は、『申報』の一九二七年三月一九日の記事とする史料を掲載しているが、当日の紙面に該当記事は確認できない。

(141) 同前。

(142) 劉家林（前掲）『新編中外広告通史』、一二二頁。

（143）胡道静（前掲）「上海広播無線電台的発展」、上海通社編『上海研究資料続集』。
（144）孫作民（前掲）「中国日報広告以外之広告事業」『近十年中国之広告事業』。
（145）同前。
（146）楊朕宇（前掲）『『新聞報』広告与近代上海休閑生活』、一三二―一四六頁は、同様の観点（「求同」と「樹異」）から『新聞報』の広告を分析しており、あわせて参照されたい。
（147）田島奈都子「戦前期の日本製ポスターに見られる中国イメージ」、神奈川大学非文字資料センター公開研究会「図像資料が語る近代中国のイメージ」（二〇一二年六月二日）における口頭発表。
（148）信誼化学製薬廠の歴史については、上海市医薬公司・上海市工商行政管理局・上海社会科学院経済研究所編（前掲）『上海近代西薬行業史』、二九〇―二九六頁に詳しい。
（149）上海の現地資本を代表するタバコ会社に成長した華成烟草公司については、方憲堂『上海近代民族巻烟工業』上海社会科学院出版社、一九八八年、二三―二六頁を参照されたい。
（150）『新聞報』一九三四年一月二〇日第一版。
（151）福士由紀『近代上海と公衆衛生』東京、御茶の水書房、二〇一〇年、一四七―一五四頁を参照されたい。

第二章　阮玲玉の自殺と大衆消費社会の黎明

（1）何其亮「盛出喪――民初上海城市景観与大衆的興起」『上海――国際化大都市的想像与日常生活的更張』国際学術研討会　上海、華東師範大学、二〇一〇年六月一九―二〇日、口頭発表。
（2）任矜蘋「阮玲玉自殺与救生哀死問題」『国訊』第九〇期、一九三五年三月二一日、五六四頁。
（3）「編集者言」『娓娓集』第六期、一九三五年四月、阮玲玉自殺話劇専号、一―八頁。
（4）「不能跟阮玲玉走――答葉小秋女士」『読書生活』第一巻第一一期、一九三五年四月一〇日、一七―二〇頁。
（5）中国社会史におけるいわば「反抗としての自殺」については、Sing Lee and Arthur Kleinman, "Suicide as Resistance in Chinese Society," in Elizabeth J. Perry and Mark Selden (eds.), *Chinese Society: Change, Conflict and Resistance*, 2nd edition, London: Routledge Curzon, 2004, pp.289-311. において概観されたい。
（6）末次玲子『二〇世紀中国女性史』東京、青木書店、二〇〇九年、一〇七―一一〇頁。
（7）Bryna Goodman, "The New Woman Commits Suicide: The Press, Cultural Memory, and the New Republic," *The Journal of Asian Studies*, Vol. 64, No. 1, February, 2005, pp. 67-101.
（8）Bryna Goodman, "Appealing to the Public: Newspaper Presentation and Adjudication of Emotion," *Twentieth Century China*,

Vol. 31. No. 2. April. 2006, pp.32-69.

(9) Peter J. Carroll, "Fate-Bound Mandarin Ducks: Newspaper Coverage of the "Fashion" for Suicide in 1931 Suzhou," *Twentieth Century China*, Vol. 31, No.2, April. 2006, pp.70-95.

(10)「艾霞追悼会速写」『電声』第三年第一六期、一九三三年四月二七日、三〇五頁。白璧「艾霞自殺後再来一次熱鬧」『電声』第三年第一六期、一九三三年四月二七日、三〇六頁。

(11) 程季華主編『中国電影発展史』第一巻、北京、中国電影出版社、一九八一年第二版、三三八―三四一頁。

(12) なお、民国期に自殺して大騒ぎになった映画女優として、もう一人は英茵（一九四二年一月二〇日自殺）がよく知られている。『上海影訊』第二巻第一期、一九四二年一月二五日の特集を参照されたい。さらに、越劇の名女優では、一九四七年一〇月一三日に自殺した筱丹桂も、阮玲玉と比較された。李之華「従阮玲玉到筱丹桂（上）」「従阮玲玉到筱丹桂（下）」『生活』第四期、一九四七年一一月、一〇―一四頁、第五期、一九四八年一月、一八―二一頁。

(13) 末次玲子（前掲）『二〇世紀中国女性史』、二八一頁。

(14) 阮玲玉の自殺を分析して、当時の結婚やジェンダーのあり方を論じた研究として、侯艶興『上海女性自殺問題研究――一九二七―一九三七』上海辞書出版社、二〇〇八年、一五四―一七三頁がある。

(15) 以上は「阮女士遺像及親筆簽名」『新聞報』一九三五年三月一〇日第九版などを参照。

(16)「阮玲玉案明日開審」『申報』一九三五年三月八日第一一版。「電影明星阮玲玉自殺」『申報』一九三五年三月九日第一一版。「遺書痛責張達民　阮玲玉含冤以死」『申報』一九三五年三月一〇日第一三版。

(17) 塵無「悼阮『輿論』」『中華日報』一九三五年三月一六日第四頁。

(18)「阮玲玉案明日開審」『申報』一九三五年三月八日第一一版。「電影明星阮玲玉自殺」『申報』一九三五年三月九日第一一版。「遺書痛責張達民　阮玲玉含冤以死」『申報』一九三五年三月一〇日第一三版。

(19)「電影明星阮玲玉自殺」『申報』一九三五年三月九日第一一版。「遺書痛責張達民　阮玲玉含冤以死」『申報』一九三五年三月一〇日第一三版。

(20)「永別了、観衆」『良友』第一〇三期、一九三五年三月一五日、二六―二七頁など。

(21)「阮玲玉死後　被控案照常開審」『電声』第四年第一一期、一九三五年三月二〇日、二二〇頁など。

(22)「遺書痛責張達民　阮玲玉含冤以死」『申報』一九三五年三月一〇日第一三版。「情詞悽怨　阮玲玉両封絶命書」『新聞報』一九三五年三月一〇日第一三版、「阮玲玉昨入殮」『申報』一九三五年三月一二日第一二版。

(23)「遺書痛責張達民　阮玲玉含冤以死」『申報』一九三五年三月一〇日第一三版。「情詞悽怨　阮玲玉両封絶命書」『新聞報』一九三五年三月一〇日第一三版など。

(24) 同前。
(25) 前掲「永別了、観衆」『良友』。
(26) 戦前日本における「輿論」と「世論」の使い分けについては、佐藤卓己『輿論と世論――日本的民意の系譜学』東京、新潮選書、二〇〇八年を参照されたい。中国近代においては、「輿論」（公的意見）と「世論」（大衆感情）の区別が不明瞭であった。それゆえ、本稿で「世論」（当時の史料では「輿論」）という場合には、「輿論」と「世論」の両方を含み、大衆の言論・感情をひろく指すものとする。
(27) 「膠州路上轟動萬人　阮玲玉定今日盖棺」『新聞報』一九三五年三月一一日第一三版。ちなみに、「遺書痛責張達民　阮玲玉含冤以死」『申報』一九三五年三月一〇日第一三版は、この人数を三〇〇人あまりと報道している。
(28) 「膠州路上轟動萬人　阮玲玉定今日盖棺」『新聞報』一九三五年三月一一日第一一版。「悲荘厳粛哭声盈門　阮玲玉遺体大殮」『電声』第四年第一一期、一九三五年三月二〇日、二二二頁。
(29) 「阮玲玉昨入殮」『申報』一九三五年三月一二日第一一版。「殯儀館中人気熱　阮玲玉昨日下午入殮」『新聞報』一九三五年三月一二日第一三版。
(30) 任矜蘋（前掲）「阮玲玉自殺与救生哀死問題」『国訊』。
(31) 「萬人空巷競看　阮玲玉昨殯葬」『中華日報』一九三五年三月一五日第一張第一頁。
(32) 夏丏尊「阮玲玉的死」『太白』第二巻第二期、一九三五年四月五日、「漫談」七四―七五頁。
(33) 「阮玲玉昨入殮」『申報』一九三五年三月一二日第一一版。「殯儀館中人気熱　阮玲玉昨日下午入殮」『新聞報』一九三五年三月一二日第一一版。
(34) 「自殺風気與社会」『新聞報』一九三五年三月一一日第九版。
(35) 伯甯「阮玲玉自殺的心理分析」『申報』一九三五年三月一三日第九版。
(36) 前掲「不能跟阮玲玉走――答葉小秋女士」『読書生活』。
(37) 「銀座　致読者」『中華日報』一九三五年三月一五日第二張第四頁。
(38) 高平「関於阮玲玉自殺的一場討論」『新生』第二巻第一〇期、一九三五年三月三〇日、二一八―二一九頁。
(39) 例えば、碧遙「阮玲玉与她的時代」『太白』第二巻第二期、一九三五年四月五日、「漫談」七七―七八頁も、①②④を非難している。
(40) 新聞各紙の阮玲玉自殺に関する評論を総合的に分析した影芸出版社編『誰殺阮玲玉』（上海、民衆業務社、一九三五年、一八―三一頁）によれば、自殺原因として、男性の醜態と罪悪、阮玲玉および一般女性の軟弱さ、事実をこんだ「輿論」のほかに、「現実社会」がよく論じられたという。例えば、鄭錫瑜「阮玲玉自殺――告中華女界」『婦女月報』第一巻第三期、一九三五年四月、二五—二六頁は、男性中心の現実社会の圧迫を自殺原因に挙げている。

(41) 「読者来信報告　唐季珊虐待阮玲玉之種種」『電声』第四年第一一期、一九三五年三月二〇日、二二一頁。

(42) 「唐季珊決赴港」『電声』第四年第一三期、一九三五年四月三日、二五九頁。

(43) 承達「悼阮玲玉女士輯　阮玲玉女士之死」『新聞報』一九三五年三月一〇日「本埠附刊」第六版。

(44) 欧査「阮玲玉的死」『太白』第二巻第二期、一九三五年四月五日、「漫談」八三—八四頁。

(45) 羊棗「心理的俘虜」『太白』第二巻第二期、一九三五年四月五日、「漫談」八六—八八頁。

(46) 報人「『輿論殺人』問題」『女声』第三巻第一一期、一九三五年三月三一日、三—四頁。

(47) 伯奮（前掲）「阮玲玉自殺的心理分析」『申報』。

(48) 江夫「関於阮玲玉演技奨金」『明星』第一巻第一期、一九三五年四月一六日、七頁。

(49) 塵無「悼阮『輿論』」『中華日報』一九三五年三月一六日第四頁。

(50) 茲九「女人與自殺」、碧遙「阮玲玉與她的時代」、慕暉「『人言可畏』」、周穎「談阮玲玉底短見」、白薇「阮玲玉自殺的社会意識」、『太白』第二巻第二期、一九三五年四月五日、「漫談」七四—八八頁。

(51) 記者「悼阮玲玉女士」『申報』「電影専刊」、一九三五年三月一〇日第一三版。

(52) 杜重遠「悼阮玲玉」『新生』第二巻第八期、一九三五年三月一六日、一六一頁。

(53) 台生「致祭於阮玲玉之霊——並致電影従業員」『明星』第一巻第一期、一九三五年四月一六日、八—九頁。

(54) 伊蔚「阮玲玉自殺之透視」『女声』第三巻第一一期、一九三五年三月三一日、一—三頁。

(55) 白石「弔阮玲玉」『申報』「婦女園地」、一九三五年三月一〇日第一八版。

(56) 抽琴「誰殺害了阮玲玉?」『新聞報』一九三五年三月一一日第九版。

(57) 玄珠（茅盾）「阮玲玉事件」『申報』一九三五年三月一一日「本埠増刊」第二版。

(58) 梁賽珍「悼阮玲玉姉」『時報』一九三五年三月一二日第四版。

(59) 趙令儀（魯迅）「論『人言可畏』」（一九三五年五月五日執筆）、『太白』第二巻第五期、一九三五年五月二〇日、一九五—一九六頁。

(60) 「遺書痛責張達民　阮玲玉含寃以死」『申報』一九三五年三月一〇日第一三版。

(61) 『新聞報』一九三五年三月一二日「本埠附刊」第七版。『新聞報』一九三五年三月一四日「本埠附刊」第一一版。

(62) 『新聞報』一九三五年三月一四日「本埠附刊」第七版。

(63) 「聯華公司要求専利投機」『電声』第四年第一一期、一九三五年三月二〇日、二二八頁。

(64) 『新聞報』一九三五年三月一一日「本埠附刊」第一一版。

(65)『娓娓集』第六期、一九三五年四月、阮玲玉自殺話劇専号。
(66) 霞光「阮母呈請制止阮玲玉自殺戯劇」『電声』第四年第一七期、一九三五年四月二六日、三三六頁。
(67) 同前。
(68)『新聞報』一九三五年三月一四日「本埠附刊」第一三版。
(69)『新聞報』一九三五年三月一四日第一七版。
(70)『新聞報』一九三五年三月一五日第一五版。
(71)「投機与利用」『電声』第四年第一一期、一九三五年三月二〇日、二二八頁。
(72) 李之華（前掲）「従阮玲玉到筱丹桂（上）」『生活』第四期、一九四七年一一月、一〇―一四頁。
(73) 孤星「阮玲玉之死与所謂輿論也者」『社会半月刊』第一巻第一三期、一九三五年三月一〇日、七―八頁。
(74) ほかにも、文字占い師（「測字先生」）が、阮玲玉の自殺を予言していたと、宣伝に利用することもあった（前掲「投機与利用」『電声』）。
(75) 張達民口述『阮玲玉正本』上海、大日本、出版年不明。
(76) 電人「阮玲玉自殺将来撮電影」『電声』第四年第一八期、一九三五年五月三日、三五九頁。
(77)「阮玲玉自殺影片引起糾紛　張達民為争酬控世界影片公司」『電声』第五年第一五期、一九三六年四月一七日、三七三頁、「阮玲玉影片無阮承映　世界影片公司上張達民的当」『電声』第五年第二〇期、一九三六年五月二二日、四九〇頁。「阮玲玉死不瞑目　張達民再度撮『情涙』　第一次撮製犠牲二万余元」『娯楽週報』二巻二六期、一九三六年七月四日、五一五頁。
(78) 同前。
(79) 前掲「阮玲玉死不瞑目　張達民再度撮『情涙』　第一次撮製犠牲二万余元」『娯楽週報』。「『誰之過』在港公映　阮玲玉不朽張達民無恥　女主角譚玉蘭排名反在張達民之下」『電声』第六年第一一期、一九三七年三月一九日、五二二頁。
(80)「阮玲玉前夫　張達民在香港　患瘧疾逝世」、「阮玲玉自殺影片　張達民主演之『情涙』易名開映」『電影週刊』第九期、一九三八年一一月二日、二二二頁。「阮玲玉前夫　張達民在港病逝　主演『情涙』現已公映」『電声』第七年第三八期、一九三八年一一月七日、七四四頁。
(81)「阮玲玉自殺案之一主角　張達民百万元売妾」『海星』第二三期、一九四六年七月二〇日、六頁。
(82)「張達民投資撮電影　陳雲裳将主演五彩片」『快活林』第二九期、一九四六年九月九日、第一版。
(83)「敝報等公決自五月十四起不収日商広告並日本船期匯市商情等特此通告　申報　新聞報　時報　神州日報　時事新報　中華新報　民国日報」『申報』一九一九年五月一五日第一版など。胡道静『上海新聞事業之中的発展』上海通志館、一九三五年、五二―五四頁も参照されたい。

(84) 胡道静『新聞史上的新時代』上海、世界書局、一九四六年、一八頁。
(85) 汪仲韋（徐耻痕整理）「又競争又聯合的『新』、『申』両報」『新聞研究資料』総第一五輯、一九八二年八月、七七―九〇頁。
(86) 黄天鵬『中国新聞事業』上海聯合書店、一九三〇年、七六頁。
(87) 陶菊隠『記者生活三十年』北京、中華書局、一九八四年、八二頁。
(88) 穆加恆「商業広告的浄化問題」『報学雑誌』第一巻第一〇期、一九四九年一月一六日、七―一一、三三頁。
(89) 呉定九『新聞事業経営法』上海、現代書局、一九三〇年、九九頁。汪仲韋「我与『新聞報』的関係」『新聞研究資料』総第一二輯、一九八二年六月、一二七―一五七頁。
(90) 羅宗善（徐国楨校訂）『広告作法百日通』上海、世界書局、一九三三年、六頁。陶菊隠「我所了解的新聞報」『新聞研究資料』総第六輯、一九八一年七月、九七―一一二頁。
(91) 陶菊隠（前掲）「我所了解的新聞報」『新聞研究資料』。
(92) 穆加恆（前掲）「商業広告的浄化問題」『報学雑誌』。
(93) 陶菊隠（前掲）『記者生活三十年』、一二八頁。
(94) 戈公振『中国報学史』上海、商務印書館、一九二八年、二三一頁。蘇上達『広告学綱要』上海、商務印書館、一九三〇年、一七八頁。
(95) 戈公振（前掲）『中国報学史』、二三一―二三四頁。黄天鵬（前掲）『中国新聞事業』、七七―八〇頁。
(96) 汪仲韋（前掲）「我与『新聞報』的関係」『新聞研究資料』。
(97) 蘇上達（前掲）『広告学綱要』、一七八頁。
(98) 黄天鵬（前掲）『中国新聞事業』、七六―七七頁。
(99) 『新聞報』一九二八年五月二二日第四版。
(100) 上海特別市政府「訓令第一二二二号　令公用局」、一九二八年五月二九日（上海市檔案館所蔵〈以下では「上檔蔵」と略す〉、Q五-二-三二一二-二二―五）。
(101) 申報館・新聞報館・時事新報館・民国日報館・中央日報館・時報館から上海特別市公安局への書簡（「抄件」）、一九二八年六月一四日（上檔蔵、Q五-二-三二一二-二二―二四）。
(102) 上海特別市公用局から上海特別市公安局への書簡、一九二八年六月二七日作成、二八日発信（上檔蔵、Q五-二-三二一二-二二―二五―二七）。
(103) 許俊基主編『中国広告史』北京、中国伝媒大学出版社、二〇〇六年、一九二―一九三頁。
(104) 徐百益「老上海広告的発展軌跡」、益斌主編『老上海広告』上海画報出版社、一九九五年、三―一〇頁。このときの広告管理の詳細は不明である。

（105）穆加恆（前掲）「商業広告的浄化問題」『報学雑誌』。

（106）上海特別市宣伝処処長梁秀予・衛生局局長袁濬昌から市長陳公博への書簡、一九四四年三月二七日（上檔蔵、R一-一二-九〇二-一—六）。

（107）「審査医薬広告申請書」、一九四四年六月一二日—四五年二月二八日（上檔蔵、R五〇-一-二六一—一六二）。上海特別市衛生局の定めた書式の空欄を各企業が埋めて提出した文書。

（108）上海市衛生局編『上海市衛生局三年来工作概況』同局発行、一九四九年三月一日、二五—二六頁。

（109）「上海市衛生局医薬宣伝品管理規則」、手書きの抄本、作成年不明（上檔蔵、Q四〇〇-一-二八五九-一一—一二）。

（110）上海市衛生局編『上海市衛生局工作報告　自三十五年一月起至八月止』同局発行、一九四六年、一—七頁。

（111）上海市衛生局編（前掲）『上海市衛生局三年来工作概況』、二六頁。

（112）上海市衛生局から各企業への通告文書および各企業から上海市衛生局への書簡、一九四六年七月一七日—四九年二月一日（上檔蔵、Q四〇〇-一-二八五九-四三—一二二）を参照されたい。

（113）「『使他肺安定』是肺病特効薬？」『新民報晩刊』一九四六年一一月二四日第二版。

（114）上海市衛生局内部の業務文書、一九四六年一一月二四日、二九日、一二月八日（上檔蔵、Q四〇〇-一-二八五九-三—五）

（115）大衆消費社会の成熟化という課題は、一九七八年以後の改革・開放期に継承される。一九八四年に中国消費者協会が成立して、政府主導の消費者保護キャンペーンが始まった。さらに一九九四年に中国消費者保護法が実施されると、大量のメディアが消費者権益事件に注目するようになり、自主性をもった消費者が運動に参加するようになった。詳しくは、呉茂松「中国における消費者運動の台頭とマス・メディア——『王海現象』を事例として」『法学政治学論究』第七〇号、二〇〇六年九月、三一—六四頁。

第三章　集団結婚式

（1）艾萍「民国時期上海的集団結婚式——一種政府行為的考察」『華東師範大学学報（哲学社会科学版）』第三八巻第六期、二〇〇六年一一月、五六—六一頁。谷秀青「集団結婚与国家在場——以民国時期上海的『集団結婚』為中心」『江蘇社会科学』総一三一期、二〇〇七年第二期、二〇〇七年三月、二一七—二二二頁。

（2）江文君『近代上海職員生活史』上海辞書出版社、二〇一一年、三一四—三二〇、三八九—三九〇頁。

（3）岩間一弘「民国期上海の女性誘拐と救済——近代慈善事業の公共性をめぐって」『社会経済史学』第六六巻第五号、二〇〇一年一月、四九—六八頁。

（4）徐珂『清稗類鈔』第一五冊（宗教・婚姻）、上海、商務印書館、一九一七年、稗三十八、婚姻類一―三、「文明結婚」。

（5）戴炎輝「中華民国婚姻法」、宮崎孝治郎編『新比較婚姻法　I　東洋』東京、勁草書房、一九六〇年、一一一―一八〇頁。

（6）Marinus Johan Meijer, *Marriage Law and Policy in the Chinese People's Republic*, Hong Kong: Hong Kong University Press, 1971, pp.177-180.

（7）第四編親属、第三章婚姻、第二節結婚、第九八二条。国民政府公布（郭元覚編校）『民法親属継承』上海法学編訳社、一九三二年七版、五頁。

（8）新生活運動が、店員と農民に対して、それぞれどのような宣伝をおこなっていたかについては、深町英夫「近代中国の職業観――新生活運動の中の店員と農民」『中央大学経済研究所年報』第三四号、二〇〇四年三月、三五一―三六五頁。また、新生活運動の分析を通して、蒋介石の権力の実態を明らかにした研究には、段瑞聡『蒋介石と新生活運動』東京、慶應義塾大学出版会、二〇〇六年がある。

（9）上海で第一回の集団結婚式が開催されたのと同月、ローマでは早婚と大家族をスローガンにした集団結婚式がおこなわれ、二三五三組もの男女が参加したという。「羅馬挙行集団結婚」『婦女月報』第一巻第五期、一九三五年六月、三一頁。

（10）高邁「集団結婚的現段階」『経世』第一巻第一一期、一九三七年六月一五日、一九―四一頁。

（11）「滬社会局発起推行新生活結婚儀式」『中央日報』一九三四年一二月七日第一張第二版。

（12）「四月三日挙行　第一届集団結婚典礼」『申報』一九三五年二月七日第一六版、『新聞報』一九三五年二月七日第一九版。

（13）前掲「滬社会局発起推行新生活結婚儀式」『中央日報』。

（14）上海市通志館年鑑委員会編『上海市年鑑』（民国二十五年）上、中華書局、一九三六年、B一三一―一四〇頁。

（15）同前。

（16）某女子「対於集団結婚的疑問」『国貨週報』第七号、一九三五年六月二四日、五頁。

（17）「西子湖畔集団結婚第一声」『玲瓏』五巻一二期（一七八号）、一九三五年四月三日、六九九―七〇〇頁。高邁（前掲）「集団結婚的現段階」『経世』。

（18）登記した花婿の職業は、企業職員が一四人、公務員が一二人、銀行員が六人、医師が三人、弁護士が一人、大学教授が二人、マスコミ関係者が二人、学生が二人、党務工作人員が一人などで、ほかにも中小企業主（「商人」）八人などがいた。また、登記した花嫁は、学生が一三人、小学校教員が一二人、看護師が二人、企業職員が二人、映画女優が一人、商業関係者が一人、そして「無職業」が二六人などであった。「市社会局核准公布　首届集団結婚名単」『申報』一九三五年三月一〇日第一二版。

（19）上海市通志館年鑑委員会編（前掲）『上海市年鑑』（民国二十五年）上、B一三八―一三九頁、「（三）結婚人年齢統計表」より算出。

(20)「今日挙行　首届集団結婚　昨日先演習婚礼」『申報』一九三五年四月三日第一一版。
(21) 新婚夫婦が父母にお辞儀をする儀礼から転じて、集団結婚式では孫文の肖像にお辞儀する儀礼がおこなわれた。国民政府は伝統的な家庭における父親の権威を借りて、孫文の神話的な地位を確立し、「国父」孫文とその「子女」である国民という政治的な身分関係を作り出し、「訓政」の正当性を示したといえる。江文君（前掲）『近代上海職員生活史』、三一九―三二〇頁。
(22) 新生活運動における国旗の位置づけについては、小野寺史郎『国旗・国歌・国慶――ナショナリズムとシンボルの中国近代史』東京大学出版会、二〇一一年、二一六―二二一頁に詳しい。
(23)「首届集団結婚　昨在市府挙行婚礼」『申報』一九三五年四月四日第一三版。上海市通志館年鑑委員会編（前掲）『上海市年鑑』（民国二十五年）上、B一三六―一三七頁。
(24)「市府大礼堂今日挙行四届集団結婚」『申報』一九三五年一〇月二日第一二版。
(25) 蘋星「集団結婚和集団離婚」『新生』第一巻第四七期、一九三四年一二月二九日、九五〇頁。
(26) 黄華節「集団結婚的来龍去脈」『東方雑誌』第三二巻第一三号、三〇〇―三〇五頁。
(27) 方中「集団結婚式之終極的意義――政府奨励生育的策動」『汗血週刊』第四巻第二一期、一九三五年五月二七日、三三〇―三三一頁。
(28) 杭定安「従歴史上観察『集団結婚』」『社会半月刊』第一巻第八期（集団結婚特輯）、一九三四年一二月二五日、一八―二一頁。
(29) 蘋星（前掲）「集団結婚和集団離婚」『新生』。
(30)「市社会局派員訪集団結婚人」『申報』一九三五年四月六日第一一版。
(31) 各回の集団結婚式の開催日・参加組数および収支については、艾萍（前掲）「民国時期上海的集団結婚式」『華東師範大学学報（哲学社会科学版）』に整理されている。
(32) 天津市では当初、市青年会が集団結婚式を主催していたが、一九三七年三月から市政府が主催するようになった。高邁（前掲）「集団結婚的現段階」『経世』。
(33) 一九三五年八月一〇日、南京市政府は第一回目の集団結婚式を開催し、日本軍の進駐以前に計八回の集団結婚式を主催した。博聞「南京旧時的『集団結婚』」『新民晩報』一九九三年七月二九日第一二版。
(34) 高邁（前掲）「集団結婚的現段階」『経世』。
(35)「隣会消息　漢口挙辦集団結婚」『上海青年』第三五巻第三一期、一九三五年九月二五日、九頁。
(36) 高邁（前掲）「集団結婚的現段階」『経世』。
(37) 茂清「香港首届集体婚礼」『新民晩報』一九九八年一一月二一日第一八版。
(38) 高邁（前掲）「集団結婚的現段階」『経世』。

(39)「各地首届集団結婚」『婦女共鳴』第四巻第一二期、一九三五年一二月、六〇—六一頁。
(40)「呉県第一届集団結婚」『婦女月報』第一巻第一二期、一九三六年一月、一一—一三頁。
(41) 李国強編『民俗上海　浦東巻』上海文化出版社、二〇〇七年、七六—七七頁。
(42) 虎癡「我們的郷村集団結婚」『国訊』第一五四期、一九三七年二月一日、五二頁。ただし、高橋鎮の集団結婚式の利用者は、参加費無料であったにもかかわらず、主催者の思うようには増えなかった。農村部では、占い師の決めた日取りを変えられないなどの「迷信」が根強かったからである。また、豊かな家では貧しいものたちといっしょに結婚式を挙げられないという体面の問題も、しばしば強く意識されていた。
(43) 張秉輝「推行集団結婚之意義」(一九三六年八月二六日、社会局にて執筆)、『快楽家庭』第一巻第四期、一九三六年月不明、三四—三五頁。
(44)「緬甸僑胞新運会挙行集団結婚」『新運導報』第一四期(総第五四期)、一九三八年五月一日。
(45) 緬甸華僑服務社社長陳孝奇から上海市市長への書簡、一九四八年一〇月一三日、「上海市管理集団結婚辦法及婚前健康検査実施辦法等文件」、一九四八年(上海市檔案館所蔵〈以下では「上檔蔵」と略す〉、Q一一九-五-六三-一一三)。
(46) 台湾省嘉義市政府から上海市政府社会局への書簡、一九四六年九月五日、「上海市社会局集団結婚辦法等文件」、一九四六年(上檔蔵、Q六-一〇-四二八-一二—一三)。
(47)「節約声中的結婚」『文匯報』一九三八年一〇月一九日第一二版。
(48)「宝山難民　挙行集団結婚」『文匯報』一九三八年四月五日第六版。「浦東同郷会　集団結婚」『文匯報』一九三八年七月三一日第八版。「寧波同郷会　集団結婚」『文匯報』一九三八年一〇月三日第八版。「湖社第六届集団結婚　定明年元旦挙行」『文匯報』一九三八年一〇月一一日第八版など。
(49)「街頭什志」『文匯報』一九三八年五月一五日第一一版など。ほかにも、上海市第一特区(共同租界)の市民聯合会は、一九三九年三月一三日、「市民集団結婚」を挙行する議案を可決している。「市民聯合会　昨挙行執委会」『文匯報』一九三八年三月一四日第六版。
(50) 上海市集団結婚服務商業同業公会籌備会「集団結婚業歴史情況」、一九五三年(上檔蔵、S三四〇-四-三-六)。
(51)「各界雑訊　街頭瑣聞」『文匯報』一九三八年九月二日第一一版。前掲「湖社第六届集団結婚　定明年元旦挙行」『文匯報』。「節約集団結婚　参加新人廿六組」『文匯報』一九三八年一一月二〇日第七版。
(52) 上海市集団結婚服務商業同業公会籌備会(前掲)「集団結婚業歴史情況」。
(53) 趙顧乃明「集団結婚」『大衆』第二号、一九四二年一二月、六四—六九頁。
(54)「新三十六行」『文匯報』一九三九年一月二七日第一一版。

(55) 前掲「湖社第六届集団結婚　定明年元旦挙行」、前掲「節約集団結婚　参加新人廿六組」『文匯報』。
(56) 「質疑解答」『文匯報』一九三九年一二月五日第一一版。
(57) 亮辰「集団結婚名不符実　従百対開始到一両対也做」『新民報晩刊』一九五一年三月二六日第三版。
(58) 趙顧乃明（前掲）「集団結婚」『大衆』。
(59) 衡「所見　一件値得提唱的事——集団結婚」『女声』第二期、一九四二年六月、一〇——一一頁。
(60) 同前。
(61) 亮辰（前掲）「集団結婚名不符実　従百対開始到一両対也做」『新民報晩刊』。
(62) 「渝新運展覧会」『文匯報』一九三九年二月二一日第三版。
(63) 「集団結婚辦法」（由政府三一年一月一日公布）（上檔蔵、Q六-一〇-四二八-三四——三八）。
(64) 「市社会局昨挙行　首届集婚」『申報』一九四三年三月一日第四版。
(65) 惺吾「四十二対新人　締結勝利良縁」『申報』一九四五年一二月二六日第五版など。
(66) 小英・碩「記市府主辦之勝利集団結婚」『鉄報』一九四五年一二月二六日第一版。
(67) 「二届集団結婚下月三日挙行」『文匯報』一九四六年二月二二日第三版。「集団結婚」『文匯報』一九四六年一〇月一一日第三版。「四届集団結婚　呉市長証婚」『文匯報』一九四六年一二月一三日第四版。
(68) 「上海市社会局三十五年度第二届集団結婚費用預算書」「概算書」、作成年不明（上檔蔵、Q六-六-三八五-一八・二七）。
(69) 戦後第一回から第三回までの参加者（男女計二三八名）の統計を見ると、二一——三〇歳が約七割（一六六人）、商業関係者と家事手伝いがそれぞれ約三五％（八四人と八三人）、小学卒業者が約三八％（九〇人）、中学（中学・高校にあたる）卒業者が約三一％（七三人）を占めていた。丁冠顔「如何辦理集団結婚」『社会月刊』一巻五期、一九四六年一一月、四四——五〇頁。
(70) 「社局民政業務　移民政局接管」『新民報晩刊』一九四七年一〇月二八日第四版。
(71) 「元旦双喜　集団結婚」『新民報晩刊』一九四七年一二月一九日第四版。艾萍（前掲）「民国時期上海的集団結婚式」『華東師範大学学報（哲学社会科学版）』。
(72) 艾萍（前掲）「民国時期上海的集団結婚式」『華東師範大学学報（哲学社会科学版）』。
(73) 前掲「上海市管理集団結婚辦法及婚前健康検査実施辦法等文件」。重慶については、一九四七年元旦開催の第三七回集団結婚からであるが（金馬「陪都拾零」『文匯報』一九四六年一二月二八日第七版）、上海について正確な日付は不明。
(74) 「聯合節約結婚卅対新人行礼」『新民報晩刊』一九四七年一二月一七日第四版。
(75) 「集団結婚亦須対号入座　校点鴛鴦謹防張冠李戴」『新民報晩刊』一九四七年一一月二二日第四版。
(76) 前掲「四届集団結婚　呉市長証婚」『文匯報』。

(77)「馬超俊反対集団結婚式」『東南風』一九四六年第一八期、一九四六年一〇月三一日第一版。

(78)上海市集団結婚服務商業同業公会籌備会（前掲）「集団結婚業歴史情況」。

(79)「行行有困難　没有辦法中的辦法」『新民報晩刊』一九五一年三月二六日第三版。

(80)「国際飯店集団結婚　三位新郎都是工人」『新民報晩刊』一九四九年一〇月二三日第二版。「工人集団結婚　第八次有三十七対昨在国際飯店挙行」『文匯報』一九四九年一二月一日第二版。「従蝕本到保本　国際飯店大転変」『新民報晩刊』一九五一年七月二六日第四版。

(81)上海市集団結婚服務商業同業公会籌備会（前掲）「集団結婚業歴史情況」。

(82)上海市集団結婚服務商業同業公会籌備会「組織公会開始情況」、作成年不明（上檔蔵、S三四〇-四-一-一）。

(83)「中華人民共和国婚姻法」（一九五〇年五月一日公布）の邦訳には、平野義太郎編訳『現代中国法令集』東京、日本評論新社、一九五五年、七五—七八頁などがある。

(84)兪成俊「協助防止早婚　主辦集団結婚単位有責任」『新民報晩刊』一九五一年一一月四日第一版。高亦山「唆使顧客違反婚姻法　中国集団結婚社須検討」『新民報晩刊』一九五一年一一月二一日第一版。

(85)兪成俊「為了下一代健康　結婚前應検査身体」『新民報晩刊』一九五一年一一月二一日第一版。ただし、とりわけ女性が、脱衣をする身体検査に強い抵抗感をもったり、処女でないことや持病の発覚を恐れたりすることがあったので、婚前の健康診断はなかなか普及しなかった。上海市貫徹婚姻法運動委員会「根拠蓬萊・常熟・閘北・蘆湾・虹口・老閘・静安寺七区婦女群衆婚前試行健康検査意見」、一九五三年月不明（上檔蔵、C三一-二-三-一一一—一三）。

(86)上海市集団結婚服務商業同業公会籌備会（前掲）「組織公会開始情況」。

(87)「貫徹婚姻法保障家庭幸福　全市今天開始試辦婚姻登記　上午到各区辦理婚姻登記的人甚為踴躍」『新民報晩刊』一九五二年一二月二二日第四版。

(88)仁井田陞「中華人民共和国婚姻法」、宮崎孝治郎編（前掲）『新比較婚姻法　I　東洋』、一—一一〇頁。Marinus Johan Meijer, *Marriage Law and Policy in the Chinese*, pp.177-180.

(89)上海市工商業聯合会から上海市集団結婚服務商業同業公会籌備会への書簡、一九五三年一月二九日（上檔蔵、S三四〇-四-三-一二）。

(90)上海市集団結婚服務商業同業公会籌備会から上海市工商業聯合会への上申書、一九五三年一月一七日（上檔蔵、S三四〇-四-三-一一）。

(91)甘蘭「婚礼」『新民報晩刊』一九五二年一二月一五日第五版。

(92)上海市集団結婚服務商業同業公会籌備会から上海市工商業聯合会への上申書（前掲）。

(93) 上海市集団結婚服務商業同業公会籌備会「会員業務大会」、一九五三年六月二七日（上檔蔵、S三四〇-四-二-一二八―一三〇）。
(94) 上海市人民政府工商行政管理局から上海市集団結婚服務商業同業公会への書簡、一九五三年一月五日（上檔蔵、S三四〇-四-二-一六）。
(95) 「新郎新娘革新婚礼　首次改良集団結婚　国慶日在東亜飯店挙行」『新民報晩刊』一九五六年九月二九日第四版。
(96) 「婚礼服務社」『文匯報』一九五六年一一月二一日第一版。
(97) 「集団結婚」『文匯報』一九五七年一月四日第一版。
(98) 樊才琪「婚事新辦法　飯店風格高」『文匯報』一九八二年一月一七日第一版。
(99) 「『携手走向新世紀――五四東方明珠百対新人集体婚礼』昨天在東方明珠塔広場隆重挙行」『文匯報』一九九六年五月五日第一版。

第四章　娯楽と消費における大衆動員

(1) 菊池敏夫『民国期上海の百貨店と都市文化』東京、研文出版、二〇一二年、一五七―一六九頁。
(2) 姚明然「耶誕老人的話」『申報』一九三八年一二月二三日第一七版。
(3) 戦時・戦後のインフレにともなう俸給生活者の生活難については、岩間一弘『上海近代のホワイトカラー――揺れる新中間層の形成』東京、研文出版、二〇一一年、第一章を参照されたい。
(4) 俸給生活者層の親睦団体に関しては、羅蘇文「新網延伸――民国時期上海華人職業倶楽部」『上海研究論叢』第一二輯、一九九八年一二月、九九―一二四頁が、共同租界工部局華人職員の華員総会、海関（税関）職員の海関倶楽部、益友社の三組織を取りあげた。また、Wen-hsin Yeh, *Shanghai Splendor: Economic Sentiments and the Making of Modern China, 1843-1949* Cambridge [Massachusetts]: Harvard University Press, 2007, pp. 186-189. は、上海市銀銭業聯誼会に論及している。羅蘇文と葉文心は、俸給生活者たちが、聯誼会などの親睦団体の結成によって、企業内の職場秩序に基づく上下の人間関係をこえ、広範な横のつながりをつくった点に着目した。同様に江文君（『近代上海職員生活史』上海辞書出版社、二〇一一年、三六三―三八四頁）も、聯誼会を職員たちが「業縁」「職業共同体」を形成するための団体ととらえている。さらに、中国職業婦女倶楽部については、Ling-ling Lien, "Leisure, Patriotism, and Identity: The Chinese Career Women's Club in Wartime Shanghai," in Peter Zarrow (ed.), *Creating Chinese Modernity: Knowledge and Everyday Life, 1900-1940*, New York: Peter Lang, 2006, pp. 213-240. がある。連玲玲は、中国職業婦女倶楽部が、職業婦人としてのアイデンティティーを養成したことや、職業婦人たちが、言論・公益活動および文化・芸術・スポーツなどを通して、公共空間（public space）を切りひらいたことを論じた。ほかにも、益友社の活動経験を参照しながら、一九四七年九月、上海市商会の社会童子軍団（ボーイスカウト）から分かれて開設された緑営聯誼社については、高陽「戦後上海基層社団的活動実態与権力競争——緑営聯誼社研究（一九四七—一九四九）」（復旦大学歴史系修士学位論文、二〇〇七年五月）がある。

（5）民国期の職員層が労働者とは少し異なる独自の余暇・娯楽文化を形成していたことは、岩間一弘（前掲）『上海近代のホワイトカラー』、第二章を参照されたい。

（6）中共上海市委党史史料徴集委員会主編『益友社十二年（一九三八—一九四九）』同委員会発行、一九八五年、同主編『上海『銀聯』十三年（一九三六—一九四九）』一九八六年、同主編『上海市保険業職工運動史料（一九三八—一九四九）』一九八七年、同主編『上海市保険業職工運動史料（続編）（一九三八—一九四九）』一九八九年、同主編『華聯同楽会与上海外商企業職工運動簡史（一九三八—一九四九）』一九九一年。これらの史料集を本章で再引用する際には、編者名を省略して示す。また、これらの史料集内の個々の資料については、巻末参考文献一覧に列挙しない。

（7）『銀銭報』（一九三七年一二月—一九五〇年一一月）、『銀銭界』（一九三八年一一月—一九四〇年一二月）、『華聯（報）』（一九三八年六月—一九四七年一月）、『保聯』（一九三八年一一月—一九三九年一一月）、『保険月刊』（一九四〇年一月—一九四一年八月）、『益友』（一九三八年五月—一九四一年一一月）などが発行されたが、現在の図書館・博物館・檔案館に保管されているのは、ごく一部の号数に限られる。

（8）Christian Henriot and Wen-hsin Yeh (eds.), *In the Shadow of the Rising Sun: Shanghai under Japanese Occupation*, Cambridge [England] : Cambridge University Press, 2004, p. 8.

（9）Marie-Claire Bergère, *Histoire de Shanghai*, Paris: Fayard, 2002, p. 320.

（10）Parks M. Coble, *Chinese Capitalists in Japan's New Order: The Occupied Lower Yangzi, 1937-1945*, Berkeley: University of California Press, 2003.

（11）古厩忠夫『日中戦争と上海、そして私——古厩忠夫中国近現代史論集』東京、研文出版、二〇〇四年、三三八—三三九頁。

（12）上海の各業界における救国会の結成については、平野正『中国革命の知識人』東京、日中出版、一九七七年、四五—七三頁。中国社会科学院近代史研究所中華民国史研究室主編『中華民国史資料叢稿　救国会』北京、中国社会科学出版社、一九八一年、一—一八頁など。張承宗については、『張承宗紀念文集』編輯委員会編『浦江忠魂——張承宗紀念文集』一九九七年。

（13）前掲『上海『銀聯』十三年』、一一—一二頁。

（14）同前、一三、一六、二九、三二、四二、四八、一七六頁。

（15）前掲『華聯同楽会与上海外商企業職工運動簡史』、一四—一九、五九頁。

（16）『華聯』第六届徴集会員運動特刊、一九四一年四月、一〇四頁。

（17）顧准（立達）「上海職員与職員運動（二）」『職業生活』第二期、一九三九年四月二二日、二三—二四頁、前掲『華聯同楽会与上海外商企業職工運動簡史』、三、七頁。
(18)前掲『益友社十二年』、八、一一〇頁。
(19)中共上海市委党史史料徴集委員会ほか編『上海店員和職員運動史(一九一九―一九四九)』上海社会科学院出版社、一九九九年、三九八頁。
(20)前掲『益友社十二年』、九―一一頁。
(21)同前、二五―二六頁。さらに、広範な職業婦人のための親睦団体として、一九二八年五月、中国職業婦女倶楽部が中国職業婦女会を改組して結成され、茅麗瑛(海関職員、一九三八年五月に共産党入党)が主席に選ばれた。中共上海市委党史史料徴集委員会ほか編(前掲)『上海店員和職員運動史』、五二七―五三二頁。
(22)『保聯』第二巻第一一・一二期、一九四〇年一二月、二五〇―二六四頁。前掲『上海市保険業職工運動史料』、一四六―一六〇頁。
(23)前掲『上海市保険業職工運動史料』、四三、一六一―一六七頁。
(24)前掲『上海市保険業職工運動史料(続集)』、三二、一一〇―一一三頁。
(25)「組織上海保険業業余聯誼会縁起」、上海市保険業業余聯誼会編『上海市保険業業余聯誼会成立紀念刊』、一九三八年七月二日。前掲『上海市保険業職工運動史料』、六―一〇頁。
(26)「華聯同楽会章程」(一九三九年四月)、前掲『華聯同楽会与上海外商企業職工運動簡史』、一四一―一四七頁などを参照した。
(27)前掲『益友社十二年』、四六―四七頁。
(28)前掲『益友社十二年』、一三、三七―三八頁。
(29)前掲『上海『銀聯』十三年』、一七、二〇、二〇九―二一六頁。
(30)前掲『上海市保険業職工運動史料』、四三、一四六―一四八頁。
(31)前掲『上海『銀聯』十三年』、一七頁。
(32)前掲『華聯同楽会与上海外商企業職工運動簡史』、六八頁。
(33)「海上三老」については、古厩忠夫(前掲)『日中戦争と上海、そして私』、一八三、一九六―一九九、三四九―三五二頁に詳しい。上海の商工業者が対日協力政権の要職につく趨勢は、一九四三年に日本が汪政権に多くの統治権を委譲し、企業経営者にも権限をあたえる新政策を実施してから著しくなった。古厩によると、「租界という抵抗拠点を失った上海経済界首脳にとって、上海という地域で生産と市民生活を維持し、自らも生き延びていく術は、汪政権の商統会機構に参加して流通のヘゲモニーを自ら握る道が一番と判断した」という。終戦後、聞・袁・林の「海上三老」は国民党政権によって「漢奸」の罪を問われて服役し、そのうち聞蘭亭は一九四八年に獄中で亡くなった。

(34) 前掲『益友社十二年』、三九頁。

(35) 前掲『上海『銀聯』十三年』、二四、三〇、一六八頁。

(36) 前掲『華聯同楽会与上海外商企業職工運動簡史』、二〇―二二頁。

(37) 同前、二三頁。

(38) 前掲『上海『銀聯』十三年』、三〇―三一頁。

(39) 中共上海市委党史史料徴集委員会ほか編（前掲）『上海店員和職員運動史』、二八八―二八九頁。前掲『華聯同楽会与上海外商企業職工運動簡史』、二四、六八頁。

(40) 中共上海市委党史史料徴集委員会ほか編（前掲）『上海店員和職員運動史』、三二一―三二二頁。前掲『益友社十二年』、三三―三四頁。

(41) 前掲『上海市保険業職工運動史料』、八頁。

(42) 前掲『華聯同楽会与上海外商企業職工運動簡史』、三六―三七頁。

(43) 顧准「一九三四―一九四〇年的上海地下工作」、一九六九年一〇月二六日、陳敏之・丁東編『顧准自述』北京、中国青年出版社、二〇〇二年、三九七―四六〇頁。

(44) Marie-Claire Bergère, *Histoire de Shanghai*, p. 310.

(45) 前掲『華聯同楽会与上海外商企業職工運動簡史』、三六―三七頁。

(46) 顧准（前掲）「一九三四―一九四〇年的上海地下工作」、陳敏之・丁東編『顧准自述』。中共上海市委党史史料徴集委員会ほか編（前掲）『上海店員和職員運動史』、五二四―五二五頁。

(47) 前掲『華聯同楽会与上海外商企業職工運動簡史』、三三、三九頁。

(48) 顧准（前掲）「一九三四―一九四〇年的上海地下工作」、陳敏之・丁東編『顧准自述』。

(49) 前掲『上海市保険業職工運動史料』、三一―三三頁。

(50) 前掲『上海『銀聯』十三年』、四二、一六二頁。例えば華聯は、一九四一年四月の時点で、会員全体（九四五九人）のうち、二〇―三〇歳が四三・五％（四一一九人）、四〇歳以下が八四・〇％（七九四八人）であった。前掲『華聯』第六届徴集会員運動特刊、一九四一年四月、一〇四頁。

(51) 前掲『益友社十二年』、四七頁。前掲『上海『銀聯』十三年』、二四頁。

(52) 中共上海市委党史史料徴集委員会ほか編（前掲）『上海店員和職員運動史』、三〇七頁。

(53) 顧准（前掲）「一九三四―一九四〇年的上海地下工作」、陳敏之・丁東編『顧准自述』。

(54) 同前。

(55) Elizabeth J. Perry, *Shanghai on Strike*, Stanford: Stanford University Press, 1993, p. 117.
(56) 肇岐「娯楽救国」『南華評論』第四巻第五期、一九三三年二月一八日、一—二頁。
(57) M.C.L.「娯楽救国記」『十日談』第二〇期、一九三三年二月二〇日、一三頁。
(58) 行安「談『娯楽救国』」『人言週刊』第二巻第二八期、一九三五年九月二一日、五四二頁。
(59) 同前。
(60) 大道「利用娯楽救国」『文友』第一巻第五期、一九三七年一一月一四日、一四—一五頁。
(61) 馬軍『舞庁・市政——上海百年娯楽生活的一頁』上海辞書出版社、二〇一〇年、一二三頁。
(62) 大道（前掲）「利用娯楽救国」『文友』。
(63) 「第二次拡大徴求社友宣言」、前掲『益友社第二次拡大徴求社友特刊』、巻頭。
(64) 張菊生「孤島上職業青年應有的精神」、前掲『益友社第二次拡大徴求社友特刊』、二頁。
(65) 「社友意見」『益友』第二巻第三期、一九三九年三月一日、一二頁。
(66) 程恩樹「衝破陳腐的習慣創造新穎的生活」、前掲『上海市保険業業余聯誼会成立紀念刊』。
(67) 趙樸初「為二次拡大徴集社友説幾句話」、前掲『益友社第二次拡大徴求社友特刊』、七頁。
(68) 張菊生（前掲）「孤島上職業青年應有的精神」『益友社第二次拡大徴求社友特刊』。
(69) 前掲「第二次拡大徴求社友宣言」『益友社第二次拡大徴求社友特刊』。
(70) 盧馥「聯絡幹事的使命和任務」『華聯』第二年第五号、一九三九年五月五日、一頁。
(71) 「上海市銀銭業業余聯誼会章程」（一九三六年一〇月）、前掲『上海『銀聯』十三年』、二二〇—二二四頁。「華聯同楽会章程」（一九三九年四月）、前掲『華聯同楽会与上海外商企業職工運動簡史』、一四三—一四七頁。「上海市保険業業余聯誼会」（一九四一年）、前掲『上海市保険業職工運動史料』、一七四—一七八頁。「章程」、前掲『益友社第二次拡大徴求社友特刊』、一〇—一一頁。
(72) 前掲「第二次拡大徴求社友宣言」『益友社第二次拡大徴求社友特刊』。
(73) 段瑞聡『蒋介石と新生活運動』東京、慶應義塾大学出版会、二〇〇六年、二二五—二四三頁。
(74) 「蒋委員長提唱正当娯楽」『中央日報』一九三九年一月一日第三版。「提唱正当娯楽、振作国民精神——節録除夕蒋委員長演講詞」『益友』第二巻第二期、一九三九年一月一六日、二頁。
(75) 盧馥「今年的希望」『華聯』第二年第一期、一九三九年一月五日、二頁。
(76) 厳予人「読『提唱正当娯楽』感言」『益友』第二巻第二期、一九三九年一月一六日、一頁。
(77) 姫田光義「国民精神総動員体制下における国民月会」、石島紀之・久保亨編『重慶国民政府史の研究』東京大学出版会、二〇〇四年、三四一―三五八頁。

(78) 何遜「継続発揚社的宗旨与精神」『益友』第二巻第四・五期、一九三九年四月一日、四頁。

(79) 申永「精神動員与正当娯楽」『益友』第二巻第六期、一九三九年四月一六日、二頁。

(80) 前掲『上海市保険業職工運動史料（続集）』、一二頁。

(81) 王志逸「正当的娯楽方法」『生活』第二巻第一期、一九二六年一〇月二四日、一―二頁。

(82) 郁莊「一位慈祥博愛的老者――聞蘭亭先生訪問記」『益友』第二巻第六期、一九三九年四月一六日、七頁。

(83) 季平「閑居為不善――快参加業余組織的益友社」『益友』第三巻第二期、一九三九年一〇月二〇日、七頁。

(84) 岩間一弘「中国救済婦孺会の活動と論理――民国期上海における民間実業家の社会倫理」『史学雑誌』第一〇九編第一〇号、二〇〇〇年一〇月、六五―九〇頁。Bryna Goodman, “Democratic Calisthenics: The Culture of Urban Associations in the New Republic,” in Merle Goldman, Elizabeth J. Perry (eds.), *Changing Meanings of Citizenship in Modern China*, Cambridge [Massachusetts]: Harvard University Press, 2002, pp. 70-109.

(85) 白水「上海市民起碼的義務」『華聯』第二年第二期、一九三九年二月五日、二頁。

(86) 孫瑞璜「我們怎様交友――為益友社一週年紀念而作」『益友』第二巻第四・五号、一九三九年四月一日、二頁。

(87) 金芝軒「娯楽与職業青年」、関炯之「改善職業青年業余生活之我見」『益友』第三巻第二号、一九三九年一〇月二〇日、一、八頁。

(88) 前掲『益友社十二年』、四八頁、前掲『華聯同楽会与上海外商企業職工運動簡史』、三四頁。

(89) 『華聯』創刊号、一九三八年六月一五日、八頁。

(90) 尾高暁子「両大戦間期の中日ハーモニカ界にみる大衆音楽の位置づけ」『東京藝術大学音楽学部紀要』第三三集、二〇〇七年三月、一五―三四頁。

(91) 『華聯』創刊号、一九三八年六月一五日、三四―四一頁。

(92) 留火「運動員的道徳」『華聯』第二年第五期、一九三九年五月五日、二頁。

(93) 前掲『上海市保険業職工運動史料』、一二八―一二九頁。

(94) 留火（前掲）「運動員的道徳」『華聯』。そもそも、「体育」という語は、清末に西洋から日本での翻訳をへて中国に伝わったものであり、その過程で自然な成長発達や健康の増進を促す側面が弱められ、国家の富強を目指す傾向が強められた。民国初期の袁世凱政権期には、日本やドイツを模倣した軍国民教育の一環として、体育が取りこまれた。一九二〇年代には武術や軍事訓練が学校の体育課程に組みこまれ、国民政府期には蒋介石らがしばしば体育を提唱して北京政府期からの学校体育の軍事教育化をさらに促進した（土屋洋「清末の体育思想――『知育・徳育・体育』の系譜」『史学雑誌』第一一七編第八号、二〇〇八年八月、

五六―八〇頁。郎浄『近代体育在上海』上海社会科学院出版社、二〇〇六年、二一三―二五四頁)。

(95) 趙静斉「国術組之状況及希望」『華聯』第二年第一期、一九三九年一月五日、七―一八頁。

(96) 韋「請社友們来参加国術運動」『益友』第二巻第七号、一九三九年五月一日、六頁。

(97) 『華聯』創刊号、一九三八年六月一五日、四九頁。

(98) 前掲『益友社十二年』、九六―九七頁。

(99) 強「国術股交誼会」『益友』第二巻第二号、一九三九年一月一六日、八頁。

(100) 震尼「在全体職員聯歓会裏」『保聯』第一巻第二期、一九三八年一二月一日、一二―一三頁。

(101) 「娯楽部報告」『保聯』第一巻第八期、一九三九年六月、四二頁。

(102) 「声楽股的動態」『華聯』第二年第九期、一九三九年一〇月、一一頁。

(103) 『益友社十二年』、八〇―八二頁。

(104) 例えば、一九四三年に百代唱片公司(フランスのパテ・レコード)が発売した李香蘭の「夜来香」は人気があり、街を歩けば家々の窓からよく流れてきて、ラジオでも連日のように流されていたという(上田賢一『上海ブギウギ一九四五――服部良一の冒険』東京、音楽之友社、二〇〇三年、一二七頁)。おもに映画の挿入歌として作られた当時の流行歌は、大衆娯楽のもたらす治安維持の効用を認識していた川喜多長政らの庇護をえており、さらに一九四三年に大衆文化の刷新を図った汪精衛政権も関係者の士気が低下していたことから、相対的に自由な環境のもとで制作・消費され続けた(柴田哲雄『協力・抵抗・沈黙――汪精衛南京政府のイデオロギーに対する比較史的アプローチ』東京、成文堂、二〇〇九年、二〇三―二一七頁)。

(105) 前掲『上海『銀聯』十三年』、一四六―一四八頁。

(106) 呉暁邦「我為什麼到益友社」『益友』第二巻第四・五号、一九三九年四月一日、八―一九頁。

(107) 「跳加官」とは、京劇で正式な開演の前に装束に身をかためて登場し、めでたい文句を書いた巻物を広げ示して無言のまま舞台を三周して退場することをいうが、話劇は汪政権の官吏をその様にたとえて批判した。

(108) 前掲『益友社十二年』、八六―八九頁。

(109) 平劇股幹事会「一年来平劇股的動態」『益友』第二巻第四・五号、一九三九年四月一日、一三頁。

(110) 前掲『益友社十二年』、九四―九六頁。

(111) 盧馥「華聯話劇股的成功」『華聯』第二年第七期、一九三九年七月二五日、一九頁。なお、戦時中国において国民党・共産党の指導した演劇隊が街頭で話劇を上演し、観客を抗日救国に動員した様相は、Chang-Tai Hung, *War and Popular Culture: Resistance in Modern China, 1937-1945*, Berkeley: University of California Press, 1994, pp. 49-92.

(112) 前掲『上海『銀聯』十三年』、一二四―一二七頁。

(113) 前掲『上海『銀聯』十三年』、一一三頁。それは益友社も同様であった（前掲『益友社十二年』、八九頁）。
(114) 「一杯牛奶」『銀銭界』第二巻第一期、一九三八年六月一二日、三二頁。
(115) 前掲『上海『銀聯』十三年』、一一四—一一七頁。
(116) 言午「『日出』演出以前」『銀銭界』第二巻第一一期、一九三八年一一月一二日、二三九頁。
(117) 前掲『上海『銀聯』十三年』、三六—三七、一一五—一一九頁。
(118) 同前。
(119) 前掲『益友社十二年』、一八、九一頁。
(120) それでも、一九四二年夏から四四年春にかけては、戦時の娯楽不足と中国資本系保険会社の職員の急増によって、保聯の話劇サークルは再び百人以上の会員を集め、活発な公演活動をおこなった。しかし、一九四四年、日本が経済統制を強化して状況が変わり、保聯の話劇サークルは活動の一時休止に追いこまれた。前掲『上海市保険業職工運動史料』、一七—一八、一〇九頁。
(121) 岩間一弘（前掲）『上海近代のホワイトカラー』、第二章参照。
(122) 唐友瑾「『新演劇運動』与我們——『小職員戯劇』的建議」『益友』第三巻第九期、一九四〇年八月一〇日、一〇—一一頁。
(123) 森平崇文「上海における准劇——一九五〇年代の労働者アマチュア演劇との関係を中心に」『演劇博物館グローバルCOE紀要　演劇映像学二〇〇七』第一集、二〇〇八年三月、一九七—二一四頁。おもに上流階層が参加して、アマチュア芸術活動をおこなった同楽会・遊藝会の活動内容や嗜好が、俸給生活者たちの聯誼会に受け継がれたことは、尾高暁子「拉戯はなぜ生まれたのか？——民国前期の音享受に関する一考察」『都市芸研』第六輯、二〇〇七年一二月二五日、一三一—三五頁。
(124) 凌維城「懐念抗日英雄謝晋元」、鄭侠飛「謝晋元団長与八百壮士」、中国人民政治協商会議上海市委員会文史資料工作委員会編『文史資料選輯』総第三二輯、一九八〇年七月、六四—六九、七〇—八二頁。
(125) 前掲『上海市保険業職工運動史料』、一〇九、一一七頁。
(126) 前掲『華聯同楽会与上海外商企業職工運動簡史』、三二頁。
(127) 前掲『益友社十二年』、三〇頁。
(128) 上海業余話劇界慈善公演籌備委員会編『上海業余話劇界慈善公演紀念冊』上海、中国芸壇画報、一九三九年。前掲『上海『銀聯』十三年』、一二六頁。前掲『益友社十二年』、九〇頁。
(129) 李伯龍「上海業余話劇界義演十一天」、中共上海市党史資料徴集委員会主編『上海人民与新四軍』北京、知識出版社、一九八九年、一八七—一八九頁などによる。
(130) 高綱博文『「国際都市」上海のなかの日本人』東京、研文出版、二〇〇九年、一六六—一九三頁。
(131) 一九四三年のフランス租界返還は、親独のヴィシー政府と汪精衛の対日協力政権がおこなったものなので、終戦後に仏・中の両新政府は再交渉した。一九四六年二月二八日、フランス政府は中国軍のインドシナ北部からの撤兵を交換条件として、上海のフランス租界や中国での治外法権の放棄を認めた。フランス租界の返還については、Christine Cornet, "The Bumpy End of the French Concession and French Influence in Shanghai, 1937-1946," in Henriot and Yeh (eds.), *In the Shadow of the Rising Sun*, pp. 257-276. また、共同租界が返還された際のイギリス人入植者の動向については、Robert Bickers, "Settlers and Diplomats: The End of British Hegemony in the International Settlement, 1937-1945," in Henriot and Yeh (eds.), *In the Shadow of the Rising Sun*, pp. 229-256. を参照されたい。

(132) 戦時上海の「敵国人集団生活所」については、関根真保『日本占領下の〈上海ユダヤ人ゲットー〉——「避難」と「監視」の狭間で』京都、昭和堂、二〇一〇年、八八—九九頁、孫安石「日米の資料にみられる戦時下の『外国人』の処遇——日本占領下の上海敵国人集団生活所」、貴志俊彦編『近代アジアの自画像と他者——地域社会と「外国人」問題』京都大学学術出版会、二〇一一年、三一一—三二九頁などを参照されたい。

(133) 前掲『華聯同楽会与上海外商企業職工運動簡史』、四〇—四一頁。

(134) 盧馥「点滴憶華聯　風雲話当年」（一九八一年口述）、前掲『華聯同楽会与上海外商企業職工運動簡史』、五九—六二頁。

(135) 前掲『益友社十二年』、三四、四六、九二—九三頁。

(136) 前掲『上海『銀聯』十三年』、五〇—五五頁。

(137) 「記益友社」『人人週刊』第三巻第一期、一九四六年四月二〇日、一五頁。

(138) 前掲『上海『銀聯』十三年』、五〇—五五頁。

(139) 中国系民間保険会社は、一九三五年には五三社であったが、四二年の一年間だけで五〇社が新設され、戦時期の通算では七八社が新設された。呉景平ほか『抗戦時期的上海経済』上海人民出版社、二〇〇一年、三五二—三五三頁。

(140) 同前。

(141) 前掲『上海市保険業職工運動史料』、一二〇—一二三頁。

(142) 顧准（前掲）「一九三四—一九四〇年的上海地下工作」、陳敏之・丁東編『顧准自述』。

(143) 中共上海市委組織部ほか編『中国共産党上海市組織史資料』上海人民出版社、一九九一年、一八七頁。

(144) 川原勝彦「中国同郷団体の改造・解体過程（一九四五—一九五六年）——山東旅滬同郷団体の事例を中心に」『アジア研究』第四九巻第三号、二〇〇三年七月、三八—五三頁。

(145) 前掲『上海市保険業職工運動史料』、三四、三九、四五—四九、八八—八九頁。

(146) 同前。

(147) 同前。

(148) 前掲『華聯同楽会与上海外商企業職工運動簡史』、四四—五二頁。
(149) 王志莘は、私商人を廃して国家が富の分配を担ってもよいとする「合作主義」を早くから主張していた（王志莘「商業教育存廃問題」『教育与職業』第九〇期、一九二七年一一月、四一五—四一九頁）。人民共和国成立後に王志莘は、上海市工商業聯合会法規委員会主任・華東軍政委員会財政経済委員会委員などを務めた。また孫瑞璜は、上海市工商業聯合会税務委員会副主任・中国人民銀行上海市分行副行長などを務めた。『上海工商社団志』編纂委員会編『上海工商社団志』上海社会科学院出版社、二〇〇一年、四〇〇—四〇一、四四九—四五二、六〇二—六〇三頁。
(150) 前掲『上海『銀聯』十三年』、五六—六〇、六四頁。
(151) ほかにも益友社の戦後の運営状況は、詳細な史料がないため不明だが、趙樸初や張菊生といった人物が戦後にも継続して理事を務めていることから（前掲『益友社十二年』、一五—一六頁）、銀聯の場合と同様、国民党による統制の影響を保聯・洋聯の場合ほど強く受けなかったのではないかと考えられる。
(152) 前掲『上海『銀聯』十三年』、一四六—一五四頁。
(153) 前掲『上海『銀聯』十三年』、一五三頁。前掲『益友社十二年』、八三—八四頁。
(154) 前掲『上海『銀聯』十三年』、一五五—一六一頁。
(155) 前掲『益友社十二年』、八七—八九頁。ちなみに、このときに娼婦役を演じた徐志（共産党員、女性）は、文革の際にその写真を材料として迫害されたという。
(156) 前掲『益友社十二年』、八九—九三頁。
(157) 前掲『上海『銀聯』十三年』、一三〇—一三一頁。
(158) 前掲『上海市保険業職工運動史料』、一一一頁。
(159) 同前、一一九—一二〇頁。なお、当会の入場料は、過福雲への贈物を換金した分とあわせて、「過福雲子女教育基金」を設立するのに役立てられた。
(160) 上海市檔案館編『上海解放』続編、上海三聯書店、一九九九年、一六三—一六四頁、「上海職業界協会簡章」。
(161) 前掲『益友社十二年』、一一三—一一四頁。
(162) 前掲『上海市保険業職工運動史料』、二九頁。
(163) 前掲『上海『銀聯』十三年』、七三頁。前掲『華聯同楽会与上海外商企業職工運動簡史』、五六頁など。
(164) 前掲『上海市保険業職工運動史料』、八〇頁。前掲『益友社十二年』、一一四—一一五頁。
(165) 前掲『上海市保険業職工運動史料』、八〇頁。
(166) 前掲『上海『銀聯』十三年』、七三頁。

(167) 前掲『益友社十二年』、一一四頁。
(168) 前掲『上海市保険業職工運動史料』、七八—七九頁。
(169) 前掲『益友社十二年』、九七、一一六—一一七頁。
(170) 森平崇文（前掲）「上海における淮劇」『演劇博物館グローバルCOE紀要　演劇映像学二〇〇七』。
(171) 前掲『華聯同楽会与上海外商企業職工運動簡史』、一二頁。
(172) 中共上海市委組織部ほか編（前掲）『中国共産党上海市組織史資料』、三〇五頁。
(173) 天津総工会籌委会「関於公営企業中加強職工団結及管理民主化討論提綱」『天津日報』一九四九年六月二七日第一—二版。同記事は、「新文献」『海光』第一三巻第七期、一九四九年七月一五日、四三—四九頁に転載。
(174) 前掲『上海『銀聯』十三年』、七五頁、前掲『上海市保険業職工運動史料』、三〇頁。
(175) 民間・国民党・共産党、さらに沈玄廬・華洋義賑救済総会による初期の合作社組織化の全貌は、菊池一隆『中国初期協同組合史論　一九一一—一九二八——合作社の起源と初期動態』東京、日本経済評論社、二〇〇八年。
(176) 張世文『上海消費合作社調査』南京、燕京大学社会学系、一九三〇年。原典は、『社会学界』第四巻、一九三〇年六月、五九—八五頁。
(177) 菊池一隆（前掲）『中国初期協同組合史論』、一二六—一三五頁。
(178) 陳維藩『消費合作之研究』上海、教育日報館、一九三六年、七四—九二頁。
(179) 菊池一隆（前掲）『中国初期協同組合史論』、三九七—四一一頁。
(180) 「本会会員発起組織上海救国職員消費合作社」『上海職業界救国会会刊』第二期、一九三六年八月三日第三版。なお、上海の救国会運動に関わった知識人たちの構想が、一九三八年八月の中国工業合作協会創立につながったことは、菊池一隆『中国工業合作運動史の研究』東京、汲古書院、二〇〇二年、一〇九—一三七頁を参照されたい。
(181) 張遠昕・鈕仲漁・呉誠安「銀銭業消費合作社的十年」、前掲『上海『銀聯』十三年』、一九五—二〇八頁。同じ頃、益友社も「消費合作股」というカウンターを設置して、日用品を社員に廉価で販売した。益友社は、中華百貨公司・家庭工業社・康元製缶廠・中華書局などと特別契約を結んだほかに、五洲薬房などに優待券を発行してもらった。益友社は一九四一年末に販売業務を停止したが、四七年末に「服務部」を設置して日用品の販売を再開した（前掲『益友社十二年』、一〇九—一一一頁）。
(182) 張遠昕・鈕仲漁・呉誠安（前掲）「銀銭業消費合作社的十年」、『上海『銀聯』十三年』。
(183) 應永玉「興辦福利事業　密切対会員的聯系」、前掲『上海『銀聯』十三年』、一一三—一二二頁。
(184) 張遠昕・鈕仲漁・呉誠安（前掲）「銀銭業消費合作社的十年」、『上海『銀聯』十三年』。
(185) 陳瑛「憶保険業消費合作社二三事」、前掲『上海市保険業職工運動史料』、一三〇—一三四頁。

(186) 張遠昕・鈕仲漁・呉誠安（前掲）「銀銭業消費合作社的十年」、『上海『銀聯』十三年』。

(187) ほかにも戦後には銀聯の同人福利事業委員会が、冠生園食品店・蔡同徳国葯店・万国葯店・生活書店・申報館・鶴鳴鞋帽商店・咸昌呢号などの有名店と特別契約を結び、銀聯の会員はこれらの店でそれぞれ五―二〇％程度の割引をしてもらえた。應永玉（前掲）「興辦福利事業　密切対会員的聯系」、『上海『銀聯』十三年』。

(188) 張遠昕・鈕仲漁・呉誠安（前掲）「銀銭業消費合作社的十年」、『上海『銀聯』十三年』。

(189) 邵介民「上海市消費合作社的組織形成問題」、一九五一年（上海市檔案館所蔵、B六五-一-一一九-一）。上海市合作社聯合社（一九五〇年一月成立の上海市供銷合作総社より一九五一年一月に改組）の文書。

(190) 前掲『益友社十二年』、九八―一一一頁。

(191) 同前。應永玉（前掲）「興辦福利事業　密切対会員的聯系」、『上海『銀聯』十三年』。

(192) 「社論　以行動響應南下的号召」『銀銭報』第一八〇期、一九四九年六月二四日第一版。

(193) 林幸司『近代中国と銀行の誕生――金融恐慌、日中戦争、そして社会主義へ』東京、御茶の水書房、二〇〇九年、二〇一頁。

(194) 前掲『上海『銀聯』十三年』、二二一頁。

(195) 「上総党組」から「市委組織部」への書簡、一九五四年五月一一日（上海市檔案館所蔵、C一-二-四二二五-一）。

(196) 前掲『益友社十二年』、三六頁。熊月之主編（陳祖恩・葉斌・李天綱著）『上海通史　第一一巻　当代政治』上海人民出版社、一九九九年、二七八頁。

(197) 呉子平「『銀聯』初期活動的片断」、前掲『上海『銀聯』十三年』、一六二―一六六頁。

(198) 記者「上海居仍不易　中産階級不作逃難想　蘇北南京難民到滬多」『内幕新聞叢刊』第一輯、一九四九年一月八日、一三頁。

第五章　「漢奸」の告発と戦後上海の大衆

(1) 「処理漢奸案條例　今日府令公布施行」『中央日報』一九四五年一一月二三日第二版。

(2) 劉傑『漢奸裁判――対日協力者を襲った運命』東京、中公新書、二〇〇〇年。Dongyoun Hwang, "Wartime Collaboration in Question: An Example of the Postwar Trials of the Chinese Collaborators," *Inter-Asia Cultural Studies*, Vol. 6, No. 1, March 2005, pp. 75-97.

(3) 張世瑛「従幾個戦後審奸的案例来看漢奸的身分認定問題　一九四五―一九四九」『国史館学術集刊』第一期、二〇〇一年一二月、一六一―一八〇頁。

(4) 羅久蓉「抗戦勝利後中共懲審漢奸初探」『中央研究院近代史研究所集刊』第二三期、一九九四年六月、二六九―二九一頁。

(5) 羅久蓉「軍統特工組織与戦後『漢奸』審判」、一九四九年――中国的関鍵年代学術討論会編輯委員会編『一九四九年――中国的関鍵年代学術討論会論文集』台北、国史館、二〇〇〇年、五一五—五四六頁。

(6)「李沢昨由警局逮捕　已解送法院」『文匯報』一九四六年一月八日第三版。「発揚光栄伝統　百貨業工会今成立」『文匯報』一九四九年九月二九日第二版など。

(7) 金奇「李沢案与参議員」『新民報晩刊』一九四六年九月二一日第二版。

(8) 古厩忠夫『日中戦争と上海、そして私——古厩忠夫中国近現代史論集』東京、研文出版、二〇〇四年、三三三—三五七頁。

(9) 王春英「戦後『経済漢奸』審判——以上海新新公司李沢案為例」『歴史研究』総第三一二期、二〇〇八年四月、一三二—一四五頁。

(10)「宣局長将接見市民　便利市民密告」『文匯報』一九四五年一〇月二三日第二版。

(11)「懲治漢奸条例　国府重行制定公布」『中央日報』一九四五年一二月六日第三版。

(12)「人民如何検挙漢奸　本報第三次座談記録」『文匯報』一九四六年一月二〇日第四版。「我們不明白」『文匯報』一九四六年一月二二日第四版。

(13)「漢奸治罪与輿論制裁」『文匯報』一九四五年九月二九日第一版。「厳懲漢奸与収復人心」『文匯報』一九四五年一一月二五日第一版。

(14) 左鴻「改善薪水階級的生活」『太平洋週報』第八三期、一九四三年一〇月二日、一八〇七頁。

(15)『新新公司総経理　李沢漢奸的醜史』上海、熱血出版社、一九四六年（上海市檔案館所蔵〈以下では「上檔蔵」と略す〉、Y一五-一-一三四）、二〇頁。

(16) 前掲「人民如何検挙漢奸　本報第三次座談記録」『文匯報』。

(17)「上海文化界検討座談会」『上海文化』第四期、一九四六年五月一日、一二—一七頁。商業主義的なタブロイド紙（「小報」）における「漢奸」報道の過熱化については、中村元哉『戦後中国の憲政実施と言論の自由　一九四五—四九』東京大学出版会、二〇〇四年、一四九—一五五頁の指摘を参照されたい。

(18)「吃一顆槍弾・豁一個虎跳！　褚民誼臨死表演太極拳」『鉄報』一九四六年八月二四日第一版。

(19) 王新衡（軍統局上海区区長）・劉方雄（上海市政府調査処処長）から銭大鈞（上海市市長）・何徳奎（上海市副市長）への報告書、一九四六年一月一三日（上檔蔵、Q一-七-一五-一七—二一）。舒月橋「追記一束——検挙漢奸李沢経過」『新生中国』第一巻第九・一〇号合刊、一九四六年一〇月、一六—一八、三三頁。

(20) 方朋「李沢出身三部曲」『快活林』創刊号、一九四六年二月二日、一〇頁。

(21)「李沢案下文如何？」『消息』第七期、一九四六年四月二八日、九八頁。舒月橋「我的回憶」『新生中国』第一巻第九・一〇号合刊、一九四六年一〇月、三三頁。

(22)　王新衡・劉方雄から銭大鈞・何徳奎への報告書（前掲）。
(23)　前掲『新新公司総経理　李沢漢奸的醜史』、五頁。
(24)　「検挙李沢罪行」『週報』第八期、一九四五年一〇月二七日、二三頁。なお、一九四六年九月一〇日、万其汀は、李沢裁判中の店内の商品を窃盗したとして、新成警察分局によって拘禁されている。「万其汀遭警局扣押　据説因為存有物資」『文匯報』一九四六年九月一二日第三版。
(25)　舒月橋（前掲）「追記一束――検挙漢奸李沢経過」『新生中国』。
(26)　韓武成・万其汀・梁仁階「新新公司職工検挙漢奸李沢」、政協上海市委員会文史資料工作委員会編『文史資料選輯　上海解放三十周年専輯』下冊、上海人民出版社、一九七九年、八八―九八頁。
(27)　舒月橋（前掲）「追記一束――検挙漢奸李沢経過」『新生中国』。
(28)　「李沢通敵検挙案　警局昨開庭預審」『文匯報』一九四六年一月六日第三版。前掲「李沢昨由警局逮捕　已解送法院」『文匯報』。前掲『新新公司総経理　李沢漢奸的醜史』、五、一三頁。韓武成・万其汀・梁仁階（前掲）「新新公司職工検挙漢奸李沢」『文史資料選輯　上海解放三十周年専輯』下冊。
(29)　「李沢逮捕後　警備部開始偵査」『大公報』（上海版）一九四六年一月九日第三版。小由「従検挙李沢到整飭官場」『人人週刊』第二巻第五期、一九四六年一月二〇日、一七頁。
(30)　王新衡・劉方雄から銭大鈞・何徳奎への報告書（前掲）。舒月橋（前掲）「追記一束――検挙漢奸李沢経過」『新生中国』。
(31)　王新衡・劉方雄から銭大鈞・何徳奎への報告書（前掲）。
(32)　中共上海市委党史資料徴集委員会ほか編『上海店員和職員運動史（一九一九―一九四九）』上海社会科学院出版社、一九九九年、六七〇頁。
(33)　王春英（前掲「戦後『経済漢奸』審判」『歴史研究』、一三六頁参照）の精査したところによると、文化大革命時の粛清材料である「旧新新学習班」の記録（一九六八年八月二三日―九月一〇日、『上海市第二商業局新新公司学習班名冊及新新公司人員名冊与同仁手冊』、上檔蔵、B九八-五-二二-六六―一六九）においては、幹事一〇名のうち四人までもが中統に関わっていたと記されている。
(34)　顧准「一九三四―一九四〇年的上海地下工作」、一九六九年一〇月二六日、陳敏之・丁東編『顧准自述』北京、中国青年出版社、二〇〇二年、三九七―四六〇頁。
(35)　舒月橋（前掲）「追記一束――検挙漢奸李沢経過」『新生中国』。
(36)　韓武成・万其汀・梁仁階（前掲）「新新公司職工検挙漢奸李沢」『文史資料選輯　上海解放三十周年専輯』下冊。中共上海市委党史資料徴集委員会ほか編（前掲）『上海店員和職員運動史』、六六八―六七七頁。

(37)「新新員工厳正表示　要求逮捕李沢」『文匯報』一九四六年一月七日第三版。

(38) 王新衡・劉方雄から銭大鈞・何徳奎への報告書（前掲）。「本市大検挙案新新公司八百員工挙発　総経理李沢通敵」『文匯報』一九四六年一月五日第三版。「新新公司同人聯名検挙大漢奸李沢」『民主』第一四期、一九四六年一月一二日、三五七頁など。

(39) 舒月橋（前掲）「追記一束——検挙漢奸李沢経過」『新生中国』。阿毛弟「関於李沢問題」『新上海』第五期、一九四六年一月二〇日、一二頁。

(40) 小由（前掲）「従検挙李沢到整飭官場」『人人週刊』。

(41) 程一鳴「軍統特務組織的真相」、陳楚君・兪興茂編『特工秘聞——軍統活動記実』北京、中国文史出版社、一九九〇年、一—三三頁。鄧葆光「軍統領導中心局本部各時期的組織及活動情況」、同前書、三四—六一頁。

(42) 同前。

(43) 鄭重為「宣鉄吾同杜月笙上海闘法的内情点滴」、全国政治協商会議文史資料委員会編『中華文史資料文庫』第六巻、北京、中国文史出版社、一九九六年、一九七—二〇一頁。「李沢献敵鋼鉄、獲得重要証拠」『文匯報』一九四六年一月一八日第三版。

(44) 前掲「李沢通敵検挙案　警局昨開庭預審」『文匯報』。

(45) 新新公司同人代表韓武成・舒月橋らが李沢を上海市社会局に告発した書状、一九四六年一月五日（上檔蔵、Q六―一―二―六三―二—四）。

(46) 韓武成・万其汀・梁仁階（前掲）「新新公司職工検挙漢奸李沢」『文史資料選輯　上海解放三十周年専輯』下冊。

(47) 前掲「李沢昨由警局逮捕　已解送法院」『文匯報』。

(48) 程一鳴（前掲）「軍統特務組織的真相」、鄧葆光（前掲）「軍統領導中心局本部各時期的組織及活動情況」、陳楚君・兪興茂編『特工秘聞』。

(49) 馮啓宏「花谿論英雄——侍従室第三処的人事工作析探」『中央研究院近代史研究所集刊』第五七期、二〇〇七年九月、一一九—一六四頁。

(50) 沈酔・文強著、中国人民政治協商会議全国委員会文史資料研究委員会編『戴笠其人』北京、文史資料出版社、一九八〇年、一五五頁。

(51) 王春英（前掲）「戦後『経済漢奸』審判」『歴史研究』。

(52)「滬新新公司総理　李沢就逮　輿論発揮力量　警局不得不捕」『大公報』（香港版）一九四六年一月九日第二版。「上海新新公司職工　検挙漢奸李沢闘争始末」『新華日報』一九四六年六月一八日第四版。

(53)「李沢被検挙案　労資双方各執一辞　銭市長表示秉公処置」『申報』一九四六年一月九日第三版。「李沢通敵被検挙案　銭市長発表談話」『文匯報』一九四六年一月九日第三版。

(54) 「新新公司董事会啓事」『申報』一九四六年一月八日第二版、『立報』一九四六年一月八日第二版など。
(55) 上海市社会局の統計によれば、一九四五年八月から翌年三月までの八ヶ月間だけで、上海ではのべ一万二三七〇の工場・商店でスト・怠業・休業が発生し、のべ七〇万人以上の従業員が関わった。その人数は当時の産業労働者数の二倍以上であり、同一の工場・商店で何回も労働争議が起こっていた。李丹「生活費指数的研究」『中国建設』第三巻第三期、一九四六年一二月、二六―三三頁。
(56) 宣鉄吾（上海市警察局局長）から銭大鈞（上海市市長）への報告書、一九四六年一月一〇日（上檔蔵、Q一-七-一一五-一五―一六）。前掲「李沢被検挙案　労資双方各執一辞　銭市長表示秉公処置」『申報』。前掲「李沢通敵被検挙案　銭市長発表談話」『文匯報』。「淪陥期内身受奸逆無窮痛苦　各界紛紛響應検挙漢奸運動」『時代日報』一九四六年一月九日第二版。「漢奸李沢　今日初審」『文匯報』一九四六年一月一〇日第三版。
(57) 梁仁階・汪伍新「検挙漢奸李沢」、中共上海市委党史資料徴集委員会主編『上海百貨業職工運動史料　一九三七―一九四九』上海教育出版社、一九八六年、九三―一一一頁。当該資料によれば、永安・麗華公司も、李沢告発運動にくわわったという。
(58) 康元印刷製罐廠と項康元については詳しくは、岩間一弘『上海近代のホワイトカラー――揺れる新中間層の形成』東京、研文出版、二〇一一年、二三四―二四二頁を参照されたい。
(59) 海鷹「被検挙之項康元」『海光』第七期、一九四六年一月一六日、一頁。
(60) 李・劉・兆・興から広東旅滬同郷公会への書状、一九四六年一月一二日（上檔蔵、Q一-七-二-八九-一九-一二三）。
(61) 「郭順出亡前的秘密活動」『海風』第一〇期、一九四六年一月一九日、二頁。龍声「郭順是不是漢奸?」『海風』第一一期、一九四六年一月二六日、二頁。
(62) 小広「郭順上校出国記」『海光』第七期、一九四六年一月一六日、四頁。
(63) 一吵「李沢被検挙後」『永安』加薪『大新』請客」『海風』第一〇期、一九四六年一月一九日、一一頁。
(64) 王新衡・劉方雄から銭大鈞・何徳奎への報告書（前掲）。告発を恐れた経営者たちが、危険分子を異動させる動きは、上海の多くの企業で見られていた（「銀行小職員訴苦　安居楽業的希望落了空」『文匯報』一九四六年二月二〇日第四版）。
(65) 前掲「漢奸李沢　今日初審」『文匯報』。
(66) 「敵偽時不願同流合汚　勝利後被擯門外」『文匯報』一九四六年二月二八日第四版。
(67) 王春英（前掲）「戦後『経済漢奸』審判」『歴史研究』、一三九頁は、蕭宗俊が従業員たちの告発運動を利用して李沢を追い落とし、新新公司の総経理の座についたと推察する。しかし、のちに蕭宗俊も、「漢奸」として告発された。「新新公司両個悲劇人物　李沢蕭宗俊的起落」『新民報晩刊』一九四七年九月二三日第四版。
(68) 上海市政府社会局の張科長・李処長から葛代理局務局長への報告書、一九四六年一月一〇日（上檔蔵、Q六-一-二六二-四）。

(69) 前掲「漢奸李沢　今日初審」『文匯報』。
(70) 宣鉄吾から銭大鈞への報告書（前掲）。
(71) 同前。
(72) 王新衡・劉方雄から銭大鈞・何徳奎への報告書（前掲）。
(73) 舒月橋（前掲）「追記一束——検挙漢奸李沢経過」『新生中国』。
(74) 前掲「李沢通敵被検挙案　銭市長発表談話」『文匯報』。「検挙李沢案　昨傳訊職工代表　舒月橋昨受単独訊問」『大公報』（上海版）一九四六年一月一二日第三版。韓武成・万其汀・梁仁階（前掲）「新新公司職工検挙漢奸李沢」『文史資料選輯　上海解放三十周年専輯』下冊。
(75) 「李沢被捕後的網外新聞」『七日談』第五期、一九四六年一月一六日、二―三頁。
(76) 返書は、一月二〇日に、左派系誌の『人人週刊』誌上で公表されている。小由（前掲）「従検挙李沢到整飭官場」『人人週刊』。
(77) 「李沢案新発展　畢高奎撤職」『大公報』（上海版）一九四六年一月一五日第三版。「據説是旧案　畢高奎撤職」『文匯報』一九四六年一月一六日第三版。「畢高奎押解南京　李沢将公開審訊」『文匯報』一九四六年一月二四日第三版。
(78) 「李沢案移帰法院　警備総部不再偵査」『文匯報』一九四六年一月一五日第三版。
(79) 「監院巡察団　重視李沢案」『文匯報』一九四六年一月一七日第三版。「李沢案提起公訴　日内将開審」『文匯報』一九四六年一月二〇日第三版。
(80) 王春英（前掲）「戦後『経済漢奸』審判」『歴史研究』。
(81) 王新衡・劉方雄から銭大鈞・何徳奎への報告書（前掲）。
(82) 「李沢附逆案　昨未公審」『文匯報』一九四六年一月一一日第三版。
(83) 王新衡・劉方雄から銭大鈞・何徳奎への報告書（前掲）。
(84) 「検査処偵訊完畢　李沢案定今開審」『文匯報』一九四六年一月三〇日第三版。
(85) 周有山「李沢案・一千万律師費」『新上海』第九期、一九四六年二月一七日、六頁。
(86) 「従法律与正義説到李沢与陳公博」『大都会』第三期、一九四六年五月二五日、八頁。
(87) 前掲「漢奸李沢　今日初審」『文匯報』。梁仁階・汪伍新（前掲）「検挙漢奸李沢」『上海百貨業職工運動史料』。
(88) 「為了李沢案——沙千里奉命返滬」『七日談』第五期、一九四六年一月一六日、一二頁。
(89) 前掲「人民如何検挙漢奸　本報第三次座談記録」『文匯報』。
(90) 周有山（前掲）「李沢案・一千万律師費」『新上海』。
(91) 唐海「狡辯雖高明　怎奈事実何　李沢案初審傍聴記」『文匯報』一九四六年一月二一日第三版。「李沢・漢奸案開審詳記」『鉄報』一九四六年一月三一日第一版。
(92) 植東「審奸二三事」『文匯報』一九四六年一月三一日第四版。
(93) 「李沢案一擱両月　法院昨定期宣判」『文匯報』一九四六年五月一日第三版。
(94) 根清「李沢麻煩蔣主席」『消息』第九期、一九四六年五月五日、一八二頁。
(95) 街頭人「街頭人語」『文匯報』一九四六年一月三一日第四版。
(96) 「黄浦灘頭」『文匯報』一九四六年二月一二日第三版、三月七日第三版。
(97) 前掲「人民如何検挙漢奸　本報第三次座談記録」『文匯報』。
(98) 前掲「李沢通敵被検挙案　銭市長発表談話」『文匯報』。
(99) 「漢奸李沢案　高院昨日再開審」『文匯報』一九四六年二月一二日第三版。
(100) 「昨高院再度審訊李沢」『鉄報』一九四六年二月一九日第一版。
(101) 中共上海市委党史資料徴集委員会ほか編（前掲）『上海店員和職員運動史』、六七四頁。
(102) 程振魁・朱元仁・杜伯儒「太平保険公司職工的経済闘争」、中共上海市委党史資料徴集委員会主編『上海市保険業職工運動史料　一九三八―一九四九』同委員会発行、一九八七年一二月、五四―六七頁。
(103) 「会審李沢　口供完全強弁！」『鉄報』一九四六年二月一二日第一版。
(104) 前掲「漢奸李沢案　高院昨日再開審」『文匯報』。
(105) 「蔣主席莅滬第三日　幾個新聞性的鏡頭」『文匯報』一九四六年二月一四日第二版。
(106) 「厳防漢奸漏網　滬各界聯合籌組　検挙李沢後援会」『文匯報』一九四六年二月一六日第三版。「検挙李沢後援会昨発表成立宣言」『文匯報』一九四六年二月一七日第三版。
(107) 鐘仲「従処理李沢説到粛清奸汚運動應走趨勢」『人人週刊』第一巻第九期、一九四六年二月二四日、八頁。
(108) 「舒月橋等提出控告書　重申李沢状」『文匯報』一九四六年二月一八日第三版。「提藍橋臨時法庭　昨三審李沢」『文匯報』一九四六年二月一九日第三版。
(109) 「李沢案遅遅不審　据伝在待陳霆鋭」『文匯報』一九四六年三月二五日第三版。
(110) 前掲「李沢案一擱両月　法院昨定期宣判」『文匯報』。
(111) 根清（前掲）「李沢麻煩蔣主席」『消息』。
(112) 「李沢案　難下判　法官慎重辦理　上京請示」『鉄報』一九四六年五月一四日第一版。
(113) 「李沢案　昨未宣判」『文匯報』一九四六年五月八日第三版。
(114) 「李沢案　検挙代表招待記者」『文匯報』一九四六年五月九日第三版。

(115)「牆頭人語」『新民報晩刊』一九四六年五月二九日第四版。
(116)「李沢昨三度受審」『文匯報』一九四六年六月四日第三版。
(117)「李沢昨判刑三年　原検挙人認為判得太軽」『文匯報』一九四六年六月九日第三版。
(118)「李沢案未了　原検挙人要求復判」『文匯報』一九四六年六月一七日第三版。
(119)「上海市工商界」が蔣介石に宛てた速達文書、一九四六年作成月不明（上檔蔵、Q一一八‐一二‐二一‐一三）。「名流為李沢緩頰現進行上訴要求免罪」『文匯報』一九四六年八月一〇日第四版。
(120) 王春英（前掲）「戦後『経済漢奸』審判」『歴史研究』。
(121) 鄧葆光（前掲）「軍統領導中心局本部各時期的組織及活動情況」、陳楚君・兪興茂編『特工秘聞』。
(122) 鄭重為（前掲）「宣鉄吾同杜月笙上海闘法的内情点滴」『中華文史資料文庫』。徐鋳成『杜月笙正伝』杭州、浙江人民出版社、一九八二年、一五九―一六〇頁。
(123)「郭順被検挙声中　李沢発回更審」『文匯報』一九四六年一一月一四日第三版。「李沢案下午更審」『文匯報』一九四六年一二月四日第四版。
(124)「李沢案件覆審在即　新新職工招待記者　決定上書蔣主席及承審推事」『文匯報』一九四六年一二月三日第四版。
(125) 韓成武・舒月橋等から上海市参議会の潘公展議長と各議員への書簡、一九四六年一一月三〇日（上檔蔵、Q一〇九‐一‐一八五七‐一〇四一‐一）。
(126)「李沢昨更審」『文匯報』一九四六年一二月五日第四版。「李沢漢奸更審有期」『文匯報』一九四七年五月二一日第四版。「再審李沢　新新職工百余人　携標語傳単傍聴」『申報』一九四七年五月三一日第四版。
(127)「小漢奸屈打成招？　沈萬霊替父詭辯」『鉄報』一九四六年二月二〇日第一版。「漢奸控告漢奸　双方均受審訊」『文匯報』一九四七年四月二二日第四版。
(128)「李沢案標語紛紛　社会局防止工潮」『新民報晩刊』一九四七年九月二九日第四版。「李沢今日宣判、呉開先請法院公布判決理由」『申報』一九四七年九月三〇日第四版。
(129)「仍判徒刑三年　李沢黙然無語　新新公司職工百余人往傍聴　袁履登減為七年　点頭連称『好！好！』」『新民報晩刊』一九四七年九月三〇日第四版。
(130)「法商電車公共汽車　今晨駛出廿輛」『新民報晩刊』一九四七年一〇月一日第四版。
(131) 前掲「仍判徒刑三年　李沢黙然無語　新新公司職工百余人往傍聴　袁履登減為七年　点頭連称『好！好！』」『新民報晩刊』。
(132) 例えば、李沢事件において世論の非難をかわして「漢奸」の庇護を図った軍統局は、別の事案では世論の代弁者としてふるまって、「漢奸」の保釈を認める法院の判決に不服を申し立てた。羅久蓉（前掲）「軍統特工組織与戦後『漢奸』審判」『一九四九

年——中国的関鍵年代学術討論会論文集』。
(133)「漢奸態度一何安閑?:」『文匯報』一九四六年四月一〇日第一版。
(134)「褚民誼臨死表演太極拳」『鉄報』一九四六年八月二四日第一版。
(135)「誰是毛沢東的継承人? 劉少奇是最有希望者」『鉄報』一九四六年一二月一九日第一版。「地下新聞 共党又提召開『人大』的秘密」『鉄報』一九四七年一月四日第一版。
(136)梁仁階・汪伍新(前掲)「検挙漢奸李沢」『上海百貨業職工運動史料』。
(137)同前。
(138)「百貨業工会代表 万其汀」『文匯報』一九五〇年一月三一日第三版。
(139)「漢奸李沢再被検挙」『文匯報』一九四九年七月六日第一版。

第六章　市参議員選挙と「漢奸」告発運動

(1)村翁「無奇不有的上海市参議員選挙 『光怪陸離』『醜態百出』」『文章』第一巻第三期(四・五月号)、一九四六年五月、七二—七七頁。
(2)笹川裕史・奥村哲『銃後の中国社会——日中戦争下の総動員と農村』東京、岩波書店、二〇〇七年、二一二頁。笹川裕史「一九四九年革命前夜中国における『民意』のゆくえ——四川省の民意機関を素材に」『現代中国』第八四号、二〇一〇年九月、五一—六二頁。ちなみに、重慶市では、上海市より四ヶ月ちかく早い一九四五年一二月三〇日に参議員選挙が実施されている(宋啓華「渝市首届参議員競選素描」『勝流』第三巻第二期、一九四六年一月一六日、一五—一三頁)。そして、四川省の事例を検証した山本真によると、民選になり権限も強化された戦後の省・市参議会の選挙では、地方の派閥勢力が闘争しながら不正な集票活動をおこない、議会内部の派閥抗争が激化し、とくに哥老会領袖と国民党や政府機関との摩擦や癒着が著しかったという(山本真「一九四〇年代国民政府統治下的県市参議会——以四川省之例為中心」、一九四九年——中国的関鍵年代学術討論会編輯委員会編『一九四九年——中国的関鍵年代学術討論会論文集』台北、国史館、二〇〇〇年、一六五—一九〇頁。同「一九四〇年代の四川省における地方民意機関——秘密結社哥老会との関係をめぐって」『近きに在りて』第五四号、二〇〇八年一一月、七三—八六頁。同「一九四〇年代、四川省における地方民意機関と秘密結社」、石塚迅・中村元哉・山本真編『憲政と近現代中国——国家、社会、個人』東京、現代人文社、二〇一〇年、一〇三—一二六頁)。また、同じく四川省参議会を検討した笹川裕史によると、参議会を通じて集約・表出された「民意」は、「地域全体の公意」を代表するものとして重みをもったが、選挙をめぐる違法行為、社会における利害の分裂、決議の拘束力の低さ、議員の地位を「昇官発財」に利用する行動などが、参議会の権威を損ねたという(笹川裕史〈前掲〉「一九四九年革命前夜中国における『民意』のゆくえ」『現代中国』)。こうした状況は、上海でも同様に見られていた。

（3）「市参議員選挙舞弊　引起法律糾紛」『文匯報』一九四六年五月一四日第三版。

（4）職業団体のなかで、教育会だけは直接選挙を実施し、そのほかの農会・工会・商会・自由職業者団体は、まず各団体の代表者を選出し、その代表者が参議員を選出する間接選挙を実施した。「選挙市参議員　全日熱烈緊張　数処発生紛擾中止投票」『申報』一九四六年四月二九日第四版。

（5）地区代表への投票資格は二〇歳以上で、上海に六ヶ月以上居住しているか、一年以上居住したことがある者だった。また、職業団体は農会・工会・商会・教育会および各種の自由職業者団体（医師や弁護士等の団体）に限られ、各団体の代表への投票者はその団体に三年以上参加した者に限られた。「市参議員選挙下月挙行　市府報告選挙辦法」『文匯報』一九四六年三月二一日第三版。

（6）同前。

（7）「中国民主促進会反対不合民主的上海市参議会宣言」『民主』第二六期、一九四六年四月一三日、六八七頁。

（8）馬叙倫「反対不民主的上海市参議会」『民主』第二五期、一九四六年四月六日、六二四—六二七頁。前掲「中国民主促進会反対不合民主的上海市参議会宣言」『民主』。「対本市参議会設立　民主促進会宣言反対」『文匯報』一九四六年四月七日第一版。

（9）「市参議員選挙在即　候補人名単発表」『文匯報』一九四六年四月一六日第三版。

（10）前掲「市参議員選挙下月挙行　市府報告選挙辦法」『文匯報』。「職業五団体　当選参議員一覧」『申報』一九四六年四月二九日第四版。「市参議会今晨成立」『文匯報』一九四六年八月一三日第四版。

（11）孫珊「上海市参議員　競選趣聞」『是非』第六期、一九四六年五月一〇日、一頁。

（12）村翁（前掲）「無奇不有的上海市参議員選挙　『光怪陸離』『醜態百出』」『文章』。『消息』からの転載とあるが、『消息』誌上で該当記事は見つけられなかった。

（13）「滬選見聞慢筆」『週播』第八期、一九四六年五月三日、一頁。

（14）何「上海市参議員　競選特輯　彩紙・標語・音楽隊・美人計　不択手段宣伝戦」『消息』第八期、一九四六年五月二日、一一四—一一五頁。

（15）孫珊（前掲）「上海市参議員　競選趣聞」『是非』。

（16）前掲「滬選見聞慢筆」『週播』。

（17）「市参議員選挙宣伝週」『鉄報』一九四六年四月二三日第一版。

（18）孫珊（前掲）「上海市参議員　競選趣聞」『是非』。

（19）「競選演説白熱化」『鉄報』一九四六年四月二五日第一版。

(20)「介紹競選的汪竹一氏」『鉄報』一九四六年四月二四日第一版。「龍華区競選参議員候補人　毛子佩的堅苦奮闘史」『鉄報』一九四六年四月二六日第一版。毛子佩は、『鉄報』の創刊者である。「参議員候選人群像」『鉄報』一九四六年四月二七日第一版。
(21)「市参議員選挙」『文匯報』一九四六年四月二九日第一版。
(22)「保甲」とは、地域住民による警防および相互監視のための行政制度であり、政権の住民管理の手段であった。上海では戦時期に対日協力政権によって整備され、戦後に国民政府によって改めて実施された。戦後上海における保甲制度、市参議員選挙後の一九四七年に実施された区長・保長の選挙、さらに国民党政権下の保甲制度から共産党政権下の居民委員会への連続と変化については、石島紀之「保甲制度から居民委員会へ――上海基層社会の転換」、日本上海史研究会編『建国前後の上海』東京、研文出版、二〇〇九年、八七―一一三頁を参照されたい。
(23)王宝「参議員競選演講――免費逛公園・知音音」『消息』第七期、一九四六年四月二八日、一〇〇―一〇一頁。
(24)「記×××博士参議員競選演講大会」『文芸青年』第七期、一九四六年六月四日、一四頁。
(25)孫珊（前掲）「上海市参議員　競選趣聞」『是非』。村翁（前掲）「無奇不有的上海市参議員選挙　『光怪陸離』『醜態百出』」『文章』。謝「毛巾・襪子・戯劇・身分証　光怪陸離話競選」『消息』第八期、一九四六年五月二日、一一四―一一五頁。
(26)謝（前掲）「毛巾・襪子・戯劇・身分証　光怪陸離話競選」『消息』。
(27)孫珊（前掲）「上海市参議員　競選趣聞」『是非』。
(28)謝（前掲）「毛巾・襪子・戯劇・身分証　光怪陸離話競選」『消息』。
(29)「競選白熱化！」『鉄報』一九四六年四月二七日第三版。
(30)馬叙倫（前掲）「反対不民主的上海市参議会」『民主』。
(31)「市参議員選挙今日分区挙行」『文匯報』一九四六年四月二八日第三版。
(32)前掲「滬選見聞慢筆」『週播』。
(33)「市参議員普選後昨日掲曉僅一区」『文匯報』一九四六年四月三〇日第三版。
(34)前掲「滬選見聞慢筆」『週播』。
(35)前掲「選挙市参議員　全日熱烈緊張　数処発生紛擾中止投票」『申報』。
(36)「説是民主第一遭　昨選挙市参議員」『文匯報』一九四六年四月二九日第三版。
(37)同前。
(38)前掲「選挙市参議員　全日熱烈緊張　数処発生紛擾中止投票」『申報』。
(39)同前。
(40)村翁（前掲）「無奇不有的上海市参議員選挙　『光怪陸離』『醜態百出』」『文章』には、『時事新報』からの転載とあるが、『時事新報』（上海版）で該当記事は見つけられなかった。
(41) 前掲「選挙市参議員　全日熱烈緊張　数処発生紛擾中止投票」『申報』。
(42) 同前。
(43) 前掲「市参議員普選後昨日掲暁僅一区」『文匯報』。
(44) 「真刀真槍　長寧区搶票内幕」『鉄報』一九四六年五月一日第一版。
(45) 「市参議員選挙舞弊　引起法律糾紛」『文匯報』一九四六年五月一四日第三版。
(46) 馬軍『舞庁・市政――上海百年娯楽生活的一頁』上海辞書出版社、二〇一〇年、一八四頁。
(47) 「市参議会八一三成立　九九挙行首次大会」『文匯報』一九四六年七月一六日第四版。
(48) 徐鋳成『杜月笙正伝』杭州、浙江人民出版社、一九八二年、一五五頁。
(49) 同前。
(50) 「市参議会昨日成立」『文匯報』一九四六年八月一四日第四版。
(51) 「小組討論・参議会醞釀大軸戲」『鉄報』一九四六年九月一三日第一版。なお、競馬場の問題に関する市参議会での議論については、張寧「従跑馬庁到人民広場――上海跑馬庁収回運動、一九四六―一九五一年」『中央研究院近代史研究所集刊』第四八期、二〇〇五年六月、九七―一三六頁。
(52) 唐海「評第一届参議会大会」『文匯報』一九四六年九月二六日第三版。
(53) 「検挙漢奸攻心為上」『鉄報』一九四六年五月二三日第一版。
(54) 「民政組提案討論」『文匯報』一九四六年九月一九日第三版。
(55) 馬軍（前掲）『舞庁・市政』、二一七―二一八頁。
(56) 市参議会における論議については、次の記事から整理した。前掲「民政組提案討論」『文匯報』。「検奸限期之争」『新民報晩刊』一九四六年九月一九日第一版。「参議会今日通過　限期検挙漢奸案」「漢奸問題　引出秦檜」『新民報晩刊』一九四六年九月一九日第四版。「限期徹底検挙漢奸」『文匯報』一九四六年九月二〇日第三版。越纓「漢奸的検挙期限不應縮短」『新民報晩刊』一九四六年九月二三日第二版。唐海（前掲）「評第一届参議会大会」『文匯報』。
(57) 同前。
(58) 「人民検挙漢奸　今日最後一天」『文匯報』一九四六年一一月三一日第四版。
(59) 「継袁履登之后　高院昨審林康侯」『文匯報』一九四六年六月八日第三版。「如此市参議員　如何代表民意」『文匯報』一九四六年九月八日第六版など。
(60) 沙「原来如此！」『新民報晩刊』一九四六年一〇月二日第四版。

(61)「如此『絶対民主的表現』！」『新華日報』一九四六年一〇月七日第二版。
(62)「候補市参議員検挙　十一名参議員逆」『大衆夜報』一九四六年一〇月五日第四版。
(63)「民意機関竟有漢奸　参議員十一人被控」(「黄浦灘頭」)『文匯報』一九四六年一〇月六日第三版。「候補議員検挙・律師透露消息　検挙十名附逆参議員」『鉄報』一九四六年一〇月六日第一版。「検挙漢奸問題」『大公報』(上海版)一九四六年一〇月一三日第一版。
(64)「荒誕的邏輯」『新民報晩刊』一九四六年一〇月七日第四版。
(65)沙(前掲)「原来如此！」『新民報晩刊』。
(66)「参議員被検附逆　恐不致引起風浪　徐寄庼氏知是説」『文匯報』一九四六年一〇月一一日第三版。
(67)「又是漢奸」『文匯報』一九四六年一〇月六日第一版。自知「検挙漢奸有感」『新民報晩刊』一九四六年一〇月一一日第二版。
(68)「候補参議招待記者　説是并未検挙漢奸」「何徳奎案尚有下文」『文匯報』一九四六年一〇月一四日第三版。
(69)「参議員被検挙」『申報』一九四六年一〇月六日第六版。「附逆参議員被検挙　田怡庭有漢奸嫌疑　其他参議員被検挙尚無確証　趙一葦等対本報記者談話」『大公報』(上海版)一九四六年一〇月六日第四版。「検挙漢奸参議員」『新民報晩刊』一九四六年一〇月六日第四版。
(70)「参議員被検挙案　潘公展表示意見」『文匯報』一九四六年一〇月七日第三版。
(71)「検挙附逆参議員」『大公報』(上海版)一九四六年八月八日第四版。
(72)「漢奸参議員」『文匯報』一九四六年一〇月七日第一版。
(73)「『無罪的漢奸』」『新民報晩刊』一九四六年一〇月一二日第二版。
(74)「参議員有漢奸嫌疑　黄振世昨日受審」『文匯報』一九四六年一二月一一日第四版。

第七章　ミス上海コンテストに見る戦後大衆社会

(1)井上章一『美人コンテスト百年史──芸妓の時代から美少女まで』東京、新潮社、一九九二年。
(2)王書奴『中国娼妓史』上海、生活書局、一九三四年、三一一頁。
(3)合山究「花案・花榜攷」『文学論輯』第三五号、一九八九年一二月、九九―一二六頁。
(4)薛理勇『上海妓女史』香港、海峰出版社、一九九六年、一一八―一二九頁。
(5)樽本照雄『清末小説閑談』京都、法律文化社、一九八三年、二五〇―二六二頁。孫国群『旧上海娼妓秘史』鄭州、河南人民出版社、一九八八年、七一―七八頁。Gail Hershatter, *Dangerous Pleasures: Prostitution and Modernity in Twentieth-Century Shanghai*, Berkeley and Los Angeles: University of California Press, 1997, pp. 165-169. Catherine Yeh, *Shanghai Love: Courte-*

sans, Intellectuals, and Entertainment Culture, 1850–1910, Seattle and London: University of Washington Press, 2006, pp. 227–236.

（6）馬軍『舞庁・市政——上海百年娯楽生活的一頁』上海辞書出版社、二〇一〇年、八一頁。

（7）『申報』「本埠増刊」一九二九年八月二六日第三版、九月八日第七版、一一日第五版、一四日第三版、一八日第四版、二一日第九版、二五日第一〇版、二八日第三版。

（8）薛理勇（前掲）『上海妓女史』、一六〇頁。

（9）「一九四九年中国小姐」『良友』第一七〇期、一九四一年九月一五日、三二頁。

（10）「『上海小姐』大吹大擂　如火如荼『重慶皇后』」『週播』第二二期、一九四六年九月一日、三頁。

（11）同前。

（12）「妙想天開的『義挙』『香港小姐』競選記」『新民報晩刊』一九四六年八月一〇日第一版。「参観『香港小姐』競選記」『一週間』第一二期、一九四六年八月二八日第一版。

（13）一九四六年のミス上海コンテストについては、王安憶が一九九五年に発表した小説『長恨歌』（北京、作家協会、一九九六年版）の第一部第二章第一〇節に描かれている。また、東方衛視（上海）の『深度一〇五』が、特集番組「説旧聞——一九四六年上海小姐選秀」（二〇〇七年八月一四日）を放送した。

（14）馬軍（前掲）『舞庁・市政』、一五五頁。

（15）両大戦間期において、有名女優や上・中流階層の女性の自殺がメディア・イベントとなっていった様相は、Bryna Goodman, "The New Woman Commits Suicide: The Press, Cultural Memory, and the New Republic," *The Journal of Asian Studies*, Vol. 64, No. 1, February, 2005, pp. 67–101; Peter J. Carroll, "Fate-Bound Mandarin Ducks: Newspaper Coverage of the "Fashion" for Suicide in 1931 Suzhou," *Twentieth Century China*, Vol. 31, No. 2, April, 2006, pp. 70–95. を参照されたい。

（16）近代上海の「蘇北人」に関する研究として、Emily Honig, *Creating Chinese Ethnicity: Subei People in Shanghai, 1850–1980*, New Haven: Yale University Press, 1992. がよく知られている。

（17）「蘇省府重視水利　準備修築海塘河堤」『文匯報』一九四六年二月一一日第三版、「蘇省吁請拨款　搶修運堤海塘」『文匯報』一九四六年二月二〇日第一版。

（18）「蘇北汎区一片汪洋　難民掙扎惨不忍睹　空軍奉主席命撮成照片」『中央日報』一九四六年八月一〇日第二版。張明「洪水在蘇北　汎濫区上空視察記」『申報』一九四六年八月一〇日第二版。

（19）「蘇北『闘争』熱　揚州難民多」『文匯報』一九四六年四月二三日第二版。

（20）「救済蘇北災民　本市発動募款」『文匯報』一九四六年七月二日第四版。

(21) 章君穀著・陸京士校訂『杜月笙傳』第四冊、台北、傳記文学雑誌社、一九八一年、九二―九七頁。
(22) 「救救蘇北難民！　各界踊躍捐助！」『大公報』一九四六年七月八日第一版、一〇日第一版。
(23) 程風「杜氏双千金参加上海小姐競選」『上海特写』第一〇期、一九四六年八月六日、一頁。
(24) 「簡訊」『文匯報』一九四六年七月五日第四版。
(25) 「選挙上海小姐　救済蘇北難民」『文匯報』一九四六年七月二八日第四版。
(26) 「選挙上海小姐　下月十五挙行」『文匯報』一九四六年七月三一日第四版。
(27) 「上海小姐競選需知」『鉄報』一九四六年八月八日第一版。「徴求應選人啓事」『大公報』一九四六年八月一一日第一版。
(28) 「選挙上海小姐　下月十五挙行」『文匯報』一九四六年七月三一日第四版。しかし、実際には映画女優（「電影皇后」）の部門のコンテストはおこなわれなかった。
(29) 前掲「選挙上海小姐　救済蘇北難民」『文匯報』。
(30) 「競選小姐皇后　報名参加寥寥」『文匯報』一九四六年八月一一日第四版。
(31) 「競選上海小姐預測」『上海特写』第一二期、一九四六年八月二〇日、一頁。
(32) 「皇后競選会　昨招待記者」『文匯報』一九四六年八月八日第四版。ほかにも「旧劇」（京劇）の女優・白玉薇が、新聞紙上でミス上海コンテストへの不参加を表明した。「我不参加皇后競選」『鉄報』一九四六年八月一六日第四版。
(33) 前掲「競選上海小姐預測」『上海特写』。
(34) 前掲「上海小姐競選需知」『鉄報』。前掲「徴求應選人啓事」『大公報』。
(35) 申由「可惜上海非紐約！『上海小姐』選挙形色」『文萃』第四五期、一九四六年八月二九日、二〇―二一頁。
(36) 「女公務員見義勇為　参加候選上海小姐」『申報』一九四六年八月一二日第四版。
(37) 「上海小姐拋磚引玉　昨日聯名発表宣言」『文匯報』一九四六年八月一二日第四版。「上海小姐應選人聯合宣言」『申報』一九四六年八月一三日「慶祝上海市参議会成立特刊」第二版。
(38) 「在麻雀牌声里　瞻仰『上海小姐』」『新民報晩刊』一九四六年八月一三日第二版。
(39) 於闘闘編、唐英英唱「選挙上海小姐」『勝利無線電』第四期、一九四六年九月一一日。
(40) 「上海小姐競選人物誌　一・王韵梅」『鉄報』一九四六年八月一五日第一版。
(41) 「上海小姐競選人物誌　二・謝家驊」『鉄報』一九四六年八月一六日第一版。呉「上海名票友　謝家驊小姐　願盡人類互助的責任」『申報』一九四六年八月二〇日、「上海小姐特刊」第三版。
(42) 「上海小姐競選人物誌　三・林建秀」『鉄報』一九四六年八月一七日第一版。
(43) 「上海小姐競選人物誌　四・劉徳明」『鉄報』一九四六年八月一八日第一版。なお、『鉄報』は「第十五公所」と誤っている。

(44)「上海小姐競選人物誌　五・張娜」『鉄報』一九四六年八月一九日第一版。
(45)本報記者「『上海小姐』採訪記」『申報』一九四六年八月二〇日、「上海小姐特刊」第三版。
(46)申由（前掲）「可惜上海非紐約！　『上海小姐』選挙形色」『文萃』。
(47)『申報』一九四六年八月二〇日、「上海小姐特刊」第一―四版。
(48)「選挙上海小姐　幾個小鏡頭」『週播』第二二期、一九四六年九月一日、五頁。
(49)小記者「競選上海小姐的網外新聞」『星光』新八号、一九四六年九月一日、六頁。
(50)「誰是小姐誰是后　且看勝負決今宵」『申報』一九四六年八月二〇日第四版。
(51)本報採訪組「競選小姐行列」『申報』一九四六年八月二〇日、「上海小姐特刊」第二版。「募款救済蘇北難胞　今晩大選上海小姐」『大公報』一九四六年八月二〇日第四版。ただし、『大公報』は、一般女性の出場者を三九人と報道している。
(52)「門外軍警林立門内仕女如雲　上海小姐誕生了」『文匯報』一九四六年八月二一日第四版。
(53)徐翊「請救済你們自己罷」『新民報晩刊』一九四六年八月二五日第二版。
(54)兪晨「新仙林観選記　鈔票与選票斉飛、美女与紙花　色」『新民報晩刊』一九四六年八月二三日第三版。
(55)章君穀著・陸京士校訂（前掲）『杜月笙傳』、九七―九八頁。
(56)「競選的秘密　小姐出冷門」『精華』第二年革新第二一期「上海小姐専輯」、一九四六年八月二四日、二頁。「上海小姐是什麼東西？」『上海特写』第一四期、一九四六年九月三日、一〇頁。
(57)申由（前掲）「可惜上海非紐約！　『上海小姐』選挙形色」『文萃』。
(58)兪晨（前掲）「新仙林観選記　鈔票与選票斉飛、美女与紙花一色」『新民報晩刊』。前掲「選挙上海小姐　幾個小鏡頭」『週播』。
(59)申由（前掲）「可惜上海非紐約！　『上海小姐』選挙形色」『文萃』。
(60)「街頭人語」『文匯報』一九四六年八月二三日第六版。張王淑芬「別侮辱女性了」『新民報晩刊』一九四六年九月六日第二版。沙「無冕的小姐」『新民報晩刊』一九四六年九月六日第四版。「小姐皇后加冕礼流産」『鉄報』一九四六年九月一〇日第四版など。
(61)「上海小姐捐款分配」『新民報晩刊』一九四六年九月二一日第四版。「上海小姐之母　救難会即結束」『新民報晩刊』一九四六年一〇月二八日第四版。「『上海小姐』挙行『掛牌』大典！」『鉄報』一九四六年一〇月三一日第一版。
(62)「美麗的謊言」『文匯報』一九四六年七月三一日第六版。
(63)蘇青「救災為名、淫佚其実」『文匯報』一九四六年九月八日第三版。
(64)鳳三「選挙『上海小姐』是玩女人的機会」『吉普』第三五期、一九四六年八月一五日第一版。
(65)「義務的売淫」『新民報晩刊』一九四六年八月九日第二版。
(66)乃剛「矛与盾（下）」『文匯報』一九四六年八月二〇日第六版。

(67) 徐翊（前掲）「請救済你們自己罷」『新民報晩刊』。
(68) 劉友瑾「話劇界不来這一套」『文匯報』一九四六年八月一〇日第八版。趙清閣「談『上海小姐』」『大公報』一九四六年八月一六日第八版。
(69) 「選挙上海窮爺」『精華』第二年革新第二〇期、一九四六年八月一六日、一二頁。
(70) 「以女救災」『新民報晩刊』一九四六年八月九日第二版。
(71) 前掲「義務的売淫」『新民報晩刊』。
(72) 「反対選挙上海小姐！」『吉普』第三五期、一九四六年八月一五日第一版。
(73) 沙「救済了誰？」『新民報晩刊』一九四六年八月二六日第四版。
(74) 劉友瑾（前掲）「話劇界不来這一套」『文匯報』。
(75) 趙清閣（前掲）「談『上海小姐』」『大公報』。
(76) 前掲「皇后競選会　昨招待記者」『文匯報』。
(77) 少夫「人言可愛」『申報』一九四六年八月九日第一二版。
(78) 本報記者（前掲）「『上海小姐』採訪記」『申報』。
(79) 焉梵「『老手』」『新民報晩刊』一九四六年八月二二日第二版。なお、「遊泳救災」とは、水着姿の披露のことであろうか。東方衛視「説旧聞——一九四六年上海小姐選秀」『深度一〇五』上海、二〇〇七年八月一四日放送は、水着コンテストもおこなわれたとしていたが、管見の限り、それを裏付ける史料を見つけられなかった。
(80) 「女待應生参加　上海小姐競選」『海星』第二四期、一九四六年八月二〇日、二頁。
(81) 「『女人第二』」『文匯報』一九四六年八月一二日第六版。
(82) 「『上海小姐』競選資本」『鉄報』一九四六年八月一八日第四版。
(83) 「救災、嘻嘻！」『新民報晩刊』一九四六年八月二三日第一版。
(84) 申由（前掲）「可惜上海非紐約！——『上海小姐』選挙形色」。
(85) 「蕭山臨浦学海派　発動選挙臨浦小姐」『文匯報』一九四六年九月七日第五版。「臨浦小姐　東施効顰」『新民報晩刊』一九四六年九月一四日第三版。
(86) 文商旅「古城近事　学海派選挙『西安小姐』　加強統制訓練報販工人」『文匯報』一九四六年一〇月九日第五版（九月二〇日寄稿）。
(87) 「上海点滴」『新民報晩刊』一九四八年六月二三日第四版、七月一〇日第四版、二九日第四版。
(88) 前掲「上海小姐是什麼東西？」『上海特写』。

(89) 同前。

(90) 「一言半語」『新民報晩刊』一九四六年九月三日第三版。

(91) 「上海小姐之家　謝家驊故居陳設　至今尚成為懸案」『新民報晩刊』一九四六年一一月九日第四版。「『上海小姐』之父受審　謝筱初手擎花茶　自称亦為蒙難同志」『新民報晩刊』一九四七年二月一一日第四版。

(92) 一九四二―四五年に南京や上海などで活躍した女性画家・李青萍については、羅久蓉「戦争与婦女――従李青萍漢奸案看抗戦前後的両性関係」、呂芳上主編『無声之声　I　近代中国的婦女与国家（一六〇〇―一九五〇）』台北、中央研究院近代史研究所、二〇〇三年、一二九―一六四頁。

(93) 前掲「競選的秘密　小姐出冷門」『精華』。

(94) 花庁夫人「舞女名媛較量長短　短褲跳舞必須保険」『新民報晩刊』一九四六年九月二一日第三版。

(95) 蘇青（前掲）「救災為名、淫佚其実」『文匯報』。

(96) 「上海小姐苗頭九十六　謝家驊風頭仍健」『文飯』第二巻第一期、一九四七年二月八日、一〇頁。

(97) 「謝家驊解答婚姻問題　濃装艶抹招待記者十五分鐘」『鉄報』一九四六年八月二四日第一版。金僕姑「上海小姐『粗成好合』」『大地』第四一期、一九四七年一月・九日第一一版。

(98) 「上海小姐広播　冬令救済捐款」『文匯報』一九四六年一一月二八日第三版。

(99) 「聖誕已過　元旦将臨　酒会舞会　節目繁多」『文匯報』一九四六年一二月二七日第四版。ただし、金僕姑（前掲）「上海小姐『粗成好合』」『大地』によれば、婚約の儀式は一九四七年元旦におこなわれたという。

(100) 「虹口跳舞有通宵　冬春交替天花多」『文匯報』一九四七年一月九日第四版。

(101) 「上海小姐金屋糾紛」『新民報晩刊』一九四七年一月一六日第四版。

(102) 前掲「上海小姐之家　謝家驊故居陳設　至今尚成為懸案」『新民報晩刊』。

(103) 前掲「上海小姐金屋糾紛」『新民報晩刊』。

(104) 金僕姑（前掲）「上海小姐『粗成好合』」『大地』。

(105) 前掲「『上海小姐』之父受審　謝筱初手擎菊花　自称亦為蒙難同志」『新民報晩刊』。「上海小姐之父謝筱初昨受審」『文匯報』一九四七年二月一二日第四版。

(106) 例えば、「社評　漢奸与地下工作」『大公報』一九四六年一月一六日第二版など。

(107) 「上海小姐之父」『文匯報』一九四七年三月一日第三版。

(108) 「『上海小姐』香港遭厄」『大公報』一九四七年一二月五日第四版。「自由戦勝虚栄　要学娜拉出走　上海小姐的香港事変」『新民報晩刊』一九四七年一二月一一日第四版。

(109) 謝煌「『上海小姐』在香港」『中美週報』一九四七年第二六八期、一九四七年一二月一一日、四一—四二頁。
(110) 前掲「『上海小姐』香港遭厄」『大公報』。前掲「自由戦勝虚栄　要学娜拉出走　上海小姐的香港事変」『新民報晩刊』。
(111) 「『上海小姐』謝家驊出走記」『青春電影』第一六年第一期、一九四八年一月一日。
(112) 前掲「自由戦勝虚栄　要学娜拉出走　上海小姐的香港事変」『新民報晩刊』。
(113) 趙家連「我為『上海小姐』抱不平」『新民報晩刊』一九四七年一二月一一日第四版。
(114) 沙「上海姑爺」『新民報晩刊』一九四七年一二月七日第四版。前掲「自由戦勝虚栄　要学娜拉出走　上海小姐的香港事変」『新民報晩刊』。
(115) 英冬「劣等影片挙例」『新民報晩刊』一九四八年六月二三日第三版。
(116) 「『上海小姐』服毒遇救」『婦女』第三巻第五期、一九四八年八月、五頁。小林「論上海小姐自殺」『野草文叢』第一一集・血書、一九四八年八月、二九頁。
(117) 路徳曼「『上海小姐』謝家驊的香閨近景!」『海晶』第三年第二期、一九四八年一二月八日、一五—一六頁。
(118) 家驊啓「梅莘鑑」『新聞日報』一九五〇年三月一八日第五版。
(119) 「『上海小姐』的没落　謝家驊登報尋夫」『新民報晩刊』一九五〇年三月一八日第二版。

第八章　演技と宣伝のなかで

(1) 一九三〇年代後半の上海には、一三—一四万人の小商店店員のほかに、一五—一七万人程度の職員がいるとされ、その大部分が外資および中国資本の民間企業で働いていた(顧准〈立達〉「上海職員与職員運動(一)」『職業生活』第一巻第一期、一九三九年四月一五日、六—七頁)。そして人民共和国が成立した一九四九年頃には、約三六万人の商店員のほかに、三〇万人程度の職員がおり、その約半分は民間企業で働いていたと考えられる(「陳毅将軍在滬各界代表会上　関於上海市軍管会和人民政府六七両月工作報告」『人民日報』一九四九年八月二三日第一—二版。上海市人民政府秘書処編『一九四九年　上海市総合統計』同処発行、一九五〇年、「群衆組織類」三〇頁、「人口類」一四、一七頁より算出)。詳しくは、岩間一弘『上海近代のホワイトカラー——揺れる新中間層の形成』東京、研文出版、二〇一一年、六—八頁を参照されたい。
(2) 一九五〇年代の中国における階層再編、とりわけ「資産階級」(ブルジョワジー)および「小資産階級」(プチブル)の再編・改造を考察するために重要な先行研究としては、Deborah S. Davis, "Social Class Transformation in Urban China: Training, Hiring, and Promoting Urban Professionals and Managers after 1949," *Modern China*, Vol. 26, No. 3, July 2000, pp. 251-275／楊奎松「建国前後中国共産党対資産階級政策的演変」『近代史研究』総第一五二期、二〇〇六年第二期、二〇〇六年三月、一—二五頁。孫慧敏「上海律師業的改造与消滅(一九四九—一九五七)」、陳永發主編『両岸分途——冷戦初期的政経発展』台北、中央研究院近代史研究所、二〇〇六年、七七―一一八頁。馮筱才「政治生存与経済生存――上海商人如何走上公私合営之路？（一九四九―一九五七）」、謝国興主編『改革与改造――冷戦初期両岸的糧食、土地与工商業変革』台北、中央研究院近代史研究所、二〇一〇年、二七五―三三二頁などがある。これらのうち、馮筱才の社会史研究は、上海の民間企業の「公私合営」化の過程を、商工業者と党・政府幹部がそれぞれに、「『生存競争』のゲーム」のなかで政治的・経済的に生き残るために推進していったものとして捉え直している。大衆運動には、そうした合理的・戦略的な行為論からだけでは捉えきれない情緒的・集団的行為というべき非合理的な一面があった点は留意すべきにせよ、本章の視点も馮の研究に近い。すなわち、当時掲げられた「社会主義」などのイデオロギーからかけ離れたところで、上海の民間企業職員たちが知恵を振りしぼって政治運動を切りぬけようとするなかで、党・政府の支配が貫徹されていった様子を見ていこう。

（3）前述の諸研究にくわえて、一九五〇年代上海の政治運動を考察するために重要な近年の代表的な研究を二点だけ挙げておく。泉谷陽子『中国建国初期の政治と経済――大衆運動と社会主義体制』東京、御茶の水書房、二〇〇七年は、朝鮮戦争を契機として大衆運動が連鎖的に展開されたのにともなって、共産党の経済支配が確立される過程を論じた。また、金野純『中国社会と大衆動員――毛沢東時代の政治権力と民衆』東京、御茶の水書房、二〇〇八年は、本章の研究と視点・方法を共有するところが多い。金野著に対する筆者の見解は、岩間一弘「金野純『中国社会と大衆動員――毛沢東時代の政治権力と民衆』、御茶の水書房」『現代中国』八三号、二〇〇九年九月、一七二―一七五頁。

（4）Erving Goffman, *The Presentation of Self in Everyday Life*, New York: Doubleday, 1959／E・ゴッフマン（石黒毅訳）『行為と演技――日常生活における自己呈示』東京、誠信書房、一九七四年。

（5）「演技」と「宣伝」の繰り返しという観点は、上海の民間製粉工場において総経理（総支配人）を務め、一九五七年に上海から香港へ亡命したロバート・羅の興味深い回想録から着想をえた。Robert Loh and Humphrey Evans, *Escape from Red China*, New York: Coward-McCann, Inc., 1962／ロバート・羅、ハンフリー・エヴァンス（大谷正義訳）『中共からの脱出――政治学者ロバート・羅の中共脱出記』東京、自由アジア社、一九六三年。

（6）岩間一弘『演技と宣伝のなかで――上海の大衆運動と消えゆく都市中間層』東京、風響社、二〇〇八年。

（7）「民主改革補課」運動については、岩間一弘「在表演和宣伝之間――上海民営企業職員階層的重組与群衆運動、一九四九―一九五二年」、巫仁恕・康豹・林美莉編『従城市看中国的現代性』台北、中央研究院近代史研究所、二〇一〇年、三六一―三九三頁において、中国語で発表している。

（8）顧准（立達）「上海職員与職員運動（一）」『職業生活』第一巻第一期、一九三九年四月一五日、六―七頁。岩間一弘（前掲）『上海近代のホワイトカラー』、第一章。

（9）「東北局関於公営企業中職員問題的決定」（一九四八年八月一日）、中原新華書店編『中国人民解放軍入城政策』中原新華書店、一九四九年四月、四七—五五頁。

(10) 金冲及主編『劉少奇伝』北京、中央文献出版社、一九九八年、六二六—六三九頁。

(11) 「津職代会昨進行討論　一致接受劉少奇報告」『進歩日報』一九四九年四月三〇日第三版。

(12) 天津総工会籌備委員会「関於公営企業中加強職工団結及管理民主化討論提綱」『天津日報』一九四九年六月二七日第一・二版。

(13) 「中華人民共和国反革命懲治条例」、中共中央文献研究室編『建国以来重要文献選編』第二冊、北京、中央文献出版社、一九九二年、四四—四七頁。

(14) 上海における反革命鎮圧運動の過程については、金野純（前掲）『中国社会と大衆動員』、六九—一〇〇頁。

(15) Robert Loh and Humphrey Evans. *Escape from Red China*. p. 67／大谷正義訳（前掲）『中共からの脱出』、六七頁。

(16) 熊月之主編（陳祖恩・葉斌・李天綱著）『上海通史　第一一巻　当代政治』上海人民出版社、一九九九年、四六頁。熊月之・周武主編『上海——一座現代化都市的編年史』上海書店出版社、二〇〇七年、五二〇頁。

(17) 泉谷陽子（前掲）『中国建国初期の政治と経済』、一五—四〇頁。

(18) 沈逸静「『三反』、『五反』運動在上海」、鄒栄庚主編・中共上海市委党史研究室編『当代上海党史文庫　歴史巨変　一九四九—一九五六』一、上海書店出版社、二〇〇一年、一八二—二一三頁。

(19) 泉谷陽子（前掲）『中国建国初期の政治と経済』、八八—九三頁。

(20) 中共上海市委工業生産委員会「工廠三反運動通報」第一号、一九五二年二月一二日（上海市檔案館所蔵〈以下では「上檔蔵」と略す〉、A三八-一-一六〇）。

(21) 中共上海市委工業生産委員会「工廠三反運動通報」第三号、一九五二年二月二二日。

(22) 同前。

(23) 中共上海市委工業生産委員会「工廠三反運動通報」第六号、一九五二年三月一六日。

(24) 中共上海市委工業生産委員会「工廠三反運動通報」第三号、一九五二年二月二二日。

(25) 『上海工商社団志』編纂委員会編『上海工商社団志』上海社会科学出版社、二〇〇一年、三九一、三九六頁。

(26) 「滬工商代表拡大大会今閉幕　代表大都表示工商界應動員起来　開展『四反』運動大胆坦白和検挙」『大公報』一九五二年一月一七日第一版など。

(27) 栄毅仁「上海市工商界代表拡大会議総結（摘要）」『新聞日報』一九五二年一月一八日第一版。

(28) 懋孫「認識四反運動的性質和端正自己的立場」『上海工商』第三巻第二号、一九五二年一月三一日、九—一一頁。

(29) 王芸生「打垮資産階級在上海的深溝高壘」『大公報』一九五二年三月二二日第一版。

(30) 「中共中央関於首先在大中城市開展『五反』闘争的指示」、中共中央文献研究室編『建国以来重要文献選編』第三冊、北京、中央文献出版社、一九九二年、五三―五四頁。

(31) 沈逸静（前掲）「『三反』、『五反』運動在上海」『当代上海党史文庫　歴史巨変　一九四九―一九五六』一。

(32) 上海市工商業聯合会「上海市工商界『五反』運動委員会・工商業聯合会函　事由　為通知有関工商界『五反』運動今後推進事宜」、一九五二年二月七日（上檔蔵、Q六四-四-二九-四）。

(33) 王芸生（前掲）「打垮資産階級在上海的深溝高塁」『大公報』。

(34) 沈逸静（前掲）「『三反』、『五反』運動在上海」『当代上海党史文庫　歴史巨変　一九四九―一九五六』一。中共上海市委宣伝部「上海市『五反』宣伝工作計画」、一九五二年三月一七日作成、二〇日に関係各部門に発布（上檔蔵、B九二-一-九〇-六―九）。

(35) 同前。

(36) 同前。ほかにも、John Gardner, "The Wu-fan Campaign in Shanghai: A Study in the Consolidation of Urban Control," in Doak Barnett (ed.), *Chinese Communist Politics in Action*, Seattle: University of Washington Press 1969, pp. 477-539、何永紅『「五反」運動研究』北京、中央党史出版社、二〇〇六年、一四〇頁。

(37) 中共上海市委宣伝部「第二隊報告　第一戦役的初歩総結与第二戦役的部署（草稿）」、作成年不明（上檔蔵、B九二-一-九〇-一七―一八）。

(38) 何永紅（前掲）『「五反」運動研究』、一三九頁。John Gardner, "The Wu-fan Campaign in Shanghai," in Doak Barnett (ed.), *Chinese Communist Politics in Action.*

(39) 沈逸静（前掲）「『三反』、『五反』運動在上海」『当代上海党史文庫　歴史巨変　一九四九―一九五六』一、二〇二頁。

(40) 陳毅「為争取反行賄、反偸税漏税、反盗竊国家資材、反偸工減料和反盗竊国家経済情報的運動底完全的徹底的勝利而闘争」『労働報』一九五二年三月二六日第二版など。

(41) 市工商局「五反」委員会輔導部「五反運動情況（四一）」、一九五二年三月二二日（上檔蔵、B一八二-一-三七三）。

(42) 「社論　接受重点検査的経験　為争取「五反」運動的更大勝利而闘争」『解放日報』一九五二年四月一日第一版。

(43) 薄一波『若干重大決策与事件的回顧』上巻、北京、中共中央党校出版社、一九九一年、一七〇―一七四頁。

(44) 「中央轉発上海市五反第一期総結報告的批語」（一九五二年四月四日）、中共上海市委党史研究室編『毛沢東在上海』北京、中共党史出版社、一九九三年、九二頁。

(45) 「従検査到定案　記華新儀器文具廠的『五反』闘争」『労働報』一九五二年四月八日第一版。

(46) こうした数値には宣伝の意味があるので、誇張されている可能性がある。「通過五反闘争和資産階級划清了思想界綫　六十万私営企業職工結成堅強隊伍」『新聞日報』一九五二年四月二二日第一版。

(47) 市工商局「五反」委員会聯絡部「五反運動情況（四八）」、一九五二年三月一九日（上檔蔵、B一八二-一-三七三）。

(48)「為新的、更大規模的闘争準備好条件　本市五反第一戦役勝利完成」『労働報』一九五二年四月一日第一版。
(49)「第三期工作已完満結果　上海市『五反』運動進入新段階」『解放日報』一九五二年五月五日第一版。沈逸静（前掲）「『三反』、『五反』運動在上海」『当代上海党史文庫　歴史巨変　一九四九—一九五六』一。
(50)沈逸静（前掲）「『三反』、『五反』運動在上海」『当代上海党史文庫　歴史巨変　一九四九—一九五六』一。
(51)Robert Loh and Humphrey Evans, *Escape from Red China*, pp. 96-97／大谷正義訳（前掲）『中共からの脱出』、一〇〇頁。
(52)市工商局「五反」委員会聯絡部「五反運動情況（七二）」、一九五二年四月三〇日（上檔蔵、B一八二-一-二七三）。
(53)潘漢年「関於『五反』運動情況」（上海市人民政府委員会拡大会議での講話、一九五二年五月）、中共上海市委党史研究室編『潘漢年在上海』上海人民出版社、一九九五年、三四七—三五一頁。
(54)上海市工商業聯合会輔導処総合科「資本家代理人座談情況総合報告」、一九五三年七月二三日（上檔蔵、C四八-二-五七四-一九—二二）。
(55)市工商局「五反」委員会聯絡部「五反運動情況（七九）」、一九五二年五月一五日（上檔蔵、B一八二-一-二七三）。
(56)市工商局「五反」委員会聯絡部（前掲）「五反運動情況（七一）」、一九五二年四月二九日（上檔蔵、B一八二-一-二七三）。
(57)市工商局「五反」委員会輔導部「五反運動情況（四六）」、一九五二年三月二七日（上檔蔵、B一八二-一-二七三）。
(58)市工商局「五反」委員会聯絡部（前掲）「五反運動情況（七一）」。
(59)上海市工商業聯合会編『本市五十二個主要行業業務座談会総合報告』、一九五三年七月、二四頁（上檔蔵、C四八-二-五七四）。
(60)市工商局「五反」委員会聯絡部（前掲）「五反運動情況（四八）」。市工商局「五反」委員会聯絡部「五反運動情況（八三）」、一九五二年五月二三日（上檔蔵、B一八二-一-二七三）。
(61)中共中央文献研究室編（前掲）『建国以来重要文献選編』第三冊、一八三—一九四頁。
(62)「上総召集『五反』工作隊員等万余人集会　総結『五反』成就指示今後方向」『解放日報』一九五二年七月一二日第一版。
(63)李維漢『回顧与研究』北京、中共党史資料出版社、一九八六年、七二七頁。
(64)岩間一弘（前掲）『上海近代のホワイトカラー』、第一章を参照されたい。
(65)上海市増産節約委員会五反積極分子訓練辦公室「学習簡報　第一号」、一九五二年六月一七日（上檔蔵、B一三-二-一〇六-一—三）。
(66)「民主改革」の「補行」「補課」と呼ばれたのは、「民主改革の内容は、抗米援朝運動・反革命鎮圧運動および『五反』運動のなかで、すでにいくらか解決した」と考えられたからである。修孟千『私営工廠怎様進行民主改革補課　通俗講話』上海、華東人民出版社、一九五三年、五頁。
(67)鄒栄庚「建国初期上海的企業民主改革運動」、前掲『当代上海党史文庫　歴史巨変　一九四九—一九五六』一、上海書店出版社、二〇〇一年、二一四—二三六頁。

(68) 同前。

(69) 修孟千（前掲）『私営工廠怎様進行民主改革補課』、五頁。

(70) 「市郊私営工廠民主改革計画表」（作成者不明、市郊民主改革辦公室？）、一九五二年七月一〇日（上檔蔵、A七一-二-六二）。

(71) 新市区民主改革辦公室「新市区華豊紡織廠民主改革補課工作計画」、一九五二年七月二六日（上檔蔵、A七一-二-一七七七-一〇—一九）。「永安二廠民主改革補課計画草案」（作成者不明）、一九五二年八月一五日（上檔蔵、A七一-二-一七七九-一一—一二）。

(72) 「恒大廠職員工作第二段階第一歩小結」（作成者不明）、一九五二年八月二〇日（上檔蔵、A七一-二-一七八〇-五五—五八）。

(73) 市郊楊思区民主改革辦公室「楊思区民主改革『補課』工作中的初歩総結」、一九五二年一二月三一日（上檔蔵、A七一-二-一七七三-一二一—一二五）。

(74) 同前。

(75) 上海市民主改革辦公室「重点廠第二階段目前情況綜合報告」、一九五二年九月二〇日（上檔蔵、A七一-二-六二一-一三〇—一三三）。

(76) 同前。

(77) 新市区分会から新郊分会への報告書、一九五二年七月二六日（上檔蔵、A七一-二-一七七七-八—九）。

(78) 新市区民主改革辦公室（前掲）「新市区華豊紡織廠民主改革補課工作計画」。

(79) 前掲「永安二廠関於進行民主改革『補課』的初歩計画」。

(80) 前掲「永安二廠民主改革補課計画草案」。

(81) 前掲「恒大廠職員工作第二段階第一歩小結」。

(82) 前掲「永安二廠民主改革補課計画草案」。

(83) 中共華豊紡織一廠支部「民主建設階段工作総結　一九五二年八月二日到一一月二日」、一九五二年一一月一六日（上檔蔵、A七一-二-一七七七-六三—七二）。

(84) 同前。

(85) 楊思区恒大廠民改工作隊「恒大紡織廠民主改革全面交代総結」、一九五二年作成月不明（一一月？）（上檔蔵、A七一-二-一七八〇-七六—八五）。

(86) Robert Loh and Humphrey Evans, *Escape from Red China*, pp. 107-109／大谷正義訳（前掲）『中共からの脱出』、一一〇—一一三頁。

(87) 永工党支部「工作計画」（中共上海市郊区工作委員会に提出）、一九五二年一〇月一三日（上檔蔵、A七一-二-一七七九-四四）。

何永紅（前掲）『「五反」運動研究』、一九三頁。

(88) 華豊紡織一廠党支部「華豊紡織一廠民主改革第三階段工作計画草案」、一九五二年九月八日（上檔蔵、A七一-二-一七七七-四三―四八）。

(89) 何永紅（前掲）『「五反」運動研究』、一九二頁。

(90) 市郊楊思区民主改革辦公室（前掲）「楊思区民主改革『補課』工作中的初歩総結」。

(91) 市郊民主改革辦公室の楊思区民主改革辦公室に対する「批示」、一九五二年一二月一一日（上檔蔵、A七一-二-六二一-一五二―一五七）。

(92) 何永紅（前掲）『「五反」運動研究』、一九二頁。

(93) 同前。沈逸静（前掲）「『三反』、『五反』運動在上海」『当代上海党史文庫　歴史巨変　一九四九―一九五六』一。

(94) Robert Loh and Humphrey Evans, *Escape from Red China*, pp. 109-111／大谷正義訳（前掲）『中共からの脱出』、一一三―一一四頁。

(95) 劉愛民「上海工商業的両次調整」、前掲『当代上海党史文庫　歴史巨変　一九四九―一九五六』二、五五五―五七一頁。

(96) 孫錫鴻「上海資本主義工商業的社会主義改造」、前掲『当代上海党史文庫　歴史巨変　一九四九―一九五六』一、上海書店出版社、二〇〇一年、六七一―六九六頁。なお、金融業は他の業界に先がけて民間企業の公私合営化が進められていた。

(97) 周恩来「過渡時期的総路線」（一九五三年九月八日）、中共中央文献研究室編『建国以来重要文献選編』第四冊、中央文献出版社、一九九三年、三四八―三六四頁。

(98) 中国紡織工会上海市委員会「私営紡織廠資本家、技術人員等対総路線的反映」、一九五三年一二月一五日（上檔蔵、A三八-二-四二八-二二一―二二六）。

(99) 試験工場は、翌五四年後半までに、一五一工場に増やされた。孫錫鴻（前掲）「上海資本主義工商業的社会主義改造」『当代上海党史文庫　歴史巨変　一九四九―一九五六』。

(100) 「対做好公私合営工作的意見――根据十四個試点廠進行合営工作的做法、対今後合営工作的具体做法提出若干意見――一九五四年三月一日李広仁同志報告」（作成者不明）、一九五四年作成月不明（上檔蔵、B一-二三-一-四二三-八―一八）、四―六、一二頁。

(101) 「公私合営工業企業暫行条例」『上海工商』一九五四年第三二期、一九五四年九月二五日、一―七頁。

(102) 孫錫鴻（前掲）「上海資本主義工商業的社会主義改造」『当代上海党史文庫　歴史巨変　一九四九―一九五六』一。

(103) 市工商局「上海市工商行政管理局対私改造全業合営工作経験総結及附件」、作成年不明（上檔蔵、B一八二-一-一〇四一-一―七五）、第二章、一―二頁。

(104) 中共上海市老閘区委商業部「関於対先施公司逐歩改造（商場）工作的報告」、一九五四年一二月三〇日（上檔蔵、B一二三-一-五七〇-二八―三二）。
(105) 中共上海市閘北区委辦公室・中共上海市閘北区委対資改造辦公室「関於新公私合営企業会計員、職員在合営前私挪用原企業款項情況的報告（摘要）」、一九五六年二月二四日（上檔蔵、B一二三-三-三三六―三八）。
(106) 何宗謙「缺乏根拠」『工商界』一九五七年第四期、一九五七年四月一〇日、一四頁。
(107) 市工商局（前掲）「上海市工商行政管理局対私改造全業合営工作経験総結及附件」、第二章。なお、合営化後の「資本家代理人」の階級区分に関して、一九五六年一月の時点で、党中央は何ら「明確な規定」を示しておらず、中共上海市委は対応に苦慮し、慎重な疑問文で書き表した意見書をおそるおそる上級機関に提出して指示を求めていた。中共上海市委国営工業部辦公室「高級技術人員持有股票或充任資方代理人的情況調査資料」、一九五六年一月作成日不明（上檔蔵、A三六-二-一〇一―一五）。
(108) 孫錫鴻（前掲）「上海資本主義工商業的社会主義改造」『当代上海党史文庫　歴史巨変　一九四九―一九五六』一。
(109) 「歓呼進入社会主義社会　上海市各界昨挙行慶祝社会主義改造勝利大会　五十万人載歌載舞冒雨遊行」『解放日報』一九五六年一月二二日第一版。
(110) 孫錫鴻（前掲）「上海資本主義工商業的社会主義改造」『当代上海党史文庫　歴史巨変　一九四九―一九五六』一。
(111) 劉少奇「中国共産党第八次全国代表大会上的政治報告」（一九五六年九月一五日）、中共中央文献研究室編『建国以来重要文献選編』第九冊、北京、中央文献出版社、一九九四年、三八―一一七頁。
(112) 前掲「対做好公私合営工作的意見――一九五四年三月一日李広仁同志報告」。
(113) 上海工商界整風委員会編『上海工商界有関七个弁論題目的若干言論』（内部参考資料）、同委員会発行、一九五七年一〇月（上檔蔵、C四八-二-一八八二-一）、七八頁。
(114) 上海市紡織工業局改造辦公室「対私改造情況彙報（廿六）」、一九五六年作成月不明（上檔蔵、B五-二-一七三-六-一〇―一五）。
(115) Robert Loh and Humphrey Evans, *Escape from Red China*, p. 136／大谷正義訳（前掲）『中共からの脱出』、一四三―一四四頁。
(116) 上海市第二軽工業部党組「関於公私共事中有関会議与文件処理制度試行辦法」、一九五六年一〇月一六日（上檔蔵、B一六三-二-三三〇-五―九）。
(117) 市工商局（前掲）「上海市工商行政管理局対私改造全業合営工作経験総結及附件」、第四章、四、一七頁。
(118) 胡子嬰「為資本家個人改造貢献一点意見」『上海工商』一九五四年第三四期、一九五四年一〇月二五日、一四―一七頁。
(119) 王某「自伝」「学習小結」、一九五五年五月二五日（上檔蔵、Q三三四-一-二九-八八―九一）。
(120) Robert Loh and Humphrey Evans, *Escape from Red China*, p. 167／大谷正義訳（前掲）『中共からの脱出』、一七七頁。

(121)「一夥資方代理人的来信」『上海工商』一九五六年第二四期、一九五六年一二月二〇日、二五頁。
(122) 小丹「和一夥資方代理人商榷」『上海工商』一九五六年第二四期、一九五六年一二月二〇日、二六頁。
(123)「社論　加強対工業自発戸的管理」『解放日報』一九五七年三月三日第一版。
(124) 張辰「上海的整風運動和反右派闘争」、中共上海市委党史研究室編『当代上海党史文庫　艱難探索　一九五六―一九六五』二、上海書店出版社、二〇〇一年、五二八―五五三頁。
(125) Robert Loh and Humphrey Evans, *Escape from Red China*, pp. 230-231／大谷正義訳（前掲）『中共からの脱出』、二四六―二四七頁。
(126)「中国共産党第八次全国代表大会開幕」『人民日報』一九五六年九月一六日第一版。
(127) 李学昌主編『中華人民共和国事典　一九四九―一九九九』上海人民出版社、一九九九年、一六一―一六二頁など。
(128) 毛沢東「関於正確処理人民内部矛盾的問題」、中共中央文献研究室編『建国以来重要文献選編』第一〇冊、北京、中央文献出版社、一九九四年、六一―一〇四頁。
(129)「中国共産党中央委員会関於整風運動的指示」、同前書、二二二―二二六頁。
(130) 張辰（前掲）「上海的整風運動和反右派闘争」『当代上海党史文庫　艱難探索　一九五六―一九六五』二。
(131)「継続放手、貫徹『百花斉放、百家争鳴』的方針」『人民日報』一九五七年四月一〇日第一版社説。
(132)「社論　只能『放』不能『収』」『解放日報』一九五七年四月一一日第一版。
(133) 李維漢（前掲）『回顧与研究』、八三三―八三四頁。
(134) 張辰（前掲）「上海的整風運動和反右派闘争」『当代上海党史文庫　艱難探索　一九五六―一九六五』二。
(135) 毛沢東「事情正在起変化」、中共中央文献研究室編（前掲）『建国以来重要文献選編』第一〇冊、二六四―二七一頁。
(136) 本報評論員「歓迎非党同志幇助我們整風」『人民日報』一九五七年五月一七日第二版。「継続争鳴、結合整風」『人民日報』一九五七年五月一九日第一版社説。「李維漢部長鼓励工商界人士　徹底掲發　指名批評　組織参謀小組　研究処理方案」『新聞日報』一九五七年五月一七日第一版。「在市委召開的座談会上　工商界放手争鳴　柯慶施勉励工商界――不要向后看　掲発的問題将専題研究找出辦法」『新聞日報』一九五七年五月二四日第一版。
(137) 例えば、陸珪如「『百家争鳴』与哲学的党性問題」『解放日報』一九五七年五月二三日第四版。中葆文「不能没有党的領導」『解放日報』一九五七年五月二五日第六版。朱士耀・張有年「要具体分析矛盾産生原因――談談官僚主義与人民内部矛盾的関係」『解放日報』一九五七年五月三〇日第四版など。
(138)「言者無罪　聞者足戒　不要対批評者進行報復」『新聞日報』一九五七年五月一〇日第二版。
(139) Robert Loh and Humphrey Evans, *Escape from Red China*, pp. 315-317／大谷正義訳（前掲）『中共からの脱出』、三四四―

三四六頁。

(140)「中共中央関於組織力量準備反撃右派分子進攻的指示」、中共中央文献研究室編（前掲）『建国以来重要文献選編』第一〇冊、二八四―二八六頁など。

(141)「這是為什麼」『人民日報』一九五七年六月八日第一版社説。

(142)毛沢東「関於正確処理人民内部矛盾的問題」北京、新華社、一九五七年六月一八日電信、『人民日報』一九五七年六月一九日第一―二版、『解放日報』一九五七年六月一九日第一―二版など。この意見論文は、一九五七年二月二七日に最高国務会議第一一回拡大会議でおこなった講演の記録を、毛沢東自身で整理し、さらに「百花斉放・百家争鳴」における「花」と「毒草」を区別する六項目の標準などを補充したものであったという。Robert Loh and Humphrey Evans, *Escape from Red China*, p. 331／大谷正義訳（前掲）『中共からの脱出』、三六三頁など。

(143)周恩来「政府工作報告」『人民日報』一九五七年六月二七日第一―四版。

(144)「深入反右派闘争　開展全民性整風　柯慶施同志在市人民代表大会預備会議上的政治報告（摘要）」『解放日報』一九五七年八月一六日第一―二版。「反右派闘争力弩斉発　上海開展全民大弁論　柯慶施号召全市人民過好社会主義這一『関』」『文匯報』一九五七年八月一六日第一版。

(145)上海市工商界政治学校は、一九五六年末、上海市の工商業聯合会と民主建国会によって共同で開校された。それは、二ヶ月を一学期として合計で約二年間かけて、上海にいる八万人あまりの「資本家」と「資本家代理人」のすべてと、その家族の一部を教育しようと計画した。学習内容は、おもに「社会発展の規律の基礎知識」、「社会主義の経営・管理の基礎知識」、「時事・政策の基礎知識」の三課程であった（「祝賀上海市工商界政治学校正式開学」「盛丕華校長在上海市工商界政治学校開学典礼上的講話」『上海工商』一九五六年第九期、一九五六年五月五日、四―六頁。蔡北華「上海市工商業者的学習情況（上）」『上海工商』一九五六年第二三期、一九五六年一二月五日、一一―一三頁）。ただし、ロバート・羅によれば、それは「資本家」と「資本家代理人」の「思想改造」のための学校であり、合営後の企業内で地位が引き下げられる「資本家」と「資本家代理人」を順応させることが、学校を創設した党・政府のおもな目的であったという（Robert Loh and Humphrey Evans, *Escape from Red China*, pp. 210-219／大谷正義訳（前掲）『中共からの脱出』、二二二―二三三頁）。

(146)「関於在工商界全面開展整風運動問題的報告提綱」（作成者不明）、一九五七年作成月不明（上檔蔵、C四八-二-二〇三三-二三―六）。

(147)胡子昂「鞏固成績、把整風運動継続推向前進！」、一九五七年一〇月二二日（上檔蔵、C四八-二-二〇三三-二六―二二）。

(148)秦驥雲「依靠工人群衆　改造私方人員」、一九五八年九月三〇日（上檔蔵、B一八二-一-一〇八五）。

(149)上海工商界整風工作委員会編『工商界整風運動参考資料　第八輯　上海工商界右派分子的若干謬論』（内部参考資料）、一九五七年一二月（上檔蔵、C四八-二-一八八二-二二六）、六五頁。

(150) 中共上海市第一商業局委員会辦公室「関於右派論点的初歩排隊材料」、一九五七年六月二四日（上檔蔵、B一二三-二-一三三五-八九―九一）。

(151) 上海工商界整風委員会編（前掲）『上海工商界有関七个弁論題目的若干言論』、五八頁。

(152) 上海工商界整風工作委員会編（前掲）『工商界整風運動参考資料　第八輯　上海工商界右派分子的若干謬論』、五一頁。

(153) 上海工商界整風委員会編（前掲）『上海工商界有関七个弁論題目的若干言論』、七四頁。

(154) 同前、七二―七三頁。

(155) 同前、七八頁。

(156) 同前、五八頁。

(157) 上海工商界整風工作委員会編（前掲）『工商界整風運動参考資料　第八輯　上海工商界右派分子的若干謬論』、七六頁。

(158) 上海工商界整風委員会編（前掲）『上海工商界有関七个弁論題目的若干言論』、五九頁。

(159) 上海工商界整風工作委員会編（前掲）『工商界整風運動参考資料　第八輯　上海工商界右派分子的若干謬論』、七八頁。

(160) 上海工商界整風委員会編（前掲）『上海工商界有関七个弁論題目的若干言論』、八〇頁。

(161) 同前、七六頁。

(162) 上海工商界整風工作委員会編（前掲）『工商界整風運動参考資料　第八輯　上海工商界右派分子的若干謬論』、七八頁。

(163) 上海工商界整風工作委員会編『工商界整風運動参考資料　第四輯　継続接受社会主義改造問題』、一九五七年一〇月（上檔蔵、C四八-二-一八八二-二二一）、一一頁。

(164) 同前、一二―一四頁。周元斌『関於改造我国資産階級分子的階級本性問題』上海人民出版社、一九五六年、一、二〇頁を引用している。

(165) 上海工商界整風工作委員会編『工商界整風運動参考資料　第七輯　公私合営企業的公方代表制度問題』、一九五七年一〇月（上檔蔵、C四八-二-一八八二-二〇七）、三〇―三二頁。呉傳啓『無産階級専制与和平改造資本主義工商業』北京、科学出版社、一九五七年、九三―九四頁を引用している。

(166) 「関於正確処理人民内部矛盾的問題」『人民日報』一九五七年六月一九日第一―三版。

(167) 李維漢（前掲）『回顧与研究』、八四五―八五〇頁。

(168) 定額配当とそれをめぐる議論については、謝国興「在社会主義改造的尽頭折返――定息問題及其余波」、謝国興主編『改革与改造――冷戦初期両岸的糧食、土地与工商業変革』台北、中央研究院近代史研究所、二〇一〇年、三七三―四二〇頁が通史的に整理していてわかりやすい。

（169）Robert Loh and Humphrey Evans, *Escape from Red China*, pp. 188-191／大谷正義訳（前掲）『中共からの脱出』、二〇一―二〇三頁。
（170）「工商界代表継続批評党的欠点」『人民日報』一九五七年五月一七日第三版。
（171）李維漢（前掲）『回顧与研究』、八四五―八五〇頁。

結論　大衆の誕生と変貌のダイナミズム

（1）当時の上海における商工業の発達と新中間層の形成に関するデータなどは、岩間一弘『上海近代のホワイトカラー――揺れる新中間層の形成』東京、研文出版、二〇一一年、三―八頁。

初出一覧

本書の各章は、以下の既発表論文をもとに大幅に加筆・修正したものである。

序　論　「都市中間層の形成と大衆の時代」、飯島渉・久保亨・村田雄二郎編『シリーズ二〇世紀中国史　二　近代性の構造』東京大学出版会、二〇〇九年。「大衆消費から大衆動員へ——上海社会史からの視点」『歴史と地理』六二六号（世界史の研究二二〇号）、二〇〇九年八月。「一九二〇—五〇年代の上海政治と職員・労働者の動員」『現代中国研究』第二五号、二〇〇九年一〇月。

第一章・第二章　「見せる群衆の誕生——『新聞報』の広告からみる民国期上海の大衆社会」『国府台経済研究』第一九巻第三号、二〇〇八年三月。

第三章　書き下ろし

第四章　「戦時上海の聯誼会——娯楽に見る俸給生活者層の組織化と市民性」、高綱博文編『戦時上海　一九三七—四五年』研文出版、二〇〇五年。「戦後上海における俸給生活者層の社会・文化活動」『千葉商大紀要』第四二巻第三号、二〇〇五年一二月。

第五章　「『漢奸』告発運動からみる戦後上海の大衆社会——李澤事件を例として」、日本上海史研究会編『建国前後の上海』東京、研文出版、二〇〇九年。

第六章　「一九四六年の上海市参議員選挙と『漢奸』告発運動」『千葉商大紀要』第四九巻第一号、二〇一一年九月。

第七章　「従『上海小姐』競選来看戦後大衆社会」、「中国商業史論壇（Chinese Business History Forum）」（香港大学亜洲研究中心、二〇〇八年六月一日）における口頭発表原稿。

第八章　「在表演和宣伝之間——上海民営企業職員階層的重組与群衆運動、一九四九—一九五二年」、巫仁恕・康豹（Paul Katz）・林美莉主編『從城市看中国的現代性』台北、中央研究院近代史研究所、二〇一〇年。

あとがき

一九九五年に進学した慶應義塾大学大学院文学研究科（東洋史専攻修士課程）において、私はちょうど四〇歳年上の先生に一対一の指導を受ける機会に恵まれた。その後、近代上海の誘拐と人身売買という修士論文にしては奇抜なテーマに取り組むことになるが、先生はそのテーマの先駆的研究者で、私は先生の若くて鋭敏でユニークなものの見方にあこがれていた。

先生とは修論以外にも様々なテーマについて議論させていただき、その一つが本書第三章で論じた集団結婚式であった。近代中国において集団結婚式が流行した理由について、私が「節約ですよ」と安易に片づけると、先生は思案をめぐらせながら「（それ以外に）何かある」と繰り返しておられた。今思えば先生は私に、史料から事実を掘り起こすだけではなく、その奥にある何か（例えば中国社会のダイナミズムのようなもの）に迫ることの面白さを伝えようとされていたのではないかという気がしている。かつて先生が私をまじまじと見つめられ、「いいねえ、これから何でもできて」とおっしゃってくださったのを覚えている。まだまだこれから、いまだ研究への情熱が衰えられない恩師の過分な期待に私なりに応えていければと思う。

かつて公開フォーラムで、若手研究者が地域研究はまず「地域に恋する」ことが重要だと述べ、私はそれに違和感を表明したことがあった。恋して相手を過信したり、周りが見えなくなったりするのはよくないと思ったからである。しかし、近代上海に関する二冊の研究書を上梓してふと我に返れば、そういう自分が一番上海史に恋をしてしまっていたのではないかという恥ずかしい気持ちがわき上がる。ちょうど四〇歳の誕生日に本書を刊行できたのは出来すぎであり、今後はますます自分の時間をもちづらくなるのかもしれないが、さらに興味分野を広げていきたい。

本書の出版では、東京大学出版会にお世話になった。そこでは「思わず引きこまれて最初から最後まで読み通してしまうような本」という高い目標をいただいた。筆者としては心許ないが、読書の楽しさを味わってもらえるような本の制作を目指して頑張らせていただけたことを幸せに思う。

本書は、千葉商科大学の「平成二四年度学術図書出版助成金」によって公行させていただいた。大学をめぐる環境は厳しさを増しているが、これまでの人生のおよそ四分の一をお世話になっている千葉商大の方々に心より感謝申し上げたい。

二〇一二年八月　上海図書館裏手の図安大酒店にて

岩間一弘

區　建英著　自由と国民　厳復の模索　A5　九八〇〇円

後藤春美著　上海をめぐる日英関係　1925–1932年　A5　六二〇〇円

小野寺史郎著　国旗・国歌・国慶　A5　六四〇〇円

岡本隆司・川島真編　中国近代外交の胎動　A5　四〇〇〇円

貴志俊彦・谷垣真理子・深町英夫編　模索する近代日中関係　A5　五八〇〇円

飯島渉・久保亨・村田雄二郎編　シリーズ20世紀中国史〈全4巻〉　A5　各三八〇〇円

岡本隆司・吉澤誠一郎編　近代中国経済入門　A5　三二〇〇円

久保・土田・高田・井上著　現代中国の歴史　A5　二八〇〇円

藤井省三著　中国語圏文学史　A5　二八〇〇円

ここに表示された価格は本体価格です．ご購入の際には消費税が加算されますのでご了承下さい．

著者紹介
1972 年　神奈川県に生まれる．
1995 年　慶應義塾大学文学部卒業．
2003 年　東京大学大学院総合文化研究科博士課程修了．
　　　　博士（学術）．
現　在　千葉商科大学商経学部教授．

主要著書
『上海近代のホワイトカラー——揺れる新中間層の形成』
（研文出版，2011 年）
『上海——都市生活の現代史』（共編著，風響社，2012 年）

上海大衆の誕生と変貌
近代新中間層の消費・動員・イベント

2012 年 9 月 3 日　初　版

［検印廃止］

著　者　岩間一弘《いわまかずひろ》

発行所　財団法人　東京大学出版会

代 表 者　渡辺 浩

113-8654 東京都文京区本郷 7-3-1 東大構内
http://www.utp.or.jp/
電話 03-3811-8814　FAX 03-3812-6958
振替 00160-6-59964

印刷所　株式会社三秀舎
製本所　誠製本株式会社

ISBN 978-4-13-026142-5　Printed in Japan

索　引

（本書全体を通じて頻出する語については頁数を省略した）

事項索引（日本語音読順）

あ　行

か　行

さ　行

た　行

な　行

は　行

ま　行

や　行

ら・わ　行

人名索引（日本語音読順，ただし同漢字はまとめた）

ま　行

ら　行

参照文献一覧

資料一覧

[未公刊文書史料]

「対做好公私合営工作的意見——根据 14 個試点廠進行合営工作的做法，対今後合営工作的具体做法提出若干意見——1954 年 3 月 1 日李広仁同志報告」(作成者不明)，1954 年作成月不明（上海市檔案館所蔵〈以下では「上檔蔵」と略す〉，B123-2-423-8-18）．

「関於在工商界全面開展整風運動問題的報告提綱」(作成者不明)，1957 年作成月不明（上檔蔵，C48-2-2033-3-6）．

韓成武・舒月橋等から上海市参議会の潘公展議長と各議員への書簡，1946 年 11 月 30 日（上檔蔵，Q109-1-1857-1041-1）．

「恒大廠職員工作第二段階第一歩小結」(作成者不明)，1952 年 8 月 20 日（上檔蔵，A 71-2-1780-1-58）．

胡子昂「鞏固成績，把整風運動継続推向前進！」，1957 年 10 月 22 日（上檔蔵，C48-2-2033-26-32）．

華豊紡織一廠党支部「華豊紡織一廠民主改革第三階段工作計画草案」，1952 年 9 月 8 日（上檔蔵，A71-2-1777-43-48）．

「集団結婚辦法」(由政府 31 年 11 月 1 日公布)（上檔蔵，Q6-10-428-34-38）．

李・劉・兆・興から広東旅滬同郷公会への書状，1946 年 1 月 12 日（上檔蔵，Q1-7-2-89-19-23）．

緬甸華僑服務社社長陳孝奇から上海市市長への書簡，1948 年 10 月 13 日，「上海市管理集団結婚辦法及婚前健康検査実施辦法等文件」，1948 年（上檔蔵，Q119-5-63-13）

秦驥雲「依靠工人群衆　改造私方人員」，1958 年 9 月 30 日（上檔蔵，B182-1-1085）．

上海工商界整風委員会編『上海工商界有関七个弁論題目的若干言論』(内部参考資料)，同委員会発行，1957 年 10 月（上檔蔵，C48-2-1882-1）．

上海工商界整風工作委員会編『工商界整風運動参考資料　第 4 輯　継続接受社会主義改造問題』，1957 年 10 月（上檔蔵，C48-2-1882-211）．

上海工商界整風工作委員会編『工商界整風運動参考資料　第 7 輯　公私合営企業的公方代表制度問題』，1957 年 10 月，（上檔蔵，C48-2-1882-307）．

上海工商界整風工作委員会編『工商界整風運動参考資料　第 8 輯　上海工商界右派分子的若干謬論』(内部参考資料)，1957 年 12 月（上檔蔵，C48-2-1882-326）．

上海市第二軽工業部党組「関於公私共事中有関会議与文件処理制度試行辦法」，1956 年 10 月 16 日（上檔蔵，B163-2-330-5-9）．

『上海市第二商業局新新公司学習班名冊及新新公司人員名冊与同仁手冊』，1968 年 8 月 23 日—9 月 10 日（上檔蔵 B98-5-22-66-169）．

上海市紡織工業局改造辦公室「対私改造情況彙報（26）—（27）」，1956 年作成月不明（上檔蔵，B5-2-173-6）．

「上海市工商界」が蔣介石に宛てた速達文書，1946 年作成月不明（上檔蔵，Q118-12-31-23）．

上海市工商業聯合会「上海市工商界『五反』運動委員会・工商業聯合会函　事由　為通知有関工商界『五反』運動今後推進事宜」，1952 年 2 月 7 日（上檔蔵，Q64-4-29-4）．

上海市工商業聯合会編『本市五十二個主要行業業務座談会総合報告』，1953 年 7 月，24 頁（上檔蔵，C48-2-574）．

上海市工商業聯合会輔導処総合科「資本家代理人座談情況総合報告」，1953 年 7 月 23 日（上檔蔵，C48-2-574-29-32）．

上海市工商業聯合会から上海市集団結婚服務商業同業公会籌備会への書簡，1953 年 1 月 29 日（上檔蔵，S340-4-3-12）．

上海市貫徹婚姻法運動委員会（？）「根拠蓬萊・常熟・閘北・蘆湾・虹口・老閘・静安寺 7 区婦女群衆婚前試行健康検査意見」，1953 年月不明（上檔蔵，C32-2-3-22-23）．

「上海市管理集団結婚辦法及婚前健康検査実施辦法等文件」，1948 年（上檔蔵，Q119-5-63）．

上海市集団結婚服務商業同業公会籌備会「集団結婚業歴史情況」，1953 年（上檔蔵，S340-4-316）．

上海市集団結婚服務商業同業公会籌備会から上海市工商業聯合会への上申書，1953 年 1 月 17 日（上檔蔵，S340-4-3-11）．

上海市集団結婚服務商業同業公会籌備会「会員業務大会」，1953 年 6 月 27 日（上檔蔵，S340-4-2-128-130）．

上海市集団結婚服務商業同業公会籌備会（？）「組織公会開始情況」，作成年不明（上檔蔵，S340-4-1-1）．

上海市民主改革辦公室「重点廠第三階段目前情況総合報告」，1952 年 9 月 20 日（上檔蔵，A71-2-621-30-33）．

「上海市社会局集団結婚辦法等文件」，1946 年（上檔蔵，Q6-10-428）．

「上海市社会局 35 年度第 2 届集団結婚費用預算書」「概算書」，作成年不明（上檔蔵，Q6-16-385-18，27）．

上海市人民政府工商行政管理局から上海市集団結婚服務商業同業公会への書簡，1953 年 11 月 5 日（上檔蔵，S340-4-3-16）．

上海市衛生局内部の業務文書，1946 年 11 月 24 日，29 日，12 月 8 日（上檔蔵，Q400-1-2859-3-5）．

上海市衛生局から各企業への通告文書および各企業から上海市衛生局への書簡，1946 年 7 月 27 日―1949 年 2 月 11 日，（上檔蔵，Q400-1-2859-43-122）．

「上海市衛生局医薬宣伝品管理規則」，作成年不明（上檔蔵，Q400-1-2859-11-12）．

上海市政府社会局の張科長・李処長から葛代理局務局長への報告書，1946 年 1 月 10 日（上檔蔵，Q6-1-263-4）．

上海特別市公用局から上海特別市公安局への書簡，1928 年 6 月 27 日作成，28 日発信（上檔蔵，Q5-3-3113-25-27）．

上海特別市宣伝処処長梁秀予・衛生局局長袁濬昌から市長陳公博への書簡，1944 年 3 月 27 日（上檔蔵，R1-12-90-2-6）．

上海特別市政府「訓令第 1222 号　令公用局」，1928 年 5 月 29 日，（上檔蔵，Q5-3-3113-3-5）．

上海市増産節約委員会五反積極分子訓練辦公室「学習簡報　第一号」，1952 年 6 月 17 日（上檔蔵，B13-2-106-1-3）．

「上総党組」から「市委組織部」への書簡，1954 年 5 月 11 日（上檔蔵，C1-2-4225-1）．

邵介民「上海市消費合作社的組織形成問題」，1951 年（上檔蔵，B65-1-119-1）．

上海市合作社聯合社（1950 年 1 月成立の上海市供銷合作総社より 1951 年 1 月に改組）の文書．

申報館・新聞報館・時事新報館・民国日報館・中央日報館・時報館から上海特別市公安局への書簡，1928 年 6 月 14 日（上檔蔵，Q5-3-3113-23-24）．

「審査医薬広告申請書」，1944 年 6 月 12 日―1945 年 2 月 28 日（上檔蔵，R50-1-261-262）．

市工商局「五反運動情況（6）－（85）」，1952 年 2 月 6 日―5 月 31 日（上檔蔵，B182-1-372-373）．

市工商局「上海市工商行政管理局対私改造全業合営工作経験総結及附件」，作成年不明（上檔蔵，B182-1-1041-1-75）．

市郊民主改革辦公室の楊思区民主改革辦公室に対する「批示」，1952 年 12 月 11 日（上檔蔵，A71-2-621-152-157）．

「市郊私営工廠民主改革計画表」（作成者不明，市郊民主改革辦公室？）1952 年 7 月 10 日，（上檔蔵，A71-2-621）．

市郊楊思区民主改革辦公室「楊思区民主改革『補課』工作中的初歩総結」，1952 年 12 月 31 日上檔蔵（A71-2-1773-12-25）．

台湾省嘉義市政府から上海市政府社会局への書簡，1946 年 9 月 5 日，「上海市社会局集団結婚辦法等文件」，1946 年（上檔蔵，Q6-10-428-12-13）．

王某「自伝」「学習小結」，1955 年 5 月 25 日（上檔蔵，Q334-1-29-88-91）．

王新衡（軍統局上海区区長）・劉方雄（上海市政府調査処処長）から銭大鈞（上海市市長）・何徳奎（上海市副市長）への報告書，1946 年 1 月 13 日（上檔蔵，Q1-7-115-17-21）．

新市区分会から新郊分会への報告書，1952 年 7 月 26 日（上檔蔵，A71-2-1777-8-9）．

新市区民主改革辦公室「新市区華豊紡織廠民主改革補課工作計画」，1952 年 7 月 26 日（上檔蔵，A71-2-1777-10-19）．

新新公司同人代表韓武成・舒月橋らが李澤を上海市社会局に告発した書状，1946 年 1 月 5 日（上檔蔵，Q6-1-263-2-4）．

宣鉄吾（上海市警察局局長）から銭大鈞（上海市市長）への報告書，1946 年 1 月 10 日（上檔蔵，Q1-7-115-15-16）．

楊思区恒大廠民改工作隊「恒大紡織廠民主改革全面交代総結」，1952 年作成月不明（12 月？）（上檔蔵，A71-2-1780-76-85）．

「永安二廠民主改革補課計画草案」（作成者不明），1952 年 8 月 15 日（上檔蔵，A 71-2-1779-11-12）．

永工党支部「工作計画」（中共上海市郊区工作委員会に提出），1952 年 10 月 13 日（上檔蔵，A71-2-1779-44）．

中国紡織工会上海市委員会「私営紡織廠資本家，技術人員等対総路線的反映」，1953 年 12 月 15 日（上檔蔵，A38-2-428-221-226）．

中共華豊紡織一廠支部「民主建設階段工作総結　1952 年 8 月 2 日到 12 月 2 日」，1952 年 12 月 16 日（上檔蔵，A71-2-1777-63-72）．

中共上海市第一商業局委員会辦公室「関於右派論点的初歩排隊材料」，1957 年 6 月 24 日，（上檔蔵，B123-3-1335-89-91）．

中共上海市老閘区委商業部「関於対先施公司逐歩改造（商場）工作的報告」，1954 年 12 月 30 日（上檔蔵，B123-1-570-28-32）．

中共上海市委工業生産委員会「工廠三反運動通報」第 1-6 号，1952 年 2 月 12 日—3 月 16 日（上檔蔵，A38-1-160）．

中共上海市委国営工業部辦公室「高級技術人員持有股票或充任資方代理人的情況調査資料」，1956 年 1 月作成日不明（上檔蔵，A36-2-101-1-5）．

中共上海市委宣伝部「上海市『五反』宣伝工作計画」，1952 年 3 月 17 日作成，20 日に関係各部門に発布（上檔蔵，B 92-1-90-6-9）．

中共上海市委宣伝部「第二隊報告　第一戦役的初歩総結与第二戦役的部署（草稿）」，作成年不明（上檔蔵，B 92-1-90-17-18）．

中共上海市閘北区委辦公室・中共上海市閘北区委対資改造辦公室「関於新公私合営企業会計員，職員在合営前私挪用原企業款項情況的報告（摘要）」，1956 年 2 月 24 日（上檔蔵，B123-3-3-36-38）．

[定期刊行物（刊行地は上海の場合には省略する）]
『報学雑誌』，『保聯』，『保険月刊』，『大地（週報）』（北京），『大都会』，『大公報』（上海版・香港版），『大衆』，『大衆夜報』，『電声（週刊）』，『電影週刊』，『東方漫画』，『東方雑誌』，『東南風』，『読書生活』，『婦女』，『婦女共鳴（月刊）』（上海→南京→漢口→重慶），『婦女月報』，『工商界』（北京），『国貨週報』，『国訊』，『海涛（週報）』，『海風（週報）』，『海光（週報）』，『海光』，『海晶（小説週報）』，『海星（週報）』，『汗血週刊』，『華聯（報）』，『吉普』，『教育与職業』，『解放日報』，『進歩日報』（天津），『救亡週刊』，『快活林』，『快楽家庭』，『精華』，『経世』（開封→漢口→重慶→西安），『快活林（週刊）』，『労働報』，『立報』，『良友』，『玲瓏』，『美術生活』，『民主』，『明星』，『南華評論』，『内幕新聞叢刊』，『女声』，『七日談』，『青春電影』，『人民日報』（北京），『人言週刊』，『人人週刊』，『上海工商』，『上海青年』，『上海特写』，『上海文化』，『上海影訊』，『上海新報』，『上海職業界救国会会刊』，『社会半月刊』『社会月刊』，『社会学界』（北京），『申報』，『生活（週刊）』，『生活』，『勝利無線電』，『勝流』（杭州），『時報』，『時代日報』，『是非』，『十日談』，『太白（半月刊）』，『太平洋週報』，『天津日報』（天津），『鉄報』，『万国公報』，『娓娓集』，『文匯報』，『文飯』，『文芸青年』，『文芸新輯』，『文友』，『文章』，『文萃』，『消息』，『新上海』，『新華日報』，『新民報晩刊』『新民晩報』『新上海』，『新生』『新生中国』，『新聞報』『新聞日報』，『新運導報』，『星光』，『野草文叢』，『銀銭報』，『銀銭界』，『一週間』，『益友（月刊）』，『[illegible]週報』『職業生活』『中国建設』，『中華日報』，『中央日報』（上海→南京→武漢→長沙→重慶→南京），『中美週報』，『週報』，『週播』，『旅』（日本語，東京）

文献一覧

[日文資料]

浅野亮「中国共産党の『剿匪』と『反革命の鎮圧』活動（1949-1951）」『アジア研究』第39巻第4号，1993年8月，1-27頁.

アドルノ，T・W（田中義久ほか訳）『権威主義的パーソナリティ』東京，青木書店，1980年.

石井知章『中国社会主義国家と労働組合——中国型協商体制の形成過程』東京，御茶の水書房，2007年.

石島紀之「保甲制度から居民委員会へ——上海基層社会の転換」，日本上海史研究会編『建国前後の上海』東京，研文出版，2009年，87-113頁.

泉谷陽子『中国建国初期の政治と経済——大衆運動と社会主義体制』東京，御茶の水書房，2007年.

井上章一『美人コンテスト百年史——芸妓の時代から美少女まで』東京，新潮社，1992年.

岩間一弘「中国救済婦孺会の活動と論理——民国期上海における民間実業家の社会倫理」『史学雑誌』第109編第10号，2000年10月，65-90頁.

岩間一弘「民国期上海の女性誘拐と救済——近代慈善事業の公共性をめぐって」『社会経済史学』第66巻第5号，2001年1月，49-68頁.

岩間一弘『演技と宣伝のなかで——上海の大衆運動と消えゆく都市中間層』東京，風響社，2008年.

岩間一弘「金野純『中国社会と大衆動員——毛沢東時代の政治権力と民衆』，御茶の水書房」『現代中国』83号，2009年9月，172-175頁.

岩間一弘「在表演和宣伝之間——上海民営企業職員階層的重組与群衆運動，1949-1952年」，巫仁恕・康豹・林美莉編『従城市看中国的現代性』台北，中央研究院近代史研究所，2010年，361-393頁.

岩間一弘『上海近代のホワイトカラー——揺れる新中間層の形成』東京，研文出版，2011年.

上田賢一『上海ブギウギ1945——服部良一の冒険』東京，音楽之友社，2003年.

ウェーバー，マックス（木全徳雄訳）『儒教と道教』東京，創文社，1971年.

内田知行「戸籍管理・配給制度からみた中国社会——建国—1980年代初頭」，毛里和子編『毛沢東時代の中国』東京，日本国際問題研究所，1990年，258-290頁.

江田憲治「中国共産党史における都市と農村」，森時彦編『中国近代の都市と農村』京都大学人文科学研究所，2001年，309-334頁.

王笛（小野寺史郎訳）「茶館・茶房・茶客——清末民国期の中国内陸都市における公共空間と公共生活のミクロ的研究」『中国——社会と文化』第19号，2004年6月，116-135頁.

大澤肇「南京国民政府の教育政策と『国民』形成——『公民』概念・公民教育の変容を手がかりとして」東京，慶應義塾大学大学院法学研究科政治学専攻修士論文，2002年3月.

尾高暁子「両大戦間期の中日ハーモニカ界にみる大衆音楽の位置づけ」『東京藝術大学音楽学部紀要』第33集，2007年3月，15-34頁.

尾高暁子「拉戯はなぜ生まれたのか？——民国前期の音享受に関する一考察」『都市芸研』第6輯，2007年12月，13-35頁.

小野寺史郎『国旗・国歌・国慶——ナショナリズムとシンボルの中国近代史』東京大学出版会，2011年.

オルテガ（佐野利勝訳）『大衆の叛逆』東京，筑摩書房，1953年.

オルテガ，イ・ガセット，ホセ（桑名一博訳）『大衆の反逆』東京，白水社，1991年.

川原勝彦「中国同郷団体の改造・解体過程（1945-1956年）——山東旅滬同郷団体の事例を中心に」『アジア研究』第49巻第3号，2003年7月，38-53頁.

菊池一隆『中国工業合作運動史の研究』東京，汲古書院，2002年.

菊池一隆『中国初期協同組合史論　1911-1928——合作社の起源と初期動態』東京，日本経済評論社，2008年.

菊池敏夫『民国期上海の百貨店と都市文化』東京，研文出版，2012 年．

岸本美緒「中国史における『近世』の概念」『歴史学研究』第 821 号，2006 年 11 月，25-36 頁．

北田暁大『広告の誕生――近代メディア文化の歴史社会学』東京，岩波書店，2005 年．

キューン，フリップ・A（深町英夫訳）「市民社会と国制発展」『近きに在りて』第 43 号，2003 年 8 月，31-39 頁．

桐原貴夫「中華民国期における煙草の新聞広告と販売活動」『近きにありて』第 31 号，1997 年 5 月，3-20 頁．

合山究「花案・花榜攷」『文学論輯』第 35 号，1989 年 12 月，99-126 頁．

呉咏梅「モダニティを売る――1920-30 年代上海における『月份牌』と雑誌広告に見る主婦の表象」『国際シンポジウム』36, 2009 年，43-63 頁．

呉咏梅「衛生・美のモダニティを売りましょう――近代中国における日本の医薬・化粧品新聞広告」，School of Modern Languages and Cultures Workshop, "Inventing Commercial Culture in East Asia: A Historical Study on Advertising," in University of Hong Kong, December 11-12, 2010．における口頭発表（論集近刊予定）．

呉咏梅「アジア・モダニティ――1920-30 年代の中国と日本のポスターに見る『新女性』のイメージ」，谷川建司・王向華・呉咏梅編『サブカルで読むセクシュアリティ――欲望を加速させる装置と流通』東京，青弓社，2010 年，63-95 頁．

呉茂松「中国における消費者運動の台頭とマス・メディア――『王海現象』を事例として」『法学政治学論究』第 70 号，2006 年 9 月，31-64 頁．

小嶋華津子「中国共産党と労働組合――建国初期の『工会』をめぐる論争」『アジア研究』第 42 巻第 3 号，1996 年 3 月，83-114 頁．

小嶋華津子「中国共産党と労働組合――1957 年から 58 年にかけての『工会』論争」『法学政治学論究』第 34 号，1997 年 9 月，113-143 頁．

小浜正子『近代上海の公共性と国家』東京，研文出版，2000 年．

ゴッフマン，E（石黒毅訳）『行為と演技――日常生活における自己呈示』東京，誠信書房，1974 年．

金野純『中国社会と大衆動員――毛沢東時代の政治権力と民衆』東京，御茶の水書房，2008 年．

コーンハウザー，ウィリアム（辻村明訳）『大衆社会の政治』東京創元社，1961 年．

斎藤哲郎『中国革命と知識人』東京，研文出版，1998 年．

坂元ひろ子「漫画表象に見る上海モダンガール」，伊藤るり，坂元ひろ子，タニ・E・バーロウ編『モダンガールと植民地的近代――東アジアにおける帝国・資本・ジェンダー』東京，岩波書店，2010 年，117-150 頁．

笹川裕史・奥村哲『銃後の中国社会――日中戦争下の総動員と農村』東京，岩波書店，2007 年．

笹川裕史「1949 年革命前夜中国における『民意』のゆくえ――四川省の民意機関を素材に」『現代中国』第 84 号，2010 年 9 月，51-62 頁．

佐藤卓己『輿論と世論――日本的民意の系譜学』東京，新潮選書，2008 年．

斯波義信『宋代商業史研究』東京，風間書房，1968 年．

柴田哲雄『協力・抵抗・沈黙――汪精衛南京政府のイデオロギーに対する比較史的アプローチ』東京，成文堂，2009 年．

下出鉄男「自由の隘路――1920 年代中国知識人の自由の観念をめぐって」『東洋文化』第 77 号，1997 年 3 月，53-91 頁．

謝黎『チャイナドレスをまとう女性たち――旗袍にみる中国の近・現代』東京，青弓社，2004 年．

徐鋳成（李克世訳）『中国報道界のうらばなし』東京，第一書房，1984 年．

末次玲子『20 世紀中国女性史』東京，青木書店，2009 年．

鈴木将久『上海モダニズム』東京，中国文庫，2012 年．

関根真保『日本占領下の〈上海ユダヤ人ゲットー〉――「避難」と「監視」の狭間で』京都，昭和堂，2010 年．

孫安石ほか「特集 『良友』画報とその時代」『アジア遊学』第 103 号，2007 年 9 月，4-145 頁．

孫安石「日米の資料にみられる戦時下の『外国人』の処遇――日本占領下の上海敵国人集団生活

所」，貴志俊彦編『近代アジアの自画像と他者――地域社会と「外国人」問題』京都大学学術出版会，2011年，311-329頁.
孫江『近代中国の革命と秘密結社――中国革命の社会史的研究（1895-1955）』東京，汲古書院，2007年.
戴炎輝「中華民国婚姻法」，宮崎孝治郎編『新比較婚姻法Ⅰ　東洋』東京，勁草書房，1960年.
高綱博文『「国際都市」上海のなかの日本人』東京，研文出版，2009年.
高橋伸夫「李立三路線と地方党組織――湖北省を例に」，小島朋之・家近亮子編『歴史の中の中国政治――近代と現代』東京，勁草書房，1999年，131-160頁.
高橋伸夫「中国『市民社会』の歴史的展望を求めて」，竹中千春・高橋伸夫・山本信人『現代アジア研究　2　市民社会』東京，慶應義塾大学出版会，2008年.
卓南生『中国近代新聞成立史』東京，ぺりかん社，1990年.
田島奈都子「戦前期の日本製ポスターに見られる中国イメージ」，神奈川大学非文字資料センター公開研究会「図像資料が語る近代中国のイメージ」（2012年6月2日）における口頭発表.
田中仁『1930年代中国政治史研究――中国共産党の危機と再生』東京，勁草書房，2002年.
タルド，ガブリエル（赤坂静也訳）『輿論と群集』東京，刀江書院，1928年.
樽本照雄『清末小説閑談』京都，法律文化社，1983年.
段瑞聡『蔣介石と新生活運動』東京，慶應義塾大学出版会，2006年.
張済順（加島潤訳）「映像文化における転換と継続，1950-1960年代初期――文化消費と上海基層社会の西洋に対する反応」，久保亨編『1949年前後の中国』東京，汲古書院，2006年，325-355頁（原文は，張済順「転型与延続――文化消費与上海基層社会対西方的反應（1950-1960年代早期）」，呉景平・徐思彦編『復旦史学専刊　第2輯　1950年代的中国』上海，復旦大学出版社，2006年）.
陳丹燕（大場雅子訳）『上海プリンセス――上海のデパート王の娘が体験した日中戦争・中国革命・文革』東京，光文社，2003年.
土屋洋「清末の体育思想――『知育・徳育・体育』の系譜」『史学雑誌』第117編第8号，2008年8月，56-80頁.
寺田浩明「明清法秩序における『約』の性格」，溝口雄三ほか編『アジアから考える　4　社会と国家』東京大学出版会，1994年，69-130頁.
唐権『海を越えた艶ごと――日中文化交流秘史』東京，新曜社，2005年.
トックヴィル，ド（井伊玄太郎訳）『米国の民主政治』東京，研進社，1948年.
中村元哉『戦後中国の憲政実施と言論の自由　1945-49』東京大学出版会，2004年.
仁井田陞「中華人民共和国婚姻法」，宮崎孝治郎編『新比較婚姻法　Ⅰ　東洋』東京，勁草書房，1960年.
則松彰文「清代中期社会における奢侈・流行・消費――江南地方を中心にして」『東洋学報』第80巻，1998年9月，173-200頁.
服部民夫ほか編『アジア中間層の生成と特質』東京，アジア経済研究所，2002年.
ハーバーマス，ユルゲン（細谷貞雄・山田正行訳）『公共性の構造転換――市民社会の一カテゴリーについての探究』東京，未来社，1973年初版.
林幸司『近代中国と銀行の誕生――金融恐慌，日中戦争，そして社会主義へ』東京，御茶の水書房，2009年.
バーロウ，タニ・E「買うということ――1920年代及び30年代上海における広告とセクシー・モダンガールのイコン」，伊藤るり，坂元ひろ子，タニ・E・バーロウ編『モダンガールと植民地的近代――東アジアにおける帝国・資本・ジェンダー』東京，岩波書店，2010年，60-87頁.
姫田光義「国民精神総動員体制下における国民月会」，石島紀之・久保亨編『重慶国民政府史の研究』東京大学出版会，2004年，341-358頁.
平野義太郎編訳『現代中国法令集』東京，日本評論新社，1955年.
平野正『中国革命の知識人』東京，日中出版，1977年.
深町英夫「近代中国の職業観――新生活運動の中の店員と農民」『中央大学経済研究所年報』第34号，2004年3月，351-365頁.

福士由紀『近代上海と公衆衛生』東京，御茶の水書房，2010 年.
福武直ほか編『講座社会学　第 7 巻　大衆社会』東京大学出版会，1957 年.
夫馬進『中国善会善堂史研究』京都，同朋舎出版，1997 年.
古厩忠夫「20 世紀中国における人民・国民・公民」，西村成雄編『現代中国の構造変動　3　ナショナリズム——歴史からの接近』東京大学出版会，2000 年，227-252 頁.
古厩忠夫『日中戦争と上海，そして私——古厩忠夫中国近現代史論集』東京，研文出版，2004 年.
フロム，エーリッヒ（日高六郎訳）『自由からの逃走』東京，創元社，1951 年.
牧陽一・松浦恆雄・川田進『中国のプロパガンダ芸術』東京，岩波書店，2000 年.
水羽信男「共和国成立前後の民主建国会，1945-1953 年」，久保亨編『1949 年前後の中国』東京，汲古書院，2006 年，75-101 頁.
水羽信男「王贛愚の民主主義思想——『自由』論を中心として」『中国——社会と文化』第 22 号，2007 年 6 月，203-216 頁.
水羽信男「リベラリズムとナショナリズム」，飯島渉・久保亨・村田雄二郎編『シリーズ中国 20 世紀史　第 3 巻　グローバル化と中国』東京大学出版会，2009 年，103-122 頁.
溝口雄三『中国の公と私』東京，研文出版，1995 年.
溝口雄三『公私』東京，三省堂，1996 年.
ミル，J・S（近江谷晋作訳）『自由論』東京，人文会出版部，1925 年.
ミルス，C・ライト（杉政孝訳）『ホワイト・カラー——中流階級の生活探求』東京創元社，1957 年.
村井寛志「両大戦間期の中国におけるメディア論のポリティクス——公共圏概念をめぐる両義性を手がかりに」『思想』第 954 号，2005 年 1 月，55-72 頁.
村井寛志「民国時期上海の広告とメディア」『史学雑誌』第 114 編第 1 号，2005 年 1 月，1-33 頁.
村田雄二郎「王朝・国家・社会——近代中国の場合」，溝口雄三ほか編『アジアから考える　4　社会と国家』東京大学出版会，1994 年，37-68 頁.
森平崇文「ラジオ時代の『滑稽』——筱快楽と『社会怪現象』」『中国——社会と文化』第 22 号，2007 年 6 月，183-202 頁.
森平崇文「『大世界』から『上海人民遊楽場』へ——遊楽場の社会主義改造」『現代中国』第 81 号，2007 年 9 月，95-105 頁.
森平崇文「上海における淮劇——1950 年代の労働者アマチュア演劇との関係を中心に」『演劇博物館グローバル COE 紀要　演劇映像学 2007』第 1 集，2008 年 3 月，197-214 頁.
柳亮輔「『自由主義』と『自由』をめぐる言説——1945-49 年を中心に」『近きに在りて』第 54 号，2008 年 11 月，58-72 頁.
山田辰雄「序論——現代中国における代行主義の伝統について」，同編『歴史のなかの現代中国』東京，勁草書房，1996 年，1-9 頁.
山田竜作『大衆社会とデモクラシー——大衆・階級・市民』東京，風行社，2004 年.
山本真「1940 年代の四川省における地方民意機関——秘密結社哥老会との関係をめぐって」『近きに在りて』第 54 号，2008 年 11 月，73-86 頁.
山本真「1940 年代，四川省における地方民意機関と秘密結社」，石塚迅・中村元哉・山本真編『憲政と近現代中国——国家，社会，個人』東京，現代人文社，2010 年，103-126 頁.
山本恒人『現代中国の労働経済　1949-2000——「合理的低賃金制」から現代労働市場へ』所沢，創土社，2000 年.
熊月之（渡辺千尋訳）「競馬場から人民公園・人民広場へ——歴史の変遷と象徴的意義」，日本上海史研究会編『建国前後の上海』東京，研文出版，2009 年，31-53 頁（原文は，熊月之「従跑馬庁到人民公園人民広場——歴史変遷与象徴意義」『社会科学』（上海社会科学院）総第 331 期，2008 年 3 月，4-11 頁）.
横山宏章『中華民国——賢人支配の善政主義』東京，中公新書，1997 年.
吉澤誠一郎『天津の近代——清末都市における政治文化と社会統合』名古屋大学出版会，2002 年.
吉澤誠一郎「五四運動における暴力と秩序」『歴史評論』第 681 号，2007 年 1 月，16-29 頁.
米田祐太郎『支那広告宣伝の技術』東京，教材社，1941 年.

羅，ロバート／エヴァンス，ハンフリー（大谷正義訳）『中共からの脱出――政治学者ロバート・羅の中共脱出記』東京，自由アジア社，1963 年.
リースマン，D（加藤秀俊訳）『孤独な群衆』東京，みすず書房，1964 年.
李培徳（泉谷陽子訳）「統一戦線と反統一戦線――1940 年代末から 50 年代初めの香港における上海銀行家」，日本上海史研究会編『建国前後の上海』東京，研文出版，2009 年，255-285 頁.
劉傑『漢奸裁判――対日協力者を襲った運命』東京，中公新書，2000 年.
林恵玉『中国の広告とインターネットの実態』東京，中央大学出版部，2010 年.
林語堂（安藤次郎・河合徹訳）『支那に於ける言論の発達』東京，生活社，1941 年.
ル・ボン，ギュスターブ（葛西又次郎訳）『群衆心理』東京，赤城正蔵，1914 年.

[中文資料]
愛漢者・黄時鑑『東西洋考毎月統記伝』北京，中華書局，1997 年.
艾萍「民国時期上海的集団結婚式――一種政府行為的考察」『華東師範大学学報（哲学社会科学版）』第 38 巻第 6 期，2006 年 11 月，56-61 頁.
奥尓特加，加塞特（劉訓練・佟徳志訳）『大衆的反叛』長春，吉林人民出版社，2004 年.
薄一波『若干重大決策与事件的回顧』上巻，北京，中共中央党校出版社，1991 年.
蔡武「談談『察世俗毎月統記伝』――現代中文期刊第一種」『国立中央図書館館刊』第 1 巻第 4 期，1968 年 4 月，27-40 頁.
陳丹燕『上海的金枝玉葉』北京，作家出版社，1999 年.
陳敏之・顧南九編『顧准自述』北京，中国青年出版社，2002 年.
陳敏之・顧南九編『顧准日記』北京，中国青年出版社，2002 年.
陳維藩『消費合作之研究』上海，教育日報館，1936 年.
程恩富主編『上海消費市場発展史略』上海財経大学出版社，1996 年.
程季華主編『中国電影発展史』第 1 巻，北京，中国電影出版社，1981 年第 2 版.
程一鳴「軍統特務組織的真相」，陳楚君・兪興茂編『特工秘聞――軍統活動記実』北京，中国文史出版社，1990 年，1-33 頁.
程振魁・朱元仁・杜伯儒「太平保険公司職工的経済闘争」，中共上海市委党史資料徴集委員会主編『上海市保険業職工運動史料　1938-1949』同委員会発行，1987 年 12 月，54-67 頁.
鄧葆光「軍統領導中心局本部各時期的組織及活動情況」，陳楚君・兪興茂編『特工秘聞――軍統活動記実』北京，中国文史出版社，1990 年，34-61 頁.
方平『晩清上海的公共領域（1895-1911）』上海人民出版社，2007 年.
方憲堂『上海近代民族巻烟工業』上海社会科学院出版社，1988 年.
馮啓宏「花谿論英雄――侍従室第三処的人事工作析探」『中央研究院近代史研究所集刊』第 57 期，2007 年 9 月，119-164 頁.
馮筱才「政治生存与経済生存――上海商人如何走上公私合営之路？　（1949-1957）」，謝国興主編『改革与改造――冷戦初期両岸的糧食，土地与工商業変革』台北，中央研究院近代史研究所，2010 年，275-332 頁.
弗羅姆（陳学明訳）『逃避自由』北京，工人出版社，1987 年.
甘永龍編訳『広告須知』上海，商務印書館，1918 年.
高覚敷『群衆心理学』上海，中華書局，1934 年.
高陽「戦後上海基層社団的活動実態与権力競争――緑営聯誼社研究（1947-1949）」上海，復旦大学歴史系修士学位論文，2007 年 5 月.
戈公振『中国報学史』上海，商務印書館，1927 年.
谷秀青「集団結婚与国家在場――以民国時期上海的『集団結婚』為中心」『江蘇社会科学』総 231 期，2007 年第 2 期，2007 年 3 月，217-222 頁.
顧執中『報人生涯――一个新聞工作者的自述』南京，江蘇古籍出版社，1991 年.
顧准（立達）「上海職員与職員運動（1）（2）（3）（4）」『職業生活』第 1 巻第 1 期，1939 年 4 月 15 日，6-7 頁，第 2 期，1939 年 4 月 22 日，23-24 頁，第 3 期，1939 年 4 月 29 日，38-39 頁，第 4 期，1939 年 5 月 6 日，57 頁．朱邦興・胡林閣・徐声編『上海産業与上海職工』上海，香港

遠東出版社，1939 年 7 月 15 日，619-635 頁に再録．

顧准「1934-1940 年的上海地下工作」，1969 年 10 月 26 日，陳敏之・丁東編『顧准自述』北京，中国青年出版社，2002 年，397-460 頁．

国民政府公布（郭元覚編校）『民法親属継承』上海法学編訳社，1932 年 7 版．

哈貝馬斯（曹衛東など訳）『公共領域的結構転型』上海，学林出版社，1999 年．

韓武成・万其汀・梁仁階「新新公司職工検挙漢奸李澤」，政協上海市委員会文史資料工作委員会編『文史資料選輯　上海解放 30 周年専輯』下冊，上海人民出版社，1979 年，88-98 頁．

何其亮「盛出喪——民初上海城市景観与大衆的興起」，『上海——国際化大都市的想像与日常生活的更張』国際学術研討会，上海，華東師範大学，2010 年 6 月 19-20 日，口頭発表．

何永紅『「五反」運動研究』北京，中央党史出版社，2006 年．

河世鳳「解読『申報』広告——1905-1919 年」『史林』（上海）総第 67 期，2002 年 6 月増刊，89-92 頁（『中国史研究』（大邱）19 号，2002 年に掲載された韓国語論文の中国語要旨）．

侯艶興『上海女性自殺問題研究——1927-1937』上海辞書出版社，2008 年．

胡道静『上海新聞事業之中的発展』上海通志館，1935 年．

胡道静「上海与広播事業」，上海通社編『上海研究資料続集』上海，中華書局，1939 年，563-569 頁．

胡道静「上海広播無線電台的発展」，上海通社編『上海研究資料続集』上海，中華書局，1939 年，713-719 頁．

胡道静『新聞史上的新時代』上海，世界書局，1946 年．

黄克武「従申報医薬広告看民初上海的医療文化与社会生活，1912-1926 年」『中央研究院近代史研究所集刊』第 17 期，1988 年 12 月，141-194 頁．

黄克武『自由的所以然——厳復対約翰彌爾自由思想的認識与批判』台北，允晨文化実業股份有限公司，1998 年．

黄天鵬『中国新聞事業』上海聯合書店，1930 年．

蔣国珍『中国新聞発達史』上海，世界書局，1927 年．

蔣裕泉『実用広告学』上海，商務印書館，1926 年．

江文君『近代上海職員生活史』上海辞書出版社，2011 年．

金冲及主編『劉少奇伝』北京，中央文献出版社，1998 年．

蒯世勲『広告学ＡＢＣ』上海，世界書局，1928 年．

郎浄『近代体育在上海』上海社会科学院出版社，2006 年．

李伯龍「上海業余話劇界義演十一天」，中共上海市党史資料徴集委員会主編『上海人民与新四軍』北京，知識出版社，1989 年，187-189 頁．

李谷城『香港報業百年滄桑』香港，明報出版社，2000 年．

李国強編『民俗上海　浦東巻』上海文化出版社，2007 年．

李済安「野火焼不尽，春風吹又生——回憶上海職業界救国会書業界分会」，中国人民救国会紀念文集編輯編『愛国主義的豊碑——中国人民救国会紀念文集』北京，群言出版社，2002 年，167-171 頁．

李嵩生「本報之沿革」，申報館編『最近之 50 年——申報館 50 周年紀念』上海，申報館，1923 年，29-32 頁．

李学昌主編『中華人民共和国事典　1949-1999』上海人民出版社，1999 年．

李維漢『回顧与研究』北京，中共党史資料出版社，1986 年．

黎朋（呉旭初・杜師業訳）『群衆心理』上海，商務印書館，1920 年．

連玲玲「従零售革命到消費革命——以近代上海百貨公司為中心」『歴史研究』2008 年第 5 期（総第 315 期），2008 年 10 月，76-93 頁．

連玲玲「女性消費与消費女性——以近代上海百貨公司為中心」，巫仁恕・康豹（Paul Katz）・林美利編『従城市看中国的現代性』台北，中央研究院近代史研究所，2010 年，53-83 頁．

梁仁階・汪伍新「検挙漢奸李澤」，中共上海市委党史資料徴集委員会主編『上海百貨業職工運動史料　1937-1949』上海教育出版社，1986 年，93-111 頁．

林美莉「従自報実繳到民主評議——上海工商業税的税収転折，1949-1950」，巫仁恕・康豹（Paul

Katz)・林美莉編『従城市看中国的現代性』台北，中央研究院近代史研究所，2010年，133-165頁.
林昇棟『中国近現代経典広告創意評析——『申報』77年』南京，東南大学出版社，2005年.
凌維城「懐念抗日英雄謝晋元」，中国人民政治協商会議上海市委員会文史資料工作委員会編『文史資料選輯』総第32輯，1980年7月，64-69頁.
劉愛民「上海工商業的両次調整」，鄒栄庚主編・中共上海市委党史研究室編『当代上海党史文庫　歴史巨変　1949-1956』2，上海書店出版社，2001年，555-571頁.
劉家林『新編中外広告通史』広州，暨南大学出版社，2000年.
劉香成（Liu Heung Shing），凱倫・史密斯（Karen Smith）『上海——1842-2010，一座偉大的城市的肖像』北京，世界図書出版公司，2010年.
魯湧（鐘健閎・介民重訳）『群衆』上海，泰東図書局，1935年（第3版）.
羅久蓉「抗戦勝利後中共懲審漢奸初探」『中央研究院近代史研究所集刊』第23期，1994年6月，269-291頁.
羅久蓉「軍統特工組織与戦後『漢奸』審判」，1949年——中国的関鍵年代学術討論会編輯委員会編『1949年——中国的関鍵年代学術討論会論文集』台北，国史館，2000年，515-546頁.
羅久蓉「戦争与婦女——従李青萍漢奸案看抗戦前後的両性関係」，呂芳上主編『無声之声　I　近代中国的婦女与国家　1600-1950』台北，中央研究院近代史研究所，2003年，129-164頁.
羅蘇文「新網延伸——民国時期上海華人職業倶楽部」『上海研究論叢』第12輯，1998年12月，99-124頁.
羅銀勝『顧准——民主与「終極目的」』北京，中国青年出版社，1999年.
羅宗善（徐国楨校訂）『広告作法百日通』上海，世界書局，1933年.
馬光仁主編『上海新聞史（1850-1949）』上海，復旦大学出版社，1996年.
馬福龍「1936，沸騰的上海——紀念救国会運動60周年」『上海党史与党建』総139期，1996年第6期，1996年12月，27-31頁.
馬軍『1948年　上海舞潮案——対一起民国女性集体暴力抗議事件的研究』上海古籍出版社，2005年.
馬軍『舞庁・市政——上海百年娯楽生活的一頁』上海辞書出版社，2010年.
穆加恆「商業広告的浄化問題」『報学雑誌』第1巻第10期，1949年1月16日，7-11, 33頁.
穆勒（厳復訳述）『群己権界論』上海，商務印書館，厳復名著叢刊，1930年版（初版は1903年）.
潘漢年「関於『五反』運動情況」（上海市人民政府委員会拡大会議での講話，1952年5月），中共上海市委党史研究室編『潘漢年在上海』上海人民出版社，1995年，347-351頁.
龐菊愛『跨文化広告与市民文化的変遷——1910-1930年『申報』跨文化広告研究』上海交通大学出版社，2011年.
平襟亜・陳子謙「上海広告史話」，上海市文史館・上海市人民政府参事室文史資料工作委員会編『上海地方史資料』3，上海社会科学院出版社，1984年，132-141頁.
『阮玲玉女士遺影集』上海，商美社，1935年.
山本真「1940年代国民政府統治下的県市参議会——以四川省之例為中心」，1949年——中国的関鍵年代学術討論会編輯委員会編『1949年——中国的関鍵年代学術討論会論文集』台北，国史館，2000年，165-190頁.
『上海工商社団志』編纂委員会編『上海工商社団志』上海社会科学院出版社，2001年.
『上海工運志』編纂委員会編『上海工運志』上海社会科学院出版社，1997年.
『上海日用工業品商業志』編纂委員会編『上海日用工業品商業志』上海社会科学院出版社，1999年.
上海市保険業業余聯誼会編『上海市保険業業余聯誼会成立紀念刊』，1938年7月3日.
上海市檔案館・北京広播学院・上海市広播電視局編『旧中国的上海広播事業』檔案出版社・中国広播電視出版社，1985年.
上海市檔案館編『上海解放』続編，上海三聯書店，1999年.
上海市工商行政管理局「加工訂貨在上海資本主義工商業社会主義改造中的地位与作業」，中共上海市委統戦部ほか編『中国資本主義工商業的社会主義改造』上海巻（下），北京，中共党史出版社，1993年，839-857頁.

上海市歴史博物館ほか編『中国的租界』上海古籍出版社，2004 年.
上海市人民政府秘書処編『1949 年　上海市総合統計』同処発行，1950 年.
上海市通志館年鑑委員会編『上海市年鑑』（民国 25 年）上，中華書局，1936 年.
上海市衛生局編『上海市衛生局工作報告　自 35 年 1 月起至 8 月止』同局発行，1946 年.
上海市衛生局編『上海市衛生局三年来工作概況』同局発行，1949 年.
上海市医薬公司・上海市工商行政管理局・上海社会科学院経済研究所編『上海近代西葯行業史』上海社会科学院出版社，1988 年.
上海通社編『上海研究資料』上海，中華書局，1936 年.
上海新亜薬廠広告部編印敬贈『健康百詠図釈』同廠発行，発行年不明（1939-40 年頃）.
上海業余話劇界慈善公演籌備委員会編『上海業余話劇界慈善公演紀念冊』上海，中国芸壇画報，1939 年.
沈逸静「『三反』，『五反』運動在上海」，鄒栄庚主編・中共上海市委党史研究室編『当代上海党史文庫　歴史巨変　1949-1956』1，上海書店出版社，2001 年，182-213 頁.
沈酔・文強著，中国人民政治協商会議全国委員会文史資料研究委員会編『戴笠其人』北京，文史資料出版社，1980 年.
史梅定主編・上海市档案館編『追憶——近代上海図史』上海古籍出版社，1996 年.
実業部統計長辦公処『職業分類綱目』南京，同処発行，1935 年.
宋軍『申報的興衰』上海社会科学院出版社，1996 年.
蘇上達『広告学綱要』上海，商務印書館，1930 年.
孫国群『旧上海娼妓秘史』鄭州，河南人民出版社，1988 年.
孫会『『大公報』広告与近代社会（1902-1936）』北京，中国伝媒大学出版社，2011 年.
孫慧敏「民国時期上海的女律師（1927-1949 年）」『近代中国婦女史研究』第 14 期，2006 年 12 月，51-88 頁.
孫順華主編『中国広告史』済南，山東大学出版社，2007 年.
孫錫鴻「上海資本主義工商業的社会主義改造」，鄒栄庚主編・中共上海市委党史研究室編『当代上海党史文庫　歴史巨変　1949-1956』1，上海書店出版社，2001 年，671-696 頁.
孫作民「中国日報広告以外之広告事業」『近 10 年中国之広告事業』上海，華商広告公司，1936 年，xviii-xxii 頁.
唐振常「市民意識与上海社会」『21 世紀』第 11 期，1992 年 6 月，11-23 頁.
陶菊隠「我所了解的新聞報」『新聞研究資料』総第 6 輯，1981 年 7 月，97-112 頁.
陶菊隠『記者生活三十年』北京，中華書局，1984 年.
王安憶『長恨歌』北京，作家協会，1996 年.
王春英「戦後『経済漢奸』審判——以上海新新公司李澤案為例」『歴史研究』総第 312 期，2008 年 4 月，132-145 頁.
王淑良ほか『中国現代旅遊史』南京，東南大学出版社，2005 年.
王書奴『中国娼妓史』上海，生活書局，1934 年.
王儒年『欲望的想像——1920-1930 年代『申報』広告的文化史研究』上海人民出版社，2007 年.
汪漢渓「新聞事業困難之原因」，『新聞報 30 周年紀念増刊冊　1893-1923』上海，新聞報館，1923 年（汪伯奇編『汪漢渓先生哀輓録』台北，文海出版社，1975 年，199-205 頁所収）.
汪仲韋「我与『新聞報』的関係」『新聞研究資料』総第 12 輯，1982 年 6 月，127-157 頁.
汪仲韋（徐恥痕整理）「又競争又聯合的『新』，『申』両報」『新聞研究資料』総第 15 輯，1982 年 8 月，77-90 頁.
呉定九『新聞事業経営法』上海，現代書局，1930 年.
呉果中『『良友』画報与上海都市文化』長沙，湖南師範大学出版社，2007 年.
呉景平ほか『抗戦時期的上海経済』上海人民出版社，2001 年.
巫仁恕『品味奢華——晩明的消費社会与士大夫』台北，聯経出版公司，2007 年.
巫仁恕「前現代的抵制運動——明清城市群衆的集体抗議」，黄賢強編『文明抗争——近代中国與海外華人論集』香港教育図書公司，2005 年，3-57 頁.
小浜正子（葛涛訳）『近代上海的公共性与国家』上海古籍出版社，2003 年.

蕭小紅「抗戦前後中共路線的転変与上海城市的社会団体」『史林』（上海社会科学院）総第 83 期，2005 年 2 月，97-108 頁．

謝国興「在社会主義改造的尽頭折返——定息問題及其余波」，謝国興主編『改革与改造——冷戦初期両岸的糧食，土地与工商業変革』台北，中央研究院近代史研究所，2010 年，373-420 頁．

新聞報館編『新聞報 30 周年紀念増刊冊　1893-1923』上海，同館，1923 年．

『新新公司総経理　李澤漢奸的醜史』（編者不明）上海，熱血出版社，1946 年，（上檔蔵，Y15-1-134）．

熊月之主編（周武・呉桂龍著）『上海通史　第 5 巻　晩清社会』上海人民出版社，1999 年．

熊月之主編（許敏著）『上海通史　第 10 巻　民国文化』上海人民出版社，1999 年．

熊月之主編（陳祖恩・葉斌・李天綱著）『上海通史　第 11 巻　当代政治』上海人民出版社，1999 年．

熊月之主編『上海大観——名人名事名物』上海人民出版社，2005 年．

熊月之・周武主編『上海——一座現代化都市的編年史』上海書店出版社，2007 年．

休曼（史青訳）『実用新聞学』上海広学会，1913 年．

修孟千『私営工廠怎様進行民主改革補課　通俗講話』上海，華東人民出版社，1953 年．

許徳良「抗戦前期的上海職業界救亡協会」『党史資料叢刊』総第 11 輯，1982 年第 2 期，59-71 頁．

許紀霖「近代中国的公共領域：形態，功能与自我理解——以上海為例」『史林』（上海社会科学院）第 71 期，2003 年 4 月，77-89 頁．

許紀霖「現代中国的自由民族主義思潮」『社会科学』（上海社会科学院）2005 年第 1 期（総第 293 期），2005 年 1 月，95-103 頁．

許紀霖『近代中国知識分子的公共交往——1895-1949 年』上海人民出版社，2008 年，1-30 頁．

許俊基主編『中国広告史』北京，中国伝媒大学出版社，2006 年．

徐百益「老上海広告的発展軌跡」，益斌主編『老上海広告』上海画報出版社，1995 年，3-10 頁．

徐宝璜『新聞学』国立北京大学新聞学研究会出版，1919 年．

徐珂『清稗類鈔』第 15 冊（宗教・婚姻），上海，商務印書館，1917 年．

徐鋳成『杜月笙正伝』杭州，浙江人民出版社，1982 年．

徐鋳成『報海旧聞』上海人民出版社，1981 年．

薛理勇『上海妓女史』香港，海峰出版社，1996 年．

薛理勇主編『上海掌故辞典』上海辞書出版社，1999 年．

楊奎松「建国前後中国共産党対資産階級政策的演変」『近代史研究』総第 152 期，2006 年第 2 期，2006 年 3 月，1-25 頁．

楊朕宇『『新聞報』広告与近代上海休閑生活』上海，復旦大学出版社，2011 年．

益友社二次拡大徴求社友委員会宣伝部出版股編『益友社第二次拡大徴求社友特刊』，1938 年 10 月 25 日．

尹騏「『潘漢年』始末」，中共上海市委党史研究室編『潘漢年在上海』上海人民出版社，1995 年，369-386 頁．

影芸出版社編『誰殺阮玲玉』上海，民衆業務社，1935 年．

張辰「上海的整風運動和反右派闘争」，中共上海市委党史研究室編『当代上海党史文庫　艱難探索 1956-1965』2，上海書店出版社，2001 年，528-553 頁．

『張承宗紀念文集』編輯委員会編『浦江忠魂——張承宗紀念文集』，1997 年．

張達民口述『阮玲玉正本』上海，大日本，出版年不明．

張九如『群衆心理与群衆領導』上海，商務印書館，1934 年．

張楽平図，丁言昭・余之文『上海 Memory——張楽平筆下的三十年代』上海辞書出版社，2005 年．

張寧「従跑馬庁到人民広場——上海跑馬庁収回運動，1946-1951」『中央研究院近代史研究所集刊』第 48 期，2005 年 6 月，97-136 頁．

張世文『上海消費合作社調査』南京，燕京大学社会学系，1930 年．

張世瑛「従幾個戦後審奸的案例来看漢奸的身分認定問題　1945-1949」『国史館学術集刊』第 1 期，2001 年 12 月，161-180 頁．

章君穀（陸京士校訂）『杜月笙伝』第 4 冊，台北，伝記文学雑誌社，1981 年．

趙文『『生活』週刊（1925-1933）与城市平民文化』上海三聯出版，2010 年.
鄭慶声「論 1936 年上海工人運動的転変」『史林』（上海社会科学院）総第 28 期，1992 年 12 月，52-59 頁.
鄭俠飛「謝晋元団長与八百壮士」，中国人民政治協商会議上海市委員会文史資料工作委員会編『文史資料選輯』総第 32 輯，1980 年 7 月，70-82 頁.
鄭重為「宣鉄吾同杜月笙上海闘法的内情点滴」，全国政治協商会議文史資料委員会編『中華文史資料文庫』第 6 巻，北京，中国文史出版社，1996 年，197-201 頁.
中共上海市委党史史料徴集委員会主編『益友社十二年（1938-1949）』同委員会発行，1985 年.
中共上海市委党史史料徴集委員会主編『上海『銀聯』十三年（1936-1949）』同委員会発行，1986 年.
中共上海市委党史資料征集委員会編『「12・9」以後上海救国会史料選輯』上海社会科学院出版社，1987 年.
中共上海市委党史史料徴集委員会主編『上海市保険業職工運動史料（1938-1949）』同委員会発行，1987 年.
中共上海市委党史史料徴集委員会主編『上海市保険業職工運動史料（続編）（1938-1949）』同委員会発行，1989 年.
中共上海市委党史史料徴集委員会主編『上海人民与新四軍』北京，知識出版社，1989 年.
中共上海市委党史史料徴集委員会主編『華聯同楽会与上海外商企業職工運動簡史（1938-1949）』同委員会発行，1991 年.
中共上海市委党史史料徴集委員会ほか編『上海店員和職員運動史（1919-1949）』上海社会科学院出版社，1999 年.
中共上海市委党史研究室編『毛沢東在上海』北京，中共党史出版社，1993 年.
中共上海市委組織部ほか編『中国共産党上海市組織史資料』上海人民出版社，1991 年.
中共中央文献研究室編『建国以来重要文献選編』第 1-10 冊，北京，中央文献出版社，1992-1994 年.
中国社会科学院近代史研究所中華民国史研究室主編『中華民国史資料叢稿　救国会』北京，中国社会科学院出版社，1981 年.
中原新華書店編『中国人民解放軍入城政策』中原新華書店，1949 年.
周元斌『関於改造我国資産階級分子的階級本性問題』上海人民出版社，1956 年.
朱邦興・胡林閣・徐声（劉長勝・劉寧一・馬純古の仮名）編『上海産業与上海職工』上海，香港遠東出版社，1939 年.
朱婷「近代上海城市消費功能与総合競争力」，張忠民主編『近代上海城市発展与城市総合競争力』上海社会科学院出版社，2005 年，242-280 頁.
卓聖格「中国現代広告初期最具争議性的名人証言式広告――呉趼人与『艾羅補脳汁』廣告」『台中商専学報』第 29 期，1997 年 6 月，175-186 頁.
鄒栄庚「建国初期上海的企業民主改革運動」，中共上海市委党史研究室編『当代上海党史文庫　歴史巨変　1949-1956』1，上海書店出版社，2001 年，214-236 頁.
鄒依仁『旧上海人口変遷的研究』上海人民出版社，1980 年.

[欧文資料]

Adorno, Theodor Ludwig Wiesengrund, et. al., *The Authoritarian Personality*, New York: Harper & Brothers, 1950.
Andreas, Joel, *Rise of the Red Engineers: The Cultural Revolution and the Origins of China's New Class*, Stanford: Stanford University Press, 2009.
Anthony, Smith Stephen, *Like Cattle and Horses: Nationalism and Labor in Shanghai, 1895-1927*, Durham, Duke University Press, 2002.
Barlow, Tani E., et al., "The Modern Girl around the World: A Research Agenda and Preliminary Findings," *Gender and History*, Vol. 17, No. 2, August 2005, pp. 245-294.
Benson, Carlton, "Consumers Are Also Soldiers: Subversive Songs from Nanjing Road during the

New Life Movement," in Sherman Cochran (ed.), *Inventing Nanjing Road: Commercial Culture in Shanghai, 1900–1945*, Ithaca, New York: East Asia Program, Cornell University, 1999, pp. 91-132.

Bergère, Marie-Claire, "Civil Society and Urban Change in Republican China," *The China Quarterly*, No. 155, June 1997, pp. 309-328.

Bergère, Marie-Claire, *Histoire de Shanghai*, Paris: Fayard, 2002.

Bickers, Robert, "Settlers and Diplomats: The End of British Hegemony in the International Settlement, 1937–1945," in Christian Henriot and Wen-Hsin Yeh (eds.), *In the Shadow of the Rising Sun: Shanghai under Japanese Occupation*, Cambridge [England] : Cambridge University Press, 2004, pp. 229-256.

Carroll, Peter J., "Fate-Bound Mandarin Ducks: Newspaper Coverage of the "Fashion" for Suicide in 1931 Suzhou," *Twentieth Century China*, Vol. 31, No. 2, April, 2006, pp. 70-95.

Coble, Parks M., *Chinese Capitalists in Japan's New Order: The Occupied Lower Yangzi, 1937–1945*, Berkeley: University of California Press, 2003.

Cochran, Sherman, "Transnational Origins of Advertising in Early Twentieth-Century China," in Sherman Cochran (ed.), *Inventing Nanjing Road: Commercial Culture in Shanghai, 1900–1945*, New York: East Asia Program, Cornell University, 1999, pp. 37-58.

Cochran, Sherman, *Chinese Medicine Men: Consumer Culture in China and Southeast Asia*, Cambridge [Massachusetts] : Harvard University Press, 2006.

Cornet, Christine, "The Bumpy End of the French Concession and French Influence in Shanghai, 1937–1946," in Christian Henriot and Wen-Hsin Yeh (eds.), *In the Shadow of the Rising Sun: Shanghai under Japanese Occupation*, Cambridge [England] : Cambridge University Press, 2004, pp. 257-276.

Davis, Deborah S., "Social Class Transformation in Urban China: Training, Hiring, and Promoting Urban Professionals and Managers after 1949," *Modern China*, Vol. 26 No. 3, July 2000, pp. 251-275.

Dikötter, Frank, *Exotic Commodities: Modern Objects and Everyday Life in China*, New York: Columbia University Press, 2006.

Dong, Madeleine Yue, "Shanghai's China Traveler," in Madeleine Yue Dong and Joshua L. Goldstein (eds.), *Everyday Modernity in China*, Seattle: University of Washington Press, 2006, pp. 195-226.

Fromm, Erich, *Escape from Freedom*, New York: Holt, Rinehart and Winston, 1941.

Gardner, John, "The Wu-fan Campaign in Shanghai: A Study in the Consolidation of Urban Control," in Doak Barnett (ed.), *Chinese Communist Politics in Action*, Seattle: University of Washington Press, 1969, pp. 477–539.

Gerth, Karl, *China Made: Consumer Culture and the Creation of the Nation*, Cambridge [Massachusetts] : Harvard University Press, 2003.

Goffman, Erving, *The Presentation of Self in Everyday Life*, New York: Doubleday, 1959.

Goodman, Bryna, *Native Place, City, and Nation: Regional Networks and Identities in Shanghai, 1853–1937*, Berkeley: University of California Press, 1995.

Goodman, Bryna, "Being Public: The Politics of Republican Representation in 1918 Shanghai," *Harvard Journal of Asiatic Studies*, Vol. 60, No. 1, June 2000, pp. 45-88.

Goodman, Bryna, "Democratic Calisthenics: The Culture of Urban Associations in the New Republic," in Merle Goldman, Elizabeth J. Perry (eds.), *Changing Meanings of Citizenship in Modern China*, Cambridge [Massachusetts] : Harvard University Press, 2002, pp. 70-109.

Goodman, Bryna, "The New Woman Commits Suicide: The Press, Cultural Memory, and the New Republic," *The Journal of Asian Studies*, Vol. 64, No, 1, February, 2005, pp. 67-101.

Goodman, Bryna, "Appealing to the Public: Newspaper Presentation and Adjudication of Emotion," *Twentieth Century China*, Vol. 31, No. 2, April, 2006, pp. 32-69.

Habermas, Jürgen, *Strukturwandel der Öffentlichkeit: Untersuchungen zu einer Kategorie der Bügerlichen Gesellschaft,* Berlin: Neuwied (Hermann Luchterhand Verlag), 1962; Frankfurt, Suhrkamp Verlag Frankfurt am Main, 1990; Translated by Thomas Burger with the assistance of Frederick Lawrence, *The Structural Transformation of the Public Sphere: An Inquiry into a Category of Bourgeois Society,* Cambridge [Massachusetts] : MIT Press, 1989.

Henriot, Christian and Yeh, Wen-Hsin (eds.), *In the Shadow of the Rising Sun: Shanghai under Japanese Occupation,* Cambridge [England] : Cambridge University Press, 2004.

Hershatter, Gail, *Dangerous Pleasures: Prostitution and Modernity in Twentieth-Century Shanghai,* Berkeley and Los Angeles: University of California Press, 1997.

Honig, Emily, *Creating Chinese Ethnicity: Subei People in Shanghai, 1850–1980,* New Haven: Yale University Press, 1992.

Howe, Christopher, *Employment and Economic Growth in Urban China,* Cambridge [England] : Cambridge University Press, 1971.

Howe, Christopher, *Wage Patterns and Wage Policy in Modern China, 1919–1972,* Cambridge [England] : Cambridge University Press, 1973.

Hung, Chang-Tai, *War and Popular Culture: Resistance in Modern China, 1937–1945,* Berkeley: University of California Press, 1994.

Hwang, Dongyoun, "Wartime Collaboration in Question: An Example of the Postwar Trials of the Chinese Collaborators," *Inter-Asia Cultural Studies,* Vol. 6, No. 1, March 2005, pp. 75-97.

Kornhauser, William, *The Politics of Mass Society,* Glencoe, Ill. : Free Press, 1959.

Lago, Francesca Dal, "Crossed Legs in 1930s Shanghai: How 'Modern' the Modern Woman?" *East Asian History,* No. 19, June, 2000, pp. 103-144.

Laing, Ellen Johnston, *Selling Happiness: Calendar Posters and Visual Culture in Early-Twentieth-Century Shanghai,* Honolulu: University of Hawai'i Press, 2004.

Le Bon, Gustave, *Psychologie des foules,* Paris: Félix Alcan, 1896.

Le Bon, Gustave, *The Crowd: A Study of the Popular Mind,* London: T. Fisher Unwin, 1896.

Lee, Leo Ou-fan, *Shanghai Modern: The flowering of a New Urban Culture in China, 1930–1945,* Cambridge [Massachusetts] : Harvard University Press, 1999.

Lee, Sing and Kleinman, Arthur, "Suicide as Resistance in Chinese Society," in Elizabeth J. Perry and Mark Selden (eds.), *Chinese Society: Change, Conflict and Resistance,* 2nd edition, London: Routledge Curzon, 2004, pp. 289-311.

Lien, Ling-ling, "Leisure, Patriotism, and Identity: The Chinese Career Women's Club in Wartime Shanghai," in Peter Zarrow (ed.), *Creating Chinese Modernity: Knowledge and Everyday Life, 1900–1940,* New York: Peter Lang, 2006, pp. 213-240.

Lin, Yutang, *A History of the Press and Public Opinion in China,* Shanghai: Kelly and Walsh, 1936.

Loh, Robert and Evans, Humphrey, *Escape from Red China,* New York: Coward-McCann, Inc., 1962.

Martin, Brian G., *The Shanghai Green Gang: Politics and Organized Crime, 1919–1937,* Berkeley: University of California Press, 1996.

Martin, Brian G., "Resistance and Cooperation: Du Yuesheng and the Politics of the Shanghai United Committee, 1940–1945," in Christian Henriot and Wen-Hsin Yeh (eds.), *In the Shadow of the Rising Sun: Shanghai under Japanese Occupation,* Cambridge [England] : Cambridge University Press, 2004, pp. 187-208.

Meijer, Marinus Johan, *Marriage Law and Policy in the Chinese People's Republic,* Hong Kong: Hong Kong University Press, 1971.

Mill, John Stuart, *On Liberty,* London, John W. Parker, 1859.

Mills, Charles Wright, *White Collar: The American Middle Class,* London, Oxford University Press, 1951.

Newspaper Directory of China, Carl Crow Inc., Shanghai, 1935.
Ortega y Gasset, José, *La Rebelión de las Masas,* Madrid: Revista de Occidente, 1930.
Perry, Elizabeth J., *Shanghai on Strike: The Politics of Chinese Labor,* Stanford: Stanford University Press, 1993.
Perry, Elizabeth J., "Shanghai's Strike Wave of 1957," in Timothy Cheek and Tony Saich (et al.), *New Perspective on State Socialism in China,* Armonk, New York: M. E. Sharpe, 1997, pp. 234-261.
Perry, Elizabeth J., "Studying Chinese Politics: Farewell to Revolution," *The China Journal,* No. 57, Jan. 2007, pp. 1-22.
Perry, Elizabeth J., "Masters of the Country? Shanghai Workers in the Early People's Republic," in Jeremy Brown and Paul Pickowicz (eds.), *Dilemmas of Victory: the Early Years of the People's Republic of China,* Cambridge [Massachusetts] : Harvard University Press, 2007, pp. 59-79.
Rankin, Mary Backus, "The Origins of a Chinese Public Sphere: Local Elites and Community Affairs in the Late-imperial Period," *Etudes Chinoises,* Vol. 9, No. 2, Fall, 1990, pp. 13-60.
Riesman, David, *The Lonely Crowd: A Study of the Changing American Character,* New Haven: Yale University Press, 1950.
Roux, Alain, "From Revenge to Treason: Political Ambivalence among Wang Jingwei's Labor Union Supporters," in Christian Henriot and Wen-Hsin Yeh (eds.), *In the Shadow of the Rising Sun: Shanghai under Japanese Occupation,* Cambridge [England] : Cambridge University Press, 2004, pp. 209-228.
Shuman, Edwin L., *Practical Journalism: A Complete Manual of the Best Newspaper Methods,* New York: D. Appleton and Company, 1903.
Stranahan, Patricia, *Underground: The Shanghai Communist Party and the Politics of Survival, 1927-1937,* Lanham, Rowman & Littlefield Publishers, Inc., 1998.
Strand, David, "'A High Place Is No Better Than a Low Place': The City in the Making of Modern China," in Wen-hsin Yeh (ed.), *Becoming Chinese: Passage to Modernity and Beyond,* Berkeley: University of California Press, 2000.
"Symposium: 'Public Sphere'/'Civil Society' in China?," *Modern China,* Vol. 19, No. 2, April 1993, pp. 107-240.
Tarde, Gabriel de, *L'opinion et la foule,* Paris: Félix Alcan, 1901.
The Modern Girl Around the World Research Group, *The Modern Girl Around the World: Consumption, Modernity, and Globalization,* Durham: Duke University Press, 2008.
Tocqueville, Alexis de, *De la démocratie en Amérique,* Paris: Michel Lévy, 1835.
Tsai, Weipin, *Reading Shenbao: Nationalism, Consumerism and Individualism in China, 1919-37,* New York: Palgrave Macmillan, 2010.
Waara, Carrie, "Invention, Industry, Art: The Commercialization of Culture in Republican Art Magazines," in Sherman Cochran (ed.), *Inventing Nanjing Road: Commercial Culture in Shanghai, 1900-1945,* Ithaca, New York: East Asia Program, Cornell University, 1999, pp. 61-89.
Wakeman Jr., Frederick, *The Shanghai Badlands: Wartime Terrorism and Urban Crime, 1937-1941,* Cambridge [England] : Cambridge University Press, 1996.
Wakeman Jr., Frederick, "Hanjian (Traitor) ! Collaboration and Retribution in Wartime Shanghai," in Yeh, Wen-hsin (ed.), *Becoming Chinese: Passage to Modernity and Beyond,* Berkeley: University of California Press, 2000.
Wang, Di, *Teahouse: Small Business, Everyday Culture, and Public Politics in Chengdu, 1900-1950,* Stanford: Stanford University Press, 2008.
Weber, Max, *Gesammelte Aufsätze zur Religionssoziologie I,* (Vierte, Photomechanisch gedruckte Auflage), Tübingen: Verlag von J. C. B. Mohr, 1947.

Xu, Xiaoqun, *Chinese Professionals and the Republican State: The Rise of Professional Associations in Shanghai, 1912–1937*, Cambridge [England] : Cambridge University Press, 2001.
Yeh, Catherine Vance, *Shanghai Love: Courtesans, Intellectuals, and Entertainment Culture, 1850–1910*, Seattle: University of Washington Press, 2006.
Yeh, Wen-hsin, *Shanghai Splendor: Economic Sentiments and the Making of Modern China, 1843–1949*, Cambridge [Massachusetts] : Harvard University Press, 2007.